建筑企业财税处理 与合同涉税管理

|全新升级版|

林久时◎著

中国铁道出版社有限公司
CHINA RAILWAY PUBLISHING HOUSE CO., LTD.

·北京·

图书在版编目(CIP)数据

建筑企业财税处理与合同涉税管理:全新升级版/
林久时著.—北京:中国铁道出版社有限公司,2024.3
ISBN 978-7-113-30844-5

Ⅰ.①建… Ⅱ.①林… Ⅲ.①建筑企业-财务管理-
研究-中国②建筑企业-税收管理-研究-中国 Ⅳ.
①F426.9②F812.423

中国国家版本馆 CIP 数据核字(2024)第 020404 号

书　　名：**建筑企业财税处理与合同涉税管理(全新升级版)**
JIANZHU QIYE CAISHUI CHULI YU HETONG SHESHUI GUANLI(QUANXIN SHENGJI BAN)

作　　者：林久时

责任编辑：王淑艳　　　　编辑部电话：(010)51873022　　　电子邮箱：554890432@qq.com
封面设计：末末美书
责任校对：安海燕
责任印制：赵星辰

出版发行：中国铁道出版社有限公司 (100054，北京市西城区右安门西街 8 号)
网　　址：http://www.tdpress.com
印　　刷：北京联兴盛业印刷股份有限公司
版　　次：2024 年 3 月第 1 版　2024 年 3 月第 1 次印刷
开　　本：710 mm×1 000 mm 1/16　印张：22.75　字数：371 千
书　　号：ISBN 978-7-113-30844-5
定　　价：88.00 元

序　言

建筑企业鲜明的经营特点和复杂的经营模式，以及由此带来的财税管理的特殊性，决定了建筑企业的财税管理最佳实践只能由具备相应管理经验的人士进行总结和提炼。近年来，我所从事的主要工作，就是把《企业会计准则》、财税政策的一般原理与建筑企业的具体实际业务结合起来。通过写书、管理咨询、财税培训等方式，与广大建筑企业分享。

林久时同学是我在校外为数不多的学生之一，他的经历与我相似，都曾在工地摸爬滚打。他勤奋好学，工作努力，担任某央企财务处处长时年仅 28 岁。近年他踏入财税专业服务领域，以"林铁蛋"网名行走于财税江湖。随着培训和咨询业务逐步展开，他的事业风生水起，实在令人欣慰。

2018 年年底，久时从北京离职南下，我将徐战成老师彼时新作赠他，同时在赠言里委婉建议他要写一本书。经过一年多的积淀和思考，他交出一份合格的答卷。

久时编写的这本《建筑企业财税处理与合同涉税管理》，我通读三次，感觉是一本贴近建筑施工企业实际的财税管理书籍，既阐述了建筑业的会计核算，又融入一定的合同涉税管理内容，我觉得本书具备三大亮点：

首先，本书介绍了建筑企业各级核算单元的业务特征与会计核算，解析执行《新收入准则》如何确认合同收入、合同成本；结合建筑企业的经营特点阐述增值税管理与会计核算要点。虽然这些都是建筑业常规财税内容，却也融入其个人的财税管理经验。

其次，在本书中，他还总结建筑企业关注度较高的个人所得税和社保问题、甲供材与甲控材的涉税风险、转售电力的会计核算与涉税风险、代发农民工工资的个人所得税扣缴义务、异地施工涉及的个人所得税问题、PPP项目和EPC项目的涉税管理等财税疑难问题，充分表达他个人对这些问题的看法，也提出了相关解决建议。

最后，本书对建筑企业经济合同涉税条款的重要性做了详细解说，并根据不同类别的经济合同和实务案例，对合同涉税风险详细剖析，其中不乏他对以往财税工作经验的总结和从事财税咨询行业以来遇到的实务问题总结。对相关涉税问题提出可行性较强的应对措施和可落地的涉税条款签订技巧，是本书的又一亮点。

本书的增值税管理内容，在思想体系上吸收并继承了本人《建筑业增值税管理与会计实务》一书中的核心观点和财税理念，在实践上又丰富了这些内容，作为他的老师，我倍感欣慰。"得英才而育之，何其乐哉"。希望久时能不忘初心，继续诚实做人，踏实做学问。在认真研习建筑业财税问题的同时，更深层次、更广泛地涉猎其他专业知识，取得更大的进步！

是为序。

中国建筑财税深耕者　何广涛博士

前　言

本书自 2020 年 8 月出版以来，深受广大读者喜爱。近三年来，财税政策及相关法律法规发生了较大变化，随着"全电发票"的逐步推行及"以数治税"税收改革的进一步深化，为了确保本书能够持续贴近实务，笔者尽量写全涉及建筑企业会计的内容。

第一章，保留了整体框架内容，根据城乡和住房建设部门最新的建设工程企业资质管理制度改革方案及其相关征求意见稿精神重写了"建筑企业资质管理"一节；根据最新财税政策重写了"建筑企业纳税信用评级管理"一节，对"建筑企业的总分机构的税务管理"一节也进行了重新修订。

第二章，按照实务需求重新梳理了建筑业会计科目解析和成本费用归集的核心内容；按照有关部门下发的最新的工程建设领域农民工工资保证金规定重写了"农民工工资保证金的管理"一节；根据最新政策和部分地区税务口径修改了"跨区域涉税报验管理"一节；对"总、分公司的会计核算部分"一节内容整体结构进行调整优化，对总分公司之间的企业所得税的分摊与会计处理做了补充；删除部分涉税处理内容，着重突出会计处理。

第三章，删除了原《企业会计准则——建造合同》的相关内容，按照《企业会计制度》对第二节做了整体修改；根据《财政部 税务总局关于明确增值税小规模纳税人减免增值税等政策的公告》（财政部 税务总局公告 2023 年第 1 号）、《国家税务总局关于增值税小规模纳税人减免增值税等政策有关征管事项的公告》（国家税务总局公告 2023 年第 1 号）的有关规定新增了小规模纳税人的减免税政策会计处理内容；根据近年来发生的实务案例新增了未按照会计制度要求确认收入和成本的涉税风险内容。

第四章，优化了原版第二节、第三节、第四节的有关内容，整合为第二节建筑企业的发票管理，并根据中共中央办公厅、国务院办公厅印发的《关于进一步深化税收征管改革的意见》文件精神和国家税务总局有关"以数治税"的新举措，新增了电子发票管理内容；根据近年来小规模纳税人的免征、减征优惠政策影响，新增了建筑企业不同进度状态的工程项目如何应对税率（征收率）变化涉及的结算价款调；同时对原版部分内容做了删减，对增值税管理思路和风险应对措施进行了提级升档。

第五章，根据《保障农民工工资支付条例》《工程建设领域农民工工资专用账户管理暂行办法》《企业安全生产费用提取和使用管理办法》等文件精神及实务案例，重写总承包企业代发农民工资的涉税处理、企业安全生产费的财税处理、建筑业应注意的"不征税收入"问题三节内容；删除了第一版部分内容，节次结构做了优化调整。

第六章，根据《中华人民共和国民法典》和其他的法律法规重写了本章全部内容。首先，对整体框架做了补充，节次顺序做了调整；其次，重写了第一版"合同收付款与资金管理"的内容，删除了原现金管理的有关内容；最后，新增了合同管理综述等内容。

在本书再版之际，由衷感谢我的老师，中国建设会计学会建筑会计学术委员会首席专家何广涛博士。感谢他的谆谆教导，教导我严谨治学、积极向上，引导我不断深入研习财税实务。本书的出版和再版都离不开何广涛先生对我无私的帮助。

由于本人专业能力有限，书中部分观点难免有些片面，或存在一些不妥和错漏之处，欢迎读者批评指正，本人微信号：qq675222603。

林久时（铁蛋）

目　录

第3章　建筑企业收入与成本的确认

第1章 建筑企业财税管理概述

本章主要介绍建筑行业现状、组织机构特点和产业链条基础概念，建筑企业组织机构模式对财务管理与税务管理的影响，建筑企业合同管理的重要性等，为后续章节对建筑企业全流程财税业务展开阐述奠定基础。

1.1 建筑行业的现状及建筑企业的组织框架

建筑业指国民经济中从事建筑安装工程的勘察、设计、施工，以及对原有建筑物进行维修活动的物质生产部门。改革开放四十多年以来，随着深化改革的全面推进，建筑业取得了显著成就，拉动了内需、增进了民生福祉，一定程度上促进了经济社会发展。

1.1.1 建筑行业的现状

根据国家统计局网站和中国建筑业协会建筑业信息显示，截至 2021 年末，国内各种类型建筑企业达到 226 万家，其中有施工活动的具有建筑企业资质的总承包和专业承包建筑企业 129 万家。近年来随着我国建筑企业生产和经营规模的不断扩大，建筑业总产值持续增长，但产值利润率却不那么令人乐观。

1. 建筑业产值利润率

据国家统计局网站发布的相关数据显示，建筑业产值利润率（利润总额与总产值之比）自 2014 年达到 363% 后，连续呈下降趋势。2021 年、2022 年连续两年跌破 3%，为近 10 年最低的两年。具体数据见表 1-1。

表 1-1　2018 年至 2022 年建筑业产值利润率数据表　　单位：亿元

年度	建筑业总产值	产值同比增长率	建筑业利润总额	利润同比增长率	产值利润率
2018 年	225 816.86	5.55%	7 974.82	6.44%	3.53%
2019 年	248 445.77	10.02%	8 279.55	3.82%	3.33%
2020 年	263 947.39	6.24%	8 447.74	2.03%	3.20%

年度	建筑业总产值	产值同比增长率	建筑业利润总额	利润同比增长率	产值利润率
2021 年	293 079.31	11.04%	8 470.81	0.03%	2.89%
2022 年	311 980	6.5%	8 369	−1.2%	2.68%

＊上表数据来自国家统计局网站"数据查询"。

建筑行业的装配式建筑设计、BIM、绿色建筑、全过程咨询等新理念受到了国家和社会的支持，然而建筑行业整体情况依然存在劳动密集型、技术水平低下、环境污染严重、施工效率低等问题。

2. 建筑业利润率持续走低的主要原因

通过前述数据，有两个问题不得不面对，造成建筑业产值和利润一直在增长，但利润率持续走低的原因是什么？在微利时代，建筑企业该怎么持续发展？

笔者在日常财税专业服务的过程中，发现造成部分建筑企业利润率持续走低的原因主要有五个：一是以房地产施工为主业的建筑企业近年来受地产业整体影响，工程款未到位，资金成本加大；二是部分建筑企业存在以"挂靠经营"收取管理费为生，利润率低下；三是为了扩大规模或"活下去"，投标时选择低价中标，饮鸩止渴；四是部分中小建筑企业经营管理模式简单粗暴，成本管理失效；五是财税政策理解不到位，没有合法合规进行税务筹划，反而加大了涉税风险而带来不应该发生的损失。

在微利时代，建筑企业应该更加关注产业链优化带来的新价值。应该更加注重资金管理，加强内部管控。应该在合法合规的前提下进行财税筹划，提升应对风险能力、增强管理效益。

1.1.2　建筑企业的组织架构模式

建筑企业通常跨地区施工、跨国施工也较为常见。由于受地域因素影响，总部管理部门很难对工程项目部实施有效监督，因此成立了许多分公司（子公司）、项目指挥部等派出机构分级管理，形成行业独特的组织架构。建筑企业的组织架构类型主要有五种：①公司总部—项目部；②母公司—子公司—项目部；③总公司—分公司—项目部；④总公司—项目指挥部，子公司—项目部；⑤总公司—总承包部—项目部。

某建筑企业组织架构如图 1-1 所示。

组织架构图 — 董事会 — 经理层

- 战略规划发展部
- 安全生产管理部
- 市场开发管理部
- 成本预算管理部
- 子公司
  - 北京铁蛋地产开发有限公司
  - 江苏铁蛋设备租赁有限公司
  - 浙江铁蛋劳务分包有限公司
  - 江西铁蛋物业管理有限公司
  - 浙江铁蛋钢结构工程有限公司
  - 山东铁蛋市政路桥有限公司
- 分公司
  - 上海铁蛋建筑集团有限公司吉林分公司
  - 上海铁蛋建筑集团有限公司青岛分公司
  - 上海铁蛋建筑集团有限公司陕西分公司
  - 上海铁蛋建筑集团有限公司云南分公司
  - 上海铁蛋建筑集团有限公司福建分公司
  - 上海铁蛋建筑集团有限公司广东分公司
- 总承包部
  - 第一总承包部
  - 第二总承包部
  - 第三总承包部
  - 南方总承包部
  - 西北总承包部
  - 东北总承包部
  - 华北总承包部
- 人力资源管理部
- 财务资金管理部
- 法律风控审计部
- 技术质量管理部
- 行政管理部
- 多元化事业中心
  - 职工食堂
  - 职工招待所
  - 职工幼儿园
  - 职工医院
  - 仓储与运输中心

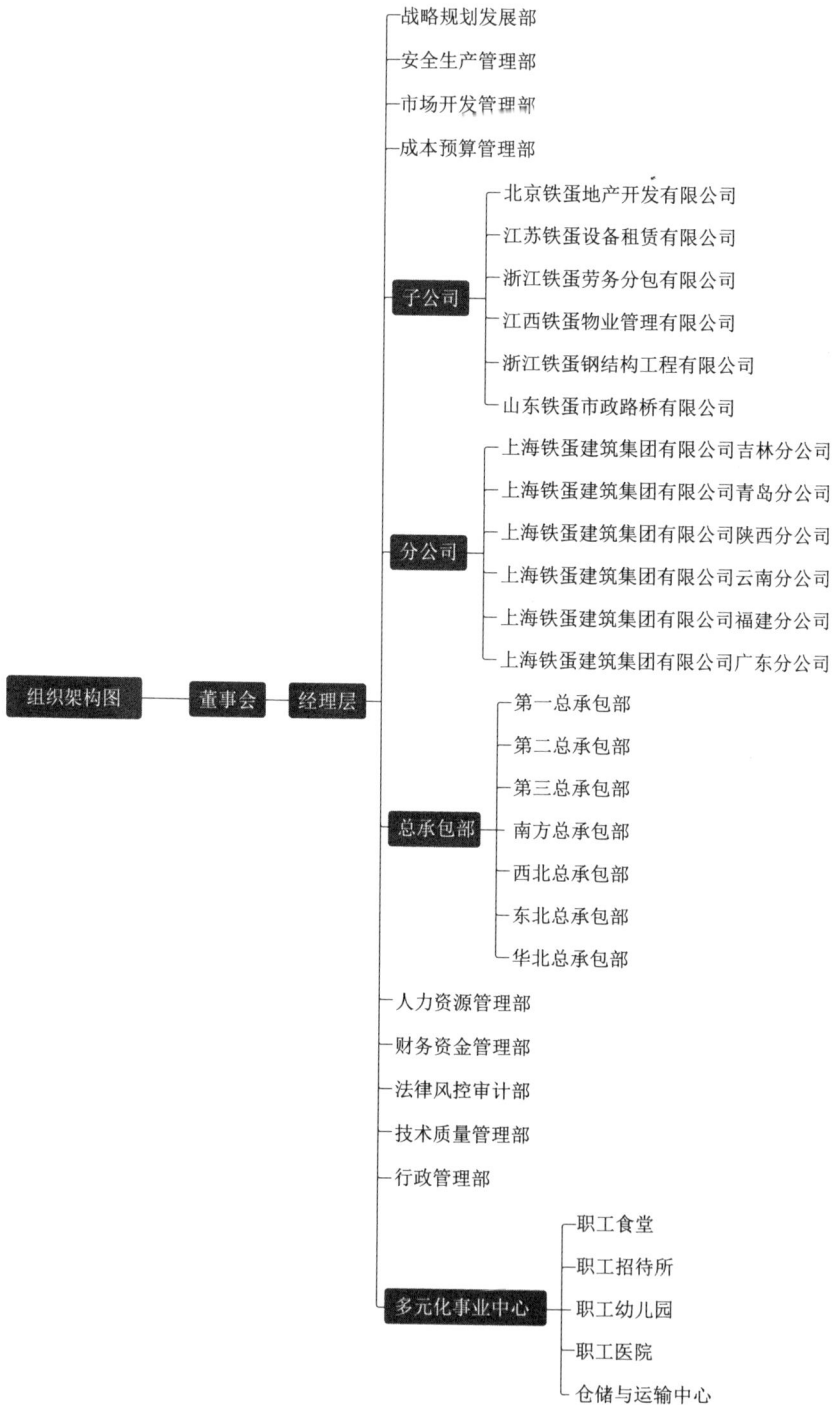

图 1-1 某建筑企业的组织架构图

第一种："公司总部—项目部"模式

"公司总部—项目部"模式，一般适用于工程数量不多、分布比较集中、跨地域不大的建筑企业。该种模式是由公司总部直接管理所有工程项目部，以公司总部的名义签订承包合同，由公司总部组织成立工程项目部负责施工管理。以公司总部的名义向发包方开具工程款发票、收取工程款、进行会计核算、申报纳税。

第二种："母公司—子公司—项目部"模式

众多中型建筑企业采用"母公司—子公司—项目部"模式，该种模式有可能是子公司使用自己的资质中标某工程项目，以子公司的名义签订承包合同、组织工程项目部进行施工管理、开具工程款发票、收取工程款、进行会计核算、申报纳税。也有可能以母公司的资质中标某工程项目，再交给子公司进行施工管理。如果该母公司属于集团公司，根据《国家税务总局关于进一步明确"营改增"有关征管问题的公告》（国家税务总局公告 2017 年第 11 号）的有关规定，授权集团内其他纳税人（以下称"第三方"）为发包方提供建筑服务，并由第三方直接与发包方结算工程款的，由第三方缴纳增值税并向发包方开具增值税发票，与发包方签订建筑合同的建筑企业不缴纳增值税。发包方可凭实际提供建筑服务的纳税人开具的增值税专用发票抵扣进项税额。即以子公司的名义开具工程款发票、收取工程款、进行会计核算、申报纳税。

这类模式要注意，在建筑法规上可能被认定为违法转包，存在法律风险。

第三种："总公司—分公司—项目部"模式

分公司分为"独立核算分公司"和"非独立核算分公司"。

非独立核算的分公司是指注册的分公司没有银行账户，不单独设置账套，不设置会计部门和人员，由总公司拨付运营资金。工程项目发生的费用支出由总公司报销，工程项目取得的收入上缴给总公司，统一进行核算。分公司不进行会计核算和申报纳税，所有的财务数据和税务处理均由总公司办理。因此在会计核算与税务管理上和第一种模式无异，与第五种模式类似。非独立核算分公司一般以总公司的名义承揽工程项目、签订承包合同，再由该分公司实际执行。

独立核算的分公司对其资金状况和经营成果进行全面、系统的会计核算，在税务管理上与非独立核算的分公司差异较大，除企业所得税有特殊规定外，其他所有税种，分公司都是独立的纳税人（扣缴义务人）。独立核算的分公司也没有相应的资质，因此在业务上依然是以总公司的名义承揽工程项目、签订承包合同，再由总公司签订内部授权协议，授权该分公司进行施工并向客户开具应税发票、收取工程款、办理工程结算。

笔者提醒，本书以后章节所描述的"分公司"除特别标注外，其他均为独立核算的分公司。

第四种："总公司—项目指挥部、子公司—项目部"模式

第四种模式与第二种模式类似，只是核算规模和管理层级上有所不同。项目指挥部为总公司派出机构，项目部为子公司派出机构，项目部对内执行施工业务。项目指挥部负责对辖区内各个项目部进行内部结算，总公司负责与客户进行计价结算、开具应税发票。总公司在编制会计报表时需要抵消子公司项目部和总公司项目指挥部重合部分的数据。

第五种："总公司—总承包部（内部承包单位）—项目部"模式

有的建筑企业跨地承揽了众多工程项目，为了便于管理，成立了"总承包部"实行内部承包经营制度，由于总承包部并没有进行工商注册和税务登记，尽管在总公司内部被称之为"分公司"，但其事实上属于总公司下属的事业部，与前述"总公司—分公司—项目部"模式中的"分公司"不是同一概念。

总承包部，没有相应的资质，只能以总公司的名义承揽工程项目、签订承包合同、负责项目施工、工程结算。工程项目所发生的所有财务数据和税务数据均从工程项目部汇总到总承包部，最终汇总到建筑企业总公司，以总公司的名义向客户开具应税发票、收取工程款；以总公司的名义向分包商和供应商收取成本和费用发票；以总公司的名义进行会计核算、统一申报纳税。项目部和总承包部只作为会计核算主体，总承包部的合同收入和合同成本是总公司的营业收入和营业成本中的一部分，项目部形成的利润上交总承包部，总承包部形成的利润上交总公司，最终的利润分配权力归总公司，同时企业所得税的缴纳也由总公司负责汇算清缴。

1.2　工程承包业务

建筑企业的承包业务根据承揽模式可分为独立投标和联合体投标。独立投标，指的是建筑企业以自身资质参与投标，中标后与建设方签订施工承包

合同，并办理计价结算；联合体投标，指的是在满足资质要求的前提下，参与投标的各方利用自身优势组成联合体共同投标、共同签订合同，各自成立工程项目按合同约定进行施工，业主对联合体各方分别计价结算。

建筑企业的承包业务根据管理模式可分为自营模式、总分包模式。自营模式，指的是建筑企业中标后直接成立项目部，负责履行合同义务；总分包模式，指的是总包方和分包方各自按照合同约定进行工程施工，业主对总包工程进行计价结算，总包方对分包工程进行计价结算。

会计核算上，自营模式下总包方按照履约进度确认合同收入与合同成本；总分包模式下的总包方和分包方应按各自合同总额，按照履约进度确认合同收入与合同成本。

1.2.1 总承包与分包管理

1. 建筑总承包与专业分包

建筑行业主要经营方式是建设单位与建筑企业签订施工合同，通过不同形式建立承发包关系，按合同要求组织施工。一项建设工程至少涉及两方：建设方（发包方）和承建方（总承包方）。建设方指的就是房地产公司（或者其他企业），承建方通俗说就是建筑企业，同时有可能还有分包方。分包指的是总承包单位把自己的某一部分工程发包给具有相应资质的施工单位进行施工，通常所说的分包有：劳务分包、专业分包。劳务分包，顾名思义就是把整个工程的劳务内容分包出去，由劳务分包公司组织人力进行现场施工，总承包单位负责现场管理。专业分包，指的是总承包单位将部分工程发包给具备相应资质的专业公司施工，例如地基基础、防水防腐、隧道工程、输变电工程等。

根据《中华人民共和国建筑法》（以下简称《建筑法》）规定，建筑工程总承包单位可以将承包工程中的部分工程发包给具有相应资质条件的分包单位；但是，除总承包合同中约定的分包外，必须经建设单位认可。施工总承包的建筑工程主体结构的施工必须由总承包单位自行完成。建筑工程总承包单位按照总承包合同的约定对建设单位负责。分包单位按照分包合同的约定对总承包单位负责。总承包单位和分包单位就分包工程对建设单位承担连带责任。禁止总承包单位将工程分包给不具备相应资质条件的单位，禁止分包单位将其承包的工程再分包，建筑工程主体结构的施工必须由总承包单位自行完成。

施工管理基本流程：总承包单位投标→中标并签订施工总承包合同→组建工程项目部→搭建临时设施→签订劳务分包和专业分包合同→物资及设备采购→物资及设备租赁→施工→竣工验收，如图 1-2 所示。

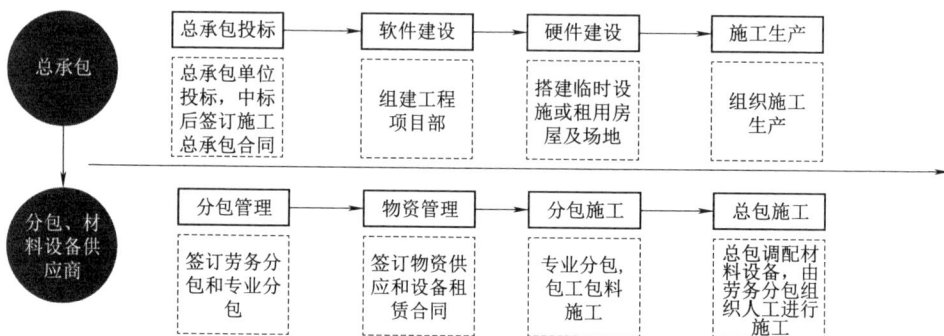

图 1-2　施工管理基本流程

总承包企业财税管理基本流程：测算合同预计总收入与总成本→按期对人工、材料、机械、分包费进行会计核算→定期与业主核对阶段工程量→测算履约进度（完工进度）并确认收入；收取成本费用发票勾选确认抵扣进项税额→开具工程款发票→计算应交、应预缴税费并缴纳→竣工决算清税，如图 1-3 所示。

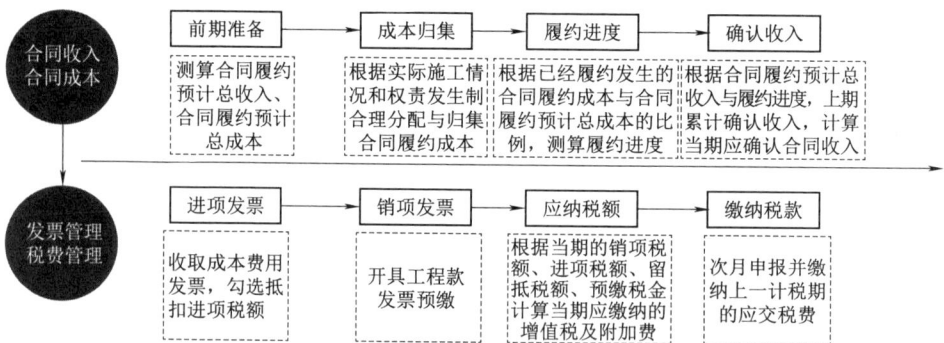

图 1-3　建筑企业财税处理基本流程会计核算基本流程

2. 建筑企业资质分类与等级

根据《建筑法》相关规定，建筑企业在取得相应等级的资质证书后，才可在其资质等级许可的范围内从事建筑活动。建筑企业按照其拥有的注册资本、专业技术人员、技术装备和已完成的建筑工程业绩等资质条件，划分为不同的资质等级。

根据《住房和城乡建设部关于印发建设工程企业资质管理制度改革方案的通知》(建市〔2020〕94号)有关规定，对部分专业划分过细、业务范围相近、市场需求较小的企业资质类别予以合并，对层级过多的资质等级进行归并。改革后，施工资质分为综合资质、施工总承包资质、专业承包资质和专业作业资质。新施工资质分类分级，见表1-2。

表 1-2　新施工资质分类分级表

资质类别	序号	施工资质类型	等级
综合资质	1	综合资质	不分等级
施工总承包资质	1	建筑工程施工总承包	甲、乙级
	2	公路工程施工总承包	甲、乙级
	3	铁路工程施工总承包	甲、乙级
	4	港口与航道工程施工总承包	甲、乙级
	5	水利水电工程施工总承包	甲、乙级
	6	市政公用工程施工总承包	甲、乙级
	7	电力工程施工总承包	甲、乙级
	8	矿山工程施工总承包	甲、乙级
	9	冶金工程施工总承包	甲、乙级
	10	石油化工工程施工总承包	甲、乙级
	11	通信工程施工总承包	甲、乙级
	12	机电工程施工总承包	甲、乙级
	13	民航工程施工总承包	甲、乙级
专业承包资质	1	建筑装修装饰工程专业承包	甲、乙级
	2	建筑机电工程专业承包	甲、乙级
	3	公路工程类专业承包	甲、乙级
	4	港口与航道工程类专业承包	甲、乙级
	5	铁路电务电气化工程专业承包	甲、乙级
	6	水利水电工程类专业承包	甲、乙级
	7	通用专业承包	不分等级
	8	地基基础工程专业承包	甲、乙级

资质类别	序号	施工资质类型	等级
专业承包资质	9	起重设备安装工程专业承包	甲、乙级
	10	预拌混凝土专业承包	不分等级
	11	模板脚手架专业承包	不分等级
	12	防水防腐保温工程专业承包	甲、乙级
	13	桥梁工程专业承包	甲、乙级
	14	隧道工程专业承包	甲、乙级
	15	消防设施工程专业承包	甲、乙级
	16	古建筑工程专业承包	甲、乙级
	17	输变电工程专业承包	甲、乙级
	18	核工程专业承包	甲、乙级
专业作业资质	1	专业作业资质	不分等级

1.2.2　联合体承包工程

建筑行业中有一种特殊工程承包形式——联合投标体（以下简称"联合体"）。

1. 联合体承包工程的基本要求

根据《建筑法》第二十七条，"大型建筑工程或者结构复杂的建筑工程，可以由两个以上的承包单位联合共同承包。共同承包的各方对承包合同的履行承担连带责任。"两个以上不同资质等级的单位实行联合共同承包的，应当按照资质等级低的单位的业务许可范围承揽工程。因此，组成联合体进行共同承包的最基本的要求是联合体的各方资质必须都符合该工程最低的资质要求。

联合体各成员分工承担的工作内容必须与适用法律规定的该成员的资质资格相适应，并应具有相应的项目管理体系和项目管理能力，且不应根据其就承包工作的分工而减免对发包人的任何合同责任。

2. 联合体应该如何签订合同

联合体各方签订共同投标协议后，不得再以自己名义单独投标，也不得组成新的联合体或参加其他联合体在同一项目中投标。联合体各方应共同与发包人签订合同协议书，联合体各方应为履行合同向发包人承担连带责任。

联合体各方必须指定牵头人，授权其代表所有联合体成员负责投标和合同实施阶段的主办、协调工作，并应当向招标人提交由所有联合体成员法定代表人签署的授权书。

3. 联合体承包工程的财税处理

关于联合体应该如何进行会计核算并没有明确规定，联合体只是一个虚拟的组织，既非法定组织，也不是法人单位。联合体既无银行账号，也无营业执照，无法以联合体的身份向业主开具应税发票和收取工程款。建筑企业组成联合体投标的，应当以联合体各方或者联合体中牵头人的名义提交投标保证金。若以联合体中牵头人名义提交的投标保证金，对联合体各成员具有约束力。

在联合体承包合同关系中，牵头人只是负责投标和合同实施阶段的主办、协调工作，其身份与其他联合体承包人一样都属于乙方。承包人应在建设工程合同的专用合同条件中应当明确联合体各成员的分工、费用收取、发票开具等事项。

在实务中，有可能某个联合体工程的业主比较认可联合体中的牵头人，经常出现业主把工程款全部支付给牵头人，由牵头人统一收款再向联合体各方支付相应款项，并且要求由牵头人开具联合体承包合同义务对应的全部发票，联合体的其他承包人向牵头人开具建筑服务发票。工程款的支付可以采用委托收付的形式操作（即前述情形），但在开具发票上如果按照上述方式操作就成了"总承包——专业分包"，不属于联合体工程。牵头人和其他联合体承包人同属于乙方，如果牵头人统一开票给甲方，其他联合体承包人再开票给牵头人，就出现"乙方给乙方开票"的情形，合同义务与开票行为不统一。因此，笔者建议建筑企业如果以联合体的形式中标工程，联合体各方应当分别向业主开具建筑服务发票。

1.3 建筑企业总分机构的税务管理

建筑企业不同的组织架构和会计核算组织模式对税务管理都将产生直接影响，本节将通过建筑业不同的组织架构类型，解析总分机构的税务管理。

1.3.1 "公司总部—项目部"和"总公司—总承包部—项目部"模式下的税务管理

1. 增值税管理

项目部和总承包部并非税法意义上的分支机构，属于建筑企业的内部管理单元。如果在总公司注册地施工，则所有税种均在总公司机构所在地申报缴纳；如果是跨地区提供建筑服务，则需要在项目所在地预缴增值税。跨地区提供建筑服务适用或者选择适用简易计税方法的工程项目，以其取得的全部价款及价外费用扣除支付的分包款后预缴 3％；适用或者选择适用简易计税方法的工程项目差额预缴 3％，适用或者选择适用一般计税方法的工程项目差额预缴 2％，在总公司机构所在地统一申报缴纳增值税时扣除在异地已经预缴的部分后再申报缴纳。关于建筑企业的增值税管理与会计核算在第四章将详细阐述。

2. 企业所得税管理

"公司总部—项目部"模式和"总公司—总承包部—项目部"模式下，工程项目如果在总公司注册地，则由总机构统一核算，按季度或月度预缴、汇算清缴。跨地区施工的工程项目，则根据《国家税务总局关于跨地区经营建筑企业所得税征收管理问题的通知》(国税函〔2010〕156 号)（以下简称国税函〔2010〕156 号)，"三、建筑企业总机构直接管理的跨地区设立的项目部，应按项目实际经营收入的 0.2％按月或按季由总机构向项目所在地预分企业所得税，并由项目部向所在地主管税务机关预缴。"

笔者提醒，国税函〔2010〕156 号规定的"跨地区"设立项目部是指总机构跨省级行政区设立项目部。建筑企业在同一省级行政区内跨地（市、县）设立项目部的，其企业所得税的征收管理办法按照省级行政区的税务机关的规定执行。

例如，江西省税务局颁发的《江西省国家税务局转发国家税务总局关于跨地区经营建筑企业所得税征收管理问题的通知》(赣地税发〔2010〕113 号)规定，"三、建筑企业总机构直接管理的跨县（市、区）设立的项目部，凡能向项目所在地主管税务机关出具总机构所在地主管税务机关开具的《外出经营活动税收管理证明》，其应缴纳的企业所得税可回总机构所在地缴纳，暂不实行按项目实际经营收入的一定比例由项目部向项目所在地主管税务机关预缴。同时，项目部应向所在地主管税务机关提供总机构出具的证明该项目部属于总机构直接管理的证明文件。"前述文件的规定可以概括为：江西省内的建筑企业总部直营项目跨区、县施工不用在项目所在地预交企业所得税，但跨地级行政区需要按规定就地预交 0.2%。

《国家税务总局福建省税务局关于省内跨地区经营建筑企业所得税征收管理有关问题的公告》（福建省税务局公告〔2018〕36 号），"一、省内跨地区经营建筑企业总机构直接管理的跨地区（跨市、县、区，下同）设立的项目部，应按项目实际经营收入的 0.2% 按月或按季由总机构向项目所在地预分企业所得税，并由项目部向所在地主管税务机关预缴。"即在福建省内建筑企业跨区、县施工就要预交企业所得税 0.2%，这与异地施工预缴增值税的政策规定，在预缴空间的管理上有所差异。

根据规定，建筑企业总部直营的异地施工的工程项目需要按照当期开具的发票金额预交 0.2% 的企业所得税，如果工程项目未出具《跨区域涉税事项报验管理》证明，则有可能被作为独立的企业所得税纳税人在项目所在地独立缴纳企业所得税，部分地区直接对项目核定征收企业所得税，核定征收率各地不尽相同。

建筑企业在企业所得税汇算清缴时应当注意，总机构只设跨地区项目部的，扣除已由项目部预缴的企业所得税后，按照其余额就地缴纳；建筑企业总机构应按照有关规定办理企业所得税年度汇算清缴，项目部不进行汇算清缴。总机构年终汇算清缴后应纳所得税额小于已预缴的税款时，由总机构主管税务机关办理退税。笔者提醒各位读者注意，2020 年度之前的企业所得税汇算清缴后应纳所得税额小于已预缴的税款纳税人可以自行选择退税或抵扣以后年度的应缴企业所得税。2021 年度及以后年度企业所得税汇算清缴，根据《国家税务总局关于企业所得税年度汇算清缴有关事项的公告》（国家税务总局公告 2021 年第 34 号）规定，"二、纳税人在纳税年度内预缴企业所得税税款超过汇算清缴应纳税款的，纳税人应及时申请退税，主管税务机关应及时按有关规定办理退税，不再抵缴其下一年度应缴企业所得税税款。"

1.3.2 "总公司—分公司—项目部"模式下的税务管理

1. 增值税管理

根据《中华人民共和国增值税暂行条例》（以下简称"增值税暂行条

例")第一条规定："在中华人民共和国境内销售货物或者加工、修理修配劳务（以下简称'劳务'），销售服务、无形资产、不动产以及进口货物的单位和个人，为增值税的纳税人，应当依照本条例缴纳增值税。"分公司依法设立并领取非法人营业执照（登记证书），设立以后具有单独的纳税人识别号，即为独立的增值税纳税人（扣缴义务人），增值税纳税人不区分是否具有法人资格。

根据增值税暂行条例的有关规定，总机构和分支机构不在同一县（市）的，应当分别向各自所在地的主管税务机关申报纳税。经国务院财政、税务主管部门或者其授权的财政、税务机关批准，可以由总机构汇总向总机构所在地的主管税务机关申报纳税。

另外，根据《国家税务总局关于进一步明确营改增有关征管问题的公告》（国家税务总局公告2017年第11号）规定，"二、建筑企业与发包方签订建筑合同后，以内部授权或者三方协议等方式，授权集团内其他纳税人（以下称'第三方'）为发包方提供建筑服务，并由第三方直接与发包方结算工程款的，由第三方缴纳增值税并向发包方开具增值税发票，与发包方签订建筑合同的建筑企业不缴纳增值税。发包方可凭实际提供建筑服务的纳税人开具的增值税专用发票抵扣进项税额。"

因此，建筑企业的总公司和分公司，一般情况下应就其应税业务分别申报缴纳增值税。

2. 企业所得税管理

（1）分公司应该如何缴纳企业所得税？

根据《中华人民共和国企业所得税法》（以下简称《企业所得税法》）第五十条规定："除税收法律、行政法规另有规定外，居民企业以企业登记注册地为纳税地点；但登记注册地在境外的，以实际管理机构所在地为纳税地点。居民企业在中国境内设立不具有法人资格的营业机构的，应当汇总计算并缴纳企业所得税。"

企业所得税应由具有独立法人资格的企业缴纳，分公司不具有独立法人资格，因此应当由总机构汇总计算缴纳企业所得税，与分公司是否独立进行会计核算无关。

根据《国家税务总局关于印发〈跨地区经营汇总纳税企业所得税征收管

理办法〉的公告》（国家税务总局公告 2012 年第 57 号）（以下简称国家税务总局 2012 年第 57 号）第二条规定，"居民企业在中国境内跨地区（指跨省、自治区、直辖市和计划单列市，下同）设立不具有法人资格分支机构的，该居民企业为跨地区经营汇总纳税企业（以下简称汇总纳税企业），除另有规定外，其企业所得税征收管理适用本办法。"实行"统一计算、分级管理、就地预缴、汇总清算、财政调库"的企业所得税征收管理办法。

【案例 1-1】　A 省甲市铁蛋建筑工程有限公司（以下简称"铁蛋总公司"）在 B 省乙市设立了铁蛋建筑工程有限公司钢蛋分公司（以下简称"钢蛋分公司"），钢蛋分公司的主管税务机关，即 B 省乙市某税务机关。钢蛋分公司的企业所得税应并入铁蛋总公司，由铁蛋总公司进行汇算清缴。如果铁蛋总公司既有二级分支机构又有直营项目，则在进行总、分机构企业所得税分配时，应当先扣除总机构直营项目部预交的企业所得税后，再按照相关文件规定计算总、分支机构应缴纳的税款。

笔者提醒，建筑企业跨地区经营的二级以下分支机构管理的工程项目部，应向项目所在地主管税务机关出具总机构所在地主管税务机关开具的"外出经营活动税收管理证明"①，未提供上述证明的，工程项目部所在地主管税务机关将会督促其限期补办。不能提供上述证明的，将被作为独立纳税人就地缴纳企业所得税。同时，工程项目部应向所在地主管税务机关提供总机构出具的，证明该工程项目部属于总机构或二级分支机构管理的证明文件。

（2）汇总纳税企业的总、分机构企业所得税如何计算分摊？

根据国家税务总局公告 2012 年第 57 号文件第十三条，"总机构按以下公式计算分摊税款：

总机构分摊税款＝汇总纳税企业当期应纳所得税额×50％

第十四条，分支机构按以下公式计算分摊税款：

---

① 根据《国家税务总局关于创新跨区域涉税事项报验管理制度的通知》（税总发〔2017〕103 号）文件第一条第一项和第一条第二项规定：将"外出经营活动税收管理"更名为"跨区域涉税事项报验管理"。跨区域经营前不再开具相关证明，改为填报《跨区域涉税事项报告表》。纳税人跨省（自治区、直辖市和计划单列市）临时从事生产经营活动的，不再开具《外出经营活动税收管理证明》，改向机构所在地的国税机关填报《跨区域涉税事项报告表》。纳税人在省（自治区、直辖市和计划单列市）内跨县（市）临时从事生产经营活动的，是否实施跨区域涉税事项报验管理由各省（自治区、直辖市和计划单列市）税务机关自行确定。

所有分支机构分摊税款总额＝汇总纳税企业当期应纳所得税额×50％

某分支机构分摊税款＝所有分支机构分摊税款总额×该分支机构分摊比例。"

上述的分摊比例怎么计算？总机构应按照上年度分支机构的营业收入、职工薪酬和资产总额三个因素计算各分支机构分摊所得税款的比例；三级及以下分支机构，其营业收入、职工薪酬和资产总额统一计入二级分支机构；三因素的权重依次为0.35，0.35，0.30。

计算公式如下：

某分支机构分摊比例＝（该分支机构营业收入÷各分支机构营业收入之和）×0.35＋（该分支机构职工薪酬÷各分支机构职工薪酬之和）×0.35＋（该分支机构资产总额÷各分支机构资产总额之和）×0.30

企业所得税汇总纳税分支机构所得税分配，见表1-3。

表1-3　企业所得税汇总纳税分支机构所得税分配表

应纳所得税额		总机构分摊所得税额	总机构财政集中分配所得税额				分支机构分摊所得税额	
分支机构情况	分支机构统一社会信用代码（纳税人识别号）	分支机构名称	三项因素			分配比例	分配所得税额	
			营业收入	职工薪酬	资产总额			
	合计							

根据国家税务总局公告2012年第57号文件第三十条，"2008年底之前已成立的汇总纳税企业，2009年起新设立的分支机构，其企业所得税的征管部门应与总机构企业所得税征管部门一致；2009年起新增汇总纳税企业，其分支机构企业所得税的管理部门也应与总机构企业所得税管理部门一致。"

总机构在汇算清缴时，如果出现应纳所得税额小于已预缴的税款，由总机构汇总计算企业年度应纳所得税额，扣除总机构和各分支机构已预缴的税款，计算出应缴应退税款，按照规定的税款分摊方法计算总机构和分支机构的企业所得税应缴应退税款，分别由总机构和分支机构就地办理税款缴库或退库。涉及退税时，也可经总、分机构同意后分别抵缴其下一年度应缴企业所得税税款。在实务操作中需要建筑企业加强与总机构主管税务机关、分支机构主管税务机关的有效沟通，确保顺利办理退税或抵缴。

3. 本省建筑企业跨地级市提供建筑服务的企业所得税预缴和分配问题

根据《国家税务总局关于跨地区经营建筑企业所得税征收管理问题的通知》（国税函〔2010〕156号）第八条，"建筑企业在同一省、自治区、直辖市和计划单列市设立的跨地（市、县）项目部，其企业所得税的征收管理办法，由各省、自治区、直辖市和计划单列市税务机关制定，并报国家税务总局备案。"

4. 作为独立纳税义务人的分公司如何缴纳企业所得税

根据国家税务总局公告2012年第57号第二十四条规定，"以总机构名义进行生产经营的非法人分支机构，无法提供汇总纳税企业分支机构所得税分配表，也无法提供本办法第二十三条规定的相关证据证明其二级及以下分支机构身份的，应视同独立纳税人计算并就地缴纳企业所得税，不执行本办法的相关规定。"

分支机构办理税务登记，在填写税务登记表时，有一项填写内容为"核算方式"。"核算方式"中的内容共有两个选项，分别是"独立核算"和"非独立核算"。若选择"独立核算"，则该分公司就可能被作为企业所得税独立纳税义务人对待，自被认定为独立纳税义务人那一刻起至当年的纳税年度终了，在企业所得税的管理上与总公司完全切割，独立申报缴纳。

5. 企业所得税汇算清缴

根据国家税务总局公告2012年第57号第十条，"汇总纳税企业应当自年度终了之日起5个月内，由总机构汇总计算企业年度应纳所得税额，扣除总机构和各分支机构已预缴的税款，计算出应缴应退税款，按照本办法规定的税款分摊方法计算总机构和分支机构的企业所得税应缴应退税款，分别由总机构和分支机构就地办理税款缴库或退库。

···········

第十五条　总机构应按照上年度分支机构的营业收入、职工薪酬和资产总额三个因素计算各分支机构分摊所得税款的比例；三级及以下分支机构，其营业收入、职工薪酬和资产总额统一计入二级分支机构；三因素的权重依次为 0.35、0.35、0.30。"

因此，跨省、自治区、直辖市和计划单列市、省内跨市汇总纳税企业设立的二级分支机构应参加汇算清缴。汇总纳税企业总机构按照税款分摊方法计算的分支机构企业所得税应缴应退税款，由分支机构就地办理税款缴库或退库。三级及三级以下的分支机构不用参加汇算清缴。

汇总纳税企业汇算清缴时，总机构除报送《中华人民共和国企业所得税年度纳税申报表（A类）》(含分配表)和年度财务报表外，还应报送各分支机构的年度财务报表和各分支机构参与企业年度纳税调整情况的说明。分支机构除报送企业所得税年度纳税申报表（只填列部分项目）外，还应报送经总机构所在地主管税务机关受理的汇总纳税企业分支机构所得税分配表、分支机构的年度财务报表（或年度财务状况和营业收支情况）和分支机构参与企业年度纳税调整情况的说明。

独立核算的分公司，即被当作企业所得税独立纳税义务人的分公司，不按前述内容操作，独立做汇算清缴。

1.3.3 "母公司—子公司—项目部"模式下的税务管理

如果是"母公司—子公司—项目部"模式，子公司在涉税处理上基本是完全独立的。企业所得税、增值税等税种完全由子公司自行申报缴纳，并进行会计核算。除了隶属关系、管理模式以外，在财务管理上母公司与子公司之间仅涉及经营成果的分配和合并报表的处理。

1.4 建筑企业纳税信用评级管理

在信息共享时代，建筑企业的纳税信用越来越重要。很多建设方或者投资方为了解投标企业的诚信和经营状况，招标时经常把投标企业的纳税信用等级作为重要的参考依据，在投标筛选环节可能就把存在税收违法违章、拖欠税款的企业直接淘汰了。

企业纳税信用等级除了投标时被招标单位作为重要的参考指标以外，在申请上市、融资贷款，企业负责人参与评先评优、竞选各类代表资格上也都是考核的重要指标，对纳税信用存在问题的企业实行"一票否决"。

1.4.1 纳税信用的等级

国家税务总局对已办理税务登记（含"三证合一、一照一码"、临时登记），从事生产经营并适用查账征收的独立核算企业、个人独资企业、合伙企业、企业所得税适用核定征收的企业，必须参与纳税信用等级评价，独立核算分支机构可根据自身情况自愿参与评价。评价方式分为年度评价指标得分和直接判级两种。纳税信用等级共分为五级，分别为：A级、B级、C级、D级和M级，纳税信用等级，见表1-4。

表1-4 纳税信用等级

信用等级	对应的分值	对领用增值税发票的影响
A级	年度评价指标得分90分以上	A级一般纳税人可单次领取3个月的增值税发票用量，需要调整增值税发票用量时即时办理。普通发票按需领用
B级	年度评价指标得分70分以上不满90分	B级纳税人，税务机关实施正常管理，适时进行税收政策和管理规定的辅导，并视信用评价状态变化趋势，选择性地提供A级激励措施
C级	年度评价指标得分40分以上不满70分	C级纳税人，税务机关从严管理，并视信用评价状态变化趋势，选择性地采取D级管理措施
D级	年度评价指标得分40分以下或直接判级确定	D级的纳税人，增值税专用发票领用按辅导期一般纳税人政策办理，普通发票的领用实行交（验）旧供新、严格限量供应
M级	未发生《信用管理办法》第二十条所列失信行为的新设立企业和评价年度内无生产经营业务收入且年度评价指标得分70分以上的企业。	

以上各个等级通过评价指标得分和直接判级来评定。

1.4.2 纳税信用等级的评定标准

评定等级的工作由国家税务总局和省税务机关组织实施，按月采集评定指标信息。该信息从税务管理系统中采集，税务管理系统中暂缺的信息由税务机关通过纳税人申报采集。评价年度之前的纳税信用记录，相关部门评定的优良信用记录和不良信用记录，在税收管理记录、国家统一信用信息平台等渠道中采集。纳税信用评价采取年度评价指标得分和直接判级方式。评价指标包括税务内部信息和外部评价信息，年度评价指标得分采取扣分方式。纳税人评价年度内经常性指标和非经常性指标信息齐全的，从100分起评；非经常性指标缺失的，从90分起评；直接判级适用于有严重失信行为的纳税人。

纳税信用评级指标与扣分标准，见表1-5。

表1-5　纳税信用评级指标与扣分标准表（部分）

一级指标	二级指标			三级指标	扣分标准	直接判级
税务内部信息	经常性指标信息	01. 涉税申报信息	0101. 按照规定申报纳税	010101. 未按规定期限纳税申报（按税种按次计算）	5分	
				010102. 未按规定期限代扣代缴（按税种按次计算）	5分	
				010103. 未按规定期限填报财务报表（按次计算）	3分	
				010104. 评价年度内非正常原因增值税连续3个月或累计6个月零申报、负申报的	11分	
				010105. 自纳税人向税务机关办理纳税申报之日起不足3年的	11分	
			0102. 增值税抄报税	010201. 增值税一般纳税人未按期抄报税的（按次计算）	5分	
			0103. 出口退（免）税申报与审核	010301. 未在规定期限内办理出口退（免）税资格认定的（按次计算）	3分	
				010302. 未按规定设置、使用和保管有关出口货物退（免）税账簿、凭证、资料的；未按规定装订、存放和保管备案单证的（按次计算）	3分	
				010303. 未按规定报送出口退税申报资料的（按次计算）	3分	

	一级指标	二级指标	三级指标	扣分标准	直接判级
税务内部信息	非经常性指标	05.纳税评估、税务审计、反避税调查信息	0501.纳税评估信息	050101.补税金额不满1万元且占当年应纳税额不满1%，已补缴税款、加收滞纳金、缴纳罚款的	1分	
				050102.补税金额不满1万元且占当年应纳税额1%以上，已补缴税款、加收滞纳金、缴纳罚款的	1分+（应补税款÷评价期应纳税款×100%）	
				050103.补税金额1万元以上且占当年应纳税额不满1%，已补缴税款、加收滞纳金、缴纳罚款的	3分	
				050104.补税金额1万元以上且占当年应纳税额1%以上，已补缴税款、加收滞纳金、缴纳罚款的	3分+（应补税款÷评价期应纳税款×100%）	
				050105.无补税，行为罚2 000元或以下且已缴纳（按次计算）	1分	
				050106.无补税，行为罚2 000元以上且已缴纳（按次计算）	3分	
				050107.在规定期限内未补交或足额补缴税款、滞纳金和罚款	—	直接判D
				050108.拒绝、阻挠税务机关依法进行纳税评估的	11分	

外部评价信息及扣分标准，见表1-6。

表1-6 外部评价信息及扣分标准

外部单位	评价信息	扣分标准
银行	银行账户设置数大于纳税人向税务机关提供数	扣11分
工商行政管理部门	已经在工商行政管理部门完成股权转让变更登记或其他涉税变更登记的纳税人，至评价年度结束时未向税务机关报告相关信息	扣11分
住房保障和房产管理局、土地管理部门或媒介	欠税5万元以上纳税人处置其不动产或大额资产之前未向税务机关报告	扣11分
海关	进口货物报关税额小于增值税进项税额申请抵扣金额	扣11分

1.4.3 什么情况下有可能被直接判为 D 级

国家税务总局发布《纳税信用管理办法（试行）》的公告（国家税务总局公告 2014 年第 40 号）文件第二十条："有下列情形之一的纳税人，本评价年度直接判为 D 级。

（一）存在逃避缴纳税款、逃避追缴欠税、骗取出口退税、虚开增值税专用发票等行为，经判决构成涉税犯罪的；

（二）存在前项所列行为，未构成犯罪，但偷税（逃避缴纳税款）金额 10 万元以上且占各税种应纳税总额 10％以上，或者存在逃避追缴欠税、骗取出口退税、虚开增值税专用发票等税收违法行为，已缴纳税款、滞纳金、罚款的；

（三）在规定期限内未按税务机关处理结论缴纳或者足额缴纳税款、滞纳金和罚款的；

（四）以暴力、威胁方法拒不缴纳税款或者拒绝、阻挠税务机关依法实施税务稽查执法行为的；

（五）存在违反增值税发票管理规定或者违反其他发票管理规定的行为，导致其他单位或者个人未缴、少缴或者骗取税款的；

（六）提供虚假申报材料享受税收优惠政策的；

（七）骗取国家出口退税款，被停止出口退（免）税资格未到期的；

（八）有非正常户记录或者由非正常户直接责任人员注册登记或者负责经营的；

（九）由 D 级纳税人的直接责任人员注册登记或者负责经营的；

（十）存在税务机关依法认定的其他严重失信情形的。"

建筑企业被评为 D 级的负面影响

1. 被税务机关列为重点监控对象

企业一旦被评定或者直接判为 D 级，税务机关将公开 D 级纳税人及其直接责任人员名单，对直接责任人员注册登记或者负责经营的其他纳税人纳税信用直接判为 D 级。增值税专用发票领用按辅导期一般纳税人政策办理，普通发票的领用实行交（验）旧供新、严格限量供应，办理增值税发票增量都比其他企业困难。加强出口退税审核，加强纳税评估，严格审核其报送的各种资料。列入重点监控对象，提高监督检查频次，发现税收违法违规行为的，不得适用规定处罚幅度内的最低标准。将纳税信用评价结果通报相关部门，建议在经营、投资融资、取得政府供应土地、进出口货物、人员出入境、注册新公司、工程招投标、政府采购、获得荣誉、安全许可、生产许可、从业任职资格、资质审核等方面予以限制或禁止。

2. 投标工作、银行授信、各类奖项评选受阻

建筑企业一旦被评为 D 级，就会在很多大型工程的招投标资格筛选时被淘汰。银行授信以及各类奖项评选都受到影响，如果是同一个法人注册的其他公司也被列为关注对象。D 级评价保留 2 年，第三年纳税信用不得评为 A 级。建筑企业将面临税务机关与相关部门实施的联合惩戒措施，以及结合实际情况依法采取的其他严格管理措施。

3. 无法申请退还增量留抵税额

被评为 D 级的企业注销程序和退还期末留抵税额也比其他企业麻烦。根据《国家税务总局关于进一步优化办理企业税务注销程序的通知》(税总发〔2018〕149 号) 第二条，"对向市场监管部门申请一般注销的纳税人，税务机关在为其办理税务注销时，进一步落实限时办结规定。对未处于税务检查状态、无欠税（滞纳金）及罚款、已缴销增值税专用发票及税控专用设备，且符合下列情形之一的纳税人，优化即时办结服务，采取'承诺制'容缺办理，即：纳税人在办理税务注销时，若资料不齐，可在其作出承诺后，税务机关即时出具清税文书。

（一）纳税信用级别为 A 级和 B 级的纳税人；

（二）控股母公司纳税信用级别为 A 级的 M 级纳税人；

……"

文件规定，对未处于税务检查状态、无欠税（滞纳金）、罚款、已缴销增值税专用发票及税控专用设备，且符合以下两点：①纳税信用级别为 A 级和 B 级的纳税人；②控股母公司纳税信用级别为 A 级的 M 级纳税人，优化即时办结服务，采取"承诺制"容缺办埋①。

---

① 容缺办理，即指办事时非主要件暂有欠缺或存在瑕疵，窗口可先予收件或审批部门先予受理的政务服务活动。

根据《财政部 税务总局 海关总署关于深化增值税改革有关政策的公告》(财政部 税务总局 海关总署公告 2019 年第 39 号) 文件第八条第一项,"自 2019 年 4 月 1 日起,试行增值税期末留抵税额退税制度。(一) 同时符合以下条件的纳税人,可以向主管税务机关申请退还增量留抵税额:

1. 自 2019 年 4 月税款所属期起,连续六个月 (按季纳税的,连续两个季度) 增量留抵税额均大于零,且第六个月增量留抵税额不低于 50 万元;

2. 纳税信用等级为 A 级或者 B 级;

3. 申请退税前 36 个月未发生骗取留抵退税、出口退税或虚开增值税专用发票情形的;

4. 申请退税前 36 个月未因偷税被税务机关处罚两次及以上的;

5. 自 2019 年 4 月 1 日起未享受即征即退、先征后返 (退) 政策的。"

根据以上文件规定,建筑企业的纳税信用等级如果为 D 级是无法向主管税务机关申请退还增值税留抵税额的。

被评为 D 级以后如何处置

作为建筑企业,纳税评定等级一定要"保 B 争 A",要极力避免被评定为 D 级。如果被评为 D 级,同时又有异议怎么办?可以申请复评。在评价结果确定的当年内,填写"纳税信用复评申请表",申请复评。主管税务机关自受理申请之日起 15 个工作日内完成复评工作,向纳税人反馈复评信息或提供复评结果查询。不参加纳税信用评价的情形解除后,填写"纳税信用补评申请表",申请补评纳税信用评价。主管税务机关自受理申请之日起 15 个工作日内完成补评工作,向纳税人反馈评价信息或提供评价结果查询。

在规定期限内向主管税务机关申请纳税信用修复

主管税务机关对纳税人的纳税信用等级评价作出后,纳税人对评价等级的结果没有异议,并对失信行为已经主动纠正、消除不良影响的,符合条件的可以向税务机关申请恢复其纳税信用。《关于纳税信用评价与修复有关事项的公告》（国家税务总局公告 2021 年第 31 号），"一、符合下列条件之一的纳税人，可向主管税务机关申请纳税信用修复：

（一）破产企业或其管理人在重整或和解程序中，已依法缴纳税款、滞纳金、罚款，并纠正相关纳税信用失信行为的。

（二）因确定为重大税收违法失信主体，纳税信用直接判为 D 级的纳税人，失信主体信息已按照国家税务总局相关规定不予公布或停止公布，申请前连续 12 个月没有新增纳税信用失信行为记录的。

（三）由纳税信用 D 级纳税人的直接责任人员注册登记或者负责经营，纳税信用关联评价为 D 级的纳税人，申请前连续 6 个月没有新增纳税信用失信行为记录的。

（四）因其他失信行为纳税信用直接判为 D 级的纳税人，已纠正纳税信用失信行为、履行税收法律责任，申请前连续 12 个月没有新增纳税信用失信行为记录的。

（五）因上一年度纳税信用直接判为 D 级，本年度纳税信用保留为 D 级的纳税人，已纠正纳税信用失信行为、履行税收法律责任或失信主体信息已按照国家税务总局相关规定不予公布或停止公布，申请前连续 12 个月没有新增纳税信用失信行为记录的。"

符合可修复条件且失信行为已纳入纳税信用评价的，纳税人可在失信行为被税务机关列入失信记录的次年年底前，向主管税务机关提出信用修复申请，税务机关按照《纳税信用修复范围及标准》调整该项纳税信用评价指标分值，重新评价纳税人的纳税信用级别。符合可修复条件但失信行为尚未纳入纳税信用评价的，纳税人无须提出申请，税务机关按照《纳税信用修复范围及标准》调整纳税人该项纳税信用评价指标分值并进行纳税信用评价。

1.4.4 "首违不罚"是否影响纳税信用等级评价

2021 年 7 月 15 日施行的《中华人民共和国行政处罚法》（以下简称《行政处罚法》）第三十三条，"违法行为轻微并及时改正，没有造成危害后果的，不予行政处罚。初次违法且危害后果轻微并及时改正的，可以不予行政处罚。"税务机关按照"首违不罚"相关规定，不予行政处罚的违法违规行为，是否还会计入纳税人的纳税信用评价中呢？根据《国家税务总局关于纳税信用评价与修复有关事项的公告》（国家税务总局公告 2021 年第 31 号）第四条规定，"自 2021 年度纳税信用评价起，税务机关按照'首违不罚'相关规定对纳税人不予行政处罚的，相关记录不纳入纳税信用评价。"税务机关做出的"首违不罚"是有条件的：一是首次发生"首违不罚"清单中所列事项，二是危害后果轻微，三是在税务机关发现前主动改正或者在税务机关责令限期改正的期限内改正。

税务行政处罚"首违不罚"事项清单具体包括以下内容：

"1. 纳税人未按照税收征收管理法及实施细则等有关规定将其全部银行账号向税务机关报送。

2. 纳税人未按照税收征收管理法及实施细则等有关规定设置、保管账簿或者保管记账凭证和有关资料。

3. 纳税人未按照税收征收管理法及实施细则等有关规定的期限办理纳税申报和报送纳税资料。

4. 纳税人使用税控装置开具发票，未按照税收征收管理法及实施细则、发票管理办法等有关规定的期限，向主管税务机关报送开具发票的数据且没有违法所得。

5. 纳税人未按照税收征收管理法及实施细则、发票管理办法等有关规定取得发票，以其他凭证代替发票使用且没有违法所得。

6. 纳税人未按照税收征收管理法及实施细则、发票管理办法等有关规定缴销发票且没有违法所得。

7. 扣缴义务人未按照税收征收管理法及实施细则等有关规定设置、保管代扣代缴、代收代缴税款账簿或者保管代扣代缴、代收代缴税款记账凭证及有关资料。

8. 扣缴义务人未按照税收征收管理法及实施细则等有关规定的期限报送代扣代缴、代收代缴税款有关资料。

9. 扣缴义务人未按照《税收票证管理办法》的规定开具税收票证。

10. 境内机构或个人向非居民发包工程作业或劳务项目，未按照《非居民承包工程作业和提供劳务税收管理暂行办法》的规定向主管税务机关报告有关事项。

11. 纳税人使用非税控电子器具开具发票，未按照税收征收管理法及实施细则，发票管理办法等有关规定将非税控电子器具使用的软件程序说明资料报主管税务机关备案且没有违法所得。

12. 纳税人未按照税收征收管理法及实施细则、税务登记管理办法等有关规定办理税务登记证件验证或者换证手续。

13. 纳税人未按照税收征收管理法及实施细则、发票管理办法等有关规定加盖发票专用章且没有违法所得。

14. 纳税人来按照税收征收管理法及实施细则等有关规定将财务、会计制度或者财务、会计处理办法和会让核算软件报送税务机关备查。"

"首违不罚"事项是自2021年4月1日起施行的，而税务机关是每年4月确定上一年度纳税信用评价结果。"首违不罚"不纳入纳税信用评价的时间是自2021年度纳税信用评价起，即纳税人在2022年查询上一年度的纳税信用评价结果时，对于发生的"首违不罚"事项，是不会影响到纳税评价结果的。

【案例1-2】 贵阳铁蛋建筑公司2023年9月发生某买卖合同印花税纳税义务，一直未按规定进行纳税申报，2024年3月到办税服务厅办理印花税逾期申报。其主管税务机关核实到贵阳铁蛋建筑公司属于"纳税人未按照税收征收管理法及实施细则等有关规定的期限办理纳税申报和报送纳税资料"且符合"首违不罚"的条件，作出不予处罚的决定。因此，贵阳铁蛋建筑公司该逾期申报印花税的记录不会被纳入2023年的纳税信用评价中，不影响2023年的纳税评价结果。

1.5　建筑企业合同管理

全面"营改增"以后，建筑市场竞争日趋激烈，部分未重视规范操作、未重视合同管理的建筑企业在施工生产经营中屡次受挫，合同管理混乱，间接导致经营成果不佳的案例也屡见不鲜。建筑企业应当重视合同管理工作，特别是中小型建筑企业更应当逐步提升规范意识、合同管控意识。签订合同应充分考虑各类风险，把风险以合同条款的形式签订下来，而不是把合同简单地分为技术、质量、经营等模块进行管理，应重视法律风险和涉税风险，不能让订立的合同形同虚设。

1.5.1　合同的基本含义与建筑企业的合同分类

1. 合同的含义

根据《中华人民共和国民法典》(以下简称《民法典》) 第四百六十四条：

"合同是民事主体之间设立、变更、终止民事法律关系的协议。……"第四百六十九条："当事人订立合同，可以采用书面形式、口头形式或者其他形式。书面形式是合同书、信件、电报、电传、传真等可以有形地表现所载内容的形式。以电子数据交换、电子邮件等方式能够有形地表现所载内容，并可以随时调取查用的数据电文，视为书面形式。"

2. 建筑企业的合同类别

建筑企业涉及的合同种类众多，从融资借款到居间服务、从场地租赁到能源消耗、从材料采购到货物运输、从设备租赁到仓储保管、从勘察设计到技术检测、从工程施工到维修保养等。建筑企业在施工全过程中涉及的经济合同几乎能涵盖《民法典》中所规定的典型合同类别。

建筑企业应该根据《民法典》与《建筑法》的基本规定以及企业的具体需求，制定各类经济合同范本。建筑企业总公司及其分公司、子公司等都应当使用统一的合同范本。对于发包合同，应当建立必要的合同审核制度，由法律、财务、成本、技术、质量等部门共同审核合同条款，填制合同签订审批会签表（合同签订审批会签表格式见表1-7），有效控制各类风险。建筑企业的财务管理部门应当参与合同相关条款的谈判及订立，将财务管理、涉税风险控制条款与各类合同的专业条款相融合。

表 1-7 合同签订审批会签表

编号： 会签日期：

工程项目名称		
分包商、供应商名称		
发起人、经办人		
合同内容		
会签部门	会签意见	签名
法律审计部门		
商务管理部门		
成本履约部门		
项目管理部门		
财务管理部门		
公司高管审批		

1.5.2　建设项目工程总承包合同

2020 年住房和城乡建设部、市场监管总局依据《民法典》《建筑法》《招标投标法》，以及相关法律、法规，对《建设项目工程总承包合同示范文本（试行）》(GF-2011-0216) 进行了修订，制定《建设项目工程总承包合同（示范文本）》(GF-2020-0216)（以下简称《示范文本》）。《示范文本》由合同协议书、通用合同条件和专用合同条件三部分组成，适用于房屋建筑和市政基础设施项目工程总承包发包活动。

1. 合同协议

《示范文本》合同协议书共计十一条，主要包括：工程概况、合同工期、质量标准、签约合同价与合同价格形式、工程总承包项目经理、合同文件构成、承诺、订立时间、订立地点、合同生效和合同份数，集中约定了合同当事人基本的合同权利义务。

2. 通用合同条件

通用合同条件是合同当事人根据《民法典》《建筑法》等法律法规的规定，就工程总承包项目的实施及相关事项，对合同当事人的权利义务作出的原则性约定。通用合同条件共计 20 条，具体条款分别为：第 1 条一般约定，第 2 条发包人，第 3 条发包人的管理，第 4 条承包人，第 5 条设计，第 6 条材料、工程设备，第 7 条施工，第 8 条工期和进度，第 9 条竣工试验，第 10条验收和工程接收，第 11 条缺陷责任与保修，第 12 条竣工后试验，第 13 条变更与调整，第 14 条合同价格与支付，第 15 条违约，第 16 条合同解除，第 17 条不可抗力，第 18 条保险，第 19 条索赔，第 20 条争议解决。

前述条款安排既考虑了现行法律法规对工程总承包活动的有关要求，也考虑了工程总承包项目管理的实际需要。

3. 专用合同条件

专用合同条件是合同当事人根据不同建设项目的特点及具体情况，通过双方的谈判、协商对通用合同条件原则性约定细化、完善、补充、修改或另行约定的合同条件。

4. 总包与分包

根据《民法典》第七百九十一条规定，"发包人可以与总承包人订立建设工程合同，也可以分别与勘察人、设计人、施工人订立勘察、设计、施工承包合同。发包人不得将应当由一个承包人完成的建设工程肢解成若干部分发包给几个承包人。总承包人或者勘察、设计、施工承包人经发包人同意，可以将自己承包的部分工作交由第三人完成。第三人就其完成的工作成果与总承包人或者勘察、设计、施工承包人向发包人承担连带责任。……"

《建设工程施工合同（示范文本）》是基于《建筑法》与《民法典》制定的，建筑企业应当在此基础之上增加内部控制需求、财务管理需求、税务风险控制需求、其他法律风险控制需求的相关条款。例如对合同金额进行价税分离，明确增值税税率，明确国家税务政策发生变化应当如何调整合同价格；对于甲供条款应当注意甲供的内容对计税方式是否有影响；对于工程项目水电费的承担与转售电力发票的开具等问题是否做了明确约定。在本书第六章中将对建筑企业的各类经济合同应注意哪些涉税风险作详细阐述。

第 2 章　建筑企业成本费用的核算

本章主要讲述建筑企业的会计科目设置及重点科目解析，工程项目合同费用的归集与分配。阐述"总公司—分公司—项目部"模式下总公司—分公司的会计核算，总公司与分公司之间内部往来核算，以及企业所得税管理。

2.1 建筑企业会计科目设置及重点解析

会计科目是对会计要素的具体内容进行分类核算的类目。会计对象的具体内容各有不同，管理要求也有不同。为了全面、系统、分类地核算与监督各项经济业务的发生情况，以及由此而引起的各项资产、负债、所有者权益和各项损益的增减变动，就有必要按照会计要素分别设置会计科目。

2.1.1 建筑企业会计科目设置

建筑企业刚设立时，在财务管理上首先要根据企业实际情况选择适用会计制度，并根据会计准则和行业特点、企业经营模式和管理需求设置会计科目。

1. 根据会计制度设置会计科目

建筑企业设置的会计科目应当符合国家统一的会计制度的规定。一级科目（总账科目、总分类科目）一般由财政部统一制定，二级科目（明细科目、明细分类科目）及以下明细科目的设置应当符合企业适用的会计准则规定。

如果有必要，还可以在二级科目下分设三级科目、四级科目等进行会计核算，每往下设置一级都是对上一级科目的进一步分类。三级以下会计科目应当根据行业特点、企业经营模式和管理需求进行设置。

2. 建筑企业会计科目表

建筑企业在成本核算和收入的确认上与生产型企业有一定的区别。建筑企业核算需要用到比较特殊的科目：临时设施、合同履约成本（工程施工）、合同结算（工程结算）、工程施工——合同毛利。建筑企业可参考表 2-1 设置会计科目。

表 2-1 建筑企业会计科目表

科目编码	科目名称	科目编码	科目名称
	资产类科目	1507	临时设施摊销
1001	库存现金	1511	长期股权投资
1002	银行存款	1512	长期股权投资减值准备
1012	其他货币资金	1521	投资性房地产
1101	交易性金融资产	1531	长期应收款
1121	应收票据	1532	未实现融资收益
1122	应收账款	1601	固定资产
1123	预付账款	1602	累计折旧
1131	应收股利	1603	固定资产减值准备
1132	应收利息	1604	在建工程
1221	其他应收款	1605	工程物资
1231	坏账准备	1606	固定资产清理
1401	材料采购	1701	无形资产
1402	在途物资	1702	累计摊销
1403	原材料	1703	无形资产减值准备
1405	库存商品	1711	商誉
1406	发出商品	1712	商誉减值准备
1408	委托加工物资	1801	长期待摊费用
1409	自制半成品	1811	递延所得税资产
1410	开发商品	1901	待处理财产损溢
1411	周转材料	*	使用权资产
1413	低值易耗品	*	使用权资产累计折旧
1171	存货跌价准备	*	融资租赁资产
*	合同资产	*	应收融资租赁款
*	合同资产减值准备		负债类科目
*	债权投资	2001	短期借款
*	债权投资减值准备	2101	交易性金融负债
*	其他债权投资	2201	应付票据
*	其他权益工具投资	2202	应付账款
1506	临时设施	2203	预收账款

科目编码	科目名称	科目编码	科目名称
*	合同负债	5403	开发成本
2211	应付职工薪酬	5404	机械作业
2221	应交税费	*	合同履约成本
2231	应付利息	*	合同履约成本减值准备
2232	应付股利	*	合同取得成本
2241	其他应付款	*	合同取得成本减值准备
2401	递延收益	*	合同结算
2501	长期借款	*	合同结算——价款结算
2502	应付债券	*	合同结算——收入结转
2701	长期应付款		损益类科目
2702	未确认融资费用	6001	主营业务收入
2711	专项应付款	6051	其他业务收入
2801	预计负债	6101	公允价值变动损益
2901	递延所得税负债	6111	投资收益
*	租赁负债	6211	其他收益
	权益类科目	6301	营业外收入
4001	实收资本（股本）	6401	主营业务成本
4002	资本公积	6402	其他业务成本
4004	其他综合收益	6403	税金及附加
4101	盈余公积	6601	销售费用
4103	本年利润	6602	管理费用
4104	利润分配	6603	财务费用
4301	专项储备	6606	资产处置损益
	成本类科目	6701	资产减值损失
5001	生产成本	6711	营业外支出
5101	制造费用	6801	所得税费用
5201	劳务成本	*	租赁收益
5301	研发支出	6901	以前年度损益调整

注：上表中会计科目编码标注"*"的为部分《企业会计准则》修订后新增会计科目，未给出科目代码，企业可根据实际情况自行设置。

2.1.2 建筑企业重点会计科目解析

建筑企业具体会计科目的设置，可以在不违反《企业会计准则》《企业会计制度》中确认、计量、报告确定的前提下，根据各自实际情况自行设置、分析和合并某些会计科目。接下来对六大类会计科目中，建筑企业常用的重点会计科目进行解析。

◤ 资产类重点会计科目解析

1. 应收账款

"应收账款"科目用于核算建筑企业提供建筑服务、销售商品、提供劳务发生的应收账款，按应收金额，借记"应收账款"科目，按确认的营业收入，贷记"主营业务收入""合同结算"（执行《企业会计制度》的为"工程结算"）等科目，按开具的增值税专用发票上注明的增值税额，贷记"应交税费——应交增值税（销项税额）""应交税费——简易计税"科目，如果当期未发生增值税纳税义务，则贷记"应交税费——待转销项税额"科目。收回应收账款时，借记"银行存款"等科目，贷记"应收账款"科目。

合同或协议价款的收取采用递延方式、实质上具有融资性质的，在"长期应收款"科目核算，不在"应收账款"科目核算。在财务软件上设置"应收账款"时应该设置项目辅助、客商辅助，便于统计不同项目、不同建设方的债权。

建筑企业的"应收账款"科目一般下设"质量保证金"和"工程款"两大明细科目。工程处于施工阶段一般只用到"应收账款——工程款"科目，对方科目为"合同结算"（执行《建造合同准则》的企业使用"工程结算"）和"应交税费——应交增值税（销项税额）""应交税费——简易计税"或者"应交税费——待转销项税额"，根据建设方确认的阶段性结算单据进行会计处理。

借：应收账款——工程款

贷：合同结算（或工程结算）——价款结算

应交税费——应交增值税（销项税额）/应交税费——待转销项税额或应交税费——简易计税

【案例 2-1】 2023 年 1 月，上海铁蛋建筑公司（以下简称"铁蛋公司"）与江西钢蛋地产公司（以下简称钢蛋公司）签订了一份住宅工程总承包合同。合同约定该工程采用一般计税方法，钢蛋公司每月根据审定工程量的 80% 于次月支付相应进度款。2023 年 3 月正式施工，2023 年 8 月，铁蛋公司向钢蛋公司报送该项目 2023 年 3 月至 7 月的工程量审批表。钢蛋公司委托工程造价咨询公司进行核量审批，审批后的工程量为 1 090 万元（含税）。2023 年 8 月，铁蛋公司向钢蛋公司开具价税合计为 872 万元的增值税专用发票。2023 年 9 月，钢蛋公司向铁蛋公司支付了 872 万元工程款。2023 年 8 月、9 月铁蛋公司据此进行会计处理。

分析：2023 年 8 月，铁蛋公司收到钢蛋公司返回的 2023 年 3 月至 7 月的工程量计价单，含税计价金额为 1 090 万元，其中价款 1 000 万元，销项税额 90 万元，并据此开具 872 万元进度款发票，价款 800 万元，销项税额 72 万元。当月确认的工程量还有 218 万元尚未开具相应发票，其中：价款 200 万元，销项税额 18 万元。会计处理如下：

（1）2023 年 8 月，取得工程量计价单及开具工程进度款发票。

借：应收账款——工程款（江西钢蛋地产公司） 10 900 000

　　贷：合同结算——价款结算　　　　　　　　　　　10 000 000

　　　　应交税费——应交增值税（销项税额）　　　　　　720 000

　　　　应交税费——待转销项税额　　　　　　　　　　　180 000

（2）2023 年 9 月收到工程进度款。

借：银行存款　　　　　　　　　　　　　　　　　8 720 000

　　贷：应收账款——工程款（江西钢蛋地产公司）　　8 720 000

【案例 2-2】 承【案例 2-1】，2023 年 10 月，铁蛋公司向钢蛋公司开具价税合计数为 218 万元的增值税专用发票，收到相应款项。2023 年 11 月该工程竣工。2023 年 11 月铁蛋公司向钢蛋公司报送了该项目 2023 年 8 月至 11 月的工程量确认表，工程量确认表中载明的含税计价金额为 1 090 万元，钢蛋公司委托工程造价咨询公司进行核量审批，审批后的含税计价金额为 1 090 万元。12 月，上海铁蛋建筑公司向钢蛋公司开具价税合计数为 981 万元的增值税专用发票，款项暂未支付，剩余未开票金额作为质量保证金（简称"质保金"）。2023 年 11 月、12 月铁蛋公司据此进行会计处理。

借：银行存款   2 180 000

  应交税费——待转销项税额   180 000

  贷：应收账款——工程款（江西钢蛋地产公司） 2 180 000

    应交税费——应交增值税（销项税额） 180 000

借：应收账款——工程款（江西钢蛋地产公司） 9 810 000

  应收账款——质保金（合同资产——质保金） 1 090 000

  贷：合同结算——价款结算   10 000 000

    应交税费——应交增值税（销项税额） 810 000

    应交税费——待转销项税额   90 000

一般情况下，已经到期并可收回的质保金可以通过"应收账款——质保金"科目准确核算债权。如果质保期已到期，但是尚未完成合同约定施工范围内的工程保修任务，暂时无法收回的质保金，则计入"合同资产——应收质保金"更加准确。质保金的增值税纳税义务发生时间应该为到期后企业收到质保金的当日。如果还未到工程质保期，对方暂不支付质保金，建筑企业可以暂不开具增值税发票，一旦开具了增值税发票则增值税纳税义务即产生。

2. 合同资产

"合同资产"是指企业已向客户转让商品而有权收取对价的权利，且该权利取决于时间流逝之外的其他因素。如企业向客户销售两项可明确区分的商品，企业因已交付其中一项商品而有权收取款项，但收取该款项还取决于企业交付的另一项商品，企业应当将该收款权利作为合同资产。企业拥有的、无条件（即，仅取决于时间流逝）向客户收取对价的权利，应当作为应收款项单独列示。例如，建筑设备销售企业负责某项住宅工程的电梯安装，如果合同包含电梯销售和安装两项履约义务，一般合同金额需要分别载明电梯销售金额和安装金额。如果约定销售的电梯必须全部安装调试完毕，业主再对相关内容进行计量，销售电梯时虽然商品的控制权已经转移给了业主，但是需要安装调试完毕时，合同才履约完毕，因此在销售电梯时确认合同收入的当期只能确认"合同资产"，而不能确认"应收账款"。

建筑企业的"合同资产"主要包括：已完工未结算的部分、计提的应收质保金、BT 项目建设支出未计价部分、金融资产模式下 PPP 项目在建设期确认的金融资产。

根据《企业会计准则第 14 号——收入》(财会〔2017〕22 号)、《企业会计准则第 22 号——金融工具确认和计量》(财会〔2017〕7 号)的有关规定，合同资产发生减值的，企业按应减记的金额，借记"资产减值损失"科目，贷记"合同资产减值准备"科目。转回已计提的资产减值准备时，做相反的会计分录。

3. 存货类科目

"存货"是指企业在日常活动中持有以备出售的产成品或商品，处在生产过程中的在产品，在生产、提供劳务过程中耗用的材料或物料等。存货是企业为了直接出售或加工后再出售而持有的资产。建筑企业的存货类科目主要有：原材料、周转材料、包装物及低值易耗品。

(1)"原材料"科目核算企业库存的各种材料，包括原料及主要材料、辅助材料、外购半成品、备品备件、包装材料、燃料等的计划成本或实际成本。原材料明细科目的设置可以根据工程项目的材料分类设置。例如，设置二级明细科目：钢材、商品混凝土、砌体材料、预制构件、木材、地材、装饰装潢材料、化工橡胶制品、水暖洁具、五金制品、电气设备等。其主要会计处理如下：

企业购入并已验收入库的材料，按计划成本或实际成本，借记本科目，按实际成本，贷记"材料采购""在途物资"科目，按其差额，借记或贷记"材料成本差异"科目。自制并已验收入库的材料，按计划成本或实际成本，借记本科目，按实际成本，贷记"合同履约成本"科目，按其差额，借记或贷记"材料成本差异"科目。建筑企业工程项目施工、在建工程建设等需要领用材料，借记"合同履约成本""在建工程"等科目，贷记本科目。出售材料结转成本，借记"其他业务成本"科目，贷记本科目。本科目期末借方余额，反映企业原材料的计划成本或实际成本。

通常情况下为核算简便，不使用"材料采购"和"在途物资"科目。部分建筑企业采用月末一次汇总出入库，并进行会计处理，因此工程项目一般都在材料已经验收入库后才进行会计处理，借记"原材料""应交税费——应交增值税（进项税额）"，贷记"银行存款"或"应付账款"等科目。

(2)"周转材料、包装物及低值易耗品"科目核算企业周转材料、包装物、低值易耗品的计划成本或实际成本。可分别设置"在库""在用""摊销"进行明细核算。在"在库""在用""摊销"二级科目下按照周转材料的类别再设置明细科目。例如"木方""多层板""大模板""架设工具"等。

企业购入、自制并已验收入库的周转材料等，比照"原材料"科目的相关规定进行会计处理。摊销时按其账面价值，借记"合同履约成本"等科目，贷记本科目。

4. 临时设施

部分建筑企业单独设置"临时设施"科目，主要核算施工一线所消耗的所有与施工对象没有直接关系的、临时性质的、竣工后要拆除的、无法直接计入施工主体的人工费、材料费、机械费等。例如施工现场搭建的彩钢房、库房，施工现场的临时道路消耗的水泥、商品混凝土、砂石料，施工现场使用的配电箱等是典型的临时设施。临时设施主要包括现场临时作业棚、机具棚、材料库、办公室、休息室、厕所、化灰池、储水池、沥青锅灶等设施；临时道路；临时给排水、供电、供热等管线；临时性简易周转房，以及现场临时搭建的职工宿舍、食堂、浴室、医务室、理发室、托儿所等临时福利设施。

购买临时设施的会计处理：借记"临时设施""应交税费——应交增值税（进项税额）"科目，贷记"原材料""应付账款""银行存款"等科目，按月摊销入"合同履约成本"科目中。如果不单独设置"临时设施"科目，建造的临时设施可以直接计入"固定资产"科目。无论是否单独设置"临时设施"科目进行核算，在资产负债表中均列入"固定资产"项目。

5. 临时设施摊销

单独设置"临时设施"科目的建筑企业，应单独设置"临时设施摊销"科目，按一定比例摊销计入工程成本，摊销比例可以根据履约进度测算。在对临时设施进行摊销时，借记"合同履约成本——工程施工——其他直接费用——措施费""工程施工——合同成本——其他直接费用"等科目，贷记"临时设施摊销"科目。

临时设施的净值是通过"临时设施"和"临时设施摊销"这两个科目余额抵减得出。目前很多企业购买临时设施用料时，并未直接计入"临时设施"科目，而是跟其他主体工程材料一样，采购时计入"原材料"，出库时计入"临时设施"。

实务中，临时设施用料并不一定单独采购，例如水泥等材料，到领用的环节才知道是主体用料还是临时设施用料，因此直接计入"临时设施"还是通过"原材料"过渡，需要根据企业的材料管理模式和水平而定。部分材料采购和用量管理较规范的建筑企业，能够做到精准计量、分别采购的可以直接计入"临时设施"进行核算。

很多建筑企业未将"临时设施"列入"固定资产"，原因是大部分"临时设施"的寿命与工程项目同在，与固定资产的概念略有区别。建筑企业不设置"临时设施"和"临时设施摊销"科目也符合《企业会计准则》的要求。通过"固定资产"科目核算，在临时设施建设时，借记"在建工程""应交税费"科目，贷记应付账款、银行存款等科目，建完投入使用后借记"固定资产"科目，贷记"在建工程"科目，折旧费用计入"合同履约成本——工程施工""工程施工——合同成本——措施费"等科目。

6. 使用权资产

"使用权资产"是《企业会计准则第 21 号——租赁》(财会〔2018〕35 号，以下简称"新租赁准则")新增的会计科目。在境内外同时上市的企业，以及在境外上市的企业自 2019 年 1 月 1 日起开始实施。境内未上市企业于 2021 年 1 月 1 日起开始实施。

使用权资产是指承租人可在租赁期内使用租赁资产的权利，承租人可以按照租赁资产的类别和项目进行明细核算。本科目期末是借方余额，反映承租人使用权资产的原价，承租人应当在资产负债表中单独列示"使用权资产"项目。

在租赁期开始日，承租人应当按成本借记本科目，按尚未支付的租赁付款额的现值贷记"租赁负债"科目。对于租赁期开始日之前支付租赁付款额的（扣除已享受的租赁激励），贷记"预付款项"等科目。按发生的初始直接费用，贷记"银行存款"等科目。按预计将发生的为拆卸及移除租赁资产、复原租赁资产所在场地或将租赁资产恢复至租赁条款约定状态等成本的现值，贷记"预计负债"科目。

在租赁期开始日后，承租人按变动后的租赁付款额的现值重新计量租赁负债的，当租赁负债增加时，应当按增加额借记本科目，贷记"租赁负债"科目。当租赁负债减少时，应当按减少额借记"租赁负债"科目，贷记本科目。若使用权资产的账面价值已调减至零，应当按仍需进一步调减的租赁负债金额，借记"租赁负债"科目，贷记"管理费用"等科目。

租赁变更导致租赁范围缩小或租赁期缩短的，承租人应当按缩小或缩短的相应比例，借记"租赁负债""使用权资产累计折旧""使用权资产减值准备"科目，贷记本科目，差额借记或贷记"资产处置损益"科目。

负债类重点科目解析

负债类科目按照负债的流动性分为流动性负债和非流动性负债。本小节只介绍建筑企业常用的负债类科目。

1. 应付账款

"应付账款"科目主要用于核算购买材料、商品，接受劳务服务等经营活动，应支付的款项。由于建筑企业的特殊性，在采购材料、对外分包的结算时会产生大量的债务，一般债务都按应付金额入账，签订合同时明确有现金折扣的除外。"应付账款"按成本设置明细分类账：应付账款——劳务分包、应付账款——专业分包、应付账款——材料设备款等。对于暂估入账的债务也在"应付账款"中核算，具体明细企业根据单位的需要和核算特点设置备查账。

建筑企业购入物资、接受劳务未支付款项时，会计处理如下：

借：原材料/临时设施/合同履约成本——工程施工——明细科目

应交税费——应交增值税（进项税额）/应交税费——待认证进项税额

贷：应付账款——材料设备款、劳务分包等

支付应付账款时，会计处理如下。

借：应付账款——材料设备款、劳务分包等

贷：银行存款/应付票据等

在实务中，如果部分材料设备供应商、专业分包承包商为建设方所指定（以下称为"甲指供应商"），欠款由建设方直接从支付给建筑总承包企业的工程款中扣除后支付给材料商和分包商，建筑总承包企业在没有实质资金流出的情况下支付了欠款，会计处理如下。

借：应付账款——材料设备款、专业分包

贷：应收账款——工程款

这里需要特别注意的一点是"甲指供应商"必须向建筑总承包企业提供相应的业务发票，建筑总承包企业向发包企业开具相应的业务发票，确保

"业务流""发票流""合同流"一致，同时三方还应当签订"委托付款协议""债权债务抵销协议"等来佐证业务的真实性。如果项目竣工决算后仍然有应付账款未支付，并且无法找到债权人，确实无法支付的部分应当确认为"营业外收入"，借记"应付账款"科目，贷记"营业外收入"科目。

2. 应交税费

"应交税费"科目核算企业按照税法等规定计算应交纳的各种税费，包括增值税、消费税、企业所得税、资源税、土地增值税、环境保护税、城市维护建设税、房产税、土地使用税、车船使用税、教育费附加、矿产资源补偿费等。企业代扣代交的个人所得税等，也通过本科目核算。

建筑企业按规定应交的增值税，根据《财政部关于印发〈增值税会计处理规定〉的通知》（财会〔2016〕22号，以下简称"〔2016〕22号"）的规定，建筑企业增值税一般纳税人应当在"应交税费"科目下设置"应交增值税""未交增值税""预交增值税""待抵扣进项税额""待认证进项税额""待转销项税额""增值税留抵税额""简易计税""转让金融商品应交增值税""代扣代交增值税"等明细科目。

交纳的增值税，借记"应交税费——未交增值税"，贷记"银行存款"科目。

建筑企业增值税小规模纳税人，在"应交税费"下只需要设置"应交增值税""转让金融产品应交增值税""代扣代交增值税"科目，无须设置其他专栏。

建筑企业按规定应交的资源税、城市维护建设税、教育费附加等，借记"税金及附加"科目，贷记"应交税费"科目。实际交纳时，借记"应交税费"科目，贷记"银行存款"等科目。

建筑企业转让土地使用权应交的土地增值税，土地使用权与地上建筑物及其附着物在"固定资产"科目核算的，借记"固定资产清理"等科目，贷记本科目（应交土地增值税）。土地使用权在"无形资产"科目核算的，按实际收到的金额，借记"银行存款"科目，按应交的土地增值税，贷记"应交税费（应交土地增值税）"，同时冲销土地使用权的账面价值，贷记"无形资产"科目，按其差额，借记"资产处置损益"或贷记"资产处置损益"科目。实际交纳土地增值税时，借记"应交税费（应交土地增值税）"，贷记"银行存款"等科目。

建筑企业按规定应交的房产税、土地使用税、车船税，借记"税金及附加"科目，贷记"应交税费"。实际交纳时，借记"应交税费（应交房产税、应交土地使用税、应交车船税）"，贷记"银行存款"等科目。

企业按规定应交的企业所得税，借记"所得税费用"科目，贷记"应交税费（应交所得税）"科目。交纳企业所得税时，借记"应交税费（应交所得税）"科目，贷记"银行存款"等科目。

"应交税费"期末为贷方余额，反映企业尚未交纳的税费，如为借方余额，反映企业多交或尚未抵扣的税费。

3. 合同负债

"合同负债"是指企业已收或应收客户对价而应向客户转让商品的义务。如企业在转让承诺的商品之前已收取的款项。本科目应按合同进行明细核算，企业在向客户转让商品之前，客户已经支付了合同对价或企业已经取得了无条件收取合同对价权利的，企业应当在客户实际支付款项与到期应支付款项孰早时点，按照该已收和应收的金额，借记"银行存款""应收账款""应收票据"等科目，贷记本科目。企业向客户转让相关商品时，借记本科目，贷记"主营业务收入""其他业务收入"等科目，涉及增值税的，还应当进行相应的税费处理。

建筑企业的"合同负债"主要包括：提供建筑服务前预收的工程款、销售材料之前预收的材料款、已经结算尚未完工的部分。可以设置"合同负债——预收工程款""合同负债——已结算未完工"等二级明细科目。已经使用新收入准则（《企业会计准则第14号——收入》）的建筑企业，在收到工程预收款时，不再使用"预收账款"和"递延收益"科目。

建筑企业收到预收款时，仅就价款部分确认为合同负债，其中增值税部分，不符合合同负债的定义，不应确认为合同负债。建筑企业在收到预收款的当期，增值税纳税义务尚未发生，仅需向业主开具收据或不征税的预收款发票（无须开具带税率的发票），增值税部分设置"其他应付款——待确认销项税额"科目进项核算，待增值税纳税义务发生时，再结转到"应交税费——应交增值税（销项税额）"科目中。

4. 租赁负债

本科目核算承租人尚未支付的租赁付款额的现值，可分别设置"租赁付款额""未确认融资费用"等科目进行明细核算。本科目期末贷方余额，反映承租人尚未支付的租赁付款额的现值。

在租赁期开始日，承租人应当按尚未支付的租赁付款额，贷记"租赁负债——租赁付款额"科目，按尚未支付的租赁付款额的现值，借记"使用权资产"科目，按尚未支付的租赁付款额与其现值的差额，借记"租赁负债——未确认融资费用"科目。承租人在确认租赁期内各个期间的利息时，应当借记"财务费用——利息费用"等科目，贷记"租赁负债——未确认融资费用"科目。承租人支付租赁付款额时，应当借记"租赁负债——租赁付款额"等科目，贷记"银行存款"等科目。

在租赁期开始日后，承租人按变动后的租赁付款额的现值重新计算租赁负债的，当租赁负债增加时，应当按租赁付款额现值的增加额，借记"使用权资产"科目，按租赁付款额的增加额，贷记"租赁负债——租赁付款额"科目，按其差额，借记"租赁负债——未确认融资费用"科目；

当租赁负债减少时，应当按租赁付款额的减少额借记"租赁负债——租赁付款额"科目，按租赁付款额现值的减少额，贷记"使用权资产"科目，按其差额，贷记"租赁负债——未确认融资费用"科目。若使用权资产的账面价值已调减至零，按进一步调减的租赁付款额借记"租赁负债——租赁付款额"科目，按进一步调减的租赁付款额现值贷记"合同履约成本""管理费用""研发支出"等科目，按其差额，贷记"租赁负债——未确认融资费用"科目。租赁变更导致租赁范围缩小或租赁期缩短的，承租人应当按缩小或缩短的相应比例，借记"租赁负债——租赁付款额""使用权资产累计折旧""使用权资产减值准备"科目，贷记"租赁负债——未确认融资费用""使用权资产"科目，差额借记或贷记"资产处置损益"科目。

◆ 共同类重点科目解析

1. "内部往来"科目的基本运用

"内部往来"科目主要用于核算项目与分公司之间的往来，分公司与总公司之间的往来。例如，收到上级企业下拨的借款，借记"银行存款"科目，贷记"内部往来"科目，还贷款的时候做相反分录。工程项目当期的利润可以使用"内部往来"科目结转到分公司，分公司当期的利润也可以使用"内部往来"科目结转到总公司。

2. "内部往来"科目在总分公司会计核算中承载着重要使命

在会计准则中的共同类科目是指既有资产性质，又有负债性质，这样有共性的科目。本小节只介绍"内部往来"科目的基本运用。

建筑企业"总公司—总承包部—工程项目部""公司总部—工程项目部"模式下，总公司可能需要对工程项目部和总承包部的经营成果进行考核，全面"营改增"后，该模式下的增值税会计处理要区分每一个总承包部、直营项目应承担的增值税及附加税费。建筑企业总公司的各总承包部、直营项目之间，取得的费用发票只要符合抵扣要求，就有可能出现进项税额混抵的情况。例如，在某一个计税期 A 项目部开具销项发票而未收到进项发票，B 项目部当期未开具销项发票却收到了进项发票，总公司统一申报增值税时就会出现 A 项目部占用了 B 项目部进项税额的情况。内部承包单位之间出现的进项税额混抵情况，归根结底是资金占用问题，因此有经营成果考核要求的建筑企业，应当区分内部各承包单位应承担的税负，计算各承包单位的资金占用费。

"内部往来"科目的会计核算运用，在后面将结合具体案例详细阐述。

3. "内部往来"科目在企业利润中心的核算应用

"内部往来"科目除了前述核算功能外，还用于核算一些企业特有的会计核算对象所发生的经济事项，就是对内部管理部门绩效考核的过渡科目。例如建筑企业的仓库、食堂、招待所、实验检测中心等，不是独立法人单位，也不属于分支机构，但在会计上属于独立核算的"利润中心"。这类"利润中心"其成本费用主要来自各项材料采购加工、机械设备的采购和租赁，收入主要来源于将货物和服务出售、租赁给公司内部自营的工程项目。在建筑企业的账面上只是各部门（各项目）之间的成本、费用此消彼长，是对内部各方的管理绩效考核的一种呈现，未发生税收征管层面上的应税交易和视同销售。

按照上述的思路，仓库、食堂、招待所、实验检测中心等"利润中心"，所发生的费用一般不直接使用"合同履约成本"科目和"管理费用""制造费用"等科目核算，收入也不直接通过"主营业务收入"和"其他业务收入"来核算，而是通过"内部往来"来核算。"利润中心"发生支出时，借记"内部往来——利润中心支出"科目，贷记"银行存款"等科目。

"利润中心"将材料、服务转售和出租给内部项目取得"收入"时，借记"合同履约成本"等科目，贷记"内部往来——利润中心收入"来核算。年末，这类"利润中心"的业绩无论盈利或亏损，均转入"管理费用""制造费用"等科目。期末，结转到"本年利润"科目，不得长期挂在"内部往来"科目中。

成本类重点科目解析

1. 合同履约成本

"合同履约成本"科目，是用于核算企业为履行当前或逾期取得的合同所发生的、不应属于其他企业会计准则规定范围且按照《企业会计准则第14号——收入》规定应当确认为一项资产的成本。建筑安装企业根据建设工程设计文件的要求，对建设工程进行新建、扩建、改建的活动所发生的施工成本通过"合同履约成本"科目进行核算，"合同履约成本"科目下设"工程施工"二级明细科目，"工程施工"科目可以根据直接成本和间接费用的相关明细内容设置三级科目。

工程施工成本归集的会计处理：

借：合同履约成本——工程施工——人工费、材料费、机械费、间接费用

应交税费——应交增值税（进项税额）/应交税费——待认证进项税额

贷：原材料/银行存款/应付职工薪酬/应付账款/临时设施摊销/周转材料/包装物/低值易耗品等

期末按照履约进度结转合同履约成本，将"合同履约成本"科目当期发生额结转到"主营业务成本"科目中，当期"合同履约成本"科目在结转以后一般无余额。执行《企业会计制度》《小企业会计准则》的，合同成本归集科目为"工程施工"。

2. 合同结算

"合同结算"科目主要用于核算同一合同下属于在某一个时段内履约义务涉及与客户结算对价的合同资产或合同负债，并在此科目下设置"合同结算——价款结算""合同结算——收入结转"明细科目，前者反映阶段性与客

户（建设方）进行结算的金额，后者核算按履约进度确认的收入金额。在资产负债表日，"合同结算"科目的期末余额在借方，根据其流动性在资产负债表中分别列式为"合同资产"或"其他非流动资产"项目。期末余额在贷方的，根据其流动性在资产负债表中分别列式为"合同负债"或者"其他非流动负债"项目。工程竣工后，"合同结算——价款结算"科目与"合同结算——收入结转"科目结转无余额。

（1）建筑承包方确认工程量结算金额。

借：应收账款——工程款

　　贷：合同结算——价款结算

　　　　应交税费——待转销项税额

　　　　或应交税费——应交增值税（销项税额）

（2）建筑承包方根据履约进度（完工进度）确认合同收入。

借：合同结算——收入结转

　　贷：主营业务收入

（3）工程竣工决算后，结平合同结算相关科目。

借：合同结算——价款结算

　　贷：合同结算——收入结转

执行《企业会计制度》的建筑企业，使用"工程结算"科目进行核算。

损益类重点科目解析

1. 主营业务收入

"主营业务收入"科目核算企业确认的销售商品、提供服务等主营业务的收入。

（1）企业在履行合同中的单项履约义务时，应按照已收或应收的合同价款，加上应收取的增值税额，借记"银行存款""应收账款""应收票据""合同资产"等科目，按应确认的收入金额，贷记本科目，按应收取的增值税额，贷记"应交税费——应交增值税（销项税额）""应交税费——待转销项税额"等科目。

（2）合同中存在企业为客户提供重大融资利益的，企业应按照应收合同价款，借记"长期应收款"等科目，按照假定客户在取得商品控制权时即以现金支付的应付余额金额（即现销价格）确定的交易价格，贷记本科目，按其差额，贷记"未实现融资收益"科目。

（3）企业收到的对价为非现金资产时，应按该非现金资产在合同开始日的公允价值，借记"存货""固定资产""无形资产"等有关科目，贷记本科目。涉及增值税的，还应进行相应的税务处理。

建筑企业根据履约进度确认合同收入，借记"合同结算——收入结转"科目，贷记本科目；期末将本科目的余额转入"本年利润"科目，结转后本科目应无余额。会计处理如下：

借：合同结算——收入结转

　　贷：主营业务收入

借：主营业务收入

　　贷：本年利润

2. 主营业务成本

"主营业务成本"科目核算企业确认销售商品、提供服务等主营业务收入时应结转的成本。期末，企业应根据本期销售商品、提供服务等实际成本，计算应结转的主营业务成本，借记本科目，贷记"库存商品""合同履约成本"等科目。采用计划成本或售价核算库存商品的，平时的营业成本按计划成本或售价结转。月末，结转本月销售商品应分摊的产品成本差异或商品进销差价。

建筑企业的合同费用主要通过"合同履约成本——工程施工"科目归集，月末根据履约进度确认"主营业务成本"，借记本科目，贷记"合同履约成本——工程施工——明细分类"科目。期末，将本科目的余额转入"本年利润"科目，结转后本科目无余额。会计处理如下：

借：主营业务成本

　　贷：合同履约成本——工程施工——明细分类

借：本年利润

　　贷：主营业务成本

3. 管理费用

建筑企业本级管理部门为组织和管理生产经营活动而发生的各项费用，包括管理人员工资和福利费、折旧费、修理费、技术转让费、无形资产、办公费、差旅费、劳保费等。

建筑企业本级管理部门发生的财产保险费、书报资料费、水电费、修理费、租赁费、审计费、培训费，借记"管理费用"科目，如果税法规定可抵扣进项税额，按已勾选确认的增值税专用发票上的增值税额，借记"应交税费——应交增值税（进项税额）"科目，贷记"银行存款"等科目。

建筑企业本级管理部门发生的职工薪酬，包括工资、养老保险、医疗保险、失业保险、工伤保险、生育保险、住房公积金、职工福利、劳务派遣费以及提取的工会经费、职工教育经费，借记"管理费用"科目，贷记"应付职工薪酬"科目。实际发放工资或发生费用时，借记"应付职工薪酬"科目，贷记"银行存款"科目。

建筑企业本级管理部门发生的业务招待费、交通费、差旅费、会议费、出国费、办公费，借记"管理费用"科目，如果属于可抵扣的情形，按已勾选确认的增值税专用发票上的增值税额，借记"应交税费——应交增值税（进项税额）"科目，贷记"银行存款"等科目。可以按照管理部门或是业务内容进行辅助核算。

归属于管理部门的折旧费、无形资产摊销、长期待摊费用摊销，应该按照部门进行分摊，借记"管理费用——折旧费""管理费用——摊销费用"科目，贷记"累计折旧""累计摊销"科目。管理费用属于期间费用，在发生的当期就计入当期的损益。

4. 资产处置损益

"资产处置损益"是新增加的会计科目，主要用来核算固定资产，无形资产等因出售、转让等，产生的处置利得或损失。资产处置损益影响营业利润。资产处置损益直接计入当期损益。发生处置净损失的，借记"资产处置损益"科目，如为净收益，则贷记"资产处置损益"科目。

在处置资产的过程中，如果是正常出售、转让的固定资产，清理完毕后的净损失，借记"资产处置损益"科目，贷记"固定资产清理"科目；固定资产清理完毕后的净收益，借记"固定资产清理"科目，贷记"资产处置损益"科目。如果固定资产清理属于丧失使用功能正常报废、毁损报废、自然灾害等非正常原因造成的损失，不再有使用价值，则计入"营业外支出"科目。若用固定资产抵债、投资、捐赠等，这些经营行为是为了换取对价，具有一定的商业价值，则应计入"资产处置损益"科目。

5. 所得税费用

资产负债表日，企业按照税法计算确定的当期应交所得税金额，借记"所得税费用——当期所得税费用"科目，贷记"应交税费——应交所得税"科目。

资产负债表日，根据递延所得税资产的应有余额大于"递延所得税资产"科目余额的差额，借记"递延所得税资产"科目，贷记"所得税费用——递延所得税费用"科目、"其他综合收益"等科目；递延所得税资产的应有余额小于"递延所得税资产"科目余额的差额，做相反的会计分录。

资产负债表日，根据递延所得税负债应有余额大于"递延所得税负债"科目余额的差额，借记"所得税费用——递延所得税费用""其他综合收益"等科目，贷记"递延所得税负债"科目；递延所得税负债应有余额小于"递延所得税负债"科目余额的差额，做相反的会计分录。

2.2 建筑企业工程成本费用核算

建筑企业为建造某项合同而发生合同成本包括从合同签订开始至合同完成止所发生的、与执行合同有关的直接费用和间接费用。

成本指的是企业为生产产品、实施项目、提供劳务等发生的，可归属于产品成本、项目成本、劳务服务成本的各种耗费。建筑企业提供建筑、安装等服务而实际发生的成本费用称之为"建造合同成本"。

2.2.1 直接费用的归集与会计核算

建造合同成本包括从合同签订开始至合同完成止所发生的、与执行合同有关的直接费用和间接费用。工程成本核算执行权责发生制，即建筑企业在施工生产中所发生的成本、费用应当在合理的期间予以确认，不以该成本、费用是否已经支付为判断标准。

1. 人工费的归集与会计核算

人工费是指按工资总额构成规定，支付给从事建筑安装工程施工的生产工人和附属生产单位工人的各项费用。"人工费"明细科目，主要用于归集生产一线工人的劳务费（公司派到项目上的管理人员的工资不在此列），用于核算建筑企业自有劳务队（内部劳务队）的工人工资和奖金以及分包给劳务分包公司所产生的劳务分包费①。财务管理部门核算的人工费，来源于成本预算部门提供的月度（季度）工程量确认书和劳务分包成本计提表及相关业务发票。建筑企业如果只凭劳务分包单位开具的发票作为人工成本的核算依据，而劳务分包单位又根据合同约定付款金额开具相应的分包发票，容易造成建筑企业的合同成本确认滞后，因此成本预算部门一般根据劳务分包单位每期报送的工程量进行审定计价，并据此编制月度（季度）工程量确认书和劳务分包成本计提表提交给财务管理部门作为暂估入账的依据。

会计处理分录：

借：合同履约成本——工程施工——人工费

　　贷：应付账款/银行存款等

如果当月计提人工成本费用时，收到了劳务分包单位开具的相应金额的分包发票。

借：合同履约成本——工程施工——人工费

　　应交税费——应交增值税（进项税额）

　　（或应交税费——待认证进项税额）

　　贷：应付账款/银行存款等

如果当期未取得相应金额的劳务分包发票，以后会计期根据实际收到的发票金额进行相应的账务调整。根据工程量计价单暂估人工费时应当按照不含税价暂估（下述其他合同成本的暂估均应按照不含税金额暂估），未取得相应发票计提的进项税额可以通过设置过渡科目核算，待取得相应发票再冲减。例如通过"其他应付款——待取得进项税额"科目。

借：合同履约成本——工程施工——人工费

　　其他应付款——待取得进项税额

　　贷：应付账款/银行存款等

---

① 将劳务分包给劳务分包企业的人工费如果包含了辅助材料和辅助机具，可以将辅助材料和辅助机具分别计入"合同履约成本——工程施工"科目下的"材料费"和"机械费"等明细科目中，如果劳务分包中已经将辅助材料和辅助机具费折入人工成本中，在成本归集时可全部计入"合同履约成本——工程施工——人工费"科目。

2. 材料费的会计核算

材料费是指施工过程中耗费的原材料、辅助材料、构配件、零件、半成品或成品、工程设备的费用。物资的原始入账价值包括：物资原价、运杂费、运输损耗费、采购及保管费。上述"工程设备"是指构成或计划构成永久工程一部分的机电设备、金属结构设备、仪器装置及其他类似的设备和装置的费用，不含租赁设备所发生的租赁成本。"材料费"明细科目，主要用于核算主体工程所消耗的材料。例如房屋建筑项目所需的钢筋、商品混凝土、水泥、砂石料、装饰装修、水暖管材、五金制品等工程主体材料消耗费用。租赁的材料（架子管、模板等架设工具）、周转材料（多层板、木材、钢模、穿墙螺栓、工字钢）、临时设施用料等不在此科目核算，一般在"其他直接费用"中核算。

建筑企业财务部门根据供应商的送货单、相关业务发票以及内部采购部门和项目部的材料管理部门编制的入库单、出库单等资料进行材料费的会计处理。材料入库时，借记"原材料——明细材料""应交税费——应交增值税（进项税额）"等科目，贷记"应付账款""银行存款"等科目。

根据"财会〔2016〕22 号"文件规定，采购材料入库当期，如果没有取得发票，可以根据合同定价、送货单、结算单等做暂估入账处理，次月红字冲回并根据发票重新进行会计处理。

3. 机械使用费的会计核算

建筑企业会根据实际需要和自身的资金实力对施工生产过程中需要用到的机械设备做出租赁或购买的决策。施工生产中需要用到的机械设备众多，不同工程项目所需的机械存在一定差异，常见的施工机械设备主要有塔吊、升降梯、打桩机、吊机、盾构机、搬运机、提梁机、运梁车、架桥机、铺轨列车、挖掘机、运输机、地泵、汽车泵、车载泵等。

（1）未执行新租赁准则的租赁费核算。

未执行《企业会计准则第 21 号——租赁（修订）》的建筑企业，对外租赁机械设备所发生的费用直接计入"合同履约成本——工程施工——机械费"科目核算即可。通常情况下租赁的机械设备包含了部分机械的油料、维修费、人工操作费用等，一并在"机械费"中核算。

建筑企业财务部门根据设备租赁商的相关单据、相关业务发票以及内部采购部门和项目部设备管理部门编制的设备租赁结算单据、机械台班单据等资料进行租赁费的会计处理。机械费用发生时，借记"合同履约成本——工程施工——机械使用费""应交税费——应交增值税（进项税额）"等科目，贷记"应付账款""银行存款"等科目。

（2）执行新租赁准则的租赁费核算。

新租赁准则下，不再对融资租赁和经营租赁进行区分，符合实施条件的企业和租赁业务都要通过统一设置的"使用权资产"科目进行处理。新租赁准则，新增的科目除了"使用权资产"，还有"使用权资产累计折旧""使用权资产减值准备""租赁负债"等科目。

【案例 2-3】 2023 年 1 月，铁蛋建筑公司（增值税一般纳税人）向钢蛋设备租赁公司（增值税一般纳税人）租赁一台大型机械设备（不含操作人员），双方签订的租期为 10 年。初始租赁期内含税租金为每年 45.2 万元（其中价款 40 万元，增值税额 5.2 万元），所有款项于每年年初支付，租赁发票在每期付款日开具；在租赁期开始铁蛋建筑公司无法确定租赁内含利率，其增量借款利率为 6%，使用权资产的初始计量与会计处理如下：

分析：在租赁开始日，铁蛋建筑公司支付第一年租金 45.2 万元，剩余 9 年按照 6% 的年利率折现后的现值计量租赁负债，计算租赁付款额现值如下：

①剩余 9 期租赁付款额 $= 452\,000 \times 9 = 4\,068\,000$（元）；

②租赁负债 $= 452\,000 \times (P/A, 6\%, 9) = 452\,000 \times 6.801 = 3\,074\,052$（元）；

③未确认融资费用 $=$（剩余 9 期租赁付款额 $-$ 剩余 9 期租赁付款额的现值）$\div (1+13\%) = (4\,068\,000 - 3\,074\,052) \div (1+13\%) = 879\,600$（元）；

2023 年 1 月，铁蛋建筑公司会计处理。

借：使用权资产——设备	3 120 400
其他应付款——待取得进项税额	468 000[①]
应交税费——应交增值税（进项税额）	52 000
租赁负债——未确认融资费用	879 600
贷：租赁负债——租赁付款额	4 068 000
银行存款	452 000

新租赁准则下，承租人通常应当自租赁期开始日起按月计提使用权资产

---

① 此会计处理方式并非官方要求，为笔者个人观点。

的折旧，当月计提有困难的，也可以从下月起计提折旧。

每月折旧额＝3 120 400÷10÷12＝26 003.33（元）

每月计提折旧额的会计处理如下：

借：合同履约成本——工程施工——机械费　　　　26 003.33

　　贷：使用权资产累计折旧　　　　　　　　　　　　　26 003.33

对于短期租赁和低价值资产租赁，承租人可以选择不确认使用权资产和租赁负债。作出该选择的，承租人应当将短期租赁和低价值资产租赁的租赁付款额，在租赁期内各个期间按照直线法或其他系统合理的方法计入相关资产成本或当期损益。短期租赁，是指在租赁期开始日，租赁期不超过12个月的租赁。低价值资产租赁，是指单项租赁资产为全新资产时价值较低的租赁。低价值资产租赁的判定仅与资产的绝对价值有关，不受承租人规模、性质或其他情况影响。

（3）建筑企业自行采购的机械设备。

建筑企业自行采购的机械设备应作为固定资产进行管理，由机械设备管理部门负责调配。自行采购的机械设备用于本企业的工程项目施工作业的，初始计量金额计入"固定资产"科目，折旧费用可以设置"合同履约成本——机械作业"进行核算，期末根据实际使用该设备的工程项目应承担的设备折旧费和油料消耗、操作人员工资等费用，分配计入该工程项目"合同履约成本——工程施工——机械费"科目中。当然，建筑企业也可以根据自身管理特点简化处理，将设备的折旧费用直接计入某一项目的"合同履约成本——工程施工——机械费"科目中。

4. 分包费的会计核算

"分包费"明细科目，核算专业分包成本。建筑工程总承包单位根据总承包合同的约定或者经建设单位的允许，将承包工程中的专业性较强的专业工程发包给具有相应资质的其他建筑企业施工。分包费包含了分包方支付的人工费、材料费等。

建筑企业成本预算部门一般根据专业分包单位报送的工程量进行审定计价，据此编制阶段性的专业分包结算单或专业分包成本预提单据。财务管理部门凭内部结算单据和分包企业开具的分包发票为会计处理依据，在分包成本发生时，借记"合同履约成本——工程施工——分包费""应交税费——应交增值税（进项税额）"等额科目，贷记"应付账款""银行存款"等科目。

如果当期未取得相应金额的专业分包发票，应当按照不含税价暂估，相关处理与前述劳务分包成本的暂估处理类似，此处不再赘述。

5. 其他直接费用的归集与会计核算

"其他直接费"明细科目，核算工程项目除直接人工费、直接材料费、直接机械费、分包费之外的其他直接成本。主要包括工程定位复测费及工程点交费用、场地清理费、青苗补偿费、环境保护费、安全生产费、临时设施费用、文明施工费、燃料动力费（包含直接耗用的水、电、气等费用），以及现场发生的材料二次搬运费等。在此科目下可以再设置四级明细科目，如"措施费""工程水电费""青苗补偿费"等明细科目。

（1）措施费。

"措施费"明细科目，措施费是指为了完成工程项目施工，发生于该工程施工前和施工过程中非工程实体项目的费用，由施工技术措施费和施工组织措施费组成。

发生直接计入工程成本、不需要摊销的相关费用和税金，直接计入"合同履约成本——工程施工——其他直接费用""应交税费"科目即可；

如果发生的是临时设施费用，在采购相关物资和消耗人工时，应当通过"临时设施—明细材料""应交税费"科目核算；按照一定方法摊销的临时设施成本，借记"合同履约成本——工程施工——其他直接费用"科目，贷记"临时设施摊销"科目。

如果发生的是周转材料费用，在采购相关物资时，借记"周转材料——在库""应交税费"等科目，贷记"银行存款"等科目；在领用周转材料时，借记"周转材料——在用"科目，贷记"周转材料——在库"科目；按照一定方法摊销周转材料费用的，借记"合同履约成本——工程施工—— 其他直接费用"科目，贷记"周转材料——摊销"科目。

（2）周转材料与临时设施的摊销方法。

在这里需要特别提出的是，周转材料摊销和临时设施摊销成本的会计核算，摊销方法影响摊销金额。

周转材料指的是能够多次使用、逐渐转移其价值但仍保持原有形态不确认为固定资产的材料，如包装物和低值易耗品，应当采用一次转销法或者五五摊销法进行摊销；建筑企业的钢模板、木模板、脚手架和其他周转材料等，可以采用一次转销法、五五摊销法或者分次摊销法进行摊销。周转材料的摊销方法确定后，在工程工期内不得改变，每月均要进行摊销，闲置的周转材料也要摊销。另外，工程项目上所购置的周转材料，在结构工期内必须摊完，如作价转让，作价再冲减工程成本。

周转材料的摊销可采取的方法有很多种。

①"一次摊销法"是指在领用周转材料时，将其全部价值一次计入成本、费用的方法。这种方法适用于易腐、易糟烂的周转材料，如安全网等。

②"五五摊销法"是在周转材料领用时摊销其一半价值，在报废时再摊销其另一半价值的方法。五五摊销法一般适用于低值易耗品。

③"分次摊销法"是根据周转材料的预计使用次数，将其价值分次摊入成本、费用。这种方法一般适用于使用次数较少或不经常使用的周转材料，如预制钢筋商品混凝土构件所使用的定型模板和土方工程使用的挡板。其计算公式如下：

周转材料平均每次摊销额＝周转材料原值×（1－残值率）÷预计使用次数

④"分期摊销法"是根据周转材料的预计使用期限分期摊入成本、费用。这种方法一般适用于经常使用或使用次数较多的周转材料，如木方、竹胶板等。其计算公式如下：

周转材料每期摊销额＝周转材料原值×（1－残值率）÷预计使用期限

工程项目部分周转材料摊销残值率见表2-2。

表2-2　工程项目部分周转材料摊销残值率参考表

摊销方法	材料名称	残值率	摊销期限
一次摊销法	安全网	0	一次全部摊销
分期、分次摊销法	多层板	1%～3%	结构工期
	木方	40%～50%	
	竹胶板	5%～10%	
	桥梁板	3%～5%	
	工字钢	40%～50%	

以上介绍了很多种摊销方法，计算方式比较简单的可能是"一次摊销"，而"分期摊销"和"分次摊销"相对精准一些。笔者介绍的分期摊销法常用

于房屋建造工程，分期摊销指的是按照工程工期进行摊销，这个"期"该怎么计算呢？首先请看表 2-3。

表 2-3　工程项目周转材料摊销表

材料名称	原值	残值率（%）	摊销基数	摊销率	累计摊销	截至上期已摊销	当期摊销	净值
木材								
多层板								
……								
合计								
备注：摊销率＝已完成结构工期÷结构总工期								

表 2-3 中的原值就是建筑企业采购时周转材料的入库金额，摊销基数＝原值×（1－残值率），关键要素是累计摊销率。累计摊销率是由周转材料的特性决定的，一般情况下周转材料只在工程的主体结构期间使用，因此它的摊销率就根据这个结构工期来定。表 2-3 中的"原值"等于总账会计科目中"周转材料——在用"科目的借方余额，累计摊销等于"周转材料——摊销"科目的贷方余额，净值等于"周转材料"科目余额减去预计残值（摊销基数－累计摊销）。

一般情况下按照工期完成比例计算摊销率相对简单一些：

累计摊销率＝已完成结构工期÷结构总工期

以房屋建筑工程项目为例，工期节点通常分为地基与基础工期、一次结构工期、二次结构工期、装修工期，这些摊销率计算的关键数据由成本预算部门向财务管理部门提供。

临时设施的摊销与周转材料的摊销方法基本一致，但摊销率的计算基数不一样。周转材料摊销率的计算使用的是工程结构工期，临时设施摊销率用的是总工期。

对于很多无法准确测算履约进度的建筑企业来说，周转材料按周转次数摊销相对准确一些，临时设施可以并入固定资产核算，按照合同工期进行折旧，但是无论用什么方式摊销、折旧，摊销和折旧费都计入"合同履约成本——工程施工——其他直接费用——措施费"。

措施费核算中还有其他一些非直接用于实体而又为了保障施工有序进行的费用，如搬运费、冬施费、保管费、垃圾清理等。

（3）工程水电费。

"工程水电费"明细科目，核算工程项目生活区和办公区发生的水电费。水电费的核算资料，一般来源于工程项目相关管理人员每月提供的水电费催缴单，或者水电表抄表数据，编制水电费使用明细表以及供电单位开具的发票。财务管理部门根据工程项目内部编制的水电使用明细表，以及水电能源供应单位开具的相关发票进行会计处理，借记"合同履约成本——工程施工——其他直接费用——工程水电费""应交税费——应交增值税（进项税额）"等科目，贷记"银行存款""应付账款"等科目。

建筑企业工程项目的水表和电表的户名有可能是工程建设方的，无法取得水电能源供应单位开具的发票，事实上构成了建设方转售水电费。建设方向总承包方转售水电费的相关涉税处理在第五章将详细解析。

2.2.2 间接费用的归集与分配

间接费用是指为完成工程所发生的、不易直接归属于工程成本核算对象而应分配计入有关工程成本核算对象的支出。

间接费用的归集

用于核算建筑企业为组织和管理施工生产所发生的各种费用，主要包括在工程项目从事管理工作的人员工资、职工福利费（含"五险一金"）、办公费、差旅交通费、会议费、劳动保护费、固定资产使用费、财产保险、特殊工种保险费、低值易耗品摊销、机物料消耗、机器设备的折旧费、修理费、其他间接费用。

会计处理分录：

借：合同履约成本——工程施工——间接费用——明细科目

应交税费——待认证进项税额

（或应交税费——应交增值税（进项税额））

贷：银行存款、应付账款、应付职工薪酬等

间接费用与直接费用相比，还有两个特殊用途：第一，某项成本发生时无法在第一时间准确归集于某一工程项目，或该成本应由多个工程项目共同承担，而通过"合同履约成本——工程施工——间接费用"进行归集，期末根据一定方法再分摊到每个项目的直接费用中；第二，建筑企业为了承揽工程项目有可能在其他地区设立分公司，有些分公司不属于独立核算的分支机构，只是起到对辖区内工程项目施工的监督管理、资源调配作用，如第一章中所述的"总承包部"等内部管理单位。总承包部所发生的费用实质上属于"间接费用"而不属于"管理费用"。例如，总承包部的管理部门人员的工资、办公费、劳保费等，应该通过"合同履约成本——工程施工——间接费用——明细科目"进行归集，期末按照一定比例分别摊到辖区内各个项目的合同成本中。借记"合同履约成本——工程施工——人工费、材料费、机械费、其他直接费用"等科目，贷记"合同履约成本——工程施工——间接费用"科目。如果上述总承包部发生的费用不通过"间接费用"归集，最终也不分配计入工程成本，应当直接计入当期损益。

间接费用的分配方法

"间接费用"最核心的问题是分配。目前常见的分配方法有两种：人工费用比例法和直接费用比例法。

人工费用比例法间接费用计算公式为

间接费用分配率＝当期实际发生的全部间接费用÷当期各合同实际发生的人工费之和

某合同当期应负担的间接费用＝该合同当期实际发生的人工费×间接费用分配率

直接费用比例法间接费用计算公式为

间接费用分配率＝当期实际发生的全部间接费用÷当期各合同实际发生的直接费用之和

某合同当期应负担的间接费用＝该合同当期实际发生的直接费用×间接费用分配率

【案例 2-4】 上海铁蛋建筑公司的某个总承包部分管了 A、B、C 三个工程项目。2023 年 9 月，发生 100 万元间接费用，三个项目当期发生的合同成本分别为：A 项目 1 000 万元、B 项目 1 800 万元、C 项目 1 200 万元，采用直接费用比例法进行分配。

间接费用分配率＝100÷（1 000＋1 800＋1 200）×100％＝2.5％

A 项目应承担的间接费用＝1 000×2.5％＝25（万元）

B 项目应承担的间接费用＝1 800×2.5%＝45（万元）

C 项目应承担的间接费用＝1 200×2.5%＝30（万元）

2.3　建筑企业日常经济业务会计核算

建筑企业从投标支出到进场施工准备；从合同费用归集到业主验工计价，从资金支出到工程款回收，几乎所有日常发生的经济业务都涉及会计核算。

2.3.1　工程项目前期财务工作

1. 支付投标保证金

投标保证金，由投标人在招标文件规定时间内交给招标人一定形式、一定金额的投标责任担保。招标人应在规定期限内向中标人和未中标的投标人退还投标保证金及银行同期存款利息。

根据中华人民共和国住房和城乡建设部发布的《房屋建筑和市政基础设施工程施工招标投标管理办法》第二十七条，"招标人可以在招标文件中要求投标人提交投标担保。投标担保可以采用投标保函或者投标保证金的方式。投标保证金可以使用支票、银行汇票等，一般不得超过投标总价的 2%，最高不得超过 50 万元。"在实务中，大型工程项目的造价比较高，投标保证金的比例和金额有可能超过上述文件规定比例。项目投标时大部分工作事项都由建筑企业招投标部门和成本预算部门办理，需要财务管理部门办理的事项主要为投标保证金的支出手续。财务管理部门在支出投标保证金时需要核对投标文件中规定的保证金比例，严格审核后再办理支出手续。

（1）支出投标保证金时的会计处理。

借：其他应收款——投标保证金

　　贷：银行存款

（2）收到退还的保证金时，冲减"其他应收款"。

借：银行存款

　　贷：其他应收款——投标保证金

（3）投标保证金如果被建设方作为履约保证金扣下了，会计处理如下。

借：其他应收款——履约保证金

　　贷：其他应收款——投标保证金

2. 支付农民工保证金

农民工工资保证金，是指工程建设领域施工总承包单位（包括直接承包建设单位发包工程的专业承包企业）在银行设立账户并按照工程施工合同额的一定比例存储，专项用于支付为所承包工程提供劳动的农民工被拖欠工资的专项资金。

根据《人力资源社会保障部 住房和城乡建设部 交通运输部 水利部 银保监会 铁路局 民航局 关于印发〈工程建设领域农民工工资保证金规定〉的通知》（人社部发〔2021〕65号）（以下简称人社部发〔2021〕65号）第八条规定，"施工总承包单位应当自工程取得施工许可证（开工报告批复）之日起20个工作日内（依法不需要办理施工许可证或批准开工报告的工程自签订施工合同之日起20个工作日之内），持营业执照副本、与建设单位签订的施工合同在经办银行开立工资保证金专门账户存储工资保证金。"第二十四条，"工资保证金实行专款专用，除用于清偿或先行清偿施工总承包单位所承包工程拖欠农民工工资外，不得用于其他用途。"

人社部发〔2021〕65号第十一条规定，"工资保证金按工程施工合同额（或年度合同额）的一定比例存储，原则上不低于1%，不超过3%，单个工程合同额较高的，可设定存储上限。施工总承包单位在同一工资保证金管理地区有多个在建工程，存储比例可适当下浮但不得低于施工合同额（或年度合同额）的0.5%。施工合同额低于300万元的工程，且该工程的施工总承包单位在签订施工合同前一年内承建的工程未发生工资拖欠的，各地区可结合行业保障农民工工资支付实际，免除该工程存储工资保证金。"施工总承包单位可选择以银行保函替代现金存储工资保证金，但保函担保金额不得低于按规定比例计算应存储的工资保证金数额。

因此，关于农民工资保证金的具体存储比例，建筑企业应以项目地相关部门的文件规定为准。

工程竣工验收合格后，在工程所在地有关部门规定期限内，建筑企业可以申请退还农民工工资保证金。建筑企业在递交退还申请资料后，经建设主管部门审核通过的，可带相关材料到银行办理退款。

会计处理上，建筑企业向自己开设的专户转入这笔保证金时，借记"其货币资金——农民工工资保证金"科目,贷记"银行存款"科目。当然,实务中也有部分建筑企业将这笔款项按照企业内不同银行账户间的普通转账处理,即借记"银行存款——工资保证金专户",贷记"银行存款——普通账户",笔者认为此处理方式无伤大雅。项目竣工后,按规定申请退还农民工工资保证金后,做相反的会计处理即可。专户中的利息收入按照常规存款利息处理即可,通过"财务费用"科目核算。

交纳农民工工伤保险

建筑企业在某个工程中标后,根据工程项目所在地人力资源和社会保障部门的文件要求应当购买农民工工伤保险。购买的农民工工伤保险金额一般按工程项目的施工面积或者工程总造价的一定比例计算,无法按照准确的农民工人数计算。农民工工伤保险与农民工保证金不一样,农民工工伤保险最终不退还,属于建筑企业的一项费用支出,发生当期计入"合同履约成本——工程施工——间接费用"或者"管理费用"科目。

2014年12月,中华人民共和国人力资源和社会保障部、中华人民共和国住房和城乡建设部、国家安全生产监督管理总局、中华全国总工会联合印发《关于进一步做好建筑业工伤保险工作的意见》(人社部发〔2014〕103号):"一、完善符合建筑业特点的工伤保险参保政策,大力扩展建筑企业工伤保险参保覆盖面。建筑施工企业应依法参加工伤保险。针对建筑行业的特点,建筑施工企业对相对固定的职工,应按用人单位参加工伤保险;对不能按用人单位参保、建筑项目使用的建筑业职工特别是农民工,按项目参加工伤保险。

二、完善工伤保险费计缴方式。按用人单位参保的建筑施工企业应以工资总额为基数依法缴纳工伤保险费。以建设项目为单位参保的,可以按照项目工程总造价的一定比例计算缴纳工伤保险费。"

2018年6月,中华人民共和国人力资源和社会保障部、中华人民共和国交通运输部、中华人民共和国水利部、国家能源局、国家铁路局、中国民用航空局联合印发《关于铁路、公路、水运、水利、能源、机场工程建设项目参加工伤保险工作的通知》(人社部发〔2018〕3号),重申了人社部〔2014〕103号的主要政策,确保在各类工地上流动就业的农民工依法享有工伤保险保障。将在各类工程建设项目中流动就业的农民工纳入工伤保险保障。明确可以按照项目或标段的建筑安装工程费(或工程合同价)的一定比例参保缴费,对工程总造价大、机械化程度高、人工成本占比较低的工程建设项目,可以按照人工成本乘以工伤保险行业基准费率的方式计算缴纳工伤保险费。

各类工程建设项目在办理相关手续、进场施工前，均应向行业主管部门或监管部门提交施工项目总承包单位或项目标段合同承建单位工伤保险参保证明，作为保证工程安全施工的具体措施之一。安全施工措施未落实的项目，各地住房和城乡建设主管部门不予核发施工许可证。因此，以后所有工程都必须在支付农民工工伤险以后才能正式开工，基本与开工许可证的办理已经挂钩了，需要建筑企业引起重视。

◤ 开立"安措费"银行账户

安全防护文明施工措施费（简称"安措费"），是指按照国家现行的建筑施工安全、施工现场环境与卫生标准和有关规定，购置和更新安全防护用具及设施、落实安全施工措施、改善安全生产条件和作业环境所需的费用。安措费为不可竞争性费用，不得删减，在计价中单列并计入总价。

根据工程项目所在地建设行政主管部门的要求，在其行政区域内承揽建设工程的建筑施工企业应在指定银行开设安措费专用账户。开立安措费账户所需要的资料一般在工程项目地建设行政主管部门下发的安措费管理办法和有关通知中会明确规定。例如营业执照复印件、法定代表人身份证复印件等相关资料加盖公章。

安措费账户主要用于建设方支付给施工方的安全文明施工所发生的各项措施费。承包单位将建筑工程分包给其他单位的，应在分包合同中明确安措费事项，并由总承包单位统一管理。安全防护、文明施工措施由分包单位实施的，分包单位应制定专项安全防护措施施工方案。总承包单位应及时向分包单位拨付安措费。

建设方对于这部分款项一般采取分期支付，总承包方则根据履约进度按一定比例分次支取。例如某地建设行政主管部门对房屋建设工程安措费支取的规定：①建筑工程开工时，经开工安全条件审查合格，建筑施工企业可申请使用安措费总额的 50%；②当工程主体结构施工完成 50% 时，经检查建筑施工企业合理使用第一次拨付的安措费，施工现场达到安全质量标准化合格标准的，建筑施工企业可进行第二次申请使用安措费总额的 40%，未达到的责令限期整改，合格后可申请使用；③工程竣工后，经检查核实，施工现场一直保持安全文明施工水平的，建筑施工企业可申请使用安措费总额的 10%；④工程建设过程中，对接到限期整改通知书拒不整改或整改后未达到安全质量标准化合格标准的不予解付，工程竣工后，剩余安措费将拨回建设单位。

具体会计处理如下：

（1）收到建设方向安措费专用账户支付的安措费。

借：银行存款——安措费专用账户

    贷：合同负债——安措费

（2）符合支取条件时，将可使用的金额从安措费专用账户转入企业银行基本账户或一般账户中。

借：银行存款——基本账户或一般账户

    贷：银行存款——安措费专用账户

借：合同负债——安措费

    贷：应收账款或合同资产

建筑企业应根据每期业主确认的工程计价或税前工程总造价的一定比例计提安措费，计入"专项储备"科目。每期计提安措费时，借记"合同履约成本——工程施工——其他直接费用——措施费"科目，贷记"专项储备"科目；发生安全文明措施费支付时，借记"专项储备"科目，贷记"银行存款"科目。

建筑企业如果不根据工程计价或工程总造价计提安措费，则根据建设方支付的安措费和建筑施工企业实际支付的安措费进行会计处理，收到安措费时，借记"银行存款——安措费专用账户"科目，贷记"合同资产——安措费"或"应收账款——安措费"科目；支付安措费时，借记"专项储备——安措费"科目，贷记"银行存款——安措费专用账户"科目；当年度根据实际支付的安措费，借记"合同履约成本——工程施工——其他直接费用——措施费"科目，贷记"专项储备——安措费"科目。

◈ 办理跨区域涉税事项报验管理

根据《国家税务总局关于明确跨区域涉税事项报验管理相关问题的公告》（国家税务总局公告 2018 年第 38 号）第一条规定：纳税人跨省（自治区、直辖市和计划单列市）临时从事生产经营活动的，向机构所在地的税务机关填报《跨区域涉税事项报告表》。

1. 异地施工应办理跨区域涉税事项报验

纳税人跨县（市、区）提供建筑服务，应当在机构所主管税务机关办理跨区域涉税事项报告。税务机关取消了跨区域涉税事项报验管理的固定有效期，不再按照180天设置报验管理的固定有效期，改按跨区域经营合同执行期限作为有效期限。合同延期的，纳税人可向经营地或机构所在地的税务机关办理报验管理有效期限延期手续。

2. 办理跨区域涉税事项报告所需资料

跨区域涉税事项报告的办理的手续相对简单，大部分地区只要电子税务局办理即可。纳税人只需要在电子税务局相关办理模块中录入跨区域涉税事项基本信息、跨区域经营情况、合同名称、合同金额、有效期起止等跨区域涉税事项即可办理。

办理跨区域涉税事项报告后，在建筑服务发生地税务机关进行报验登记（税务登录备案），大部分地区已经实现电子税务局办理报验登记，无须现场办理。例如广东省，跨区域经营地在广东省（不含深圳）的省内企业，电子税务局系统根据纳税人填写的跨区域经营地自动发送"跨区域涉税事项报验登记"任务到经营地税务机关，经营地税务机关审核通过以后，完成报验登记，整个报验过程无须纳税人提出申请。若跨区域经营地在广东省（不含深圳）的省外企业，电子税务局的系统无法自动报验，可使用个人身份登录广东省电子税务局，在"我要办税"中的"跨区域涉税事项报验登记"模块办理报验，经营地税务机关审核通过以后，完成报验登记。

若建筑企业纳税人机构所在地与项目经营地暂未完全实现跨区域经营全子化管理的，需要在项目地办理跨区域涉税事项报验登记的，所需资料不同地区所需资料不尽相同。

一般涉及的资料可能包含以下内容：统一社会信用代码的营业执照（或税务登记证、组织机构代码证等）原件，或加盖纳税人公章的复印件、法人身份证复印件、企业所得税征收方式证明（查账征收或核定征收）、建设工程承包合同印花税完税证明、工资发放证明、社保缴纳记录等复印件加盖公章。建筑业纳税人跨区域经营活动结束后，应当结清项目经营地税务机关的应纳税款以及其他涉税事项，向经营地的税务机关填报"经营地涉税事项反馈表"。经营地的税务机关核对"经营地涉税事项反馈表"后，及时将相关信息反馈给机构所在地的税务机关。纳税人不需要另行向机构所在地的税务机关反馈。

2.3.2　工程项目常规经济业务的会计核算案例

本章第二节已经详细阐述了工程项目发生各项费用时应归集到哪个会计科目里，接下来列举一些工程项目经常发生的一些业务会计处理：

【案例 2-5】　铁蛋建筑公司适用一般计税方法计税的"郁孤台·江山里"项目，在 2023 年发生以下经济业务及会计处理：

（1）2023 年 1 月 10 日，"郁孤台·江山里"项目购买彩钢板搭建临时办公室及仓库，取得增值税专用发票一张，其中货物金额 1 000 000 元，增值税款 130 000 元，款项已通过银行转账支付，增值税专用发票尚未勾选确认。该临时设施不符合固定资产标准，按照工期 40 个月进行摊销，预计无残值，每月摊销金额 25 000 元。

①购买彩钢板时：

借：临时设施　　　　　　　　　　　　　　　　　1 000 000

　　应交税费——待认证进项税额（未认证）　　　　130 000

　　　贷：银行存款　　　　　　　　　　　　　　　　　1 130 000

②每期摊销临时设施时：

借：合同履约成本——工程施工——其他直接费用——措施费

　　　　　　　　　　　　　　　　　　　　　　　25 000

　　　贷：临时设施摊销　　　　　　　　　　　　　　　25 000

（2）2023 年 1 月 20 日，"郁孤台·江山里"项目购买办公用品，收到增值税专用发票 113 万元，其中增值税额 13 万元，该增值税专用发票已经勾选确认，款项已经通过转账形式支付。

借：合同履约成本——工程施工——间接费用　　　1 000 000

　　应交税费——应交增值税（进项税额）　　　　　130 000

　　　贷：银行存款　　　　　　　　　　　　　　　　　1 130 000

（3）2023 年 1 月 30 日，"郁孤台·江山里"项目的项目经理借入备用金 10 万元。

借：其他应收款——备用金（个人辅助项）　　　　100 000

　　　贷：银行存款　　　　　　　　　　　　　　　　　100 000

（4）2023 年 2 月 10 日，"郁孤台·江山里"项目因业务需要发生餐费 10 600 元，取得增值税专用发票一张，其中增值税额 600 元，发票已勾选确认，款项通过银行转账支票支付。

借：合同履约成本——工程施工——间接费用　　　10 000

应交税费——应交增值税（进项税额）　　　　　600

　　贷：银行存款　　　　　　　　　　　　　　　　　10 600

通常情况下，因业务谈判发生的餐费大多属于业务招待或个人消费性质，取得的进项税额不得抵扣，应转出。

借：合同履约成本——工程施工——间接费用　　　600

　　贷：应交税费——应交增值税（进项税额转出）　　600

（5）2023年3月10日，"郁孤台·江山里"项目报销差旅费10 600元，取得多张增值税专用发票，其中增值税额600元，增值税专用发票已勾选确认，款项已经支付。

借：合同履约成本——工程施工——间接费用　　　10 000

应交税费——应交增值税（进项税额）　　　　　600

　　贷：银行存款　　　　　　　　　　　　　　　　　10 600

（6）2023年4月10日，"郁孤台·江山里"项目以公司开出的商业承兑汇票偿还材料欠款500万元。

借：应付账款——材料费（供应商辅助项）　　　5 000 000

　　贷：应付票据——商业承兑汇票　　　　　　　　　5 000 000

（7）2023年4月20日，"郁孤台·江山里"项目在公司开户行办理银行承兑汇票100万元，用以偿还专业分包欠款，并向该银行支付了承兑保证金50 000元、手续费1 000元[①]。

借：应付账款——分包费（分包商辅助项）　　　1 000 000

　　贷：应付票据——银行承兑汇票　　　　　　　　　1 000 000

借：其他货币资金——承兑保证金　　　　　　　50 000

　　贷：银行存款　　　　　　　　　　　　　　　　　50 000

借：合同履约成本——工程施工——间接费用　　　1 000

（或财务费用——手续费）　　　　　　　　　　（1 000）

　　贷：银行存款　　　　　　　　　　　　　　　　　1 000

---

① 银行承兑汇票一般情况下由建筑企业公司总部办理，项目部无法直接办理。支付手续费并取得相关凭据时计入公司总部的"财务费用"科目，内部考核经营成果时可以将该手续费分摊至具体办理该业务的工程项目间接费用。

（8）2023 年 5 月 20 日，"郁孤台·江山里"项目支付已经到期的商业承兑汇票 100 万元。

借：应付票据——商业承兑汇票（供应商辅助项）　1 000 000

　　贷：银行存款　　　　　　　　　　　　　　　　　　1 000 000

（9）2023 年 6 月 10 日，"郁孤台·江山里"项目收到建设方通过银行汇款支付的工程进度款 1 000 万元 。

借：银行存款　　　　　　　　　　　　　　　　　10 000 000

　　贷：应收账款——工程进度款（客商辅助项）　　10 000 000

（10）2023 年 6 月 20 日，"郁孤台·江山里"项目收到建设方支付的电子商业承兑汇票 500 万元。

借：应收票据——电子商业承兑汇票（客商辅助项）5 000 000

　　贷：应收账款——工程进度款（客商辅助项）　　 5 000 000

（11）2023 年 7 月 10 日，"郁孤台·江山里"项目支付银行转账手续费 500 元。

借：财务费用——手续费　　　　　　　　　　　　　　　500

（或合同履约成本——工程施工——间接费用）　　　　（500）

　　贷：银行存款　　　　　　　　　　　　　　　　　　　500

（12）2023 年 7 月 20 日，"郁孤台·江山里"项目支付实验检测费 53 000 元，取得增值税专用发票一张，其中增值税额 3 000 元，增值税专用发票尚未勾选确认。

借：合同履约成本——工程施工——间接费用　　　 50 000

　　应交税费——待认证进项税额　　　　　　　　　 3 000

　　贷：银行存款　　　　　　　　　　　　　　　　　53 000

（13）2023 年 7 月 30 日，"郁孤台·江山里"项目收取某分包商交来的投标保证金 20 万元。

借：银行存款　　　　　　　　　　　　　　　　　　200 000

　　贷：其他应付款——投标保证金　　　　　　　　　200 000

（14）2023 年 8 月 30 日，"郁孤台·江山里"项目收到建设方转来的预付款 200 万元（暂时忽略预缴增值税）。

借：银行存款　　　　　　　　　　　　　　　　　2 000 000

　　贷：合同负债——预收工程款（客商辅助项）　　2 000 000

（15）2023 年 9 月 10 日，"郁孤台·江山里"项目购买低值易耗品 113 000 元，其中增值税额 13 000 元，当期根据"五五摊销法"进行摊销。增值税专用发票尚未勾选确认。

借：包装物及低值易耗品——在用——明细材料　100 000

（或周转材料——在用——明细材料）　（100 000）①

应交税费——待认证进项税额　13 000

贷：银行存款　113 000

借：合同履约成本——工程施工——间接费用　50 000

贷：包装物及低值易耗品——摊销——明细材料　50 000

（或周转材料——摊销——明细材料）　（50 000）

（16）2023 年 10 月 20 日，"郁孤台·江山里"项目收到分包商、材料商交来的罚款、违约金等 4 万元。

借：银行存款　40 000

贷：营业外收入　40 000

（17）2023 年 11 月 20 日，"郁孤台·江山里"项目收到建设方审定的工程量计价单，含税计价金额 1 090 万元，尚未开具工程进度款发票，该工程进度款未收，未到达合同约定的收款日。

借：应收账款——工程进度款（客商辅助项）　10 900 000

贷：合同结算——价款结算　10 000 000

应交税费——待转销项税额　900 000

（18）2023 年 12 月 12 日，铁蛋建筑公司购买了一批办公用品，共支付 11 300 元，取得增值税专用发票发票一张，发票中注明价款 10 000 元，增值税款 1 300 元，其中一半被"郁孤台·江山里"项目领用，另外一半被其他适用简易计税办法计税的工程项目领用了（假设一半办公用品对应的进项税额为 650 元）。

借：合同履约成本——工程施工——间接费用　10 000

应交税费——应交增值税（进项税额）　1 300

贷：银行存款　11 300

---

① 未单独设置"包装物及低值易耗品"科目的建筑企业，可以通过"周转材料"进行会计核算。

借：合同履约成本——工程施工——间接费用（某简易计税项目）

　　　　　　　　　　　　　　　　　　　　　　　　　　　　650

　　贷：应交税费——应交增值税（进项税额转出）　　　　　650

2.4　总公司与分公司的会计核算

建筑企业分公司和具有法人资格的公司都按照《企业会计制度》核算。分公司所取得的收入记入"主营业务收入"和"其他业务收入"科目；所发生的成本记入"主营业务成本"和"其他业务成本"科目。建筑企业分公司发生的应该计入期间费用的支出，不应直接记入"合同履约成本"科目，如果因为内部工程承包考核业绩需要，可以将发生的"间接费用"按照一定比例和分配方法，分配记入各个工程项目的"合同履约成本——工程施工"中。

部分建筑企业总公司设立了"资金结算中心"，对总公司本级及所有分公司的资金进行统一管理，总公司、分公司的资金与损益核算执行"两条线"管理。"两条线"管理，指的是总公司、分公司在收取和支付资金时只涉及货币资金科目和"内部往来"或"其他应付款"科目，不涉及债权债务和损益的确认；涉及债权债务处理的由总公司和分公司各自进行会计核算。期末，分公司将经营成果通过"利润分配"和"内部往来"结转到总公司。

2.4.1　总公司的会计核算

▶ 总公司在设立阶段收到投资款的会计处理

根据《中华人民共和国公司法》（以下简称《公司法》）的规定，股东可以用货币出资，也可以用实物、知识产权、土地使用权等可以用货币估价并可以依法转让的非货币财产作价出资；但是，法律、行政法规规定不得作为出资的财产除外。对作为出资的非货币财产应当评估作价，核实财产，不得高估或者低估作价。股东以货币出资的，应当将货币出资足额存入有限责任公司在银行开设的账户；以非货币财产出资的，应当依法办理其财产权的转移手续。

建筑企业收到投资者投入的货币资金时，借记"银行存款"科目，贷记"实收资本"或"股本"等科目。如果接受股东以固定资产、无形资产、货物等方式投资，则借记"固定资产""无形资产""原材料""应交税费"等科目，贷记"实收资本"等科目。以非货币财产出资的，应当依法办理其财产权的转移手续后再确认实收资本，投资者投入无形资产应当按照投资合同或协议约定的价值确定，但合同或协议约定价值不公允的除外。

【案例 2-6】 2023 年 10 月，铁蛋集团和钢蛋集团共同出资设立增值税一般纳税人铁钢建筑总公司，注册资本 20 000 万元，铁蛋集团出资 14 550 万元，持股比例为 72.75%；钢蛋集团以其所有的土地使用权出资，协议价格 5 450 万元，持股比例 27.25%，已开具增值税专用发票并办理了土地使用权过户手续。会计处理如下：

（1）铁钢建筑总公司收到铁蛋集团投入的投资款。

借：银行存款 145 500 000

　　贷：实收资本——铁蛋集团 145 500 000

（2）铁钢建筑总公司收到钢蛋集团投入的土地使用权。

借：无形资产——土地使用权 50 000 000

　　应交税费——应交增值税（进项税额） 4 500 000

　　贷：实收资本——钢蛋集团 54 500 000

总公司发生管理费用的会计核算

总公司日常发生的费用应当按照权责发生制原则，在发生时根据费用性质确认为当期损益。总公司本级发生的管理费用，主要包括在筹建期间内发生的开办费、董事会费，以及行政管理部门发生的职工薪酬、办公费用、差旅费、低值易耗品摊销费、资产摊销费、业务招待费、技术转让费、咨询顾问费、诉讼费、研究开发费用等。发生管理费用时，借记"管理费用""应交税费"等科目，贷记"应付账款""银行存款""应付职工薪酬"等科目。

【案例 2-7】 铁蛋建筑总公司财务部购买了一批办公用品，一共支付了 11 300 元（其中增值税 1 300 元），取得一张增值税专用发票，会计处理如下。

借：管理费用——办公费 10 000

　　应交税费——应交增值税（进项税额） 1 300

　　贷：银行存款 11 300

铁蛋建筑公司发生的办公费用如果既用于一般计税项目又用于简易计税项目的，取得的进项税额应当按照两种计税方法项目的销售额进行划分，不得抵扣部分应当作转出。

【案例 2-8】 铁蛋建筑总公司安全管理部门的员工林铁蛋在出差期间支付了一笔住宿费 1 060 元（其中增值税 60 元），取得增值税专用发票一张。在财务部门报销时，铁蛋称住宿费中有一半是招待甲方相关人员支付的，会计处理如下。

借：管理费用——差旅费　　　　　　　　　　　　　500

　　　　　——业务招待费　　　　　　　　　　　500

　　应交税费——应交增值税（进项税额）　　　　60

　　贷：银行存款　　　　　　　　　　　　　　　　　　1 060

借：管理费用——业务招待费　　　　　　　　　　30

　　贷：应交税费——应交增值税（进项税额转出）　　　　30

关于增值税管理和会计核算在本书第四章中将详细解析，在此暂不展开阐述。

总公司购买固定资产的财税处理

固定资产是指企业为生产商品、提供劳务、出租或者经营管理而持有的、使用寿命超过一个会计年度的有形资产。建筑企业的固定资产主要包括房屋和建筑物、一般办公设备、专用设备、运输设备、机械设备、临时设施等。

1. 购进固定资产及折旧

【案例 2-9】 铁蛋建筑总公司 2023 年 12 月购买 10 台笔记本电脑供管理部门办公使用，每台笔记本含税单价为 6 780 元（增值税税率 13%），一共支付了67 800 元，并取得了增值税专用发票。假设该公司的固定资产采用年限平均法折旧，办公设备的折旧年限为 5 年，预计残值率为 0，每月折旧 1 000 元。

（1）2023 年 12 月，购进笔记本电脑时。

借：固定资产——办公设备　　　　　　　　　　60 000

　　应交税费——应交增值税（进项税额）　　　7 800

　　贷：银行存款　　　　　　　　　　　　　　　　67 800

（2）2024 年 1 月摊销笔记本电脑时。

借：管理费用——资产折旧费　　　　　　　　　1 000

　　贷：累计折旧　　　　　　　　　　　　　　　　1 000

总公司购买的固定资产如果专门用于某一工程项目使用，可将固定资产折旧费直接计入某一个工程项目的合同成本中，借记"合同履约成本"或

"工程施工"科目；贷记"累计折旧"科目。

固定资产折旧应注意折旧起止周期问题，当月增加的固定资产，当月不计提折旧，从下月起计提折旧；当月减少的固定资产，当月仍计提折旧，从下月起不计提折旧。固定资产提足折旧后，不论能否继续使用，均不再计提折旧；提前报废的固定资产，也不再补提折旧。

2. 固定资产处置

【案例2-10】 铁蛋建筑总公司有一台塔吊使用期满，于2024年1月经批准后准备报废。该塔吊购买于2013年12月，原值60万元，在购进时按照税收政策不得抵扣且未抵扣进项税额，截至2023年12月累计折旧58万元，预计残值2万元。在清理期间支付了清理费用2 000元，收到了设备变卖款15 450元。会计处理如下：

（1）固定资产转入清理。

借：固定资产清理——塔吊　　　　　　　　　　　　　20 000

　　累计折旧　　　　　　　　　　　　　　　　　　580 000

　　　贷：固定资产——塔吊　　　　　　　　　　　　　　600 000

（2）发生清理费。

借：固定资产清理——塔吊　　　　　　　　　　　　　2 000

　　　贷：银行存款　　　　　　　　　　　　　　　　　　2 000

（3）收到"设备变卖款"并计算应交税费。

出售使用过的固定资产按3%减按2%计算缴纳增值税，应交增值税＝15 450÷（1＋3%）×2%＝300（元），暂时忽略附加税费。

借：银行存款　　　　　　　　　　　　　　　　　　15 450

　　　贷：固定资产清理　　　　　　　　　　　　　　　　15 150

　　　　　应交税费——简易计税（应交增值税）　　　　　　300

（4）结转固定资产净损益

借：营业外支出——处置非流动资产损失　　　　　　　6 850

　　　贷：固定资产清理——塔吊　　　　　　　　　　　　　6 850

总公司取得无形资产的财税处理

无形资产，是指企业拥有或者控制的没有实物形态的可辨认非货币性资产。企业无形资产的来源主要有四个：外购无形资产，自行开发无形资产，投资者投入无形资产，非货币性资产交换、债务重组、政府补助和企业合并取得的无形资产。

使用寿命有限的无形资产应当摊销，使用寿命不确定的无形资产不予摊销。来源于合同性权利或其他法定权利的无形资产，其使用寿命不应超过合同性权利或其他法定权利的期限。合同或法律没有规定使用寿命的，企业应当综合各方面因素判断，以确定无形资产能为企业带来经济利益的期限。

1. 外购无形资产

【案例 2-11】　铁蛋建筑总公司于 2023 年 1 月购买了一项非专利技术，支付了 106 万元，收到一张增值税专用发票，其中价款 100 万元，增值税额 6 万元。该项非专利技术预计使用寿命为 10 年；该项非专利技术主要用于指导公司总部技术管理部门对工程项目进行标准化管理。

（1）取得该项非专利技术时，会计处理。

借：无形资产——非专利技术　　　　　　　　　1 000 000

　　应交税费——应交增值税（进项税额）　　　　60 000

　　贷：银行存款　　　　　　　　　　　　　　　　1 060 000

（2）按年摊销该项非专利技术时，会计处理。

借：管理费用——非专利技术　　　　　　　　　100 000

　　贷：累计摊销——非专利技术　　　　　　　　　100 000

2. 研发无形资产

建筑企业研发无形资产的，在发生研发支出①时要区分研究阶段与开发阶段，研究阶段的支出需要全部费用化，计入当期损益（管理费用）；发生的研发费如果无法区分研究阶段支出与开发阶段支出，应当将其发生的所有研发支出全部费用化，计入当期损益（管理费用）。开发阶段发生的研发支出需要区分费用化支出和资本化支出。发生支出时，借记"研发支出——费用化支出"和"研发支出——资本化支出"科目，贷记"原材料""应付职工薪酬""银行存款"等科目。当研究开发的项目达到预定用途时，将"研发支

---

① 　根据《财政部 税务总局关于进一步完善研发费税前扣除政策的公告》（2023 年 7 号）规定，企业开展研发活动实际发生的研发费用，未形成无形资产计入当期损益的，在按规定据实扣除的基础上，自 2023 年 1 月 1 日起，再按照实际发生额的 100％在税前加计扣除；形成无形资产的，自 2023 年 1 月 1 日起按照无形资产成本的 200％在税前扣除。

出——费用化支出"结转到"管理费用"科目，将"研发支出——资本化支出"转入"无形资产"。企业自创商誉以及内部产生的品牌、报刊名等，不应确认为无形资产。

【案例 2-12】 铁蛋建筑总公司董事会 2023 年 1 月批准了技术管理部组织研发"铝模板在混凝土综合施工技术"，该项技术如果研发成功将有效降低施工成本。该项技术在研发过程中，发生材料费 100 万元、研发人员工资 50 万元，以及其他直接费用支出 10 万元，共计 160 万元，其中符合资本化条件的支出为 120 万元，2023 年 12 月 20 日，该项技术已经达到预定用途。会计处理如下（无形资产摊销暂略）：

（1）2023 年 1 月至 12 月期间发生研发支出。

借：研发支出——费用化支出   400 000

           ——资本化支出   1 200 000

    贷：原材料   1 000 000

        应付职工薪酬   500 000

        银行存款   100 000

（2）2023 年 12 月 20 日，该项技术已经达到预定用途。

借：管理费用   400 000

    无形资产   1 200 000

    贷：研发支出——费用化支出   400 000

           ——资本化支出   1 200 000

总公司的收入与成本核算

1. 建造合同收入

建筑企业总公司确认建造合同收入、合同成本和管理模式密切相关。在第一章中已经介绍了五种分级管理模式，在"母公司—子公司—项目部""总公司—项目指挥部""子公司—工程项目部"模式中，母公司和子公司应当各自核算收入和成本，在涉税处理上母、子公司完全分离。

（1）"总公司—分公司-项目部"模式。

这种财务管理模式下分公司的收入、成本核算在本节后续内容中将详细阐述，如果总公司没有直营项目，所有工程项目均为下属分公司所辖，总公司通过"内部往来"科目接收分公司结转的损益即可。

（2）"公司总部—项目部"模式。

直营项目在会计核算上存在两种模式，即分级核算和统一核算。如果采用统一核算模式，直营项目不单独设置核算账套，由公司总部在核算账套中对相关会计科目设置"项目辅助项"加以区分各个工程项目的数据信息即可。如果采用分级核算模式，直营项目和公司总部均单独设置核算账套，直营项目在会计处理上与"总公司—分公司—项目部"模式中分公司的处理基本一致，直营项目单独编制财务报表，公司总部将对各个直营项目的财务报表进行汇总，形成公司级的财务报表。

如果建筑企业的组织形式为"总公司—总承包部—项目部"模式，在会计核算上和"总公司—分公司—项目部"模式、分级核算的"公司总部—项目部"模式基本一致。

2. 销售材料收入

建筑企业除了建造合同收入有可能还有其他业务收入，例如销售材料物资、下脚料、废旧物资等取得的收入。

【案例 2-13】 铁蛋建筑总公司为增值税一般纳税人。2023 年 12 月采购了一批钢材，含税金额 1 130 万元（增值税率 13%），取得了一张等额的增值税专用发票。2024 年 1 月由于图纸设计变更，所采购的钢材型号与变更后的设计需求不符，铁蛋建筑公司直接将该批钢材原价出售给了钢蛋建筑公司，收取相应款项并开具相应增值税专用发票，铁蛋建筑公司会计处理如下。

（1）2023 年 12 月，采购钢材。

借：原材料——钢材	10 000 000	
应交税费——应交增值税（进项税额）	1 300 000	
贷：银行存款		11 300 000

（2）2024 年 1 月，销售钢材。

借：银行存款	11 300 000	
贷：其他业务收入		10 000 000
应交税费——应交增值税（销项税额）		1 300 000
借：其他业务成本	10 000 000	
贷：原材料——钢材		10 000 000

【案例 2-14】 铁蛋建筑总公司为增值税一般纳税人。2023 年 11 月，该企业购买了一批材料，含税金额 226 万元（增值税税率 13%），支付货款后取

得增值税专用发票一张，该批当期已经全部耗用。2023 年 12 月，该企业对外销售该批材料的边角料 11.3 万元。会计处理如下：

（1）2023 年 11 月，购买材料、消耗材料。

借：原材料——明细科目	2 000 000
应交税费——应交增值税（进项税额）	260 000
贷：银行存款或应付账款	2 260 000
借：合同履约成本——工程施工——材料费	2 000 000
贷：原材料——明细科目	2 000 000

（2）2023 年 12 月，对外销售边角料。

借：银行存款	113 000
合同履约成本——工程施工——材料费	－100 000（红字）
贷：应交税费——应交增值税（销项税额）	13 000

总公司与分公司的企业所得税

在本书第一章中已经介绍了建筑企业的不同组织结构下的税务管理，其中较为复杂的是"总公司—分公司—项目部"和"公司总部—项目部"模式并存的企业所得税管理。建筑业不同组织模式下的企业所得税管理在第一章中已经进行详细解析，在此不再赘述，本节仅通过案例解析汇总纳税的建筑业总公司与分公司的企业所得税分配问题。

1. 总分机构企业所得税分配比例的计算

【案例 2-15】　上海铁蛋建筑总公司（以下简称"铁蛋总公司"）成立于 2021 年 10 月 9 日，总部位于上海，在 B、C、D 省分别设立了上海铁蛋建筑总公司华东分公司（以下简称"华东分公司"）、上海铁蛋建筑总公司华南分公司（以下简称"华南分公司"）、上海铁蛋建筑总公司华北分公司（以下简称"华北分公司"），同时在西北、中原、西南地区还有三个直营项目，分别为铁蛋文苑、铁蛋书苑、铁蛋乾苑。铁蛋总公司和各分公司分别在各自所在地办理税务登记，并接受所在地主管税务机关的监督和管理，企业所得税为查账征收。

2023 年第一季度，铁蛋总公司的企业应纳税所得额 8 000 万元，应纳税额为 2 000 万元；铁蛋文苑、铁蛋书苑、铁蛋乾苑在项目所在地分别预缴了企业所得税 30 万元、20 万元、10 万元；华东分公司、华南分公司、华北分公司 2022 年度的营业收入、职工薪酬、资产总额三项权重见表 2-4。

表 2-4　分公司财务状况

金额单位：万元

分支机构名称	营业收入	职工薪酬	资产总额
华东分公司	60 000	700	120 000
华南分公司	60 000	800	150 000
华北分公司	80 000	1 000	200 000
分支机构合计	200 000	2 500	470 000

根据三因素权重计算各分支机构的企业所得税款分配比例：

华东分公司＝（60 000÷200 000）×35％＋（700÷2 500）×35％＋（120 000÷470 000）×30％＝0.28

华南分公司＝（60 000÷200 000）×35％＋（800÷2 500）×35％＋（150 000÷470 000）×30％＝0.31

华东分公司＝（80 000÷200 000）×35％＋（1 000÷2 500）×35％＋（200 000÷470 000）×30％＝0.41

2. 总分机构分配企业所得税税款的会计处理

总机构既有直接管理的跨地区项目部（简称"直营项目"），又有跨地区二级分支机构的，先扣除已由直营项目预缴的企业所得税后，再按照国税2012年第57号文件规定计算总、分支机构应缴纳的税款。因此铁蛋总公司在总机构所在地应缴纳的企业所得税款＝（2 000－60）×50％＝970（万元）；在各分支机构应缴纳的企业所得税为970万元。根据前面计算的分配税款比例计算各分公司应缴纳的企业所得税款：

华东分公司＝9 700 000×0.28＝2 716 000（元）

华南分公司＝9 700 000×0.31＝3 007 000（元）

华东分公司＝9 700 000×0.41＝3 977 000（元）

铁蛋总公司及各个分公司分摊所得税的会计处理如下：

①铁蛋总公司的会计处理。

借：所得税费用　　　　　　　　　　　　　　20 000 000

　　贷：应交税费——应交企业所得税（计提）　20 000 000

借：应交税费——应交企业所得税（直营项目预缴）　600 000

	贷：银行存款		600 000

借：应交税费——应交企业所得税（计提） 19 400 000

　　贷：银行存款 9 700 000

　　　　内部往来——华东分公司分摊所得税 2 716 000

　　　　内部往来——华南分公司分摊所得税 3 007 000

　　　　内部往来——华北分公司分摊所得税 3 977 000

②华东分公司会计处理。

借：内部往来——总公司 2 716 000

　　贷：其他应付款——分摊所得税 2 716 000

借：其他应付款——分摊所得税 2 716 000

　　贷：银行存款 2 716 000

③华南分公司会计处理。

借：内部往来——总公司 3 007 000

　　贷：其他应付款——分摊所得税 3 007 000

借：其他应付款——分摊所得税 3 007 000

　　贷：银行存款 3 007 000

④华北分公司会计处理

借：内部往来——总公司 3 977 000

　　贷：其他应付款——分摊所得税 3 977 000

借：其他应付款——分摊所得税 3 977 000

　　贷：银行存款 3 977 000

2023年第一季度终了后15日内，铁蛋总公司到主管税务机关就地申报预缴970万元，另外970万元及时分摊并通知各分公司。铁蛋总公司预缴申报时，除报送企业所得税预缴申报表和企业当期财务报表外，还应报送"汇总纳税分支机构企业所得税分配表"和各分支机构上一年度的年度财务报表（或年度财务状况和营业收支情况）。在一个纳税年度内，各分支机构上一年度的年度财务报表（或年度财务状况和营业收支情况）原则上只需要报送一次。各分公司在第一季度终了后15日内，取得总机构申报后加盖主管税务机关受理专用章的"汇总纳税分支机构企业所得税分配表"（复印件）并随同"企业所得税月（季）度纳税申报表（A类）"报送。

2.4.2 独立核算的分公司会计处理

如果分公司被认为企业所得税独立纳税义务人，则在财税管理上几乎完全独立。

分公司工程项目及管理部门的费用支出核算

分公司因日常施工生产所发生的费用支出，如属于某一工程项目的成本费用直接通过会计科目辅助项目记入"合同履约成本——工程施工——明细科目"科目中；如属于多个工程项目共同承担的费用，则暂时记入"合同履约成本——工程施工——间接费用"科目，按照一定的分配方法在各工程项目之间进行分配；如属于该分公司管理部门所发生的费用则记入当期损益（管理费用）。

【案例 2-16】 铁蛋建筑公司江西分公司 2023 年 10 月生产管理部支付一笔业务招待费 3 000 元，取得增值税普通发票一张；该分公司的虔州文艺谷项目购买办公用品支付了 11 300 元，取得增值税专用发票一张，其中增值税额 1 300 元，会计处理如下。

借：管理费用——业务招待费 3 000
　　贷：银行存款 3 000
借：合同履约成本——工程施工——间接费用 10 000
　　应交税费——应交增值税（进项税额） 1 300
　　贷：银行存款 11 300

建筑企业向员工发放劳保用品时应当编制劳动防护用品发放登记表，登记表中应包含员工姓名、岗位（工种）、劳动保护用品名称及型号、领用数量、领用人签字等内容。

分公司购买固定资产的会计核算

独立核算的分公司（企业所得税独立纳税义务人）购买固定资产和无形资产、对资产计提折旧和摊销管理、处置资产，均按照独立法人单位的模式进行会计处理。

1. 购买固定资产及计提折旧费用

独立核算的分公司在购买固定资产时，借记"固定资产""应交税费"等科目，贷记"银行存款"等科目；在计提固定资产折旧时，借记"合同履约成本""管理费用"等科目，贷记"累计折旧"等科目；在处置固定资产时，借记"固定资产清理""累计折旧"等科目，贷记"固定资产"等科目，处置固定资产取得相关款项，借记"库存现金""银行存款"等科目，贷记"固定资产清理"科目；处置固定资产应缴纳的税费，贷记"应交税费"科目；处置资产净收益贷记"资产处置损益"科目，净损失借记"资产处置损益"科目。

【案例2-17】 铁蛋建筑公司2023年1月出售了一台2019年1月购买的并使用过的打印机，收取价款618元，该打印机原值5 000元，已计提折旧4 500元，残值500元，假设该打印机在购进时按照税收政策不得抵扣且未抵扣进项税额，暂不考虑附加税费的情况下，该分公司进行会计处理。

（1）将该固定资产转入固定资产清理科目。

借：固定资产清理   500

  累计折旧   4 500

  贷：固定资产   5 000

（2）出售该使用过的打印机时取得价款按3%减按2%计算缴纳增值税，应纳税额＝618÷（1＋3%）×2%＝12（元）。

借：银行存款   618

  贷：应交税费——简易计税（应交增值税）   12

    固定资产清理   606

（3）结转固定资产清理。

借：固定资产清理   106

  贷：资产处置损益   106

铁蛋建筑公司华东分公司如果在购买该打印机时符合抵扣条件已经抵扣了进项税额，出售该使用过的打印机时不得按照前述简易计税方法计算缴纳增值税，应当按照销售方的增值税纳税人身份和适用的货物销售税率计算缴纳增值税，即按照13%的税率计算缴纳。

2. 购买无形资产及无形资产摊销

独立核算的分公司在购买无形资产时，借记"无形资产""应交税费"等科目，贷记"银行存款"等科目；在摊销无形资产时，借记"合同履约成本""管理费用"等科目，贷记"累计摊销"科目。

【案例2-18】 铁蛋建筑公司华东分公司2023年11月取得某软件公司开

发的工程项目综合管理系统，通过银行转账支付 1 356 000 元，取得增值税专用发票一张，发票注明价款 1 200 000 元，增值税款 156 000 元，当期该增值税专用发票已经勾选确认。上海铁蛋建筑公司按照购买无形资产初始金额进行会计处理。

借：无形资产——软件　　　　　　　　　　　　　 1 200 000

　　应交税费——应交增值税（进项税额）　　　　　 156 000

贷：银行存款　　　　　　　　　　　　　　　　　　 1 356 000

假设上述项目综合管理系统的使用年限为 10 年，月度摊销金额＝1 200 000÷10÷12＝10 000（元）

借：管理费用——无形资产摊销费　　　　　　　　　 10 000

　　贷：累计摊销　　　　　　　　　　　　　　　　　 10 000

分公司收入与成本核算

建筑企业分公司符合《国家税务总局关于进一步明确营改增有关征管问题的公告》（国家税务总局公告 2017 年第 11 号）规定授权施工条件的，由分公司与客户办理工程结算款并开具增值税应税发票，分公司独立核算合同收入与合同成本，独立核算缴纳增值税。

【案例 2-19】　铁蛋建筑总公司华南分公司某异地施工项目 2023 年 10 月根据履约进度应确认的合同收入为 1 000 万元，合同成本 800 万元。铁蛋建筑公司本级发生 50 万元管理费用，分公司和项目发生的成本费用取得了相应的增值税发票，其中增值税专用发票已全部勾选确认，可抵扣进项税额共计 34 万元。当期业主对该工程当月产值进行了工程计价，计价金额为 763 万元（含税），铁蛋建筑公司根据合同约定的付款比例向业主开具 545 万元工程进度款发票（其中增值税 45 万元），并收到了相应金额工程款。该工程项目在异地已预缴增值税 10 万元[545÷(1＋9％)×2％]，城市维护建设税 7 000 元，教育费附加 3 000 元，地方教育附加 2 000 元。假设铁蛋建筑公司当月无其他经济业务。

（1）分公司根据权责发生制归集合同成本。

借：合同履约成本——工程施工——明细科目　　　　 8 000 000

　　管理费用——明细科目　　　　　　　　　　　　　 500 000

　　应交税费——应交增值税（进项税额）　　　　　　 340 000

贷：原材料、应付账款、银行存款、应付职工薪酬等

8 840 000

（2）分公司取得业主工程计价单，并按合同约定的支付比例开具发票、收取工程款。

借：应收账款——工程款   7 630 000

  贷：合同结算——价款结算   7 000 000

    应交税费——应交增值税（销项税额） 450 000

    应交税费——待转销项税额 180 000

借：银行存款   5 450 000

  贷：应收账款——工程款   5 450 000

（3）分公司工程项目在异地预缴增值税及附加税费。

借：应交税费——预交增值税   100 000

    ——应交城市维护建设税   7 000

    ——应交教育费附加   3 000

    ——应交地方教育附加   2 000

  贷：银行存款   112 000

借：税金及附加   12 000

  贷：应交税费——应交城市维护建设税 7 000

    ——应交教育费附加   3 000

    ——应交地方教育附加   2 000

（4）分公司根据工程履约进度确认主营业务成本。

借：主营业务成本   8 000 000

  贷：合同履约成本——工程施工——明细科目 8 000 000

（5）分公司根据工程履约进度确认主营业务收入。

借：合同结算——收入结转   10 000 000

  贷：主营业务收入   10 000 000

（6）期末结转应交未交的增值税。

转出未交增值税＝450 000－340 000＝110 000（元）

借：应交税费——应交增值税（转出未交增值税） 110 000

  贷：应交税费——未交增值税   110 000

借：应交税费——未交增值税   100 000

  贷：应交税费——预交增值税   100 000

分公司利润的核算

  独立核算的分公司所辖工程项目赚取的利润，如果分公司有自主分配权，正常使用"本年利润""利润分配""应付利润"等科目进行会计核算。如果没有自主分配利润的权利，可以通过"本年利润"科目进行归集核算，形成的可分配利润从"本年利润"结转到"利润分配——未分配利润"后，通过"其他应付款——上缴利润"或者"内部往来——上缴利润"科目结转到总公司，上交给总公司后由总公司进行绩效考核和利润分配。

  分公司若在企业所得税上属于汇总纳税的总分机构，分公司按照总公司"三因素"计算应分摊的税额，就地预交，最终参与总机构的汇算清缴。若为企业所得税独立纳税义务人，其收入、费用独立核算，独立计算应缴纳的企业所得税，就地申报缴纳。企业所得税独立核算的分公司，所得税费用的会计处理上与独立法人的处理类似，根据利润总额计算应交的企业所得税时，借记"所得税费用"科目，贷记"应交税费"科目；向属地税务机关缴纳企业所得税时，借记"应交税费"科目，贷记"银行存款"等科目。

  【案例 2-20】 假设上海铁蛋建筑总公司 2023 年发生工程施工成本 8 000 万元，根据履约进度确认合同收入 10 000 万元，建设方确认的计价金额为 9 810 万元。当年根据工程量计价金额开具了相应增值税发票，销项税额 810 万元。假设当期取得进项税额 610 万元，缴纳增值税 200 万元、城市维护建设税及其他附加税费 24 万元。当月该分公司发生其他管理费用 976 万元，该分公司的会计处理如下。

借：合同履约成本——工程施工——明细科目 80 000 000

  应交税费——应交增值税（进项税额） 6 100 000

  贷：银行存款、应付账款、原材料、应付职工薪酬等

                    86 100 000

借：管理费用   9 760 000

  贷：银行存款、应付账款、应付职工薪酬等 9 760 000

借：应收账款   98 100 000

  贷：合同结算——价款结算   90 000 000

　　　　　应交税费——应交增值税（销项税额）　　　8 100 000
　　借：税金及附加　　　　　　　　　　　　　240 000
　　　　贷：应交税费——明细科目　　　　　　　　240 000
　　借：主营业务成本　　　　　　　　　　　80 000 000
　　　　贷：合同履约成本——工程施工——明细科目　80 000 000
　　借：合同结算——收入结转　　　　　　　100 000 000
　　　　贷：主营业务收入　　　　　　　　　　100 000 000
　　借：主营业务收入　　　　　　　　　　　100 000 000
　　　　贷：本年利润　　　　　　　　　　　　100 000 000
　　借：本年利润　　　　　　　　　　　　　80 000 000
　　　　贷：主营业务成本　　　　　　　　　　80 000 000
　　借：本年利润　　　　　　　　　　　　　240 000
　　　　贷：税金及附加　　　　　　　　　　　　240 000
　　借：本年利润　　　　　　　　　　　　　9 760 000
　　　　贷：管理费用　　　　　　　　　　　　9 760 000

　　在本书第一章第三节中已经详细阐述总公司、分公司的企业所得税管理，本节前述内容中也详细介绍了查账征收方式下建筑业总公司与分公司之间的企业所得税分配问题，这里不再赘述分公司应如何分配。建筑业部分独立核算的分公司有可能出现被分公司的主管税务机关要求直接按照子公司对待。作为独立的企业所得税纳税人，按照分公司形成的利润总额直接作为企业所得税应纳税所得额在分公司所在地主管税务机关进行申报。

　　若此，上述案例中分公司应交纳的企业所得税为250万元（1 000×25%）。

　　借：所得税费用　　　　　　　　　　　　2 500 000
　　　　贷：应交税费——应交企业所得税　　　　2 500 000
　　借：本年利润　　　　　　　　　　　　　2 500 000
　　　　贷：所得税费用　　　　　　　　　　　2 500 000
　　借：本年利润　　　　　　　　　　　　　7 500 000
　　　　贷：利润分配——未分配利润　　　　　　7 500 000

　　如果分公司对利润没有分配权，则本年利润余额不结转到"利润分配"中，而是直接结转到"内部往来——上缴利润"中。

借：本年利润 7 500 000

　　贷：内部往来——上缴利润 7 500 000

年末当分公司将形成的利润全部上交给总公司时。

借：内部往来——上缴利润 2 500 000

　　贷：银行存款 2 500 000

期末，分公司独立编制资产负债表、利润表、现金流量表等，总公司汇总各个分支机构会计报表，编制总公司级会计报表。

2.4.3 总公司与分公司的内部往来会计核算

建筑企业总部与所属内部独立核算单位之间的部分业务往来、资金往来可以通过"内部往来"科目进行核算。建筑企业总部"内部往来"科目的期末余额与所属内部独立核算单位个明细科目的借方余额合计与贷方余额合计的差额相等。建筑企业总部"内部往来"科目的借方余额反映应收内部单位的款项，贷方余额反映应付内部单位的款项。

1. 总分公司之间的资金往来

（1）常规业务涉及的资金往来处理

建筑企业公司总部和分公司发生的资金往来，可以通过"其他应收款""其他应付款"科目来进行会计核算，同时也可以分别设置"内部往来——分公司""内部往来——总公司"科目，还可以根据实际需要设置三级、四级明细科目。

资金往来会计核算

建筑企业设置"内部往来"一级科目，借方反映总公司与分公司或者分公司之间应收、预付、其他应收及转销的款项；贷方反映应付、预收、其他应付及转销的款项；借方余额反映应收内部单位款项，贷方余额反映应付内部单位款项。

【案例 2-21】 铁蛋建筑总公司向铁蛋建筑华东分公司提供 1 000 万元借款。

（1）总公司给分公司拨付借款 1 000 万元。

①总公司的会计处理。

借：内部往来——分公司——借款 10 000 000

　　　　贷：银行存款　　　　　　　　　　　　　　　　　　10 000 000

②分公司的会计处理。

借：银行存款　　　　　　　　　　　　　　　　　　　10 000 000

　　　　贷：内部往来——总公司——借款　　　　　　　　10 000 000

【案例 2-22】　　上海铁蛋建筑某个工程项目的工程款通过上海铁蛋建筑总公司资金结算中心账户收取了 500 万元，总公司再向分公司账户转账。

（1）总公司的会计处理。

借：银行存款　　　　　　　　　　　　　　　　　　　5 000 000

　　　　贷：内部往来——分公司——工程款　　　　　　　　5 000 000

借：内部往来——分公司——工程款　　　　　　　　　5 000 000

　　　　贷：银行存款　　　　　　　　　　　　　　　　　　5 000 000

（2）分公司的会计处理。

借：银行存款　　　　　　　　　　　　　　　　　　　5 000 000

　　　　贷：内部往来——总公司——工程款　　　　　　　　5 000 000

借：内部往来——总公司——工程款　　　　　　　　　5 000 000

　　　　贷：应收账款——工程进度款（项目辅助、客商辅助）

　　　　　　　　　　　　　　　　　　　　　　　　　　5 000 000

　　如果分公司的各个工程项目开设了项目临时账户，资金相对独立管理，也可采用这种总、分公司的资金管理与会计核算模式，资金管理与债权债务、损益分开核算。期末，将经营成果通过"利润分配"结转到上级公司。

【案例 2-23】　　铁蛋建筑公司设立了"资金管理中心"隶属于财务管理部门，该中心是财务管理部门的重要分支（非法人单位、非分支机构），也不具备独立承揽金融业务的资格。它的主要功能是对集团公司内部分公司有关业务的内外往来款进行结算。铁蛋建筑公司华东分公司某个工程项目的工程款通过铁蛋建筑总公司资金结算中心账户收取了 500 万元，总公司再向分公司账户转账。

①总公司的会计处理

总公司资金中心收到工程款时

借：银行存款　　　　　　　　　　　　　　　　　　　5 000 000

　　　　贷：内部往来——分公司——工程款　　　　　　　　5 000 000

总公司资金中心向分公司转账时

借：内部往来——分公司——工程款   5 000 000

 贷：银行存款   5 000 000

②分公司的会计处理

借：银行存款   5 000 000

 贷：内部往来——总公司——工程款   5 000 000

借：内部往来——总公司——工程款   5 000 000

 贷：应收账款——工程进度款   5 000 000

如果分公司的各个工程项目开设了项目临时账户，资金相对独立管理，也可采用这种总、分公司的资金管理与会计核算模式，资金管理与债权债务、损益分开核算。期末，将经营成果通过"利润分配"结转到上级公司。

资金统借统还业务财税处理

资金统借统还，是指企业的集团公司统一向银行借款，由集团统一还款、支付利息，集团企业可以将贷款资金按照一定比例分配给各分、子公司使用，并收取一定的资金使用费。这类业务广泛应用于一些开展业务交易资金需求量较大、没有授信额度的分支机构或授信额度较低的子公司，通过集团公司的授信额度对资金进行统筹管理。

1. 增值税政策

《财政部 国家税务总局关于全面推开营业税改征增值税试点的通知》(财税〔2016〕36 号）"以下简称财税〔2016〕36 号"附件 3 规定，统借统还业务中，企业集团或企业集团中的核心企业（一般是指集团中的母公司）以及集团所属财务公司，按不高于支付给金融机构的借款利率水平或者支付的债券票面利率水平，向企业集团或者集团内下属单位收取的利息，免征增值税。否则应全额征收增值税。

建筑企业如果对外提供资金借贷，取得的资金使用费收入按照金融服务缴纳增值税，适用税率为 6%。内部资金统借统还要注意一个问题，利息超过同期金融机构的借款利率的，不是超过部分征收增值税，而是全额征收增值税。笔者提醒，集团内部企业之间资金借贷符合"财税〔2016〕36 号"规定的统借统还业务利息免征增值税的，统借方向资金使用单位收取的利息，应开具免税的增值税普通发票。总公司提供资金使用高于同期金融机构借款利率，取得的资金使用收入，借记"银行存款"科目，贷记"财务费用""应交税费——应交增值税（销项税额）"科目。

2. 企业所得税政策

《国家税务总局关于企业所得税若干问题的公告》（国家税务总局公告2011年第34号）规定：

"一、关于金融企业同期同类贷款利率确定问题

根据《企业所得税法实施条例》第三十八条规定，非金融企业向非金融企业借款的利息支出，不超过按照金融企业同期同类贷款利率计算的数额的部分，准予税前扣除"。

《财政部 国家税务总局关于企业关联方利息支出税前扣除标准有关税收政策问题的通知》（财税〔2008〕121号）规定，"不超过以下规定比例和税法及其实施条例有关规定计算的部分，准予扣除，超过的部分不得在发生当期和以后年度扣除。

企业实际支付给关联方的利息支出，除符合本通知第二条规定外，其接受关联方债权性投资与其权益性投资比例为：

（一）金融企业，为5∶1；

（二）其他企业，为2∶1。超过的部分不得在发生当期和以后年度扣除。"

两种特殊情形在计算应纳税所得额时准予扣除：一是企业如果能够按照税法及其实施条例的有关规定提供相关资料，并证明相关交易活动符合独立交易原则的；二是该企业的实际税负不高于境内关联方的，其实际支付给境内关联方的利息支出。

债资比超标不得税前扣除利息支出的计算：企业从其关联方接受的债权性投资与权益性投资的比例超过规定标准而发生的利息支出，不得在计算应纳税所得额时扣除，这是企业所得税法的规定。《国家税务总局关于印发〈特别纳税调整实施办法（试行）〉的通知》（国税发〔2009〕2号）第八十五条，"所得税法第四十六条所称不得在计算应纳税所得额时扣除的利息支出应按以下公式计算：

$$不得扣除利息支出 = 年度实际支付的全部关联方利息 \times (1 - 标准比例 \div 关联债资比例)$$

标准比例是指《财政部 国家税务总局关于企业关联方利息支出税前扣除标准有关税收政策问题的通知》（财税〔2008〕121号）规定的比例。

关联债资比例是指根据《企业所得税法》第四十六条及《企业所得税法实施条例》第一百一十九条的规定，企业从其全部关联方接受的债权性投资（包括关联方以各种形式提供担保的债权性投资）占企业接受的权益性投资的比例。"

总公司资金统借统还业务的会计分录如下：

（1）分公司收到总公司借款。

借：银行存款

  贷：内部往来——借款本金

（2）分公司归还总公司借款本金时。

借：内部往来——借款本金

  贷：银行存款

（3）涉及借款利息（资金占用费）的会计处理。

①总公司向分公司提供资金借贷，分公司向总公司支付利息。

借：财务费用——利息支出[①]

  贷：内部往来——借款利息

借：内部往来——借款利息

  贷：银行存款

②如果发生双方确认借款利息后，分公司没有直接支付，则可以通过借款利息转增借款本金来核算。

借：内部往来——借款利息

  贷：内部往来——借款本金

借：财务费用——利息支出

  贷：内部往来——借款利息

③资金统借统还业务的会计处理

分公司收到集团总公司支付的借款时，借记"银行存款"，贷记"内部往来——借款本金"科目；偿还集团总公司借款本金时，借记"内部往来——借款本金"科目，贷记"银行存款"科目。涉及借款利息（资金占用费）时，计提利息，借记"财务费用——利息支出"科目，贷记"内部往来——借款

[①] 建筑企业分公司如果将承担的利息支出分摊到工程项目，则应当记入"合同履约成本——工程施工——间接费用"科目，冲减"财务费用——利息支出"科目。

利息"科目；分公司向总公司支付利息时，借记"内部往来——借款利息"科目，贷记"银行存款"科目。

如果双方确认借款利息后，分公司没有直接支付利息，则可以通过借款利息转增借款本金来核算。

3. 总分公司之间的物资调拨

分公司采购物资通常有两种方式，第一种为"直采"，即直接从外部供应商采购所需物资；第二种为"总部调拨"，即由总公司统一向外部供应商采购物资，再根据分公司的物资需求计划向其调拨。两种物资采购方式在财税处理上存在较大差异。

分公司如果直接从供应商采购物资，在采购时根据合同、供应商销货清单、运输单据等进行会计处理，借记"原材料""应交税费"等科目，贷记"银行存款""应付账款"等科目。

调拨材料、设备的会计核算

1. 分公司直接从供应商采购材料设备

在采购时根据采购合同、供应商销货清单、运输单据等进行会计处理。

借：原材料、在途物资、固定资产等科目

　　应交税费——待认证进项税额

　　［应交税费——应交增值税（进项税额）］

　　贷：银行存款、应付账款等

对于已经收到的材料设备，如果在会计核算当期尚未收到销售方提供的应税发票，则根据不含税价暂估入账，采购部门、仓储部门和财务管理部门要充分配合做好登记台账。次月用红字冲回，以实际收到的发票金额进行会计处理。如果次月依然没有取得相应发票，也需要将上月暂估内容红冲，再根据实际情况作暂估。在实务中，部分建筑企业在次月未收到相应发票，也未用红字冲回，而是在当年度终了之前根据是否取得相应发票再做相应处理，其主要依据是《国家税务总局关于发布〈企业所得税税前扣除凭证管理办法〉的公告》(国家税务总局公告 2018 年第 28 号) 第十三条："企业应当取得而未取得发票、其他外部凭证或者取得不合规发票、不合规其他外部凭证的，若支出真实且已实际发生，应当在当年度汇算清缴期结束前，要求对方补开、换开发票、其他外部凭证。补开、换开后的发票、其他外部凭证符合规定的，可以作为税前扣除凭证。"

建筑企业分公司如果统一采购原材料，再将原材料调拨给各工程项目使用，项目部从公司领取原材料时，根据内部自制的材料结算单、到货点验单的凭据借记"原材料"科目，贷记"内部往来""银行存款"等科目；项目部在材料消耗时，根据自制的领料单、出库单等凭据及领料单上标注的材料使用部位（主体工程或临时设施）借记"合同履约成本——工程施工——材料费""临时设施"科目，贷记"原材料"科目。

【案例 2-24】 上海铁蛋建筑总公司由分公司采购部门统一招标采购物资，再由采购部门根据各工程项目提交的材料需用计划向各项目调拨材料。2023 年 11 月，分公司采购部一共向钢蛋水泥公司采购了 565 万元水泥，取得一张增值税专用发票，其中增值税额 65 万元，款项尚未支付。A 项目领用了300 万元水泥，B 项目领用了 200 万元水泥，A、B 项目领用的水泥在当月已全部用于工程实体，两个项目均适用一般计税方法计税。该分公司采用分级核算模式，公司和项目部会计处理如下。

（1）分公司的会计处理。

借：原材料——水泥 5 000 000

应交税费——应交增值税（进项税额） 650 000

贷：应付账款——材料款（钢蛋水泥公司） 5 650 000

借：内部往来——A 项目 3 000 000

内部往来——B 项目 2 000 000

贷：原材料——水泥 5 000 000

（2）A 项目部的会计处理。

借：原材料——水泥 3 000 000

贷：内部往来——公司 3 000 000

借：合同履约成本——工程施工——材料费 3 000 000

贷：原材料——水泥 3 000 000

（3）B 项目部的会计处理。

借：原材料——水泥 2 000 000

贷：内部往来——公司 2 000 000

借：合同履约成本——工程施工——材料费 2 000 000

贷：原材料——水泥 2 000 000

上述案例分公司如果采用统一核算模式，即项目部不单独设置账套进行会计核算，各项目自公司领用材料、消耗材料时，公司在进行会计处理时只需要通过"原材料""合同履约成本——工程施工——材料费"等科目设置项目辅助项即可达到区分各项目成本费用的目的。

（1）采购水泥时，分公司的会计处理。

借：原材料——水泥   5 000 000

  应交税费——应交增值税（进项税额） 650 000

  贷：应付账款——材料款（钢蛋水泥公司） 5 650 000

（2）各项目领用水泥时，分公司的会计处理。

借：合同履约成本——工程施工——材料费（项目辅助：A项目）

               3 000 000

    ——工程施工——材料费（项目辅助：B项目）

               2 000 000

  贷：原材料——水泥   5 000 000

2. 总公司集中采购物资再调拨给分公司使用

总、分公司分别在不同县（市）的，总公司集中采购材料设备，再调拨给分公司使用。总公司应该向分公司开具相应发票，无论在会计上总公司是否确认收入，都应当缴纳增值税。如果是平价调拨，对增值税税负、企业所得税税负并无影响。

（1）分公司根据发票、内部调拨单、运输单据、入库单等单据，在物资发出时或者到货时进行会计处理。

借：原材料、在途物资、固定资产等科目

  应交税费——应交增值税（进项税额）

或 应交税费——待认证进项税额

  贷：内部往来或其他应付账款

（2）总公司材料设备调拨单据、出库单，在物资发出时进行会计处理。

借：内部往来或其他应收款

  贷：原材料、周转材料、库存商品、包装物及低值易耗品

  应交税费——应交增值税（销项税额）

总公司与分公司人员委派管理

总公司与分公司、子公司经常发生一些员工委派工资管理的问题，如果为非独立核算分公司则没有什么问题，如果为独立核算分公司或者为子公司，则人员委派如果没处理好就有可能存在一定的税务风险。笔者总结了三种常见的总公司与分公司、子公司之间的人员委派问题。

1. 总公司仅为管理机关

总公司为法人，但并没有实际执行经营业务，生产施工业务全部都由下属分公司、子公司运作，因此总公司只负责招聘和签订劳动合同，所有人员统一分配到各分公司、子公司中任职，分公司、子公司负责支付工资薪金、代扣代缴个人所得税、社保①等。这种情况下只要社保、工资费用、个人所得税等都在分公司、子公司支付和缴纳，保持一致，基本无风险。总公司只负责统一招聘相关人员，针对此项业务无须进行会计处理。

分公司、子公司的会计处理：

借：合同履约成本、管理费用等

　　贷：应付职工薪酬

上述情况中，建筑企业的子公司和分公司往往只对总公司下派的人员支付工资、薪金，并履行代扣代缴个人所得税的义务，而社保则由总公司缴纳。通常原因是总公司具备相应工程承包资质，必须具备一定数量持有注册建造师、造价工程师、设计师等证书的工程技术人员，而这些人员应当在总公司缴纳社保，否则容易被认为是"挂证"。除此以外员工个人意愿也可能导致个人所得税的缴纳地和社保缴纳地不在同一地区。例如某建筑企业总公司注册地和总部经营地在北京、四川、上海、内蒙古等省（直辖市、自治区）注册了分公司，分公司的所有职工由总部统一招聘并签订劳动合同，再把员工分配给各个分公司。非北京籍居民家庭在北京购买住房应当连续 60 个月在北京市缴纳社会保险或个人所得税，员工为了在北京安家，可能要求企业在北京市为其缴纳社保，才愿意前往外地分公司工作。因此，出现了分公司发放工资并代扣代缴个人所得税，总公司为分公司员工缴纳社保的情况。

---

① 社保，这里是指养老保险、医疗保险、失业保险、工伤保险和生育保险。

2. 总公司实体化经营

总公司为法人公司，除了负责统一招聘和签订合同外，所有人员的社保和工资薪金个人所得税都由总公司统一对外申报和缴纳，分公司、子公司统一支付费用给总公司，有关会计处理有可能存在涉税风险。

（1）总公司支付工资、社保费，确认内部往来等业务的会计处理。

借：内部往来——分公司（子公司）——工资、社保

贷：应付职工薪酬

借：应付职工薪酬

贷：银行存款

借：银行存款

贷：内部往来——分公司（子公司）——工资、社保

（2）分公司、子公司确认应付职工薪酬、内部往来等业务的会计处理。

借：合同履约成本、管理费用等

贷：内部往来——总公司（母公司）

借：内部往来——总公司（母公司）

贷：银行存款

上述业务中，总公司代扣代缴员工应交个人所得税、缴纳社保等支出只通过"应付职工薪酬"和"内部往来"等科目核算，工资、社保没有计入费用，向分公司、子公司收取的相关费用有可能视同提供人力资源服务，需要缴纳增值税；分公司、子公司向总公司支付员工工资、社保费用，计入成本、费用没有取得相应的企业所得税税前扣除凭证，存在一定的涉税风险。

3. 按照提供劳务派遣服务进行处理

总公司统一管理人力资源，负责统一招聘并签订劳动合同，发放工资、缴纳社保、代扣代缴个人所得税等，再把招聘的人员派遣到分公司、子公司工作。与子公司签订劳务派遣服务协议，收取相关服务费。

（1）总公司向分公司、子公司提供人力资源服务的会计处理。

借：内部往来——分公司、子公司

贷：其他业务收入

应交税费——应交增值税（销项税额）

（2）分公司、子公司接受总公司人力资源服务的会计处理。

借：管理费用、合同履约成本等科目

应交税费——应交增值税（进项税额）

贷：内部往来——总公司（母公司）

上述业务的核心问题是总公司超经营范围提供劳务派遣服务是否可以开具相关应税发票。笔者认为只要业务真实发生，不论是否具备相关资质、是否具备相关营业范围，都应当按照相应税目开具增值税发票。上述业务总公司不论在企业所得税上是否确认收入，都应当确认增值税销售额。

第3章　建筑企业收入与成本的确认

本章首先介绍了建筑企业产品特点对收入确认的影响，以及合同收入和合同费用的基本概念与确认原则，进而根据《企业会计准则》《小企业会计准则》的基本运用规则及案例解析，阐述建筑企业应如何确认合同收入和合同费用。

3.1 建筑企业产品与收入、成本确认特点

建筑企业的业务有可能不仅是建筑施工，还有可能涉及地产开发（土地转让与商品房销售）、物业管理、建材销售、投融资业务（PPP项目公司）、特许经营事项（PPP模式下的特许经营权）等业务。基于建筑行业和产品的特点，决定了建筑企业收入与成本的确认程序较为复杂。

3.1.1 建筑业及其产品的特点

1. 生产的流动性较强

生产的流动性主要指施工生产人员和施工机具流动性较强，甚至整个施工管理机构（项目部、项目指挥部）都要随施工对象地理位置的变化而迁徙流动。

2. 生产的单件性

由于建筑物或构筑物的功能要求不同，所处的自然条件和社会经济条件各异，每个工程都各有独特的工程设计和施工组织设计，产品价格也必须个别确定并单独进行成本核算。

3. 生产周期比较长

建筑企业建造或生产产品的周期比较长往往跨越一个或几个会计期间，所建造或生产的产品的价值比较大。

4. 产品的体积巨大

建筑企业所建造或生产的产品通常体积巨大，如建造的房屋、道路、桥梁、隧道、大型机械设备等；同时还具有使用寿命长、产权不完整性等特点。

3.1.2 建筑企业收入与成本确认的特殊性

建筑企业由于产品的特点和承包关系的特殊性，决定了合同收入和成本确认的特殊性。根据《企业会计制度》《企业会计准则》和《企业所得税法》规定，建造合同收入与合同成本应按照完工进度及时确认。由于建设施工合同付款条件苛刻、竣工决算周期长等原因，导致实际相当一部分建筑企业未按完工进度确认收入与成本。同时，建筑企业大量存在挂靠或转包的现象，导致收入与成本核算存在一定程度不够规范的情形。特别是挂靠项目，部分出借资质的建筑企业仅以收取挂靠人一小部分的挂靠费作为收入，收入与成本的确认与实际发生情况严重不符。

3.2 《企业会计准则第 14 号——收入》的运用

《企业会计准则第 14 号——收入》（财会〔2017〕22 号）（以下简称《新收入准则》）将现行收入和建造合同两项准则纳入统一的收入确认模型。在境内外同时上市的企业以及在境外上市并采用《国际财务报告准则》或《企业会计准则》编制财务报表的企业，自 2018 年 1 月 1 日起施行；其他境内上市企业，自 2020 年 1 月 1 日起施行；执行企业会计准则的非上市企业，自 2021 年 1 月 1 日起施行。同时，允许企业提前执行。执行新收入准则的企业不再执行《企业会计准则第 14 号——收入》（财会〔2006〕3 号）和《企业会计准则第 15 号——建造合同》。

3.2.1 合同收入的确认条件

收入是指企业在日常活动中形成的、会导致所有者权益增加的、与所有者投入资本无关的经济利益的总流入。新收入准则下收入确认和计量的五个步骤：识别与客户订立的合同；识别合同单项履约义务；确认交易价格；将交易价格分摊至各单项履约义务；履行单项履约义务时确认收入。

1. 识别合同

新收入准则中所称"合同"，是指双方或多方之间订立有法律约束力的权利义务协议。合同包括书面形式、口头形式以及其他形式（如隐含于商业惯例或企业以往的习惯做法中等）。当企业与客户之间的合同同时满足下列五项条件时，企业应当在履行了合同中的履约义务，即在客户取得相关商品控制权时确认收入：

（1）合同各方已批准该合同并承诺将履行各自义务；

（2）该合同明确了合同各方与所转让商品或提供劳务（以下简称"转让商品"）相关的权利和义务；

（3）该合同有明确的与所转让商品相关的支付条款；

（4）该合同具有商业实质，即履行该合同将改变企业未来现金流量的风险、时间分布或金额；

（5）企业因向客户转让商品而有权取得的对价很可能收回。

2. 识别合同单项履约义务

履约义务，是指合同中企业向客户转让可明确区分商品的承诺。下列情况下，企业应当将向客户转让商品的承诺作为单项履约义务：一是企业向客户转让可明确区分商品（或者商品的组合）的承诺。二是企业向客户转让一系列实质相同且转让模式相同的、可明确区分商品的承诺。

3. 交易价格确认

交易价格，是指企业因向客户转让商品而预期有权收取的对价金额。企业代第三方收取的款项（例如增值税）以及企业预期将退还给客户的款项，应当作为负债进行会计处理，不计入交易价格。在合同清单项目中工程建设合同标价由合同数量和单价共同组成，合同数量按照设计单位编制经业主批准的施工图确定，单价是合同规定的单价，在总价包干项目模式下，合同标价由省级发改委批复的设计总概算中土建施工总承包范围对应的工程费用和工程建设其他费用合计金额确认。

合同标价并不一定代表交易价格，建筑企业应当根据合同条款，并结合以往的习惯做法确定交易价格。在确定交易价格时，企业应当考虑可变对价、合同中存在的重大融资成分、非现金对价以及应付客户对价等因素的影响，并应当假定将按照现有合同的约定向客户转移商品，且该合同不会被取消、续约或变更。

建筑企业交易价格如图 3-1 所示。

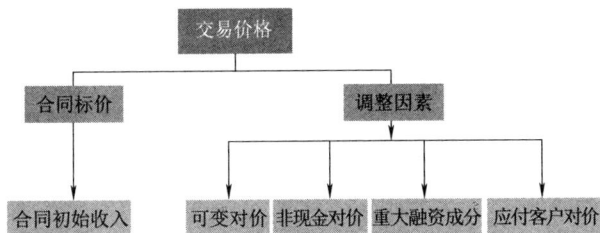

图 3-1　建筑企业交易价格

4. 履行各单项履约义务时确认收入

执行新收入准则的企业，应当在履行了合同中的履约义务，即客户取得相关商品控制权时确认收入。企业将商品的控制权转移给客户，该转移可能在某一时段内（即履行履约义务的过程中）发生，也可能在某一时点（即履约义务完成时）发生。企业应当根据实际情况，首先应当按照新收入准则第十一条判断履约义务是否满足在某一时段内履行的条件，如不满足，则该履约义务属于在某一时点履行的履约义务。对于在某一时段内履行的履约义务，企业应当选取恰当的方法来确定履约进度；对于在某一时点履行的履约义务，企业应当综合分析控制权转移的迹象，判断其转移时点。

（1）某一时段内履行履约义务。

根据建筑业产品特点判断，其工程承包合同履约义务应当属于在某一时段内履行的履约义务。建筑企业建设承包合同满足下列条件之一的，属于在某一时段内履行履约义务，合同收入应当在该履约义务履行的期间内确认：

①客户在企业履约的同时即取得并消耗企业履约所带来的经济利益。

②客户能够控制企业履约过程中在建的商品。

③企业履约过程中所产出的商品具有不可替代用途，且该企业在整个合同期间内有权就累计至今已完成的履约部分收取款项。

（2）在某一时段内履行的履约义务的收入确认。

对于在某一时段内履行的履约义务，建筑企业应当按照履约进度确认收入，履约进度不能够合理确定时除外。例如当建筑业的建造合同结果不能可靠估计时，不得使用履约进度确认合同收入和合同费用。企业如果无法获得确定履约进度所需的可靠信息，则无法合理地确定其履行履约义务的进度。在会计处理上，当履约进度不能合理确定时，企业已经发生的成本预计能够得到补偿的，应当按照已经发生的成本金额确认收入，直到履约进度能够合理确定为止。即当建造合同结果不能可靠估计时，若已经发生的合同成本能够收回的，在会计处理上合同收入根据能够收回的实际合同成本予以确认，合同成本在其发生的当期结转为合同费用。若合同成本不可能收回的，不确认合同收入，合同成本在发生时立即确认为合同费用。

建造合同结果能可靠估计时，建筑业应当采用产出法或投入法确定合同履约进度，并且在确定履约进度时，应当扣除那些控制权尚未转移给客户的商品和服务。建筑企业按照履约进度确认收入时，通常应当在资产负债表日按照合同的交易价格总额乘以履约进度扣除以前会计期间累计已确认的收入后的金额，确认为当期收入。

3.2.2 合同成本的确认条件

《新收入准则》核算合同成本科目涉及"合同履约成本""合同取得成本"，以及这些成本的摊销、减值等。

合同履约成本

1. 可以计入合同成本的费用

根据《新收入准则》第四章合同成本的有关要求，建筑企业为履行合同发生的成本，不属于其他《企业会计准则》规范范围且同时满足下列条件的，应当作为合同履约成本确认为一项资产：

（1）该成本与一份当前或预期取得的合同直接相关，包括直接人工、直接材料、制造费用（或类似费用）；

（2）该成本增加了企业未来用于履行履约义务的资源；

（3）该成本预期能够收回。

合同履约过程中发生的直接相关的成本包括直接人工（例如，支付给直接为客户提供所承诺服务的人员的工资、奖金等）、直接材料（例如，为履行合同耗用的原材料、辅助材料、构配件、零件、半成品的成本和周转材料的摊销及租赁费用等）、制造费用（或类似费用，例如，组织和管理相关生产、施工、服务等活动发生的费用，包括管理人员的职工薪酬、劳动保护费、固定资产折旧费及修理费、物料消耗、取暖费、水电费、办公费、差旅费、财产保险费、工程保修费、排污费、临时设施摊销费等）、明确由客户承担的成本以及仅因该合同而发生的其他成本（例如，支付给分包商的成本、机械使用费、设计和技术援助费用、施工现场二次搬运费、生产工具和用具使用费、检验试验费、工程定位复测费、工程点交费用、场地清理费等）。

2. 不得计入合同成本的费用

建筑企业发生下列支出时，不得计入合同履约成本，应将其计入当期损益：

一是管理费用，除非这些费用明确由客户承担。二是非正常消耗的直接材料、直接人工和制造费用（或类似费用），这些支出为履行合同发生，但未反映在合同价格中。三是与履约义务中已履行（包括已全部履行或部分履行）部分相关的支出，即该支出与企业过去的履约活动相关。四是无法在尚未履行的与已履行（或已部分履行）的履约义务之间区分的相关支出。

履约进度的测算与运用

对于在某一时段内履行的履约义务，企业应当在该段时间内按照履约进度确认收入，履约进度不能合理确定的除外。企业应当考虑商品的性质，采用产出法或投入法确定恰当的履约进度。对于类似情况下的类似履约义务，企业应当采用相同的方法确定履约进度。

产出法，是根据已转移给客户的商品对于客户的价值确定履约进度；

投入法，是根据企业为履行履约义务的投入确定履约进度。

资产负债表日，建筑企业应当对已完工或已完成劳务的进度进行重新估计，以使其能够反应履约情况的变化。当履约进度不能合理确定时，企业已经发生的成本预计能够得到补偿的，应当按照已经发生的成本金额确认收入，直到履约进度能够合理确定为止。

1. 采用产出法确定的履约进度

建筑企业采用产出法确定履约进度，类似于《企业会计制度》和《企业会计准则第 15 号——建造合同》（以下简称《建造合同准则》）中"已经完成的合同工作量占合同预计总工作量的比例"和"已完合同工作的测量"，其中"已经完成的工作量""已完合同工作的测量"通俗的理解，相当于业主或项目监理机构对建筑企业已完成工程量的计量与计价。产出法确定的履约进度用公式表示为：产出法履约进度 = 验工计价金额 ÷ 合同交易价格总额。

需要提醒的是，建筑企业如果采用产出法确定履约进度，需要业主参与测量或评估已实现的结果，确定履约进度的时效可能无法完全满足会计信息质量的及时性，因此在实务中建筑企业大多采用"投入法"确定履约进度。

2. 采用投入法确定的履约进度

《新收入准则》采用投入法确定的履约进度与《企业会计制度》的完工百分比法确认的完工进度基本一致。

【案例 3-1】 2023 年 12 月 31 日，铁蛋建筑公司承接的 CBD 中心工程已累计发生成本 1 000 万元，假设该工程的合同预计总成本为 10 000 万元，按照新收入准则的投入法测算的履约进度为 1 000÷10 000＝10％，与按建造合同准则完工百分比法确认的完工进度一致。

合同取得成本

合同取得成本，企业为取得合同发生的增量成本预期能够收回的，应当作为合同取得成本确认为一项资产。增量成本，是指企业不取得合同就不会发生的成本，如销售佣金等。为简化实务操作，该资产摊销期限不超过一年的，可以在发生时计入当期损益。企业采用该简化处理方法的，应当对所有类似合同一致采用。

企业为取得合同发生的、除预期能够收回的增量成本之外的其他支出，例如，无论是否取得合同均会发生的差旅费、投标费、为准备投标资料发生的相关费用等，应当在发生时计入当期损益，除非这些支出明确由客户承担。

【案例 3-2】 铁蛋建筑公司市场开发部专门成立"投标中心"负责收集全国各地商业地产的招标信息并准备竞标资料参与竞标。2023 年 1 月，该投标中心参与了总造价为 2 亿元的 CBD 中心项目投标，期间为了该项目的投标工作一共支出了 15 万元费用，其中市场调查和项目可行性评估费 4 万元、标书制作费 6 万元以及差旅费 5 万元。铁蛋建筑公司承诺"投标中心"若投中该工程，按照工程造价的 0.1％（20 万元）对相关参与投标的人员予以奖励，后铁蛋建筑公司成功中标该 CBD 中心项目。铁蛋建筑公司为取得合同共计支出 35 万元。

上述案例中，铁蛋建筑公司无论是否能够中标该工程，市场调查和项目可行性评估费、标书制作费、差旅费都会发生，且已经发生。因订立合同而发生的有关支出直接确认为当期费用，即铁蛋建筑公司为投标工作所发生的 15 万元全部确认为当期费用，且该工程中标后对投标人员的奖励是与取得该合同有关的，因此奖励款 20 万元也应当确认为当期费用。如果未中标，发生的市场调查和项目可行性评估费、标书制作费、差旅费依然费用化，而公司承诺的奖励款则不会发生。

◆ 摊销与减值

1. 摊销

根据上述"合同履约成本"和"合同取得成本"确认的与合同履约成本和合同取得成本有关的企业资产（以下简称"与合同成本有关的资产"），应当采用与该资产相关的商品收入确认相同的基础进行摊销，计入当期损益。

在确定与合同成本有关的资产的摊销期限和方式时，如果该资产与一份预期将要取得的合同相关，则在确定相关摊销期限和方式时，应当考虑该将要取得的合同的影响。但是，对于合同取得成本而言，如果合同续约时，企业仍需要支付与取得原合同相当的佣金，这表明取得原合同时支付的佣金与未来预期取得的合同无关，该佣金只能在原合同的期限内进行摊销。企业为合同续约仍需支付的佣金是否与原合同相当，需要根据具体情况进行判断。例如，如果两份合同的佣金按照各自合同金额的相同比例计算，通常表明这两份合同的佣金水平是相当的，但是，实务中与取得原合同相比，现有合同续约的难度可能较低，因此，即使合同续约时应支付的佣金低于取得原合同的佣金，也可能表明这两份合同的佣金水平是相当的。

2. 减值

减值，与合同成本有关的资产，其账面价值高于下列第一项减去第二项的差额的，超出部分应当计提减值准备，并确认为资产减值损失：一是企业因转让与该资产相关的商品预期能够取得的剩余对价；二是为转让该相关商品估计将要发生的成本。

上述"估计将要发生的成本"，对于建筑企业来说主要包括为了某项施工合同还需要投入的直接人工、直接材料、其他直接费、明确由客户承担的成本以及仅因该合同而发生的其他成本等。以前期间减值的因素之后发生变化，使得企业上述第一项减去第二项后的差额高于该资产账面价值的，应当转回原已计提的资产减值准备，并计入当期损益，但转回后的资产账面价值不应超过假定不计提减值准备情况下该资产在转回日的账面价值。

当建筑企业工程项目的合同预计总成本超过合同总收入时即形成了预计损失，应当计提预计负债，确认并记入当期成本。当合同预计总收入增加或者预计总成本减少时，导致预计损失减少时，应当确认预计损失的转回，冲减以前年度确认的预计负债。当工程项目的合同预计损失实现时，预计损失应予以转销，随着合同履约进度的增加逐步对预计损失进行转销。

合同取得成本减值准备的主要账务处理：与合同取得成本有关的资产发生减值的，按应减记的金额，借记"资产减值损失"科目，贷记"合同取得成本减值准备"科目；转回已计提的资产减值准备时，做相反的会计分录。

3.2.3　建造合同在新收入准则下的会计处理

《新收入准则》下新增的会计科目"合同资产""合同负债""合同履约成本""合同取得成本""合同结算"等科目的运用在第二章中已经详细介绍，本小节直接通过实务案例介绍相关业务的会计处理与列报。

合同收入与合同费用的会计核算

【案例 3-3】　2023 年 6 月 1 日，西红市铁蛋建筑装饰工程有限公司与西红市钢蛋通信集团有限公司签订了一份钢蛋大厦装饰装修承包合同。合同主要约定内容如下（以下全部为假设数据）。

（1）关于合同价款和计税方式、税率的约定：钢蛋大厦的整体配套设施装饰装修金额不含税价为 6 000 万元，电梯设备不含税金额 1 000 万元，中央空调设备不含税金额 1 000 万元，其他设备 1 000 万元，安装劳务不含税 1 000 万元，税前工程造价 10 000 万元，该工程选择一般计税。铁蛋建筑装饰公司按照建筑施工业务整体向钢蛋通信集团开具税率为 9% 的增值税发票增值税额共计 900 万元，含税工程总造价 10 900 万元。

（2）铁蛋建筑装饰公司将该工程的劳务分包给了具有相应资质的建筑劳务分包企业，约定增值税征收率为 3%；签约的材料供应商中，一部分为增值税一般纳税人，一部分为增值税小规模纳税人；电梯供应商、空调供应商、其他设备供应商均为增值税一般纳税人，采购合同约定的增值税税率均为 13%。

（3）关于合同工期的约定：合同签订日期为 2023 年 6 月 1 日，2023 年 6 月 10 日起入场施工，2023 年 12 月 31 日竣工。

（4）关于预付账款的约定：在合同签订一周之内甲方预付 1 090 万元作为备料款，该预付款在第一次进度款中一次扣除，第一次不足扣除的依次在以后支付的进度款中扣除直至扣完为止。正式施工后，乙方每月底向甲方上报当月完成的工程量，甲方在 10 天之内审核完毕，并在一周之内根据审核的工程量支付 70％ 的进度款。工程验收通过后支付累计确认的计价金额的 85％，工程结算后按照结算金额的 97％ 支付结算款，剩余 3％ 部分作为质保金。质保期 3 年，质保期满后一次性支付给乙方。乙方在工程结算当月需按结算金额向甲方开具 100％ 发票。

假设西红市铁蛋建筑集团该合同的合同预计总收入为 10 000 万元，预计总成本为 9 000 万元（其中装饰装修成本 5 100 万元，电梯设备成本 1 100 万元，空调设备成本 1 000 万元，其他设备成本 900 万元，人工成本为 900 万元）。

为了便于展现会计核算结果，2023 年 6 月至 2023 年 12 月发生经济业务数据合并处理，不再分月处理；本案例在竣工结算会计处理时暂时忽略工程质保金问题；采用投入法确认履约进度。发生经济业务会计处理如下。

①2023 年 6 月 10 日，收到备料款 1 090 万元。

借：银行存款   10 900 000

  贷：合同负债——预收工程款（钢蛋通信集团） 10 900 000[①]

②2023 年 6 月，预缴增值税 20 万元 [10 900 000÷（1＋9％）×2％]。

（暂时忽略预缴环节的附加税费会计处理）

借：应交税费——预交增值税   200 000

  贷：银行存款   200 000

③2023 年 6 月至 2023 年 12 月，发生人工费 1 000 万元、装修材料 5 000 万元（一般纳税人供应商 3 000 万元，小规模供应商 2 000 万元）、电梯和空调等设备 3 000 万元。取得相应增值税专用发票。

进项税额＝1 000×3％＋3 000×13％＋2 000×3％＋3 000×13％＝870（万元）

借：合同履约成本——工程施工——人工费 10 000 000

    ——工程施工——材料费（装修材料）

               50 000 000

  合同履约成本——工程施工——材料费（机械设备）

               30 000 000

  应交税费——应交增值税（进项税额） 8 700 000

---

① 若取得的备料款中包含了增值税，可以将其中的税款分离出来计入"其他应付款——待确认销项税额"科目中，待履约后根据增值税纳税义务发生时间进行相应的结转处理。

贷：应付账款——劳务分包商、材料设备商　　98 700 000

④2023 年 12 月，钢蛋通信集团给该工程累计确认的工程量计价含税金额为 9 810 万元（其中价款 9 000 万元，增值税款 810 万元），已开具相应发票，工程尚未结算。

借：应收账款——工程进度款（钢蛋通信集团）　98 100 000

贷：合同结算——价款结算　　　　　　　　　90 000 000

　　应交税费——应交增值税（销项税额）　　8 100 000

⑤2023 年 12 月，按照工程进度，钢蛋通信集团应支付铁蛋建筑装饰公司工程进度款 6 540 万元，实际支付 5 450 万元，本次付款为第一次支付进度款，扣除前期预付款。

借：银行存款　　　　　　　　　　　　　　43 600 000

　　合同负债——预收工程款（钢蛋通信集团）10 900 000

贷：应收账款——工程进度款（钢蛋通信集团）54 500 000

⑥2023 年 1 月至 2023 年 12 月累计确认的履约进度为：

工程履约进度＝9 000÷9 000×100％＝100％

应确认合同收入＝10 000×100％＝10 000（万元）

应确认合同成本＝9 000×100％＝9 000（万元）

钢蛋通信集团实际给铁蛋建筑装饰公司确认的工程计价金额"合同结算——价款结算"金额为 9 000 万元，但根据履约进度确认的"合同结算——收入结转"金额已经达到 10 000 万元，差额 1 000 万元。假设不确定在一年内能否结算，则在本例中属于"其他非流动资产"。

⑦铁蛋建筑装饰公司确认 2023 年主营业务收入 10 000 万元、主营业务成本 9 000 万元。

借：合同结算——收入结转　　　　　　　　100 000 000

贷：主营业务收入　　　　　　　　　　　　100 000 000

借：主营业务成本　　　　　　　　　　　　90 000 000

贷：合同履约成本——工程施工——人工费　　10 000 000

　　　　　　　　——工程施工——材料费（装修材料）

　　　　　　　　　　　　　　　　　　　　50 000 000

　　　　　　　　——工程施工——材料费（机械设备）

　　　　　　　　　　　　　　　　　　　　30 000 000

⑧2024 年 1 月 10 日，该工程最终结算，含税结算金额 10 900 万元。其中，2023 年全年已确认含税工程计价 9 810 万元；2024 年 1 月确认含税计价金额 1 090 万元，并按结算金额 100% 开具相应发票，2023 年全年已经开具 98 100 000 元发票，本次补开 10 900 000 元发票。

借：应收账款——工程款　　　　　　　　　10 900 000

　　贷：合同结算——价款结算　　　　　　　　　10 000 000

　　　　应交税费——应交增值税（销项税额）　　　900 000

⑨2024 年 1 月，铁蛋建筑装饰公司收到钢蛋通信集团支付进度款 3 000 万元。

借：银行存款　　　　　　　　　　　　　30 000 000

　　贷：应收账款——工程进度款（钢蛋通信集团）　30 000 000

⑩假设铁蛋公司目前只有该工程，已知城市维护建设税 7%，教育费附加 3%，地方教育附加 2%。应交增值税及附加计算如下：

应交税费——应交增值税（销项税额）＝9 000 000（元）

应交税费——应交增值税（进项税额）＝8 700 000（元）

应交税费——预交增值税：200 000 元

当期应交纳增值税＝9 000 000－8 700 000－200 000＝100 000（元）

当期应交城市维护建设税＝100 000×7%＝7 000（元）

当期应交教育费附加＝100 000×3%＝3 000（元）

当期应交地方教育附加＝100 000×2%＝2 000（元）

会计处理如下：

借：应交税费——应交增值税（转出未交增值税）　300 000

　　贷：应交税费——未交增值税　　　　　　　　300 000

借：应交税费——未交增值税　　　　　　　　200 000

　　贷：应交税费——预交增值税　　　　　　　　200 000

借：税金及附加　　　　　　　　　　　　120 000

　　贷：应交税费——应交城市维护建设税　　　　　7 000

　　　　　　　　——应交教育费附加　　　　　　　3 000

　　　　　　　　应交地方教育附加　　　　　　　2 000

⑪申报缴纳增值税及附加。

借：应交税费——未交增值税　　　　　　　　100 000

　　　　　　　——应交城市维护建设税　　　　　7 000

——应交教育费附加		3 000
——应交地方教育附加		2 000
贷：银行存款		112 000

⑫工程竣工后，结平"合同结算"科目余额。

借：合同结算——价款结算	100 000 000	
贷：合同结算——收入结转		100 000 000

合同资产与应收账款的会计核算

合同资产是指企业已向客户转让商品而有权收取对价的权利，且该权利取决于时间流逝之外的其他因素。如企业向客户销售两项可明确区分的商品，企业因已交付其中一项商品而有权收取款项，但收取该款项还取决于企业交付另一项商品的，企业应当将该收款权利作为合同资产。企业拥有的、无条件（即，仅取决于时间流逝）向客户收取对价的权利应当作为应收款项单独列示。

【案例3-4】　2023年6月18日，铁蛋建筑公司与钢蛋地产公司签订工程施工总承包合同，负责某CBD中心A区和B区两栋商业大厦的主体施工（同一个工程分为两个标段），含税合同价款为1.09亿元，其中A区商业楼的含税造价4 360万元，B区商业楼的含税造价6 540万元，该工程适用一般计税方法。承包合同中关于付款条件约定如下：该工程A区先开工半年后，B区再开工，两栋商业大厦分别施工至"正负零"①以上后，钢蛋地产公司支付计量金额的80%。该工程实际开工日期为2023年7月1日，2023年12月20日，A区已经达到"正负零"以上标准，钢蛋地产公司对A区商业大厦进行阶段工程计量，计量金额1 308万元；2023年12月21日B区正式施工，2024年1月至3月因不可抗力因素暂停施工。2024年7月1日，B区达到"正负零"以上标准，钢蛋地产公司对B区商业大厦进行了基础阶段工程计量，计量金额1 962万元；2024年7月10日，钢蛋地产公司向上海铁蛋建筑公司支付了进度款2 616万元。

分析：铁蛋建筑公司按合同约定完成了A区商业楼"正负零"施工节点，计量金额1 308万元，但是需要等到B区商业楼也完成"正负零"标准以后，才有权利收取相应的工程进度款，因此不能确认应收账款，只能确认

---

① 正负零，指的是主体工程的一个基准面，在主体工程基准面下工程完成，该进行主体地上工程施工的时候，也就是主体工程达到"正负零"。

为合同资产，相应的会计处理如下：

（1）2023 年 12 月，A 区商业楼完成"正负零"，工程计价。

借：合同资产——CBD 中心 A 区　　　　　　　13 080 000

贷：合同结算——价款结算　　　　　　　　　12 000 000

应交税费——待转销项税额　　　　　　　　1 080 000

（2）2024 年 7 月，B 区商业楼完成"正负零"，工程计价，并开具相应金额发票。

借：应收账款——工程进度款（CBD 中心）　　32 700 000

应交税费——待转销项税额　　　　　　　　1 080 000

贷：合同资产——CBD 中心 A 区　　　　　　13 080 000

合同结算——价款结算　　　　　　　　　18 000 000

应交税费——应交增值税（销项税额）　　 2 700 000

（3）2024 年 7 月，收取 CBD 中心 A、B 区商业楼进度款。

借：银行存款　　　　　　　　　　　　　　　26 160 000

贷：应收账款——工程进度款（CBD 中心）　 26 160 000

【案例 3-5】　2023 年 10 月，铁蛋设备销售公司（以下简称"乙方"）与钢蛋建筑公司（以下简称"甲方"）签订了一份"CBD 中心空调销售安装合同"，铁蛋电梯销售公司负责该大厦所有空调的销售和安装、调试。合同含税金额 1 336 万元，其中空调销售价款 1 000 万元，增值税额 130 万元；安装及调试费 200 万元[①]，增值税额 6 万元。

该合同中关于付款条件约定如下：合同签订后，甲方向乙方支付 50 万元预付款，预付款在支付第一批货款时扣回；乙方必须按照甲方需求时间及时将电梯送至甲方指定工程地点，按照施工进度将电梯安装完毕，安装完毕并全部调试后，甲方按照应付金额的 90% 支付款项，剩余 10% 在调试合格后一年内付清；在安装期间和调试合格之前，甲方不支付任何款项。调试合格标准以第三方检测报告为准。

---

① 根据《国家税务总局关于明确中外合作办学等若干增值税征管问题的公告》（国家税务总局公告 2018 年第 42 号）规定，一般纳税人销售自产机器设备的同时提供安装服务，应分别核算机器设备和安装服务的销售额，安装服务可以按照甲供工程选择适用简易计税方法计税。一般纳税人销售外购机器设备的同时提供安装服务，如果已经按照兼营的有关规定，分别核算机器设备和安装服务的销售额，安装服务可以按照甲供工程选择适用简易计税方法计税。

2023 年 11 月，铁蛋电梯销售公司向钢蛋建筑公司 CBD 中心项目供应了第一批价值 565 万元的空调，该批空调在 2023 年 12 月底安装完毕并进行了调试，安装及调试费 103 万元；2024 年 1 月，地方检测中心向钢蛋建筑公司报送了空调检验合格报告，钢蛋建筑公司支付了 551.2 万元（按合同约定应付 601.2 万元，扣除预付的 50 万元，应支付 551.2 万元）；2020 年 3 月，铁蛋电梯销售公司向北京钢蛋建筑公司 CBD 中心项目供应了第二批价值 565 万元的空调，4 月安装调试完毕，发生安装调试费 103 万元，并在 4 月第三方检测机构向钢蛋建筑公司报送了检测合格报告，钢蛋建筑公司支付了 601.2 万元空调款。

铁蛋电梯销售公司会计处理。

（1）2023 年 10 月，收到销售空调预付款。

借：银行存款 500 000

贷：合同负债——预收款 500 000

（2）2023 年 11 月，销售空调。

借：合同资产 5 650 000

贷：主营业务收入——销售设备 5 000 000

应交税费——待转销项税额 650 000

（3）2023 年 12 月，空调安装并调试完毕。

借：合同资产 1 030 000

贷：主营业务收入 1 000 000

应交税费——待转销项税额 30 000

（4）2024 年 1 月，调试结果检测合格。

借：应收账款 6 680 000

应交税费——待转销项税额 680 000

贷：合同资产 6 680 000

应交税费——应交增值税（销项税额） 650 000

——简易计税——计提总包税额 30 000

（5）2024 年 1 月，收到第一批货款，扣回预收款。

借：银行存款 5 512 000

贷：应收账款 5 512 000

借：合同负债——预收款 500 000

　　　　贷：应收账款　　　　　　　　　　　　　　　　　500 000

（6）2024 年 3 月，销售空调。

　　借：合同资产　　　　　　　　　　　　　　　　　5 650 000

　　　　贷：主营业务收入——销售设备　　　　　　　　5 000 000

　　　　　应交税费——待转销项税额　　　　　　　　　650 000

（7）2024 年 4 月，空调安装并调试完毕，当月检测合格。

　　借：应收账款　　　　　　　　　　　　　　　　　6 680 000

　　　　应交税费——待转销项税额　　　　　　　　　　650 000

　　　　贷：主营业务收入　　　　　　　　　　　　　　1 000 000

　　　　　合同资产　　　　　　　　　　　　　　　　56 50 000

　　　　　应交税费——应交增值税（销项税额）　　　　650 000

　　　　　　　　——简易计税——计提总包税额　　　　30 000

（8）2024 年 4 月，收到第二批货款。

　　借：银行存款　　　　　　　　　　　　　　　　　6 012 000

　　　　贷：应收账款　　　　　　　　　　　　　　　　6 012 000

　　根据合同约定，剩余 10％款项在设备调试合格后一年内结算。

　　合同资产和应收款项都是企业拥有的有权收取对价的合同权利，二者的区别在于，应收款项代表的是无条件收取合同对价的权利，即企业仅仅随着时间的流逝即可收款，而合同资产并不是一项无条件收款权，该权利除了时间流逝之外，还取决于其他条件，例如履行合同中的其他履约义务才能收取相应的合同对价。因此，与合同资产和应收款项相关的风险是不同的，应收款项仅承担信用风险，而合同资产除信用风险之外，还可能承担其他风险，如履约风险等。

合同资产与合同负债的会计核算与列报

　　在资产负债表日，建筑企业应当根据每一个工程项目的"合同结算"科目余额方向判断在资产负债表中的哪个项目列示。若"合同结算"科目的期末余额在借方，根据其流动性在资产负债表中分别列式为"合同资产"或"其他非流动资产"项目；若其期末余额在贷方的，则根据其流动性在资产负债表中分别列式为"合同负债"或者"其他非流动负债"项目。

　　【案例 3-6】　2023 年 1 月 1 日，铁蛋建筑公司（以下简称"铁蛋公司"）与钢蛋地产公司（以下简称"钢蛋公司"）签订一项某商业中心施工总承包合同，该工程的造价为 11 000 万元（不含税），工期 2 年。该工程包工包料不存在"甲供"的情况，钢蛋公司对该工程每半年进行一次工程计量；预计 2024 年 12 月 31 日全面竣工；预计可能发生的总成本为 10 000 万元（不含税）。假定该建造工程整体构成单项履约义务并属于在某一时段履行的履约义务，铁蛋公司采用投入法确定履约进度，增值税税率为 9%，发生以下业务：

①2023 年 6 月 30 日，工程累计实际发生成本 2 500 万元，双方确认的工程计价金额为 3 000 万元，铁蛋公司实际收到进度款 2 616 万元；

②2023 年 12 月 31 日，工程累计实际发生成本 5 500 万元，双方确认的工程计价金额为 2 800 万元，铁蛋公司实际收到进度款 2 441.6 万元；

③2024 年 6 月 30 日，工程累计实际发生成本 7 500 万元，双方确认的工程计价金额 1 800 万元，铁蛋公司实际收到进度款 1 569.6 万元；

④2024 年 12 月 31 日，工程全面竣工，该工程累计发生成本 10 000 万元，双方进行工程结算确认了最终结算金额为 11 000 万元（不含税）。根据协议结算当期应付的结算款为结算金额的 97%，钢蛋公司支付了铁蛋公司 5 003.1 万元结算款，剩余 3% 为质保金。除支付的进度款外，上述价款均不含增值税额。双方确认工程计价金额后，铁蛋公司即开具相应的增值税发票，铁蛋建筑公司的会计处理。

（1）归集 2023 年 1 月至 6 月实际发生的工程成本。

借：合同履约成本——工程施工——明细科目　　25 000 000

　　贷：银行存款、应付账款、原材料、应付职工薪酬等

　　　　　　　　　　　　　　　　　　　　　　　　25 000 000

（2）截至 2023 年 6 月的工程履约进度＝2 500÷10 000×100%＝25%

2023 年 1 月至 6 月应确认的合同收入＝11 000×25%＝2 750（万元）

借：合同结算——收入结转　　　　　　　　　27 500 000

　　贷：主营业务收入　　　　　　　　　　　　27 500 000

借：主营业务成本　　　　　　　　　　　　　25 000 000

　　贷：合同履约成本——工程施工——明细科目　25 000 000

借：应收账款　　　　　　　　　　　　　　　32 700 000

　　贷：合同结算——价款结算　　　　　　　　30 000 000

　　　　应交税费——应交增值税（销项税额）　　2 700 000

借：银行存款　　　　　　　　　　　　　　　26 160 000

　　贷：应收账款　　　　　　　　　　　　　　26 160 000

截至 2023 年 6 月 30 日，铁蛋公司账面的"合同结算"科目的余额为贷方 250 万元，表示钢蛋公司提前结算 250 万元，铁蛋公司尚未履行履约义务的金额为 250 万元。预计在 2023 年 12 月 31 日之前，铁蛋公司能按约定履行该义务，因此铁蛋公司在 2023 年 6 月的资产负债表中的"合同负债"项目列示。如果这部分工作量铁蛋公司无法在一年内履约完毕，则应当在资产负债表中的"其他非流动负债"项目列示。

（3）归集 2023 年 7 月至 12 月实际发生的工程成本 3 000 万元(5 500－2 500)。

借：合同履约成本——工程施工——明细科目　　30 000 000

　　贷：银行存款、应付账款、原材料、应付职工薪酬等

　　　　　　　　　　　　　　　　　　　　　　30 000 000

（4）截至 2023 年 12 月 31 日，履约进度＝5 500÷10 000＝55％

2023 年 7 至 12 月的合同收入＝11 000×55％－2 750＝3 300（万元）

借：合同结算——收入结转　　　　　　　　　　33 000 000

　　贷：主营业务收入　　　　　　　　　　　　33 000 000

借：主营业务成本　　　　　　　　　　　　　　30 000 000

　　贷：合同履约成本——工程施工——明细科目　30 000 000

借：应收账款　　　　　　　　　　　　　　　　30 520 000

　　贷：合同结算——价款结算　　　　　　　　28 000 000

　　　　应交税费——应交增值税（销项税额）　 2 520 000

借：银行存款　　　　　　　　　　　　　　　　24 416 000

　　贷：应收账款　　　　　　　　　　　　　　24 416 000

截至 2023 年 12 月 31 日，铁蛋公司账面"合同结算"科目的余额为借方 250 万元，表明铁蛋公司已经履行履约义务但尚未与钢蛋公司结算的金额为 250 万元。预计在 2024 年 6 月 30 日之前钢蛋公司能按约定对铁蛋公司已履约部分进行工程计量，因此铁蛋公司在 2023 年 12 月的资产负债表中作为"合同资产"列示；如果钢蛋公司在一年之内无法对铁蛋公司已经履约部分进行工程计量，则应当在资产负债表中的"其他非流动资产"项目列示。

（5）归集 2024 年 1 月至 6 月实际发生的工程成本 2 000 万元（7 500－5 500）。

借：合同履约成本——工程施工——明细科目　　20 000 000

　　贷：银行存款、应付账款、原材料、应付职工薪酬等

　　　　　　　　　　　　　　　　　　　　　　20 000 000

（6）截至 2024 年 6 月 30 日，履约进度＝7 500÷10 000＝75%

2024 年 1 至 6 月的合同收入＝11 000×75%－6 050＝2 200（万元）

借：合同结算——收入结转   22 000 000

  贷：主营业务收入   22 000 000

借：主营业务成本   20 000 000

  贷：合同履约成本——工程施工——明细科目 20 000 000

借：应收账款   19 620 000

  贷：合同结算——价款结算   18 000 000

    应交税费——应交增值税（销项税额） 1 620 000

借：银行存款   15 696 000

  贷：应收账款   15 696 000

截至 2024 年 6 月 30 日，铁蛋公司账面"合同结算"科目的余额为借方 650 万元，表明铁蛋公司已经履行履约义务但尚未与钢蛋公司结算的金额为 650 万元，预计在 2024 年 12 月 31 日之前，钢蛋公司能按约定对铁蛋公司已履约部分进行工程计量。因此，铁蛋公司在 2024 年 6 月的资产负债表中作为"合同资产"列示。

（7）归集 2024 年 7 月至 12 月实际发生的工程成本 2 500 万元（10 000－7 500）。

借：合同履约成本——工程施工——明细科目 25 000 000

  贷：银行存款、应付账款、原材料、应付职工薪酬等

             25 000 000

（8）截至 2024 年 12 月 31 日，履约进度为 100%。

2024 年 7 至 12 月的合同收入＝11 000×100%－8 250＝2 750（万元）

截至 7 至 12 月不含税应收账款＝11 000－3 000－2 800－1 800＝3 400（万元）

借：合同结算——收入结转   27 500 000

  贷：主营业务收入   27 500 000

借：主营业务成本   25 000 000

  贷：合同履约成本——工程施工——明细科目 25 000 000

借：应收账款   37 060 000

  贷：合同结算——价款结算   34 000 000

    应交税费——应交增值税（销项税额） 3 060 000

借：银行存款   50 031 000

　　贷：应收账款   50 031 000

（9）工程竣工结算，将"合同结算"科目结平。

合同结算——收入结转＝2 750＋3 300＋2 200＋2 750＝11 000（万元）

合同结算——价款结算＝3 000＋2 800＋1 800＋3 400＝11 000（万元）

借：合同结算——价款结算   110 000 000

　　贷：合同结算——收入结转   110 000 000

截至2024年12月31日，铁蛋公司账面"合同结算"科目的余额为0。

3.3　《小企业会计准则》的运用

前述章节已经阐述了执行《企业会计准则》的建筑企业如何确认合同收入与合同费用。部分建筑企业由于自身规模及经营管理特点而选择执行《小企业会计准则》，本节将解析执行《小企业会计准则》的建筑企业应该如何确认合同收入和合同费用，日常施工业务如何会计核算。

3.3.1　小企业划型标准与会计科目设置

根据《小企业会计准则》第八十九条及《工业和信息化部 国家统计局国家发展和改革委员会 财政部关于印发中小企业划型标准规定的通知》（工信部联企业〔2011〕300号）和《国家统计局关于印发〈统计上大中小微型企业划分办法（2017）〉的通知》（国统字〔2017〕213号）的有关规定，建筑业小型企业的划分标准为：营业收入300万元及以上、6 000万元及以下，且资产总额300万元及以上、5 000万元及以下。微型企业划分标准：营业收入300万元以下或资产总额300万元以下。小型企业与微型企业以下简称"小企业"。

建筑企业选择执行《小企业会计准则》的标准

符合以上小企业标准的建筑企业，可以执行《小企业会计准则》，也可以选择按照《企业会计准则》进行会计处理。

大中小微型企业划分标准见表3-1。

表 3-1　大中小微型企业划分标准

行业名称	指标名称	计量单位	大型	中型	小型	微型
农、林、牧、渔业	营业收入（Y）	万元	Y≥20 000	500≤Y<20 000	50≤Y<500	Y<50
工业	从业人员（X）	人	X≥1 000	300≤X<1 000	20≤X<300	X<20
	营业收入（Y）	万元	Y≥40 000	2 000≤Y<40 000	300≤Y<2 000	Y<300
建筑业	营业收入（Y）	万元	Y≥80 000	6 000≤Y<80 000	300≤Y<6 000	Y<300
	资产总额（Z）	万元	Z≥80 000	5 000≤Z<80 000	300≤Z<5 000	Z<300
批发业	从业人员（X）	人	X≥200	20≤X<200	5≤X<20	X<5
	营业收入（Y）	万元	Y≥40 000	5 000≤Y<40 000	1 000≤Y<5 000	Y<1 000
零售业	从业人员（X）	人	X≥300	50≤X<300	10≤X<50	X<10
	营业收入（Y）	万元	Y≥20 000	500≤Y<20 000	100≤Y<500	Y<100
交通运输业	从业人员（X）	人	X≥1 000	300≤X<1 000	20≤X<300	X<20
	营业收入（Y）	万元	Y≥30 000	3 000≤Y<30 000	200≤Y<3 000	Y<200
仓储业	从业人员（X）	人	X≥200	100≤X<200	20≤X<100	X<20
	营业收入（Y）	万元	Y≥30 000	1 000≤Y<30 000	100≤Y<1 000	Y<100
邮政业	从业人员（X）	人	X≥1 000	300≤X<1 000	20≤X<300	X<20
	营业收入（Y）	万元	Y≥30 000	2 000≤Y<30 000	100≤Y<2 000	Y<100
住宿业	从业人员（X）	人	X≥300	100≤X<300	10≤X<100	X<10
	营业收入（Y）	万元	Y≥10 000	2 000≤Y<10 000	100≤Y<2 000	Y<100
餐饮业	从业人员（X）	人	X≥300	100≤X<300	10≤X<100	X<10
	营业收入（Y）	万元	Y≥10 000	2 000≤Y<10 000	100≤Y<2 000	Y<100
信息传输业	从业人员（X）	人	X≥2 000	100≤X<2 000	10≤X<100	X<10
	营业收入（Y）	万元	Y≥100 000	1 000≤Y<100 000	100≤Y<1 000	Y<100
软件和信息技术服务业	从业人员（X）	人	X≥300	100≤X<300	10≤X<100	X<10
	营业收入（Y）	万元	Y≥10 000	1 000≤Y<10 000	50≤Y<1 000	Y<50
房地产开发经营	营业收入（Y）	万元	Y≥200 000	1 000≤Y<200 000	100≤Y<1 000	Y<100
	资产总额（Z）	万元	Z≥10 000	5 000≤Z<10 000	2 000≤Z<5 000	Z<2 000
物业管理	从业人员（X）	人	X≥1 000	300≤X<1 000	100≤X<300	X<100
	营业收入（Y）	万元	Y≥5 000	1 000≤Y<5 000	500≤Y<1 000	Y<500
租赁和商务服务业	从业人员（X）	人	X≥300	100≤X<300	10≤X<100	X<10
	资产总额（Z）	万元	Z≥120 000	8 000≤Z<120 000	100≤Z<8 000	Z<100
其他未列明行业	从业人员（X）	人	X≥300	100≤X<300	10≤X<100	X<10

小企业会计科目的设置

小企业在进行会计科目设置时，在不违反《企业会计准则》中确认、计量和报告规定的前提下，可以根据本企业的实际情况自行增设、分拆、合并会计科目。小企业不存在的交易或者事项，可不设置相关会计科目。对于明细科目，可参照《企业会计科目表》进行设置。会计科目编号供小企业填制会计凭证、登记会计账簿、查阅会计账目、采用会计软件系统参考，小企业可结合本企业的实际情况自行确定其他会计科目的编号，见表3-2。

表3-2　小企业会计科目表

序号	科目代码	会计科目名称	序号	科目代码	会计科目名称
一、资产类			27	1621	生产性生物资产
1	1001	库存现金	28	1622	生产性生物资产累计折旧
2	1002	银行存款	29	1701	无形资产
3	1012	其他货币资金	30	1702	累计摊销
4	1101	短期投资	31	1801	长期待摊费用
5	1121	应收票据	32	1901	待处理财产损溢
6	1122	应收账款	二、负债类		
7	1123	预付账款	33	2001	短期借款
8	1131	应收股利	34	2201	应付票据
9	1132	应收利息	35	2202	应付账款
10	1221	其他应收款	36	2203	预收账款
11	1401	材料采购	37	2211	应付职工薪酬
12	1402	在途物资	38	2221	应交税费
13	1403	原材料	39	2231	应付利息
14	1404	材料成本差异	40	2232	应付利润
15	1405	库存商品	41	2241	其他应付款
16	1407	商品进销差价	42	2401	递延收益
17	1408	委托加工物资	43	2501	长期借款
18	1411	周转材料	44	2701	长期应付款
19	1421	消耗性生物资产	三、所有者权益类		
20	1501	长期债券投资	45	3001	实收资本
21	1511	长期股权投资	46	3002	资本公积
22	1601	固定资产	47	3101	盈余公积
23	1602	累计折旧	48	3103	本年利润
24	1604	在建工程	49	3104	利润分配
25	1605	工程物资	四、成本类		
26	1606	固定资产清理	50	4001	生产成本

序号	科目代码	会计科目名称	序号	科目代码	会计科目名称
51	4101	制造费用	59	5401	主营业务成本
52	4301	研发支出	60	5402	其他业务成本
53	4401	工程施工	61	5403	税金及附加
54	4403	机械作业	62	5601	销售费用
五、损益类			63	5602	管理费用
55	5001	主营业务收入	64	5603	财务费用
56	5051	其他业务收入	65	5711	营业外支出
57	5111	投资收益	66	5801	所得税费用
58	5301	营业外收入			

在小企业会计准则中，会计科目和主要账务处理根据具体准则中涉及确认和计量的要求，规定了66个会计科目及主要账务处理，涵盖了小企业的常见交易或者事项。小企业会计准则下，会计科目被分为五类，分别是资产类、负债类、所有者权益类、成本类和损益类。与在企业会计准则下的会计科目相比确定了，少了共同类科目，其他各类科目也相对简化。

3.3.2 《小企业会计准则》中的收入和费用

根据《小企业会计准则》第五十八条规定，"收入是指小企业在日常生产经营活动中形成的、会导致所有者权益增加、与所有者投入资本无关的经济利益的总流入。"根据日常经营活动的性质，可以将收入分为：销售商品收入和提供劳务收入。销售商品收入指的是销售产成品、材料等商品取得的收入；提供劳务收入指的是小企业从事建筑安装、修理修配、交通运输、仓储租赁、邮电通信、咨询经纪、文化体育、科学研究、技术服务、旅游娱乐、加工以及其他劳务服务活动取得的收入。

建筑业小企业的收入

本节只针对建筑业小企业展开相关阐述，不涉及其他行业。根据《小企业会计准则》第六十三条关于提供劳务收入的规定：

1. 同一会计年度开始并完成的劳务如何确认收入

"同一会计年度内开始并完成的劳务，应当在提供劳务交易完成且收到款项或取得收款权利时，确认提供劳务收入。提供劳务收入的金额为从接受劳务方已收或应收的合同或协议价款。"

建筑业小企业在取得收入时，直接按照应收或者已收金额，借记"应收账款"或者"银行存款""预收账款"等科目，贷记"主营业务收入"科目，按应该缴纳的增值税，贷记"应交税费——应交增值税"科目，同时结转提供劳务所发生的成本。建筑业小企业对外提供劳务所发生的成本可以通过"劳务成本"或"工程施工"科目进行核算，结转时从"劳务成本"或"工程施工"科目转入"主营业务成本"科目。其他业务取得收入则计入"其他业务收入"科目，该业务发生的成本则相应计入"其他业务成本"科目。

2. 跨年度完成的劳务如何确认收入

"劳务的开始和完成分属不同会计年度的，应当按照履约进度确认提供劳务收入。年度资产负债表日，按照提供劳务收入总额乘以履约进度扣除以前会计年度累计已确认提供劳务收入后的金额，确认本年度的提供劳务收入；同时，按照劳务成本估计总额乘以履约进度扣除以前会计年度累计已确认营业成本后的金额，结转本年度营业成本。"

建筑业小企业跨年度提供建筑服务确认合同收入和合同成本的方法，总体来说依然是按照"完工百分比法"来确定，与建造合同准则的完工进度、《新收入准则》的履约进度的确认方式基本一致。

劳务的履约进度＝累计已发生的成本费用÷完工预计总费用×100%

本年确认的收入＝劳务总收入×履约进度－以前年度累计已确认的收入

本年确认的费用＝劳务总成本×履约进度－以前年度累计已确认的成本

针对跨年提供劳务，建筑业小企业应按照计算确定的提供劳务收入的金额，借记"应收账款""银行存款""预收账款"等科目，贷记"主营业务收入"科目。同时结转计算提供劳务的成本，借记"主营业务成本"科目，贷记"劳务成本""工程施工"科目。其他业务取得收入则计入"其他业务收入"科目，该业务发生的成本则相应计入"其他业务成本"科目。

建筑业小企业的费用

根据《小企业会计准则》第六十五条规定："费用，是指小企业在日常生产经营活动中发生的、会导致所有者权益减少、与向所有者分配利润无关的经济利益的总流出。"小企业的费用包括：营业成本、税金及附加①、销售费用、管理费用、财务费用等。

（1）营业成本，是指小企业所销售商品的成本和所提供劳务的成本。

（2）税金及附加，是指小企业开展日常生产经营活动应负担的消费税、城市维护建设税、资源税、土地增值税、城镇土地使用税、房产税、车船税、印花税和教育费附加、矿产资源补偿费、排污费等。

（3）销售费用，是指小企业在销售商品或提供劳务过程中发生的各种费用。包括：销售人员的职工薪酬、商品维修费、运输费、装卸费、包装费、保险费、广告费、业务宣传费、展览费等费用。

小企业（批发业、零售业）在购买商品过程中发生的费用（包括：运输费、装卸费、包装费、保险费、运输途中的合理损耗和入库前的挑选整理费等）也构成销售费用。

（4）管理费用，是指小企业为组织和管理生产经营发生的其他费用。包括：小企业在筹建期间内发生的开办费、行政管理部门发生的费用（包括：固定资产折旧费、修理费、办公费、水电费、差旅费、管理人员的职工薪酬等）、业务招待费、研究费用、技术转让费、相关长期待摊费用摊销、财产保险费、聘请中介机构费、咨询费（含顾问费）、诉讼费等费用。

（5）财务费用，是指小企业为筹集生产经营所需资金发生的筹资费用。包括：利息费用（减利息收入）、汇兑损失、银行相关手续费、小企业给予的现金折扣（减享受的现金折扣）等费用。

小企业的费用应当在发生时按照其发生额计入当期损益。小企业销售商品收入和提供劳务收入已予确认的，应当将已销售商品和已提供劳务的成本作为营业成本结转至当期损益。

3.3.3 小企业如何确认合同收入与合同费用

小企业根据《小企业会计准则》对合同收入与费用的标准，在规定的会计科目中核算。

---

① 在财政部关于印发《增值税会计处理规定》的通知（财会 2016 年 22 号文）中该科目已经修改为"税金及附加"。

合同费用的确认

执行《小企业会计准则》的建筑企业通过"工程施工"科目核算在施工过程中发生的各项工程成本，按照工程项目分别设置"合同成本"与"间接费用"进行会计核算。"工程施工"的三级明细科目可以参照执行《企业会计准则》分别设置"人工费""材料费""机械使用费""分包费""其他直接费用"等科目。

在发生直接成本时，借记"工程施工——合同成本"科目，贷记"原材料""应付职工薪酬""应付账款""银行存款"等科目。如果发生的费用无法直接计入某一工程项目的合同成本中，可以暂时通过"工程施工——间接费用"科目进行会计核算，期末根据一定分配方法分配计入"工程施工——合同成本"科目中。

【案例3-7】 铁蛋建筑公司为增值税小规模纳税人，执行《小企业会计准则》。2023年1月，该公司承揽了某棚改项目的拆除工程。2023年3月，发生机械租赁成本500 000元，款项未支付；支付现场农民工工资100 000元；发生项目部管理人员工资50 000元。进行会计处理如下：

借：工程施工——合同成本——机械使用费 500 000
   ——合同成本——人工费 100 000
   ——间接费用——管理人员工资 50 000
 贷：应付账款——机械费（机械租赁供应商） 500 000
  银行存款 100 000
  应付职工薪酬 50 000
借：工程施工——合同成本——其他直接费用 50 000
 贷：工程施工——间接费用——管理人员工资 50 000

上述案例中的项目管理人员如果还监管其他工程项目或者公司其他管理部门的工作，则工资薪金支出可以按照一定比例由各个项目、公司管理部门分摊，分别摊入各项目的"工程施工——合同成本"和"管理费用""销售费用"科目中。

上述案例中的机械费是从外部租赁的机械设备发生的相关费用，直接计入"工程施工"科目，如果是企业内部独立核算的机械作业单位、施工单位使用自有机械设备进行机械作业发生的相关费用，则通过"机械作业"科目进行会计核算，对外租赁机械设备发生的相关费用也计入"机械作业"科目中，期末再将"机械作业"科目转入"工程施工""生产成本"等科目。

合同收入的确认与合同费用的结转

执行《小企业会计准则》的建筑企业确认合同收入时，借记"应收账款""预收账款"等科目，贷记"主营业务收入"科目；根据应结转的合同成本，借记"主营业务成本"科目，贷记"工程施工——合同成本"科目。

【案例 3-8】 承【案例 3-7】，假设铁蛋建筑公司当期确认合同收入为 700 000 元，当期应结转合同成本为 650 000 元，当期向业主开具了 721 000 元工程进度款发票。该企业会计处理如下。

借：应收账款   721 000
  贷：主营业务收入   700 000
    应交税费——应交增值税   21 000
借：主营业务成本   650 000
  贷：工程施工——合同成本——明细科目 650 000

当期申报缴纳增值税。

借：应交税费——应交增值税   21 000
  贷：银行存款   21 000

假设当期应交城市维护建设税及教育费附加税费率分别为 7%、3%、2%。

根据《财政部 税务总局关于进一步实施小微企业"六税两费"减免政策的公告》（财政部 税务总局公告 2022 年第 10 号）的规定，增值税小规模纳税人附加税费减半征收。

应交城市维护建设税＝21 000×7%＝1 470（元）

应交教育费附加＝21 000×3%＝630（元）

应交地方教育附加＝21 000×2%＝420（元）

借：税金及附加   2 520
  贷：应交税费——应交城市维护建设税 1 470
      ——应交教育费附加   630
      ——应交地方教育附加   420
借：应交税费——应交城市维护建设税 1 470
      ——应交教育费附加   630
      ——应交地方教育附加   420
  贷：银行存款   2 520

假设铁蛋建筑公司符合企业所得税小微企业条件，年度应纳税所得额未超过 100 万元，企业所得税应纳税所得额减按 25%[①]计算，税率为 20%，未支付的机械费已取得对方开具的合规发票，不考虑其他成本费用事项，应缴纳的企业所得税 =（700 000 − 650 000 − 2 520）× 25% × 20% = 2 374（元）。

借：所得税费用   2 374

  贷：应交税费——应交所得税（企业所得税）   2 374

借：应交税费——应交所得税（企业所得税） 2 374

  贷：银行存款   2 374

根据上述案例的相关数据，期末结转利润，会计处理如下。

借：主营业务收入   700 000

  贷：本年利润   700 000

借：本年利润   650 000

  贷：主营业务成本   650 000

借：本年利润   2 520

  贷：税金及附加   2 520

借：本年利润   2 374

  贷：所得税费用   2 374

未分配利润 = 700 000 − 650 000 − 2 520 − 2 374 = 45 106（元）

借：本年利润   45 106

  贷：利润分配——未分配利润   45 106

小企业（公司制）在分配当年税后利润前，应当按照《公司法》的规定提取法定公积金和任意公积金。假设铁蛋建筑公司当年提取法定盈余公积 4 510.6 元，向投资者分配利润 20 000 元。假定不考虑其他因素，会计处理如下。

借：利润分配——提取法定盈余公积   4 510.6

   利润分配——应付利润   20 000

---

① 根据《关于进一步实施小微企业所得税优惠政策的公告》（财政部国家税务总局公告 2022 年第 13 号）规定，2022 年 1 月 1 日至 2024 年 12 月 31 日，对小型微利企业年应纳税对小型微利企业年应纳税所得额超过 100 万元但不超过 300 万元的部分，减按 25% 计入应纳税所得额，按 20% 的税率缴纳企业所得税。
根据《财政部 税务总局关于进一步支持小微企业和个体工商户发展有关税费政策的公告》（财政部 税务总局公告 2023 年第 12 号）的规定，减半征收的"六税两费"税收优惠政策自 2023 年 1 月 1 日延长至 2027 年 12 月 31 日。

贷：盈余公积	4 510.6
应付利润	20 000
借：利润分配——未分配利润	24 510.6
贷：利润分配——提取法定盈余公积	4 510.6
利润分配——应付利润	20 000

以上案例如果是跨年提供劳务，则应该根据履约进度确认提供的劳务收入，并结转相应成本。此外还要注意，如果小企业以前年度亏损，可以用当年净利润弥补以前年度亏损等剩余的税后利润，用于向投资者进行分配。

3.3.4　小企业"应交税费"的会计核算

在前述内容中介绍了小企业有关合同收入和合同费用的确认及结转，其中涉及"应交税费"的会计核算。现将建筑类小企业通常会涉及的增值税、所得税等税种的会计核算进行解析。

应交增值税的会计核算

执行《小企业会计准则》的建筑企业，增值税一般纳税人在"应交增值税"下应当分别设置"进项税额""销项税额""出口退税""进项税额转出""已交税金"等专栏。增值税小规模纳税人只需设置"应交增值税"明细科目，不需要在"应交增值税"明细科目中设置上述专栏。"应交增值税"的贷方核算应缴纳的销项税额，借方核算可以差额扣除的分包税额、进项税额，缴纳增值税时在该科目的借方核算。

1. 销项税额的会计核算

建筑安装类小企业纳税人（小规模纳税人），假设该项目开竣工都在同一个会计年度，确认收入 100 万元，会计处理如下（暂不考虑税收优惠）。

借：银行存款	1 030 000
贷：主营业务收入	1 000 000
应交税费——应交增值税	30 000

申报缴纳增值税时的会计处理。

借：应交税费——应交增值税	30 000
贷：银行存款	30 000

建筑企业一般纳税人的一般计税项目在价税合计数一样的情况下，应该

全部取得增值税专用发票，充分抵扣、及时抵扣。

建筑企业一般纳税人的一般计税项目销项税率为 9％，取得的增值税专用发票只要不属于不得抵扣的情形，其进项税额可以全部抵扣。简易计税项目征收率为 3％，取得的增值税专用发票无论税率多少均不得抵扣，但是取得的分包发票可以用于差额扣除。

一般计税项目应交增值税＝当期销项税额－当期进项税额，如存在异地提供建筑服务已经预缴增值税的情况，在机构所在地申报缴纳增值税时应当扣除支付的预缴增值税额后再缴纳。

简易计税项目应交增值税＝（全部价款和价外费用－支付的分包款）÷1.03×3％

无论取得税率 9％，还是征收率为 3％ 的分包发票，计税基础均按照（全部价款和价外费用－支付的分包款）÷1.03 计算。

建筑业小企业属于增值税小规模纳税人只需设置"应交增值税"明细科目，不需要在"应交增值税"明细科目中设置专栏，"应交增值税"的贷方核算应缴纳的销项税额，借方核算可以差额扣除的分包税额、进项税额，缴纳增值税时在该科目的借方核算。

2. 进项税额的会计核算

建筑安装类小企业纳税人如果是增值税小规模纳税人，不存在进项税额抵扣的问题，所以购进货物时所包含的增值税一般都计入购进货物的成本。其购买物资、服务、无形资产或不动产，取得增值税专用发票上注明的增值税应计入相关成本费用或资产，不通过"应交税费——应交增值税"科目核算。

借：固定资产、原材料、工程施工、管理费用等
　　贷：应付账款、预付账款、银行存款等

建筑安装类小企业纳税人如果是增值税一般纳税人，取得增值税专用发票，将价款计入资产类、成本类等科目，按照可以抵扣的增值税额，借记"应交税费——应交增值税（进项税额）"科目，按照实际支付或应付的金额贷记"应付账款""银行存款"等科目。

借：固定资产、原材料、工程施工、管理费用等
　　应交税费——应交增值税（进项税额）
　　贷：应付账款、预付账款、银行存款等

3. 小规模纳税人的减免税政策处理

根据《财政部 税务总局关于明确增值税小规模纳税人减免增值税等政策的公告》(财政部 税务总局公告 2023 年第 1 号)、《国家税务总局关于增值税小规模纳税人减免增值税等政策有关征管事项的公告》(国家税务总局公告 2023 年第 1 号)、《关于增值税小规模纳税人减免增值税政策的公告》(财政部 税务总局公告 2023 年第 19 号)的有关规定,2023 年 1 月 1 日至 2027 年 12 月 31 日,增值税小规模纳税人发生增值税应税销售行为,合计月销售额未超过 10 万元(以 1 个季度为 1 个纳税期的,季度销售额未超过 30 万元,下同)的,免征增值税。小规模纳税人发生增值税应税销售行为,合计月销售额超过 10 万元,但扣除本期发生的销售不动产的销售额后未超过 10 万元的,其销售货物、劳务、服务、无形资产取得的销售额免征增值税。

适用增值税差额征税政策的小规模纳税人,以差额后的销售额确定是否可以享受免征增值税政策。"增值税及附加税费申报表(小规模纳税人适用)"中的"免税销售额"相关栏次,填写差额后的销售额。执行《小企业会计准则》的增值税小微企业在取得销售收入时,应当按照税法的规定计算应交增值税,并确认为应交税费。在达到增值税制度规定的免征增值税条件时,将有关应交增值税转入当期损益。

【案例 3-9】 铁蛋装饰公司为 2023 年 6 月设立的执行《小企业会计准则》的增值税小规模纳税人,增值税按季度申报。2023 年 7 月承接了为期 2 个月的家庭装修项目,2023 年 8 月至 9 月取得收入含税价款 101 000 元;已开具增值税普通发票,款项尚未收回。会计处理如下:

①确认合同收入时。

借:应收账款　　　　　　　　　　　　　101 000
　　贷:主营业务收入　　　　　　　　　　　100 000
　　　　应交税费——应交增值税　　　　　　　1 000

②期末确认增值税减免。

借:应交税费——应交增值税　　　　　　　　1 000
　　贷:营业外收入——税费减免　　　　　　　1 000

应交所得税的会计核算

所得税,按自然人、公司或者法人为课税单位,按照纳税主体之别分为企业所得税和个人所得税。小企业应该在应交税费下设置"应交所得税"明细科目，或直接设置"应交企业所得税""应交个人所得税"明细科目，专门核算企业缴纳的企业所得税和代扣代缴的个人所得税。

1. 应交企业所得税

根据应纳税所得额，计算应缴纳的企业所得税。借记"所得税费用"科目，贷记"应交税费——应交企业所得税"科目。缴纳企业所得税时，借记"应交税费——应交企业所得税"科目，贷记"银行存款"科目。

【**案例 3-10**】 铁蛋建筑公司 2022 年度应纳税所得额为 300 万元，从业人数 300 人，资产总额 5 000 万元，假设符合小微企业的全部条件计算 2022 年应缴纳的企业所得税。

相关政策

根据《关于进一步实施小微企业所得税优惠政策的公告》(财政部国家税务总局公告 2022 年第 13 号)、《财政部 税务总局关于小微企业和个体工商户所得税优惠政策的公告》(财政部 税务总局公告 2023 年第 6 号)规定，2022 年 1 月 1 日至 2027 年 12 月 31 日，对小型微利企业年应纳税对小型微利企业年应纳税所得额超过 100 万元但不超过 300 万元的部分，减按 25% 计入应纳税所得额，按 20% 的税率缴纳企业所得税。

假设铁蛋建筑公司完全符合小微企业的上述要求，需留存所从事行业不属于限制和禁止行业的说明、从业人数计算过程、资产总额计算过程。

2022 年应缴纳企业所得税 $= 1\,000\,000 \times 25\% \times 20\% \times 50\% + (3\,000\,000 - 1\,000\,000) \times 25\% \times 20\% = 125\,000$（元）

借：所得税费用	125 000	
贷：应交税费——应交企业所得税		125 000
借：应交税费——应交企业所得税	125 000	
贷：银行存款		125 000

2. 应交个人所得税

按照《中华人民共和国个人所得税法》(以下简称《个人所得税法》)规定的税目和计算原则，代扣代缴职工的个人所得税，借记"应付职工薪酬"科目，贷记"应交税费——应交个人所得税"科目。缴纳个人所得税时，借记"应交税费——应交个人所得税"科目，贷记"银行存款"科目。

其他应交税费的会计核算

小企业可能涉及其他一些按规定应缴纳的税费，例如城市维护建设税、城镇土地使用税、房产税、车船税等，计算应交的税费。借记"税金及附加"科目，贷记"应交税费——应交城市维护建设税、房产税"等科目。缴纳上述相关税费时，借记"应交税费"相应明细科目，贷记"银行存款"科目。

借：税金及附加

贷：应交税费——城市维护建设税、城镇土地使用税、房产税等

借：应交税费——城市维护建设税、城镇土地使用税、房产税等

贷：银行存款

3.4 "合同收入"与"销售额"的暂时性差异

笔者在提供财税服务的过程中遇到企业咨询这个问题：建筑企业某个项目在开工前到甲方支付的预付款，并按照要求开具了增值税专用发票。建筑企业申报了增值税销售额缴纳了增值税，但未确认企业所得税收入。这样造成了增值税收入与企业所得税收入不一致，出现这种情形被主管税务机关要求提交书面说明。

笔者认为，针对大多数执行了《企业会计准则》的建筑企业而言，企业所得税收入（会计收入）与增值税收入确认的条件并不完全一致。

3.4.1 企业所得税纳税义务发生时增值税纳税义务未必发生

从本章前面四节所阐述的建筑业确认合同收入的基本原理可知，建造合同的收入，即企业所得税应税收入按照合同履约进度确认。只要建造合同结果能够可靠估计，合同预计总收入和合同预计总成本能够可靠估算，则履约进度就能合理确定。理论上工程项目开始施工后即存在履约进度，建筑企业应当根据履约进度确认合同收入，只要确认了合同收入，则企业所得税纳税义务就产生了。

此时建筑企业的增值税纳税义务时间未必发生。增值税收入，即增值税销售额主要以收到的工程进度款或结算款时间、开具应税发票的时间、约定

的收款时间三者孰早来确定。因此建筑企业在确认合同收入时，未必就收到了客户支付的相关款项或者向客户开具了相关发票，抑或是到达合同约定收款日。

工程竣工并结算后，建筑企业已经按照履约内容完全确认了合同收入，并据此百分之百开具了建筑服务发票时，二者才完全一致。

3.4.2 增值税纳税义务发生时企业所得税纳税义务未必发生

建筑企业单一工程项目正式开始施工之前收到了一笔工程预付款，应建设单位要求向其开具了增值税应税发票（开具了税率9％或征收率3％的增值税发票），则增值税纳税义务即发生，但是该工程尚未开工，合同履约进度为"0"，不存在其他因素的前提下，无法根据履约进度确认合同收入，则不发生企业所得税纳税义务。

执行《新收入准则》的建筑企业，确认的合同收入虽然在增值税销售额上有暂时性的差异，但是在企业所得税上不存在税会差异，在反映经营成果时相对准确，同时在企业所得税税负方面也体现的较为平衡。

3.4.3 未按照会计制度要求确认收入的涉税风险

在实务中，部分建筑企业不区分自身的企业划型标准和执行的企业会计制度，一律以开具的建筑服务发票金额或收取的工程款金额确认企业所得税收入；以取得的费用发票或支付的金额结转成本，这既不符合《企业会计制度》或《企业会计准则》的要求，也不符合税务规定，容易出现确认收入滞后或成本结转没有依据的情形，存在企业所得税补交、滞纳、罚款风险。

【案例3-11】 某建筑企业于2020年7月1日与B公司签订了"某环境提升及生态湿地建设工程建设合同"，合同金额为5 000万元，计划竣工日期2020年10月31日。主体工程于2020年9月底完工，因工程设计调整，部分工程于2021年完工。截至2021年12月31日，该项目已按照开票金额确认营业收入4 000万元，确认工程成本4 200万元，已收工程款3 800万元，账面确认亏损200万元。[①]

---

① 笔者注：该案例为真实稽查案例，案例中涉及的企业名称采用化名，合同业务发生时间和相关金额笔者进行了改动。

2022 年 12 月，该建筑企业机构地的税务稽查部门对相关问题进行稽查时发现其合同金额与已确认收入差额为 1 000 万元。该工程已经与 2021 年全部完工并投入使用，尚未正式办理竣工决算手续。税务稽查部门认为，上述建筑企业的该项目已经于 2021 年完全竣工，完工进度应为 100%。虽然尚未办理竣工决算手续，未确定最终结算额，但应该按照合同金额 100% 确认建造合同收入。因此，税务稽查部门认为该建筑企业 2021 年应调增应纳税所得额 1 000 万元。

分析：在会计处理上，上述案例中的建筑企业未按照适用的会计制度确认合同收入，不符合相关规定。即便该公司属于小企业，可以执行《小企业会计准则》，但工程项目已经跨会计年度了，也应当对跨年工程按照完工百分比及时确认收入。

在涉税处理上，根据《中华人民共和国企业所得税法实施条例》第二十三条第（二）项规定，企业受托加工制造大型机械设备、船舶、飞机，以及从事建筑、安装、装配工程业务或者提供其他劳务等，持续时间超过 12 个月的，按照纳税年度内完工进度或者完成的工作量确认收入的实现。上述建筑企业在财税上长期未确认收入引发了涉税风险。

第 4 章　建筑企业的增值税管理与核算

　　本章系统地介绍了建筑业增值税相关政策与会计处理实务，解析了建筑企业增值税基本政策、建筑企业发票管理；建筑企业不同组织模式下的增值税会计核算与基本管理。

4.1　建筑企业增值税概述

增值税是以增值额作为计税依据而征收的一种流转税。根据对外购入固定资产所含税金扣除方式的不同，增值税可以分为三种类型：生产型增值税、收入型增值税、消费型增值税。增值税是价外税，道道征税、环环相扣。有增值才征税，没增值不征税，最终税负由末端消费者承担。

4.1.1　纳税人身份与纳税义务人

1. 建筑服务纳税义务人

依据财税〔2016〕36 号附件 1《营业税改征增值税试点实施办法》的规定，在中华人民共和国境内提供建筑服务的单位和个人，为建筑业增值税纳税人。

（1）单位和个人。

单位，是指企业、行政单位、事业单位、军事单位、社会团体及其他单位。这里需要特别注意，并不是只有公司制企业可能涉及增值税，行政单位、事业单位、军事单位、社会团体都有可能涉及。例如隶属于军队的招待所如果对外经营收取的住宿服务费就发生了应税行为，应当缴纳增值税；某个社会团体向企业和个人会员收取内部期刊订阅费等都应当缴纳增值税。

个人，是指个体工商户和其他个人。其他个人包含了自然人、农村承包经营户等。

（2）承包承租挂靠经营的纳税人。

单位以承包、承租、挂靠方式经营的，承包人、承租人、挂靠人（以下统称承包人）以发包人、出租人、被挂靠人（以下统称发包人）名义对外经营并由发包人承担相关法律责任的，以该发包人为纳税人。否则，以承包人为纳税人。

笔者认为，上述"挂靠"应当是合法的挂靠业务，不含建筑企业非法借取建筑资质对外进行施工服务。

2. 建筑服务扣缴义务人

（1）扣缴义务人的认定。

中华人民共和国境外单位或者个人在境内提供建筑服务，在境内未设有经营机构的，以购买方为增值税扣缴义务人。财政部和国家税务总局另有规定的除外。

（2）扣缴税额的计算。

扣缴义务人是纳税，但不是实际税负人。根据财税〔2016〕36 号规定，境外单位或者个人在境内发生应税行为，在境内未设有经营机构的，扣缴义务人按照下列公式计算应扣缴税额：

应扣缴税额＝［购买方支付的价款÷（1＋税率）］×税率

笔者提醒，作为增值税扣缴义务人，不论向在境内提供建筑服务的境外单位（个人）支付的价款是否超过 500 万元（一般纳税人标准），也不论扣缴义务人的纳税人身份是一般纳税人或者是小规模纳税人，一律按照境外单位或者个人发生应税行为的适用税率计算应扣缴税额。

【案例 4-1】 铁蛋建筑公司为增值税一般纳税人，承揽了某个中外合资企业的厂房施工总承包工程，工程总造价为 436 万元。根据业主方要求，将其中部分工程分包给了境外某家建筑企业。铁蛋建筑公司按照分包合同约定应向境外建筑企业支付 109 万元分包款，则铁蛋建筑公司应代扣代缴的增值税额计算过程及会计处理如下：

应扣缴税额＝［109÷（1＋9％）］×9％＝9（万元）

借：合同履约成本——工程施工——分包费 1 000 000

应交税费——应交增值税（进项税额） 90 000

贷：应付账款——境外分包公司 1 000 000

应交税费——代扣代交增值税 90 000

【案例 4-2】 承上例，铁蛋建筑公司为增值税小规模纳税人，其他条件不变。铁蛋建筑公司应代扣代缴的增值税额计算过程及会计处理如下：

$$应扣缴税额 = [109 \div (1+9\%)] \times 9\% = 9（万元）$$

应代扣代缴的增值税额并不是按照扣缴义务人的铁蛋建筑公司小规模纳税人身份适用的征收率计算，而是根据境内建筑服务适用的增值税税率计算代扣代缴税额，即按照 9% 计算代扣代缴全额。

借：合同履约成本——工程施工——分包费   1 090 000

    贷：应付账款——境外分包公司   1 000 000

        应交税费——应交增值税   90 000

3. 增值税纳税人类别

增值税纳税人分为一般纳税人和小规模纳税人。

应税行为（包括在境内销售服务、无形资产或者不动产）的年应征增值税销售额（以下称应税销售额）超过财政部和国家税务总局规定标准（500 万元）的纳税人为一般纳税人，未超过规定标准的纳税人为小规模纳税人。年应税销售额超过规定标准但不经常发生应税行为的单位和个体工商户可选择按照小规模纳税人纳税。

年应税销售额未超过规定标准的纳税人，会计核算健全，能够提供准确税务资料的，可以向主管税务机关申请办理一般纳税人资格登记，成为一般纳税人。符合一般纳税人条件的纳税人应当向主管税务机关办理一般纳税人资格登记。具体登记办法由国家税务总局制定。

4.1.2　建筑服务征税范围

增值税税目指的是增值税税法对课税对象分类规定的应税品目。各税目的具体征税范围，按国家税务总局有关增值税税目注释的规定执行。

1. 建筑服务税目注释

建筑服务，是指各类建筑物、构筑物及其附属设施的建造、修缮、装饰，线路、管道、设备、设施等的安装以及其他工程作业的业务活动。包括工程服务、安装服务、修缮服务、装饰服务和其他建筑服务。

（1）工程服务，是指新建、改建各种建筑物、构筑物的工程作业，包括与建筑物相连的各种设备或者支柱、操作平台的安装或者装设工程作业，以及各种窑炉和金属结构工程作业。

（2）安装服务，是指生产设备、动力设备、起重设备、运输设备、传动设备、医疗实验设备，以及其他各种设备、设施的装配、安置工程作业，包括与被安装设备相连的工作台、梯子、栏杆的装设工程作业；被安装设备的绝缘、防腐、保温、油漆等工程作业。固定电话、有线电视、宽带、水、电、燃气、暖气等经营者向用户收取的安装费、初装费、开户费、扩容费以及类似收费，按照安装服务缴纳增值税。

例如纳税人承揽了供水管道铺设项目即属于安装服务。

（3）修缮服务，是指对建筑物、构筑物进行修补、加固、养护、改善，使之恢复原来的使用价值或者延长其使用期限的工程作业。

例如纳税人提供公路养护服务，属于提供修缮服务；纳税人给某栋办公大楼的水管除锈，也属于供修缮服务。

（4）装饰服务，是指对建筑物、构筑物进行修饰装修，使之美观或者具有特定用途的工程作业。

（5）其他建筑服务，是指上列工程作业之外的各种工程作业服务，如钻井（打井）、拆除建筑物或者构筑物、平整土地、园林绿化、疏浚（不包括航道疏浚）、建筑物平移、搭脚手架、爆破、矿山穿孔、表面附着物（包括岩层、土层、沙层等）剥离和清理等工程作业。

2. 建筑施工设备"湿租"行为

根据《关于明确金融房地产开发教育辅助服务等增值税政策的通知》（财税〔2016〕140号）第十六条规定，纳税人将建筑施工设备出租给他人使用并配备操作人员的，按照"建筑服务"缴纳增值税。

3. 混合销售与兼营行为

一项销售行为如果既涉及货物又涉及服务，为混合销售行为。但销售自产货物并同时提供建筑服务的行为不属于传统意义上的混合销售，也不属于兼营概念，应当分别核算销售额、分别适用不同的税率，未分别核算的应按照销售货物计税。销售自产设备并提供建筑安装即属于上述情形。

《国家税务总局关于明确中外合作办学等若干增值税征管问题的公告》（国

家税务总局公告 2018 年第 42 号）规定，"六、一般纳税人销售自产机器设备的同时提供安装服务，应分别核算机器设备和安装服务的销售额，安装服务可以按照甲供工程选择适用简易计税方法计税。一般纳税人销售外购机器设备的同时提供安装服务，如果已经按照兼营的有关规定，分别核算机器设备和安装服务的销售额，安装服务可以按照甲供工程选择适用简易计税方法计税。"纳税人对安装运行后的机器设备提供的维护保养服务，按照"其他现代服务"缴纳增值税。

上述公告规定，一般纳税人销售外购或自产机器设备，在按照兼营的有关规定分别核算机器设备和安装服务销售额的前提下，安装服务均可按照甲供工程选择适用简易计税方法计税。纳税人不宜擅自扩大"机械设备"的概念，例如钢结构与彩钢房则不属于机械设备，销售自产的彩钢房并提供安装服务应分别核算销售额、按照适用的税率分别计税，但是安装服务不适用上述公告规定可以按照甲供选择适用简易计税方法计税。

笔者提醒，上述"一般纳税人"如果是建筑企业，假设其承揽的某个设备安装工程所需设备为外购的，就是常规的包工包料施工，则无须按照上述规定分别核算销售额、分别计税，按照混合销售处理向客户开具"建筑服务"发票即可；如果是某个机械设备生产商、销售商（非建筑企业），其承揽的设备安装项目，则应当按照上述公告执行。

4.1.3　税率和征收率

建筑企业一般纳税人提供建筑服务，按照一般计税方法计算缴纳增值税，税率为 9%，适用或者选择适用简易计税方法的，征收率为 3%；小规模纳税人提供建筑服务适用简易计税方法，征收率为 3%；建筑企业发生的跨境应税行为，税率为零。纳税人兼营销售货物、服务、无形资产或者不动产，适用不同税率或者征收率的，应当分别核算适用不同税率或者征收率的销售额；未分别核算的，从高适用税率。

本节只阐述建筑服务税率和征收率，其他业务涉及的税率及征收率请参考表 4-1。

表 4-1 增值税税目税率表

税目		明细范围			税率
销售或进口货物	一般货物	明细科目			13%
	特定货物	粮食等农产品、食用植物油、自来水、暖气、冷气、热水、煤气、石油液化气、天然气、沼气、居民用煤炭制品、图书、报纸、杂志、饲料、化肥、农药、农机、农膜、音像制品、电子出版物、二甲醚、食用盐			9%
提供应税劳务	加工、修理修配劳务	—			13%
出口货物					0%
销售服务	交通运输服务	陆路运输服务	铁路运输服务	—	9%
			其他陆路运输服务	—	
		水路运输服务	程租业务	—	9%
			期租业务	—	
		航空运输服务	航空运输的湿租业务	—	9%
		管道运输服务	—	—	
	邮政服务	邮政普遍服务	函件	—	9%
			包裹	—	
		邮政特殊服务	—	—	9%
		其他邮政服务	—	—	
	电信服务	基础电信服务	—	—	9%
		增值电信服务	—	—	6%
	建筑服务	工程服务	—	—	9%
		安装服务	—	—	9%
		修缮服务	—	—	9%
		装饰服务	—	—	9%
		其他建筑服务	—	—	9%
	金融服务	贷款服务	—	—	6%
		直接收费金融服务	—	—	6%
		保险服务	人身保险服务	—	6%
			财产保险服务	—	
		金融商品转让	—		6%
	现代服务	研发和技术服务	—	—	6%
		信息技术服务	—	—	6%
		文化创意服务	—	—	6%
		物流辅助服务	—	—	6%

税目	明细范围			税率
销售服务	现代服务	租赁服务	融资租赁服务	有形动产融资租赁	13%
				不动产融资租赁	9%
			经营租赁服务（不包含"湿租"）	有形动产经营租赁	13%
				不动产经营租赁	9%
		鉴证咨询服务	认证服务	—	6%
			鉴证服务	—	
			咨询服务	—	
		广播影视服务	广播影视节目（作品）制作服务	—	6%
			广播影视节目（作品）发行服务	—	
			广播影视节目（作品）播映服务	—	
		商务辅助服务	企业管理服务	—	6%
			经纪代理服务	—	
			人力资源服务	—	
			安全保护服务	—	
		其他现代服务	—		
	生活服务	文化体育服务	文化服务	—	6%
			体育服务	—	
		教育医疗服务	教育服务	—	6%
			医疗服务	—	
		旅游娱乐服务	旅游服务	—	6%
			娱乐服务	—	
		餐饮住宿服务	餐饮服务	—	6%
			住宿服务	—	
		居民日常服务	—		6%
		其他生活服务	—		6%
销售无形资产	技术、商标、著作权、商誉	—	—	—	6%
	自然资源使用权	土地使用权	—	—	9%
		海域使用权	—	—	6%

税目		明细范围			税率
销售无形资产	自然资源使用权	探矿权、采矿权	—	—	6%
		取水权	—	—	
		其他自然资源使用权	—	—	
	其他权益性无形资产	—	—	—	6%
销售不动产		—	—	—	9%
跨境应税行为		—			0

4.1.4　计税方法

增值税的计税方法，包括一般计税方法和简易计税方法。

一般计税方法

建筑企业一般纳税人适用一般计税方法计税的工程项目增值税税率为9%。一般计税方法的应纳税额，是指当期销项税额抵扣当期进项税额后的余额。一般计税方法的应纳税额，是指当期销项税额抵扣当期进项税额后的余额。

应纳税额计算公式为：

应纳税额＝当期销项税额－当期进项税额

当期销项税额小于当期进项税额不足抵扣时，其不足部分可以结转下期继续抵扣或者予以退还。

进项税额，是指纳税人购进货物、加工修理修配劳务、服务、无形资产或者不动产，支付或者负担的增值税额。

销项税额，是指纳税人发生应税行为按照销售额和增值税税率计算并收取的增值税。销项税额计算公式为：

销项税额＝销售额×税率

销售额不包括销项税额，纳税人采用销售额和销项税额合并定价方法的，按照下列公式计算销售额：

销售额＝含税销售额÷（1＋税率）

简易计税方法

建筑企业小规模纳税人适用简易计税方法计税，一般纳税人符合特定条件的可以选择适用简易计税方法计税。纳税人提供建筑服务适用或选择适用简易计税方法的，以取得的全部价款和价外费用扣除支付的分包款后的余额为销售额。

简易计税方法的应纳税额，是指按照销售额和增值税征收率计算的增值税额，不得抵扣进项税额。应纳税额计算公式：应纳税额＝销售额×征收率

建筑服务简易计税方法下：

应纳税额＝［（全部价款和价外费用－支付的分包款）÷（1＋3％）］×3％

1. 选择适用简易计税方法的条件

根据"财税〔2016〕36 号"和《财政部 税务总局关于建筑服务等营改增试点政策的通知》(财税〔2017〕58 号)(以下简称"财税〔2017〕58 号")的有关规定，建筑企业符合以下四种情况的，可以选择适用或适用简易计税。

①清包工工程。一般纳税人以清包工方式提供的建筑服务，可以选择适用简易计税方法计税。以清包工方式提供建筑服务，是指施工方不采购建筑工程所需的材料或只采购辅助材料，并收取人工费、管理费或者其他费用的建筑服务。

②普通甲供工程。一般纳税人为甲供工程提供的建筑服务，可以选择适用简易计税方法计税。甲供工程，是指全部或部分设备、材料、动力由工程发包方自行采购的建筑工程。

③"营改增"老项目。根据（财税〔2016〕36 号）附件二《营业税改征增值税试点有关事项的规定》"……（七）建筑服务的规定，一般纳税人为建筑工程老项目提供的建筑服务，可以选择适用简易计税方法计税。"一般纳税人为建筑工程老项目提供的建筑服务，可以选择适用简易计税方法计税。

建筑工程老项目，是指"建筑工程施工许可证"（格式见图 4-1）注明的合同开工日期在 2016 年 4 月 30 日前的建筑工程项目；未取得"建筑工程施工许可证"[①] 但是有施工合同的，建筑工程承包合同注明的开工日期在 2016 年 4 月 30 日前的建筑工程项目；《建筑工程施工许可证》未注明合同开工日期，但建筑工程承包合同注明的开工日期在 2016 年 4 月 30 日前的建筑工程项目。

[①] 根据《建筑工程施工许可管理办法》规定，工程投资额在 30 万元以下或者建筑面积在 300 平方米以下的建筑工程，可以不申请办理施工许可证。省、自治区、直辖市人民政府住房城乡建设主管部门可以根据当地的实际情况，对限额进行调整，并报国务院住房城乡建设主管部门备案。

中华人民共和国

建筑工程施工许可证

编号

根据《中华人民共和国建筑法》第八条规定，经审查，本建筑工程符合施工条件，准予施工。

特发此证

发证机关

日　期

建设单位			
工程名称			
建设地址			
建设规模		合同价格	万元
设计单位			
施工单位			
监理单位			
合同开工日期		合同竣工日期	
备注			

注意事项：

一、本证放置施工现场，作为准予施工的凭证。

二、未经发证机关许可，本证的各项内容不得变更。

三、建设行政主管部门可以对本证进行查验。

四、本证自核发之日起三个月内应予以施工，逾期应办理延期手续，不办理延期或延期次数、时间超过法定时间的，本证自行废止。

五、凡未取得本证擅自施工的属违法建设，将按《中华人民共和国建筑法》的规定予以处罚。

图 4-1　建筑工程施工许可证

④"特殊甲供"工程。"财税〔2017〕58 号"规定，建筑工程总承包单位为房屋建筑的地基与基础、主体结构提供工程服务，建设单位自行采购全部或部分钢材、混凝土、砌体材料、预制构件的，适用简易计税方法计税。

笔者之所以将第四种情况称之为"特殊甲供"，是因为必须满足四个特殊条件才适用简易计税。第一是特殊承包单位，必须是建筑工程总承包单位，专业承包单位和劳务分包范围不适用；第二是特定工程项目，必须是房屋建筑项目，如果是其他园林绿化、道路施工、桥梁隧道施工等工程不适用；第三是特定工程阶段，必须是地基与基础、主体结构阶段；第四是特定甲供材，必须是钢材、商品混凝土、砌体材料、预制构件四种材料中的任何一种或者全部，甲供数量没有明确限制。

前三种情况是可以选择适用简易计税，第四种情况是必须适用简易计税，符合"特殊甲供"的工程不能选择一般计税方法。另外需要特别关注的是，该规定自 2017 年 7 月 1 日起实施，在此前已经签订的施工总承包合同如果符合"特定甲供"的条件是否也必须适用简易计税，文件中并没有明确。

适用简易计税方法计税的，计算公式如下：

应交增值税＝（全部价款和价外费用－支付的分包款）÷（1＋3％）×3％

2. 简易计税不再备案，留存资料备查

2019 年 10 月 1 日起，根据《国家税务总局关于国内旅客运输服务进项税抵扣等增值税征管问题的公告》（国家税务总局公告 2019 年第 31 号） 八、"……提供建筑服务的一般纳税人按规定适用或选择适用简易计税方法计税的，不再实行备案制。以下证明材料无须向税务机关报送，改为自行留存备查：

（1）为建筑工程老项目提供的建筑服务，留存"建筑工程施工许可证"或建筑工程承包合同。

（2）为甲供工程提供的建筑服务、以清包工方式提供的建筑服务，留存建筑工程承包合同。"

4.1.5　纳税义务发生时间

1. 纳税义务与扣缴义务发生时间

根据《中华人民共和国增值税暂行条例》第十九条规定，"增值税纳税义务发生时间：

（一）发生应税销售行为，为收讫销售款项或者取得索取销售款项凭据的当天；先开具发票的，为开具发票的当天。

（二）进口货物，为报关进口的当天。

增值税扣缴义务发生时间为纳税人增值税纳税义务发生的当天。"

《中华人民共和国增值税暂行条例实施细则》（财政部　国家税务总局第 50 号令）第三十八条规定："条例第十九条第一款第（一）项规定的收讫销售款项或者取得索取销售款项凭据的当天，按销售结算方式的不同，具体为：

（一）采取直接收款方式销售货物，不论货物是否发出，均为收到销售款或者取得索取销售款凭据的当天；

（二）采取托收承付和委托银行收款方式销售货物，为发出货物并办妥托收手续的当天；

（三）采取赊销和分期收款方式销售货物，为书面合同约定的收款日期的当天，无书面合同的或者书面合同没有约定收款日期的，为货物发出的当天；

（四）采取预收货款方式销售货物，为货物发出的当天，但生产销售生产工期超过 12 个月的大型机械设备、船舶、飞机等货物，为收到预收款或者书面合同约定的收款日期的当天。"

2. 建筑服务纳税义务发生时间

根据以上规定，可总结建筑企业增值税纳税义务发生时间的判断条件：

（1）建筑企业是否已经收到了工程进度款或结算款。无论工程施工合同中是否约定相关收款条件及收款时间，只要收到了进度款或结算款，该项目的增值税纳税义务发生时间即为收款日期当天。如果收到的为预收款且未开具相应增值税应税发票的，不发生增值税纳税义务，只需要预缴增值税。

（2）建筑企业提供建筑服务签订了书面合同的，书面合同约定了具体收款日期，增值税纳税义务发生时间为具体收款日当天。合同中只要约定了具体收款日期，不论到期是否实际收到工程进度款或者结算款，都将发生增值税纳税义务。当然，建筑企业一般不会直接约定具体收款日期，但是合同中会有一些间接条款和辅助要件可以推算出具体的收款时间，如下列条款：

关于付款周期的约定：每月 25 日承包方应向发包方提交上月 26 日至本月 24 日所完成的工程量报告，发包方收到承包方工程量报告后在 7 个工作日内完成计价审核，并在审核完毕 7 个工作日内支付审定计价金额的 80%。

上述条款能够根据建筑企业的"工程量计价单"推算具体的收款日。

（3）建筑企业是否已经向建设方（发包方）开具工程进度款或结算款对应的应税发票。只要开具了相应税率或征收率的增值税发票，不论是否收到相应款项，不论合同中约定的收款日期是否已经到达，该项目的增值税纳税义务发生时间即为开具发票的当天。如果开具的发票为"不征税"的预收款发票，则暂不发生增值税纳税义务，只需要按规定预缴增值税。

以上三个关键判断条件如果均未发生，工程项目已经竣工，则竣工验收的当天即为该工程项目的增值税纳税义务发生时间。很多小型、微型工程工期比较短，长则数月短则数十天，甚至更短，尚未开具发票和收款即结束，这类工程的增值税纳税义务发生时间一般以竣工验收的当天为准。

4.1.6 纳税期限

增值税纳税企业可分为 1 日、3 日、5 日、10 日、15 日、1 个月或者 1 个季度等几种。纳税人的具体纳税期限，由主管税务机关根据纳税人应纳税额的大小分别核定。以 1 个季度为纳税期限的规定适用于小规模纳税人、银行、财务公司、信托投资公司、信用社，以及财政部和国家税务总局规定的其他纳税人。不能按照固定期限纳税的，可以按次纳税。纳税人以 1 个月或者 1 个季度为 1 个纳税期的，自期满之日起 15 日内申报纳税；以 1 日、3 日、5 日、10 日或者 15 日为 1 个纳税期的，自期满之日起 5 日内预缴税款，于次月 1 日起 15 日内申报纳税并结清上月应纳税款。扣缴义务人解缴税款的期限，按照上述两项规定执行。

4.2　建筑企业的发票管理

2021 年 3 月，中共中央办公厅、国务院办公厅印发了《关于进一步深化税收征管改革的意见》提出到 2023 年实现从"以票管税"向"以数治税"分类精准监管转变。建筑企业务必重视对发票的管理，应以税收征管改革为契机，以发票管控为抓手，全面提升企业自身的财税合规管理水平，降低涉税风险，提升利润质量。

4.2.1　发票管理综述

发票是指经济活动中，由出售方向购买方签发的文本，内容包括向购买者提供产品或服务的名称、质量、协议价格，特定业务、特殊情况下也有可能由购买方向销售方开具收购发票。发票在我国的社会经济活动中具有极其重要的意义和作用。

1. 发票的基本概念

（1）发票的定义与功能

根据《中华人民共和国发票管理办法》（中华人民共和国国务院令第 587 号）第三条规定，"发票，是指在购销商品，提供或者接受服务以及从事其他经营活动中，开具、收取的收付款凭证。"

在实务中，有部分观点认为发票只能证明业务发生了，不能证明款项是否收付，收据才是收付款凭证。但从上述规定中可以看出，发票还兼有收付款凭证的功能，在日常经营管理中，作为销售方先开具发票后收款的，在经济业务合同的收款条款中最好明确约定开票与收款的先后顺序。同时，在合同中应当明确收款（付款）方式，大额款项尽量不要以现金的方式收付，现金难以追踪相关痕迹。销售方先开具发票后收款，且未在合同中约定是否可以收取现金或约定了可以以现金的形式收取相关款项，若出现购买方简称该发票对应的款项已经以现金的方式支付，双方很容易因此陷入纠纷，对销售方十分不利。

（2）发票的作用

发票具有合法性、真实性、统一性、及时性等特征，是最基本的会计原始凭证之一，是记录经济活动内容的载体，是财务管理的重要工具；是税务机关控制税源，征收税款的重要依据；是国家监督经济活动，维护经济秩序，保护国家财产安全的重要手段。

部分中小建筑企业在相关经济业务处理过程当中，发票成了会计核算凭证、法律凭证、税务凭证的集合体，换句话说进行会计处理时只有发票没有其他凭证。在经营管理过程当中，相关经济业务的财税处理除了发票以外，还需要注意合同、送货单、入库单、出库单、收付款凭证、结算单等其他凭证。

2. 发票的种类与开具系统

（1）增值税发票与其他普通发票

建筑业经常接触的票据种类主要包括：增值税发票；增值税通用机打发票（平推式发票和卷式发票）；通用手工发票；定额发票（含门票）；过路（过桥）费发票；财政票据；中国人民解放军队通用收费票据；航空运输电子客票行程单；铁路行业发票；客运汽车发票；轮船票等。

（2）发票开具系统

目前，我国发票开具系统包括增值税发票管理新系统、通行费电子票据服务平台、全国统一电子发票公共服务平台。通过增值税发票管理新系统开具的发票，包括增值税专用发票和增值税普通发票（含增值税折叠票、卷票、电子票）、机动车销售统一发票、二手车销售统一发票等；通过电子发票公共服务平台（ukey）版开具的 OFD 格式的增值税电子普通发票、电子专用发票。目前电子发票公共服务平台也可以开具机动车销售统一发票、二手车统一发票。通过通行费电子票据服务平台开具的收费公路通行费电子增值税发票。全数字电子发票试点以后，全国统一的电子发票公共服务平台可以开具电子发票（增值税专用发票）、电子发票（增值税普通发票），升级后的 15 版也可以开具纸质的增值税专用发票、增值税普通发票。

3. 发票票面的税收编码

国家税务总局统一编制的商品和服务分类编码，该编码可以精确定位商品和服务，按照一定的标准把商品和服务分类，以促进增值税实施管理。自2016年5月1日起，纳入新系统推行范围的试点纳税人及新办增值税纳税人，应使用新系统选择相应的编码开具增值税发票。根据《国家税务总局关于增值税发票管理若干事项的公告》（国家税务总局公告2017年第45号）第一条规定，"自2018年1月1日起，纳税人通过增值税发票管理新系统开具增值税发票（包括：增值税专用发票、增值税普通发票、增值税电子普通发票）时，商品和服务税收分类编码对应的简称会自动显示并打印在发票票面'货物或应税劳务、服务名称'或'项目'栏次中。"

（1）为何在发票上要显示税收编码

纳税人开具发票时票面上的商品应与税务总局核定的税收编码进行关联，按分类编码上注明的税率和征收率开具发票。也能使税务机关统计、筛选、分析、比对数据等，最终目标是加强征收管理。

此外，在发票上显示编码简称还有一个重要目的，就是便于受票方判断开票方开具的发票是否正确，选择的税收编码与发生的业务对应的税率是否匹配。例如，某个建筑企业的主业是建筑施工，同时兼营材料销售和图纸设计，在其提供某项建筑图纸设计服务时，向客户开具"＊建筑服务＊设计费"明显就属于错误选择税收编码。企业提供建筑服务适用的税目是"建筑服务"，无论是建筑总承包企业还是分包企业，在开具发票时编码简称均为"建筑服务"。建筑总承包企业可以开具"建筑服务＊工程款"或者"建筑服务＊工程服务"；劳务分包公司可以开具"建筑服务＊劳务费"或者"建筑服务＊工程款"，如果是安装劳务，可以开具"建筑服务＊安装服务"。编码简称代表该企业该业务增值税适用的税目，明细可以自行添加。

（2）适用错误的税收编码有何影响

对经税务机关通过复核后发现纳税人选择的编码不符合规定的，主管税务机关将责令纳税人限期改正。逾期不更正的，视为恶意选择编码。纳税人恶意选择编码属于开具与实际经营业务情况不符的发票，主管税务机关将依照《中华人民共和国发票管理办法》第三十七条第一款处理，"……由税务机关没收违法所得；虚开金额在1万元以下的，可以并处5万元以下罚款；虚开金额超过 1 万元的，并处 5 万元以上 50 万元以下的罚款；构成犯罪的，依法追究刑事责任。"

作为受票方，取得商品和服务税收分类编码选择错误的发票，属于与实际经营业务情况不符的发票，不能作为合法有效的入账凭证。

4. 发票电子化改革

（1）电子发票的基本概念及推行背景。

全电发票是全面数字化的电子发票的简称，它依托全国统一的电子发票服务平台进行开具、交付、查验，实现了发票全领域、全环节、全要素的电子化。

未来国家税务部门想要建成与相关部门常态化、制度化数据共享协调机制，打造税收大数据，不断强化税收大数据在经济运行研判和社会管理等领域的深层次应用，电子发票是一个有利抓手。《关于进一步深化税收征管改革的意见》提出，要稳步实施发票电子化改革。2021 年建成全国统一的电子发票服务平台，24 小时在线免费为纳税人提供电子发票申领、开具、交付、查验等服务。制定出台电子发票国家标准，有序推进铁路、民航等领域发票电子化，2025 年基本实现发票全领域、全环节、全要素电子化，着力降低制度性交易成本。

国家税务总局将本着稳妥有序的原则，逐步扩大试点地区和纳税人范围。试点纳税人的具体范围由省（自治区、直辖市）税务局确定。

（2）电子发票的基本版式与票面信息。

全电发票无联次，基本内容包括：动态二维码、发票号码、开票日期、购买方信息、销售方信息、项目名称、规格型号、单位、数量、单价、金额、税率/征收率、税额、合计、价税合计（大写、小写）、备注、开票人。全电发票没有密码区，没有校验码等内容，但是文件内附带了相关的数字证书，不可见。

全电发票的发票号码为 20 位，其中：第 1－2 位代表公历年度后两位，第 3－4 位代表各省、自治区、直辖市和计划单列市行政区划代码，第 5 位代表全电发票开具渠道等信息，第 6－20 位代表顺序编码等信息。

部分试点地区的全电发票为通用版式，不区分特定业务，例如上海。上海全电发票版式见图 4-2。

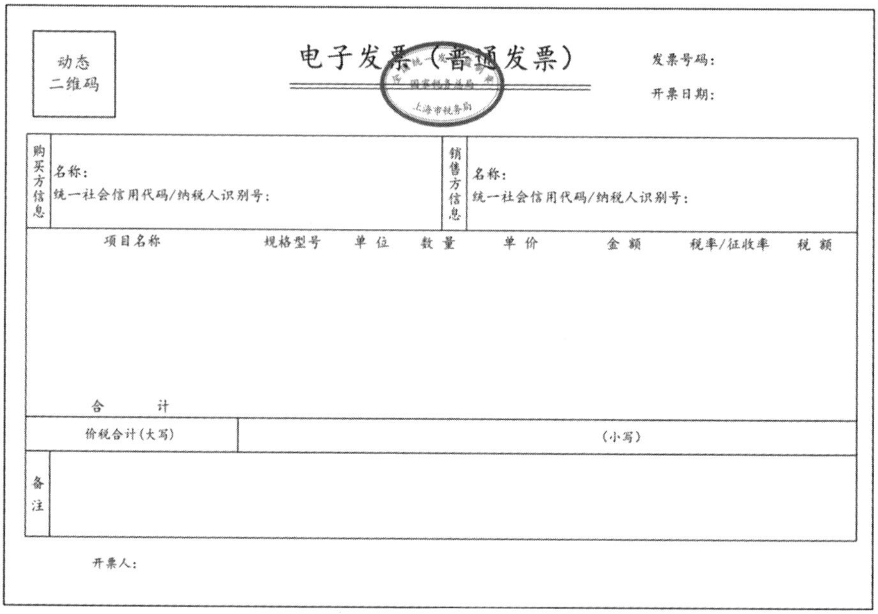
动态二维码

电子发票（普通发票）

发票号码：

开票日期：

购买方信息 名称：统一社会信用代码/纳税人识别号：

销售方信息 名称：统一社会信用代码/纳税人识别号：

项目名称	规格型号	单位	数量	单价	金额	税率/征收率	税额
合计							

价税合计（大写） （小写）

备注

开票人：

图 4-2 **上海电子发票**（普通发票）

部分试点地区税务机关为了满足从事特定行业、经营特殊商品服务及特定应用场景业务（特定业务）的纳税人开具发票的个性化需求，根据现行发票开具的有关规定和特定业务的场景，在全电发票中设计了相应的特定内容。例如广东省和四川省、厦门市都对特定业务开具全电发票做了个性化需求做规定，特定业务包括但不限于：稀土、卷烟、建筑服务、旅客运输服务、货物运输服务、不动产销售、不动产经营租赁服务、农产品收购、光伏收购、代收车船税、自产农产品销售、差额征税等。

（3）增值税电子发票与全电票的区别。

全电发票和使用税控设备开具的电子发票的区别主要有以下三个。

第一，管理方式不同。对于全电发票，纳税人开业后，无须使用税控专用设备，无须办理发票票种核定，无须领用全电发票，系统自动赋予开具额度，并根据纳税人行为，动态调整开具金额总额度，实现开业即可开票。对于使用税控设备开具的电子发票（以下简称“纸电发票”），纳税人开业后，需先申领税控专用设备并进行票种核定，发票数量和票面限额管理同纸质发票一样，纳税人需要依申请才能对发票增版增量，是纸质发票管理模式下的电子化。

第二，发票交付手段不同。全电发票开具后，发票数据文件自动发送至开票方和受票方的税务数字账户，便利交付入账，减少人工收发。同时，依托电子发票服务平台税务数字账户，纳税人可对各类发票数据进行自动归集，发票数据使用更高效便捷。而"纸电"发票开具后，需要通过发票版式文件进行交付。即开票方将发票版式文件通过邮件、短信等方式交付给受票方；受票方人工下载后，仍需对发票的版式文件进行归集、整理、入账等操作。

第三，发票生态不同。全电发票推行后，发票管理将依托大数据管理体系，从"控票"向"控事"转变，平台功能从单一向开放生态体系转变，全电发票的开具、交付、查验等应用实现深度融合，纳税人可享受"一站式"服务。税务总局将制定发布相关标准，并向社会公众公开，不同行业、不同规模企业可免费对接税务部门信息系统，纳税人不再需要租用第三方平台。而对于纸电发票，税务部门的管理手段主要是通过专用税控设备实现"控票"，发票平台功能较为单一，且发票开具、交付、查验等平台互相独立。

（4）电子发票的归档管理。

根据财政部发布的《关于规范电子会计凭证①报销入账归档的通知》（财会〔2020〕6号）规定，"四、单位以电子会计凭证的纸质打印件作为报销入账归档依据的，必须同时保存打印该纸质件的电子会计凭证。五、符合档案管理要求的电子会计档案与纸质档案具有同等法律效力。除法律、行政法规另有规定外，电子会计档案可不再另以纸质形式保存。"因此，电子会计凭证的归档及管理符合《会计档案管理办法》（财政部 国家档案局令第79号）等要求。单位以电子会计凭证的纸质打印件作为报销入账归档依据的，必须同时保存打印该纸质件的电子会计凭证。符合档案管理要求的电子会计档案与纸质档案具有同等法律效力。除法律、行政法规另有规定外，电子会计档案可不再另以纸质形式保存。

根据上述规定，如果建筑企业取得电子发票，无论以电子还是纸质打印件作为报销依据，都必须保存电子档案。在实现发票全领域、全环节、全要素电子化之前，大部分企业取得发票文件需按年度、月度归档，手工登记电子台账进行管理模式，见表4-2。

---

① 电子会计凭证，是指单位从外部接收的电子形式的各类会计凭证，包括电子发票、财政电子票据、电子客票、电子行程单、电子海关专用缴款书、银行电子回单等电子会计凭证。

表 4-2　电子发票报销台账

发票号码	发票代码	开票日期	开票单位	发票金额	发票内容	凭证号	入账月份	经办人员

有条件的企业可以配备发票管理系统，借助建立相对完善的票据处理中心，将减少财务管理部门的管理工作量。企业票据处理中心管理系统的运作模式大致如图 4-3 所示。

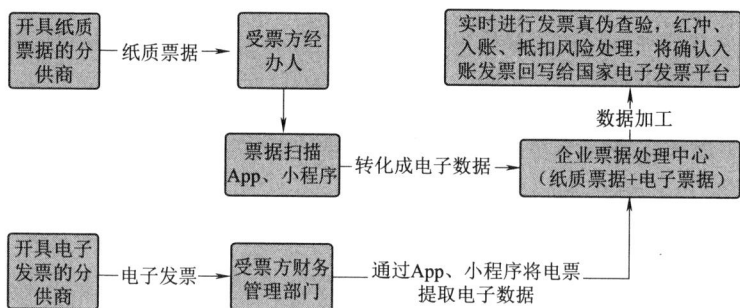

图 4-3　企业票据处理中心

4.2.2　销项发票管理

销项发票，是指销售方因应税交易取得的销售额应当向购买方开具的增值税发票。

1. 增值税销售额中的全部价款及价外费用

（1）应税销售额的基本概念。

增值税销售额，是指纳税人发生应税交易取得的与之相关的价款，包括全部货币或者非货币形式的经济利益，不包括按照一般计税方法计算的销项税额和按照简易计税方法计算的应纳税额。特殊情况下，可以按照差额计算销售额。

根据（财税〔2016〕36 号）附件 1《营业税改征增值税试点实施办法》第三十七条："销售额，是指纳税人发生应税行为取得的全部价款和价外费用，财政部和国家税务总局另有规定的除外。"根据《中华人民共和国增值税暂行条例实施细则》（财政部、国家税务总局第50号令）第十二条规定："条例第六条第一款所称价外费用，包括价外向购买方收取的手续费、补贴、基金、集资费、返还利润、奖励费、违约金、滞纳金、延期付款利息、赔偿金、代收款项、代垫款项、包装费、包装物租金、储备费、优质费、运输装卸费以及其他各种性质的价外收费。但下列项目不包括在内：

（一）受托加工应征消费税的消费品所代收代缴的消费税。

（二）同时符合以下条件的代垫运输费用：

1. 承运部门的运输费用发票开具给购买方的；

2. 纳税人将该项发票转交给购买方的。

（三）同时符合以下条件代为收取的政府性基金或者行政事业性收费：

1. 由国务院或者财政部批准设立的政府性基金，由国务院或者省级人民政府及其财政、价格主管部门批准设立的行政事业性收费；

2. 收取时开具省级以上财政部门印制的财政票据；

3. 所收款项全额上缴财政。

（四）销售货物的同时代办保险等而向购买方收取的保险费，以及向购买方收取的代购买方缴纳的车辆购置税、车辆牌照费。"

通过以上两个文件可以看出，只要发生了增值税应税行为而取得的全部价款和价外费用均属于销售额，应当开具相应的应税发票。

（2）价外费用与营业外收入、其他业务收入的区别。

价外费用与其他业务收入的主要区别在于，其不能独立存在，是发生了应税交易取得了全部价款额外向购买方收取的各种性质费用。营业外收入与价外费用的主要区别在于收款方是否销售了应税货物或提供了应税服务，即基于应税交易而收取相关款项。如果未发生任何交易而取得第三方支付的奖励、补偿等不属于价外费用，例如取得政府相关部门支付的创造就业补贴等。因销售方违约，购买方向销售方收取的违约金、赔偿金等也不属于价外费用，而属于营业外收入。

（3）价外费用如何开具发票。

价外费用发票开具的内容应适用该应税交易主价款的税率或征收率，可以与主价款一同开具，也可以单独开具。建筑企业向建设方（业主）收取的违约金、提前竣工奖励、材料差价、赔偿金等费用都属于建筑企业提供建筑服务收取的价外费用，建筑企业收取建设方的价外费用按照合同收入处理，按提供"建筑服务"向建设方开具增值税发票即可。

【案例 4-3】 铁蛋建筑公司被业主拖欠了一笔工程款，按照合同约定业主方应支付工程延期付款利息 117 472 元。铁蛋建筑公司向业主开具了一张应税服务名称为"金融服务 * 利息收入"增值税普通发票，票面税率为 6%。

分析：工程延期付款利息属于价外费用，并不是业主向铁蛋建筑公司借款产生的利息，因此铁蛋建筑公司不应当适用"金融服务"的税率开具增值税发票，应当按照该工程适用的税率或征收率开具"建筑服务"发票。若该工程适用一般计税方法计税，则适用税率 9%；若该工程适用简易计税方法计税，则适用征收率 3%。适用错误的编码简称和税率（征收率）存在涉税风险。上述案例中的延期付款利息金额可以并入工程款一同开具，也可以单独开具。

2. 开具发票的审批流程设计

建筑企业应当建立相对完善的税务管理制度，严格把控发票开具审批和传递过程中可能存在的风险，特别要注意避免虚开增值税发票。

（1）虚开增值税发票风险。

什么是虚开发票？在税收口径上可以参考《中华人民共和国发票管理办法》（以下简称《发票管理办法》）第二十二条的规定，"开具发票应当按照规定的时限、顺序、栏目，全部联次一次性如实开具，并加盖发票专用章。任何单位和个人不得有下列虚开发票行为：

（一）为他人、为自己开具与实际经营业务情况不符的发票；

（二）让他人为自己开具与实际经营业务情况不符的发票；

（三）介绍他人开具与实际经营业务情况不符的发票。"

在法律口径上，根据《中华人民共和国刑法》（以下简称《刑法》）第二百零五条，"……虚开增值税专用发票或者虚开用于骗取出口退税、抵扣税款的其他发票的，处三年以下有期徒刑或者拘役，并处二万元以上二十万元以下罚金；虚开的税款数额较大或者有其他严重情节的，处三年以上十年以下有期徒刑，并处五万元以上五十万元以下罚金；虚开的税款数额巨大或者有其他特别严重情节的，处十年以上有期徒刑或者无期徒刑，并处五万元以上五十万元以下罚金或者没收财产。"

法律法规的表述比较机械，在实务中虚开增值税专用发票，未必就一定构成虚开增值税专用发票罪。

【案例 4-4】 某建筑装饰企业虚开增值税专票

某建筑装饰公司为增值税一般纳税人，主要经营范围为建筑装饰装修和建材销售。该装饰企业的法定代表人与某房地产企业相关负责人达成口头协议开票给其做"成本"，而后该装饰企业在没有提供任何建筑装饰服务的前提下为地产企业虚开了税率为 9% 的增值税专用发票 10 份，价税合计 218 万元（其中增值税税额 18 万元），地产企业按照价税合计数的 6% 向装饰企业支付开票费，共计 1 308 万元。前述虚开的增值税专用发票已被地产企业抵扣。同月，为弥补进项不足，该装饰企业以同样方式即支付开票费从其他商贸公司取得虚开的增值税专用发票 10 份，价税合计 16 385 万元（其中增值税税额 1 885 万元），以上发票均已勾选抵扣。后前述行为在税务稽查中被发现，该装饰企业所在地的税务机关对其做出追缴增值税并处罚款的决定，移交司法机关处理。

最终法院认为：被告（装饰企业）违反国家增值税专用发票管理规定，在无业务往来的情况下，以收取或支付开票费的方式，为他人虚开、让他人为自己虚开增值税专用发票，其行为已构成虚开增值税专用发票罪。被告的法定代表人作为该公司直接负责的主管人员，其行为已构成虚开增值税专用发票罪。公诉机关指控的罪名及事实均成立，法院予以确认。

分析：上述案例，装饰公司在没有任何真实交易的情况下虚开了增值税专用发票给地产公司抵扣进项税额，且通过买票方式抵扣进项税额，双方的主观动机就是为了骗取进项税额，客观上也造成了国家税款流失的结果。该装饰企业的行为已经侵犯了《刑法》第二百零五条所保护的法益，构成虚开增值税专用发票罪。

（2）开具销项发票的内部审批流程。

建筑企业在制定税务管理制度时，针对销项发票的管理需要特别注意开票审批流程的内部控制。笔者建议建筑企业财务部门在对外开具应税发票时，应当要求业务部门、工程项目提交开票申请，经过相关部门、企业高层领导审批通过后

工程项目部的经办人员填写销项发票开具申请单（格式见表 4-3），经项目部负责人审核签字、企业高管层负责人审批通过后，交至公司财务管理部门审批，最后由相关财务人员开具销项发票。如果纸质申请流程不便于提高

审批效率可以采用网络审批，目前众多 App 支持此类审批流程。建筑企业财务管理部门要求工程项目部提交销项发票开具申请单时还要提供客户的相关信息（以合同约定的相关信息为准），如果开票时客户名称发生变更与原合同约定的信息不一致的，最好要求客户提供工商管理部门发送变更通知书复印件加盖购公章。

表 4-3　建筑企业销项发票开具申请单

合同编号	业主名称	业主开票信息	业主纳税人身份	发票邮寄地址
××××××	钢蛋置业有限公司	××××××××	一般纳税人/小规模纳税人	×××××××
申请日期	发票内容	发票类型	发票金额（含税）	税率（征收率）
××××-××-××	建筑服务＊工程款	专用发票/普通发票	10 900 000	9％/3％
（1）申请人（签字）	（2）项目负责人（签字）	（3）总经理（签字）	（4）财务部（签字）	（5）开票人（签字）
赵××	钱××	孙××	李××	周××
本人承诺本次申请开具的发票经济业务真实发生，且与实际发生业务一致，不存在虚开发票的情况	同意	同意	业务真实性由开票申请人和项目经理全面负责，财务部根据发票申请单据实开具发票	

备注：开票申请人应当按照以上（1）至（5）的签字审批顺序依次签字，审批人全部签齐后才可交由财务管理部门开具发票，不得越级签字审批。发票开具申请人、项目经理对该次该票据的业务真实性负全责，如出现"虚开"情况，由经办人和项目负责人负相关法律责任和承担相关经济损失。

（3）销项发票的流转程序与风险控制。

建筑企业除了应建立适用与自身经营特点的发票开具审批程序外，对于销项发票的传递也应当建立适当的管理制度。例如，工程项目部相关业务人员按照前述发票开具审批流程递交了开票申请后，在规定时间内应主动到公司财务管理部门领取其申请开具的发票；建筑企业财务管理部门应对已开具的发票，要求发票对应的工程项目部的相关业务人员，经复核无误后在发票登记簿上签字领取发票相应联次。工程项目部相关人员由于路途遥远确实无法领取发票，需要邮寄增值税专用发票的，笔者建议应该要求业务经办人员提供书面邮寄委托申请及收件人信息，财务管理部门的开票人员凭书面申请资料邮寄发票后，应保存邮寄存根以备查询，同时应该建立发票邮寄台账。当然，此处所述"书面申请"并不是指必须提交纸质资料，如果公司内部有企业邮箱可以用于审批相关资料即可。

工程项目部收到财务管理部门开具的发票后，如果因各类因素客户拒收该发票，项目部应及时退还发票至财务管理部门。如果属于开票有误或者开票不合规，财务管理部门应在客户规定时间内作废原发票，重新开具发票；如果退还发票的时间已经跨计税期，符合红冲条件的财务管理部门可以红冲该发票，重新开具蓝字发票。笔者建议，出于风险控制的需求，工程项目部经办人员向客户递交发票时，双方应当签写"销项发票移交单"（格式见表 4-4 销项发票移交单），确保发票传递流向可查。

表 4-4　建筑企业销项发票移交单

客户名称	发票号码	开票时间	发票金额	移交时间

移交人（签字）：　　　　　　　　　　接收人（签字）：

3. 红字发票管理

根据《国家税务总局关于红字增值税发票开具有关问题的公告》（国家税务总局公告 2016 年第 47 号）的规定，"一、增值税一般纳税人开具增值税专用发票（以下简称'专用发票'）后，发生销货退回、开票有误、应税服务中止等情形但不符合发票作废条件，或者因销货部分退回及发生销售折让，需要开具红字专用发票的，按以下方法处理：

（一）购买方取得专用发票已用于申报抵扣的，购买方可在增值税发票管理新系统（以下简称'新系统'）中填开并上传《开具红字增值税专用发票信息表》（以下简称《信息表》，详见附件），在填开《信息表》时不填写相对应的蓝字专用发票信息，应暂依《信息表》所列增值税税额从当期进项税额中转出，待取得销售方开具的红字专用发票后，与《信息表》　并作为记账凭证。

购买方取得专用发票未用于申报抵扣、但发票联或抵扣联无法退回的，购买方填开《信息表》时应填写相对应的蓝字专用发票信息。

销售方开具专用发票尚未交付购买方，以及购买方未用于申报抵扣并将发票联及抵扣联退回的，销售方可在新系统中填开并上传《信息表》。销售方填开《信息表》时应填写相对应的蓝字专用发票信息。

（二）主管税务机关通过网络接收纳税人上传的《信息表》，系统自动校验通过后，生成带有'红字发票信息表编号'的《信息表》，并将信息同步至纳税人端系统中。

（三）销售方凭税务机关系统校验通过的《信息表》开具红字专用发票，在新系统中以销项负数开具。红字专用发票应与《信息表》——对应。

（四）纳税人也可凭《信息表》电子信息或纸质资料到税务机关对《信息表》内容进行系统校验。"

（1）红字发票开具申请。

在实务中，若因客观原因需红冲发票且符合红冲规定的，建筑企业财务管理部门应当要求相关业务人员填写"开具红字增值税发票申请表"（格式见表4-5），并经原发票相关业务的工程项目负责人（项目经理）及公司高管人员（总经理）签字同意后，财务管理部门方可办理发票红冲手续。增值税发票红冲后，如需重新开具蓝字发票的，按新开增值税发票的流程办理。

表 4-5　建筑企业增值税红字发票开具申请单

单位名称：　　　　　　　　　　　　　　　　　　　　　　　　　单位：元

红字发票申请开具日期	填写申请的当天	
原发票代码、号码	填写发票代码	填写发票号码
原发票开具日期	填写原发票上的年月日	
发票金额（价款、税额）	填写不含税价	填写增值税额
客户信息	客户名称、纳税人识别号、开户行及账号、地址及电话	
备注栏信息	填写工程名称、工程地址	
税率及计税方式	9%或3%	一般计税或简易计税
开具红字发票原因	开票有误、销售退回、应税服务中止等	
是否重新开具蓝字发票	是或否	
项目部（负责人签字）		
财务部（负责人签字）		
高管层（总经理签字）		
税务专员（开票人员签字）		

（2）销项负数发票。

建筑企业如果发生退货或销售折让，需要在增值税发票管理新系统开具红字发票的，改为开具负数发票，即在发票的右上角打印"销项负数"字样。发票的价税合计数（小写）、金额、税额前打印"－"，在发票的价税合计（大写）前打印"负数"字样。

（3）红字专用发票开错如何处理。

一张信息表对应一张红字专用发票，如果在开具红字专票的当月发现开错了可以作废（纸质发票），然后再开具正确的红字专用发票即可；如果次月发现开错了，即这张红字专用发票已经抄报税，只能携带相关资料去税务大厅申请红字发票作废，然后再开具正确的红字发票，具体操作流程笔者建议读者遇到此类问题第一时间咨询主管税务机关。

（4）开错了"信息表"如何处理。

根据《国家税务总局关于实施第二批便民办税缴费新举措的通知》（税总函〔2019〕243号）第五条规定，"实现《开具红字增值税专用发票信息表》网上撤销。税务总局优化增值税发票管理系统，《开具红字增值税专用发票信息表》填报错误的，纳税人可以网上办理撤销业务。"

4. 超经营范围开具发票

（1）建筑业常规的经营范围与发票开具的关系。

经营范围是指国家允许企业生产和经营的商品类别、品种及服务项目，反映企业业务活动的内容和生产经营方向，是企业业务活动范围的法律界限，体现企业民事权利能力和行为能力的核心内容。

建筑企业在注册时将根据自身的实际情况、发展方向确定经营范围。并不是经营范围越多越好，应当区分主营业务和其他业务，在经营过程中如果需要添加经营范围，可以经相关部门批准后进行变更登记。一般情况下，建筑企业的经营范围包括：房屋建筑工程、钢结构工程、水利电力工程、市政工程、地基与基础工程、消防工程、机场跑道工程、道路与桥梁工程、管道工程、室内外装修装饰工程、房屋维修、园林绿化及园林配套设施工程施工（以上范围凭资质经营），太阳能光伏发电；铸造机械加工；建筑材料销售；建筑机械设备租赁；经营其他无须行政审批即可经营的一般经营项目。依法须经审批的项目，经相关部门批准后依批准的内容开展经营活动。

如果经常性从事经营范围以外的经营活动，笔者建议企业应当适当修改经营范，根据《公司法》有关规定，公司的经营范围由公司章程规定，并依法登记。公司可以修改公司章程，改变经营范围，但是应当办理变更登记。公司的经营范围中属于法律、行政法规规定须经批准的项目，应当依法经过批准。

（2）超经营范围开具发票是否存在涉税风险。

本节前述的建筑业的增值税税目即按照"建筑服务"缴纳增值税的范围，并不意味着只有建筑企业才能开具"建筑服务"的增值税发票，笔者认为无论提供建筑服务的一方是否属于建筑行业，是否具有相关经营范围，只要实际发生了以上相关经济业务，且经济业务不属于国家明令禁止开展的，就应当开具应税服务发票，缴纳增值税及附加税费，当然如果涉及违反其他法律问题，则由其他部门负责处理。

超经营范围开具发票参考口径

（1）2016年5月6日，国家税务总局政策解答政策组发言材料："9 一般纳税人发生超出税务登记范围业务，是自开发票还是由税务机关代开发票？

答：一般纳税人一律自开增值税发票。"

（2）咨询问题：超经营范围开票，偶发一笔酒酒类业务，能自己直接开票吗？（咨询时间2021年9月27日）

国家税务总局厦门市12366纳税服务中心答复：

尊敬的纳税人（扣缴义务人、缴费人）您好！您提交的网上留言咨询已收悉，现答复如下：发票请根据合同内容及实际业务发生情况如实填开即可。

（3）问题：我公司因为和A公司共用一个自来水总表，现双方签订转供合同，水务公司开票给我公司，再由我公司将双方协定由A公司承担的部分开具增值税专用发票给A公司，A公司付水费给我公司。现问题是我公司的经营资质并没有自来水专供，只有双方签订的转供协议，请问我公司是否能想A公司开具水费发票，若不能，此种情况我们应该怎样处理？（咨询时间：2020年1月14日）

重庆税务12366纳税服务热线答复：

纳税人发生应税行为，除国家有明令禁止销售的外，即使超出营业执照上的经营范围，也应当据实开具发票。

4.2.3 进项发票管理

建筑企业对于进项发票的管理需要规范流程，从供应商处取得内部传递、从合规性审核到勾选确认、最后记账存档，都应当谨慎严格。

1. 进项发票的传递管理

在实务中，无论是建筑企业的管理部门、工程项目，经办人员将业务发票移交给财务管理部门时，财务管理部门均应该要求其填写"进项发票交接单"（格式见表 4-6），明确移交责任。

表 4-6 建筑企业进项发票交接单

销售方	开票日期	发票内容	发票代码发票号码	价税合计数	税率/征收率
××	××	××	××	××	××
××	××	××	××	××	××
经办人	经办人承诺	项目经理（或采购部门）	财务部	发票接收人	发票接收人意见
张三	本人承诺本次移交的上述发票与签订的合同约定事项一致，经济业务真实发生，不存在虚开发票的情况。如涉嫌虚开本人将承担相应责任。	黄六	—	吴会计	该发票符合公司相关审核标准，业务真实性由具体采购项目和公司采购部负全责。

2. 进项税额抵扣管理

建筑企业的增值税进项抵扣可以按成本类别划分，有些成本费用受工程项目所在地域位置影响，无法充分选择供应商，无法充分抵扣进项税额；有些成本费用虽真实发生却不符合抵扣条件，因此做好进项税额抵扣管理十分重要。根据成本费用类别，工程项目可以抵扣的进项税额可以划分为人工费、材料费、机械使用费、分包费、其他直接费、间接费用等类别类。

（1）支付直接费用取得的进项发票。

【人工费】专业作业承包：增值税税率 9%、征收率 3%。

建筑企业应该选择具有专业作业资格的分包单位签订劳务分包合同，禁止与没有相关资质的个人签订劳务分包合同。建筑企业（施工总承包企业和专业承包企业）的简易计税项目取得专业作业分包发票可以用于差额扣除，以其取得的全部价款及价外费用扣除支付的分包款后的余额作为销售额缴纳增值税；一般计税项目取得专业作业分包专用发票可以用于抵扣进项税额。

【材料费】建筑企业的材料采购成本一般包含购买价款、相关税费、扣入材料单价的运输费用以及其他可归属于采购成本的费用，具体各类材料类别的税率如下：①钢材、水泥、商品混凝土：增值税税率13%、征收率3%；如果属于自产的且原料为水泥的商品混凝土可以选择简易征收3%，沥青商品混凝土的税率为13%；②油料化工品：增值税税率13%、征收率3%；③其他大部分材料：增值税税率13%、征收率3%。

材料采购如果涉及"材料费＋运费"的情况，一定要注意"一票制"和"两票制"的区别。"一票制"，就是以材料价款和运杂费合计金额，向建筑企业提供一张货物销售发票，税率统一为13%；"两票制"即供应商材料价款和运杂费向建筑企业分别提供货物销售和运输服务两张发票，税率分别为货物13%、运费9%。

【周转材料】建筑企业的周转材料主要包含了包装物及低值易耗品、合同履约成本中可多次使用的材料、钢模板、木模板、竹胶板、脚手架、扣件、支架等其他周转材料。此类非实体材料有企业自行采购的也有向外租赁的，无论是采购还是租赁，建筑企业基本可以取得增值税税率为13%的货物销售、经营租赁发票。如果采购的周转材料属于农产品，涉及的进项税额抵扣相对复杂一些，在本书第五章将详细解析苗木等农产品的进项税额抵扣。

进项抵扣税率：①自购、外租周转材料：增值税税率13%、征收率3%；②为取得周转材料所发生的运费：增值税税率9%、征收率3%。

【临时设施】建筑企业的临时设施主要包括办公室、作业棚、材料库、配套建筑设施、材料加工棚等；给排水管线、临时道路、临时用地、临时用水、临时电力设施等。

进项抵扣税率：①如果按照材料销售签订合同：增值税税率13%、征收率3%；②如分别签订购销合同与建筑安装合同的：销售货物13%、安装9%；征收率3%。

【机械租赁费】建筑企业发生的机械租赁费一般包含设备租赁费用、设备进出场费、燃料费、修理费、人员操作费等。经营性租赁增值税税率13%、征收率3%；如果出租方在出租施工机械设备时，同时配备操作人员则按照"建筑服务"缴纳增值税发票，增值税税率9%、征收率3%。

【专业分包】专业分包，是指建筑总承包方将分部分项工程分包给具有相应资质的建筑单位施工，主要形式体现为包工包料，总承包对分包工程实施管理。

进项抵扣税率：增值税税率9%，征收率3%；

特殊情况：一般纳税人销售钢结构等自产货物并提供建筑安装服务，应该分别开具增值税税率为13%的货物销售发票和9%的建筑服务发票。

（2）支付间接费用、管理费用取得的进项发票。

【差旅费】差旅费是指出差期间因办理公务而产生的交通费、住宿费和公杂费等各项费用。

①生产经营中发生的住宿费用取得的进项税额可以抵扣销项税额，增值税税率6%、征收率3%；如果是为客户提供的住宿费用，应当计入业务招待费中，不允许抵扣。

国有建筑企业还应该关注住宿费的发生时间是否集中发生在节假日，如春节、"五一"、国庆等；消费的酒店是否集中在景点、旅游区。如果在节假日和景区内发生的住宿费有个人消费的嫌疑，容易涉嫌违反相关规定，财务部门应该严格审核。

②旅客运输服务，取得注明旅客身份信息的航空运输电子客票行程单、铁路车票以及公路、水路等其他客票可以计算抵扣。增值税一般纳税人购进国内旅客运输服务取得增值税电子普通发票的，进项税额为发票上注明的税额；取得注明旅客身份信息的铁路车票的，按照下列公式计算进项税额：

火车票进项税额＝票面金额÷（1＋9%）×9%

只有注明旅客名字和身份证号（旅客信息）的汽车票才可以计算抵扣，长途客运手撕票没有旅客信息的不可以抵扣。按照下列公式计算进项税额：

汽车票抵扣金额＝票面金额÷（1＋3%）×3%

取得注明旅客身份信息的航空运输电子客票行程单的，按照下列公式计算进项税额：

航空旅客运输进项税额＝（票价＋燃油附加费）÷（1＋9%）×9%

注意民航发展基金不作为计算进项税额的基数。

非员工或员工家属的旅客运输不可抵扣；业务招待费性质的旅客运输不可以抵扣；员工福利性质的旅客运输服务不可抵扣；没有员工信息的旅客运输服务发票不可抵扣（网约车平台开具电子普票除外，可要求经办人提供行程信息单据）。建筑企业财务管理部门应该结合本企业的福利制度，重点审核是否存在报销返乡探亲路费、优秀员工旅游奖励等福利项目。如果是员工探亲路费和住宿费应计入福利费，但是即使取得增值税专用发票也不允许抵扣进项税额。

【办公费】建筑企业的办公费是指管理部门办公和工程项目施工期间耗用的文具、印刷、邮电、办公用品及报纸杂志等费用。

进项抵扣税率：增值税税率13％、征收率3％。

需要注意的是，如果购买的办公用品或支付的其他办公费用专门当用于简易计税项目、免税项目、集体福利或个人消费时，不允许抵扣进项税额。

【通信费】建筑企业在日常经营中，发生的各种通信工具发生的话费及服务费、电话初装费、网络费等，如办公电话费、IP电话费、会议电视费、传真费等。包含办公电话费、传真收发费、网络使用费、邮寄费，适用税率或征收率见表4-7。

表4-7　适用税率或征收率

通信类别	服务类别	适用税率或征收率
办公电话、网络、传真	基础电信	9％，3％
	增值税电信	6％，3％
邮寄费	交通运输	9％，3％
	物流辅助服务	6％，3％
	铁路运输服务	9％，3％
	收派件服务	3％

注意，企业向股东或员工支付住宅电话补贴、移动话费补贴等福利性费用，取得的增值税专用发票不得抵扣进项税额。

【租赁费】租赁费包括房屋租赁费、办公设备租赁、植物租赁等，在采购比价合适的情况下，尽可能选择增值税一般纳税人，见表4-8。

表 4-8　适用税率或征收率

租赁内容	服务类别	适用税率或征收率
房屋产地租赁	不动产租赁	9%，5%
汽车租赁	有形动产租赁	13%，3%
建筑机械设备	经营租赁、建筑服务（湿租）	13%，9%，3%
其他租赁（电脑、打印机等办公设备租赁	有形动产租赁	13%，3%

【水、电、气暖、燃煤费】建筑企业的办公楼、食堂、宿舍如果集中在一栋楼中，支付的水、电、气暖、燃煤费属于职工福利部分，应该与地方供电、供水、供气等部门沟通，协商分别开具办公楼、食堂等所用水电气的增值税发票，不允许抵扣进项税额的部分可以要求销售方增值税普通发票，如果全部开具了增值税专用发票，不允许抵扣的进项税额应当作进项税额转出。具体内容见表 4-9。

表 4-9　适用税率或征收率

服务类别	适用税率或征收率	简易征收的条件
电力供应	13%，3%	县级及县级以下小型水力发电单位生产的电力，且供应商采用简易征收，税率为 3%
水资源供应	9%，3%	自产的自来水或供应商为一般纳税人的自来水公司销售自来水采用简易征收，物业公司转售自来水厂的自来水，征收率为 3%
燃气供应	9%，3%	小规模纳税人

工程项目取得水、电费增值税专用发票可以直接用于抵扣进项税额，如果涉及建设方主转售水电费的，请按照本书第五章"转售电力的会计核算与涉税风险"进行有关操作。

【会议费】各类会议期间费用支出，包括会议场地租赁费、会议设施租赁费用、会议布置费用、其他相关费用。具体内容见表 4-10。

表 4-10　适用税率或征收率

会议开展形式	服务类别	适用税率或征收率
外包给其他公司筹办	会展服务、会议服务	6%，3%
租赁场地自行举办	不动产租赁	9%，5%

选择外包给酒店、会务服务公司等单位统一筹办的，应取得会务费增值税专用发票。不止场地租赁费、设备租赁费可以计入会议费，在开会期间发

生的餐饮费、住宿费也可计入会议费，但是餐饮费用不可抵扣进项税额，除此以外要注意会议类别，如果是"迎新春联欢会"等属于职工福利性质的会议，取得的增值税专用发票进项税额不允许抵扣。

笔者提醒，国有建筑企业召开会议要注意《十八届中央政治局关于改进工作作风、密切联系群众的八项规定》（以下简称"中央八项规定"）的有关要求，注意会议标准、规模、召开地点等事项，不得到政府明令禁止的风景名胜区召开会议。在报销会议费时应当要求提供会议审批文件、会议通知及实际参会人员签到表、定点会议场所等会议服务单位提供的费用原始明细单据、电子结算单等凭证。财务部门要严格按规定审核会议费开支，对未列入年度会议计划，以及超范围、超标准开支的经费不予报销。

【修理费】包括自有或租赁房屋的维修费、办公设备的维修费、自有机械设备维修费、车辆修理费及外包维修费等。具体内容见表 4-11。

表 4-11　适用税率或征收率

维修内容	服务类别	适用税率或征收率
房屋及附属设施维修	建筑服务修缮	9%，3%
办公设备维修	修理修配劳务	13%，3%
自有机械设备维修	修理修配劳务	13%，3%

在采购比价合适的情况下，建筑企业应该尽可能选择为增值税一般纳税人的维修公司签订定点维修协议，定期结算。涉及"私车公用"的情况，请参照本书第五章有关"私车公用"的详细阐述。

【广告宣传费】印刷费，如果是企业委托印刷厂印刷，由企业购买纸张，所支付的印刷费，应当属于"加工劳务"，适用税率为 13%，征收率为 3%。企业委托印刷厂印刷，如果由印刷厂购买纸张，所支付的印刷费，应当属于"销售货物"，适用税率为 13%，征收率为 3%。具体内容见表 4-12。

表 4-12　适用税率或征收率

广告宣传类别	服务类别	适用税率或征收率
印刷费	加工劳务	13%，3%
印刷品	销售货物	13%，3%
广告宣传设计费	设计服务	6%，3%
广告制作代理费	代理服务	6%，3%
展览活动	会展服务	6%，3%
条幅、展示牌制作	销售货物	13%，3%

【技术咨询、服务、转让费、中介服务费】使用非专利技术所支付的费用，包括技术咨询、技术服务、技术培训、技术转让过程中发生的有关开支。

中介审计评估费：指聘请各类中介机构费用，例如会计师事务所审计查账、验资审计、资产评估、高新认证审计等发生的费用。

咨询费：指企业向有关咨询机构进行技术经营管理咨询所支付的费用，或支付企业聘请的经济股份、法律顾问、技术顾问的费用。

进项税率：增值税税率6%、征收率3%。

【劳动保护费】因工作需要为职工配备的工作服、手套、消毒剂、清凉解暑降温用品、防尘口罩、防噪音耳塞等，以及按照原劳动部等规定对接触有毒物质、矽尘、放射线和潜水、沉箱、高温等作业工种所享受的保护保健食品等。

进项抵扣税率：增值税税率13%、征收率3%。

建筑企业应该区分劳动保护费与职工福利费的区别。劳动保护支出应符合以下条件：用品具有劳动保护性质，因工作需要而发生；用品提供或配备的对象为本企业任职或者受雇的员工；数量上能满足工作需要即可；并且以实物形式发生。认定为劳动保护费的重要条件是合理且必要，单价（费用）和数量上必须合理，客观上属于施工生产中所必要的防护物品。

【培训费】企业发生的各类与生产经营相关的培训费用，包括但不限于企业购买的图书发生的费用，企业人员参加的岗位培训、任职培训、专门业务培训、初任培训发生的费用。

进项抵扣税率：增值税税率6%、征收率3%。

3. 财务费用

为建筑企业提供货币兑换、账户管理、电子银行、信用卡、信用证、财务担保、资产管理、信托管理、基金管理、金融交易场所（平台）管理、资金结算、资金清算、金融支付等服务。

进项抵扣税率：增值税税率6%、征收率3%。

综上所述，表4-13总结房屋建筑工程项目成本抵扣资料。

表 4-13　建筑企业房屋建筑工程项目成本费用进项税额抵扣明细表

成本类别	核算内容	成本分类明细	应取得发票类型	发票编码（仅供参考）	可否抵扣		税率	
人工费	施工一线人工成本，包括工资、奖金、社保等，同时还包括一线工人的差旅交通费、餐费等	自有员工	无发票	无	否	—	—	—
		劳务派遣	专用发票	*人力资源服务*劳务派遣	可以	3%	5%	6%
		劳务分包	专用发票	*建筑服务*劳务费/工程款	可以	3%	9%	—
		个体劳务中心	专用发票	*建筑服务*劳务费/工程款	可以	3%	9%	—
材料费	核算主体工程消耗的实体材料，包括钢材、商品混凝土、预制构件、砌体材料、五金材料、水暖管件、装饰装修使用的材料、门窗、电梯、栏杆等	钢材	专用发票	*黑色金属冶炼压延品*钢材	可以	3%	—	13%
		水泥	专用发票	*非金属矿物制品*水泥	可以	3%	—	13%
		水泥预制构件	专用发票	*非金属矿物制品*水泥预制构件	可以	3%	—	13%
		商品混凝土	专用发票	*非金属矿物制品*商品混凝土	可以	3%	—	13%
		砂石料	专用发票	*非金属矿石*砂石料	可以	3%	—	13%
		瓷砖、火烧石	专用发票	*非金属矿物制品*瓷砖、火烧石	可以	3%	—	13%
		大理石	专用发票	*非金属矿石*大理石	可以	3%	—	13%
		砂浆	专用发票	*非金属矿物制品*砂浆	可以	3%	—	13%
		砖、瓦、石灰	专用发票	*非金属矿物制品*砖头、瓦、石灰	可以	3%	—	13%
		五金小料	专用发票	*金属制品*五金小料	可以	3%	—	13%
		木材、竹胶板	专用发票	木制品*木材、竹胶板	可以	3%	—	13%
		石粉、粉煤灰	专用发票	*非金属矿石*石粉	可以	3%	—	13%
		粉煤灰	专用发票	*无机化学原料*粉煤灰	可以	3%	—	13%
		彩砖、路缘石	专用发票	*非金属矿物制品*彩砖、路缘石	可以	3%	—	13%
		栏杆	专用发票	*金属制品*栏杆	可以	3%	—	13%
		井盖	专用发票	*金属铸件*井盖	可以	3%	—	13%
		污水管	专用发票	*非金属矿物制品*污水管	可以	3%	—	13%
		铸铁管	专用发票	*黑色金属冶炼压延品*铸铁管	可以	3%	—	13%

成本类别	核算内容	成本分类明细	应取得发票类型	发票编码（仅供参考）	可否抵扣	税率		
材料费	核算主体工程消耗的实体材料，包括钢材、商品混凝土、预制构件、砌体材料、五金材料、水暖管件、装饰装修使用的材料、门窗、电梯、栏杆等	伸缩缝、钢纤维	专用发票	＊金属制品＊伸缩缝	可以	3％	—	13％
		钢板、螺纹挂	专用发票	＊黑色金属冶炼压延品＊钢板、螺纹挂	可以	3％	—	13％
		电线电缆	专用发票	＊电线电缆＊电线电缆	可以	3％	—	13％
		电气开关	专用发票	＊高压开关设备＊电气开关	可以	3％	—	13％
		照明设备	专用发票	＊照明装置＊照明设备	可以	3％	—	13％
		空调	专用发票	＊制冷空调设备＊空调	可以	3％	—	13％
		电梯	专用发票	＊搬运设备＊电梯	可以	3％	—	13％
		PVC管材、塑料管材	专用发票	＊塑料制品＊PVC管材	可以	3％	—	13％
		阀门	专用发票	＊阀门龙头＊阀门	可以	3％	—	13％
		无缝钢管	专用发票	＊黑色金属冶炼压延品＊无缝钢管	可以	3％	—	13％
		防火门、防盗门	专用发票	＊金属制品＊防火门、防盗门	可以	3％	—	13％
		幕墙	专用发票	＊非金属矿物制品＊幕墙	可以	3％	—	13％
		给排水管道设备	专用发票	＊塑料制品＊给排水管道设备	可以	3％	—	13％
		消防设备	专用发票	＊公共安全设备＊消防设备	可以	3％	—	13％
		锚具	专用发票	＊金属制品＊锚具	可以	3％	—	13％
分包费	将主体工程以外的分部工程分包给有相应资质的建筑分包单位施工。一般是包工包料	土方、基坑支护、保温、防水、防腐、地暖、门窗、电梯、幕墙、钢结构等	专用发票	＊建筑服务＊保温、安装、防水……	可以	3％	9％	13％
机械费	整个工程施工过程所发生的各类自有设备折旧、维修、燃料费，各类机械设备租赁费用、人工费、燃料动力消耗、设备维修等	塔吊	专用发票	＊经营租赁＊塔吊租费/＊建筑服务＊塔吊租费	可以	3％	9％	13％
		升降梯	专用发票	＊经营租赁＊升降梯租费/＊建筑服务＊升降梯租费	可以	3％	9％	13％
		地泵、车载泵	专用发票	＊经营租赁＊泵租费/＊建筑服务＊泵租费	可以	3％	9％	13％
		台班费（挖掘机、铲车）	专用发票	＊经营租赁＊机械租费/＊建筑服务＊机械租费	可以	3％	9％	13％

成本类别	核算内容	成本分类明细	应取得发票类型	发票编码（仅供参考）·	可否抵扣	税率		
机械费	整个工程施工过程所发生的各类自有设备折旧、维修、燃料费，各类机械设备租赁费用、人工费、燃料动力消耗、设备维修等	设备的燃料费	专用发票	连同设备租费开具	可以	3%	9%	13%
		设备进出场费	专用发票	连同设备租费开具	可以	3%	9%	13%
		设备人工操作费	专用发票	连同设备租费开具	可以	3%	9%	13%
		设备维修费	专用发票	连同设备租费开具	可以	3%	9%	13%
其他直接费用	核算周转材料等非实体材料的租赁费、摊销费，临时设施的摊销费用，安全文明费用，二次搬运费、场地清理费、冬施肥、污水处理费等，消耗内容不直接留在主体工程中	周转材料租赁费（钢管、扣件、模板、钢板）	专用发票	*经营租赁 *周转材料租费	可以	3%	—	13%
		二次搬运费	专用发票	*建筑服务 *二次搬运费	可以	3%	9%	—
		场地租赁费	专用发票	*经营租赁 *场地租赁费	可以	3%	9%	—
		周转材料摊销费	无发票	—	否	—	—	—
		临时设施摊销费	无发票	—	否	—	—	—
		场地清理费	专用发票	*建筑服务 *劳务费/工程款	可以	3%	9%	—
		青苗补偿	无发票	—	否	—	—	—
		拆迁费	无发票	—	否	—	—	—
		安全文明宣传手册	专用发票	*印刷品 *安全文明宣传用品	可以	3%	—	13%
		污水处理费	非税收据、专用发票	*劳务 *污水处理费	可以	3%	—	—
		宣传条幅、展板	专用发票	*印刷品 *宣传条幅、展板	可以	3%	—	13%
间接费用	核算为了施工现场所发生的管理费，核算明细类似于"管理费用"	人员工资、险金、社保等（含正式、外聘）	无发票		否	—	—	—
		办公费用	专用发票	*纸制文具及用品 *办公用品（A4纸等明细）	可以	3%	—	13%
		差旅费	专用发票	①旅客运输服务 *打车费 ②航空行程单、火车票、汽车票、轮船票	可以	3%，6%，9%		
		租车费	专用发票	*经营租赁 *租车	可以	3%	6%	13%

成本类别	核算内容	成本分类明细	应取得发票类型	发票编码（仅供参考）	可否抵扣	税率		
间接费用	核算为了施工现场所发生的管理费，核算明细类似于"管理费用"	培训费	专用发票	＊生活服务＊培训费	可以	3％	6％	—
		会议费	专用发票	＊会展服务＊会议费	可以	3％	6％	13％
		劳保用品	专用发票	＊日用杂品＊劳保用品	可以	3％	—	13％
		检验试验费	专用发票	＊鉴证咨询服务＊检验试验费	可以	3％	6％	—
		水费	专用发票	＊水冰雪＊水费	可以	3％	9％	—
		电费	专用发票	＊供电＊电费	可以	3％	—	13％
		气费	专用发票	＊燃气＊气费	可以	3％	9％	—
		网络通信费	专用发票	＊电信服务＊网络通信费	可以	3％	6％	9％
		物业管理费	专用发票	＊企业管理服务＊物业管理费	可以	3％	6％	
		技术服务费	专用发票	＊研发和技术服务＊技术服务费	可以	3％	6％	
		招投标费	专用发票	＊现代服务＊招投标费	可以	3％	6％	
		审计服务、税务咨询	专用发票	＊鉴证咨询服务＊审计服务、税务咨询	可以	3％	6％	
		图书、杂志、报纸	专用发票	＊印刷品＊图书、报纸	可以	0	3％	9％
		贷款服务费	普通发票	＊金融服务＊贷款服务费	否	—	6％	—
		食堂费用	普通发票	各类食品	否	3％	9％	13％
		业务招待费	普通发票	＊餐饮服务＊／＊酒＊／＊茶及饮料	否	3％	6％	13％
		贷款服务费①	普通发票	＊金融服务、贷款服务费	否	3％	6％	—

4. 不得抵扣进项税额的情形

增值税的进项税额抵扣属于反列举，在相关政策中明确了不可抵扣的内容，并没有明确可以抵扣的内容。

【不允许抵扣进项税额的项目】根据《增值税暂行条例》及相关文件中所列举的不允许抵扣的内容总结如下：

①用于简易计税方法计税项目、免征增值税项目、集体福利或者个人消

---

① 根据《中华人民共和国增值税法（草案）》显示，不得抵扣进项税额第二条删除了"购进货物服务对应的进项"。未来有望能抵扣。

费的购进货物、服务、无形资产、不动产和金融商品对应的进项税额，其中涉及的固定资产、无形资产和不动产，仅指专用于上述项目的固定资产、无形资产和不动产。

食堂费用：工程项目部食堂所用的厨具、餐具、水、电、煤气等费用。项目部食堂所有费用都属于职工福利性质，无论购买的设备是否达到固定资产的标准，取得的进项税额均不允许抵扣。

集体福利：员工宿舍配套用品、水、电、气、物业费，注意员工福利与劳保用品的区别。员工宿舍购买的设备、物品等，所有费用都属于职工福利性质，无论购买的设备是否达到固定资产的标准，取得的进项税额均不允许抵扣。企业为员工购买补充医疗保险、补充工伤保险，符合标准的应当属于职工福利。

个人消费补贴：以员工个人名义开具的通信费发票，个人的移动话费补贴、电话费补贴；员工报销的电话费发票，即使取得增值税专用发票也不得抵扣，且要注意企业所在地税务机关关于通信补贴的有关文件，企业所得税扣除标准及征收个人所得税问题。

②非正常损失项目对应的进项税额。包括非正常损失的存货、服务、劳务。霉烂变质的存货，管理不善丢失的资产，因违法违规被拆除的不动产，取得的进项不得抵扣。

③购进并直接用于消费的餐饮服务、居民日常服务和娱乐服务对应的进项税额。

餐饮服务：餐费不论何种性质、无论计入什么科目，均不允许抵扣；

居民日常服务：是指主要为满足居民个人及其家庭日常生活需求提供的服务，包括市容市政管理、家政、婚庆、养老、殡葬、照料和护理、救助救济、美容美发、按摩、桑拿、氧吧、足疗、沐浴、洗染、摄影扩印等服务。

娱乐服务：是指为娱乐活动同时提供场所和服务的业务。具体包括歌厅、舞厅、夜总会、酒吧、台球、高尔夫球、保龄球、游艺（包括射击、狩猎、跑马、游戏机、蹦极、卡丁车、热气球、动力伞、射箭、飞镖）。

④购进贷款服务对应的进项税额。与贷款服务对应的利息支出、汇兑损益、与贷款直接相关的投融资顾问和咨询等费用取得的进项税额不得抵扣。笔者特别提醒，2023年1月份初审的《中华人民共和国增值税法（草案）》的第十七条不得从销项税额中抵扣的进项税额项目删除了"购进贷款服务对应的进项税额"。贷款服务对应的进项税额未来有望允许抵扣。

⑤国务院规定的其他进项税额。

工会费用：工会组织的活动过程中发生的费用，工会组织的费用，发票购买方名称为"××工会委员会"，不能与公司日常施工生产发生的成本费用发票混为一谈，且在发票的"纳税人识别号"栏中只能填写工会名称对应的统一社会信用机构代码，不能填写企业的纳税识别号。

行政事业性收费：排污费、污处理费、河道清理费、防洪费等

其他不可抵扣事项：不能取得合法的增值税扣税凭证的项目；

其他财政部和国家税务总局规定的其他不可抵扣情形。

【需要进项税额转出的情形】建筑企业在施工生产过程中取得的进项税额凡是属于不允许抵扣的情况，都应当转出。

①属于不允许抵扣的情况，却已抵扣进项税额的购进货物、应税劳务、服务，事后改变用途或者发生非正常损失，应将已抵扣进项税额从当期发生的进项税额中转出。

②因进货退回或者折让而收回的进项税额，应从发生进货退回或者折让当期的进项税额中扣减。

③在发生进项税额转出事项时应按照规定逐级审批，做好台账登记。

在实务中，建筑企业购进的服务或货物如果属于前述不得抵扣的项目，应当严格按照规定对进项税额作出转出处理，否则存在不同程度的涉税风险。

【案例 4-5】　明知取得进项税额不能抵扣却依然抵扣，被认定为"偷税"。

某钢结构公司租用了 2 个厂房、1 个办公楼、2 层宿舍，取得出租方开具的租金和水电费发票分别备注了厂房和宿舍的金额和税额。该公司的财务人员在知晓取得员工宿舍的房租、电费、水费的增值税专用发票的进项税额不得从销项税额中抵扣的情况下，2019 年 1 月至 2022 年 4 月期间存在仍将取得员工宿舍的房租、电费、水费的增值税专用发票的进项税额从销项税额中抵扣，未做进项转出处理。税务机关在稽查中发现，该公司在税款所属期 2019年 1 月至 2022 年 4 月共认证抵扣宿舍的租金、电费、税费进项税额 5 793 430元，涉及附加税费 405 539 元，其中还涉及骗取留抵退税款 2 734 100 元，共计 8 933 069 元。最终，税务机关依据《中华人民共和国税收征收管理法》第六十三条规定，认定该钢结构公司的上述行为属于偷税，追缴其少缴的税款、滞纳金，对该公司处以上述少缴及骗取税款一倍的罚款，即 8 933 069 元。

【未抵扣的专票销售方注销了，进项税额是否需要做转出】

在日常的咨询服务过程中，笔者遇到过这个问题，购进某项货物取得的

增值税专用票已经支付相应款项，但尚未勾选抵扣销售方就注销了，可否继续抵扣进项税额？笔者认为自 2020 年 3 月 1 日起，已经取消了进项税额的抵扣期限，只要业务实发生，对方属于正常注销的且取得的该专用发票不属于走逃失联等异常发票，后期可以根据自身情况合理控制勾选时间，正常抵扣。

（4）取得走逃失联企业开具的发票、异常发票如何处理

①走逃失联企业开具增值税专用发票一律先作进项税额转出。

根据《关于走逃（失联）企业开具增值税专用发票认定处理有关问题的公告》（国家税务总局公告 2016 年第 76 号）第二条规定，"……增值税一般纳税人取得异常凭证，尚未申报抵扣或申报出口退税的，暂不允许抵扣或办理退税；已经申报抵扣的，一律先作进项税额转出。"

什么是异常凭证，根据《国家税务总局关于异常增值税扣税凭证管理等有关事项的公告》（国家税务总局公告 2019 年第 38 号）：

"一、符合下列情形之一的增值税专用发票，列入异常凭证范围：

（一）纳税人丢失、被盗税控专用设备中未开具或已开具未上传的增值税专用发票；

（二）非正常户纳税人未向税务机关申报或未按规定缴纳税款的增值税专用发票；

（三）增值税发票管理系统稽核比对发现'比对不符''缺联''作废'的增值税专用发票；

（四）经税务总局、省税务局大数据分析发现，纳税人开具的增值税专用发票存在涉嫌虚开、未按规定缴纳消费税等情形的；

……

二、增值税一般纳税人申报抵扣异常凭证，同时符合下列情形的，其对应开具的增值税专用发票列入异常凭证范围：

（一）异常凭证进项税额累计占同期全部增值税专用发票进项税额 70%（含）以上的；

（二）异常凭证进项税额累计超过 5 万元的。

纳税人尚未申报抵扣、尚未申报出口退税或已作进项税额转出的异常凭证，其涉及的进项税额不计入异常凭证进项税额的计算。"

上述公告第三条第四款还规定，"纳税信用 A 级纳税人取得异常凭证且已经申报抵扣增值税、办理出口退税或抵扣消费税的，可以自接到税务机关

通知之日起 10 个工作日内，向主管税务机关提出核实申请。经税务机关核实，符合现行增值税进项税额抵扣、出口退税或消费税抵扣相关规定的，可不作进项税额转出、追回已退税款、冲减当期允许抵扣的消费税税款等处理。纳税人逾期未提出核实申请的，应于期满后按照本公告第三条第（一）项、第（二）项、第（三）项规定作相关处理。"

取得的异常凭证经税务机关核实，符合现行增值税进项税额抵扣或出口退税相关规定的，纳税人可继续申报抵扣。

②已经被认定为虚开发票的一律先作进项税额转出。

纳税人取得增值税专用发票已经被相关部门认定为虚开发票的，对应的进项税额一律不允许抵扣，需要做转出处理。根据《国家税务总局关于走逃（失联）企业涉嫌虚开增值税专用发票检查问题的通知》（税总函〔2016〕172号）规定，"三、走逃（失联）企业检查处理程序规定（三）后续处理的规定，根据审理意见定性虚开的，稽查部门出具《已证实虚开通知单》并附相关证据材料，发往下游受票企业所在地税务机关依法处理。达到刑事案件移送标准的，按照相关规定移送公安机关。"

【案例 4-6】　某建筑企业取得增值税专用发票长期挂账未支付，销售方已经因虚开增值税发票被税务机关稽查，该市税务局第一稽查局要求该建筑企业提交书面情况说明。该建筑企业提交的"情况说明"中提到，工程项目于 2016 年 1 月需要采购材料一批，项目相关人员与业务人员双方谈妥后，由于临近春节项目施工人员需要提前回家过年需要赶工，对方不能按要求及时送货，双方未能协商好就取消了此笔业务。由于业务人员疏忽没有告知财务此笔业务已取消，当时约定收到发票一个月后付款，对方就先开了票，财务正常进行了勾选认证。尚未付款，成本当年列支。

最终税务机关认定该建筑企业是在没有真实货物交易情况下取得虚开增值税专用发票，来多抵扣税款，虚列成本，暂按照恶意取得增值税专用发票进行处理，少缴 2016 年企业所得税 16 945 777 元，处少缴税款百分之五十的罚款 8 472 889 元。

3. 进项发票的合规性管理

发票的真实与合规的重要性毋庸赘述，发票如若失控，给企业带来的涉税风险将是巨大的。因此，发票的合规性审核是财务管理部门重要工作之一，是财税管理必不可少的环节。

（1）发票基础涉税风险审核。

①基础信息审核。作为购买方取得进项发票时，首先应该审核购买方的相关信息，购买方名称必须是全称、无错字，出现漏写、错写后手动涂改加盖任何印章都无效。购买方纳税人识别号填写正确，多写、少写、错写均不合规。购买方的其余购买信息，如果开具的是增值税专用发票必须填写完整、正确；如果开具的是增值税普通发票则没有强制要求全部填写。注意，全电发票购销双方的信息已经简化为名称和统一社会信用代码（纳税人识别号），可以不填写其他信息。

其次，审核发票专用章盖的是否合规。发票专用章应该在规定区域盖章，即发票右下方"销售方（章）"。在实务中有些开票人习惯在发票空白处加盖发票专用章，虽没有相关文件禁止该行为，但最好在指定区域盖章。除此以外对于发票加盖几个发票专用章，发票是否合规的问题，笔者建议持宽松的审核态度，如果是因为开票人在盖章时盖的不清晰，补盖一个清晰的发票专用章则无可厚非，主观上不存在故意污损发票的动机。

根据《国家税务总局关于增值税发票综合服务平台等事项的公告》第二条规定：纳税人通过增值税电子发票公共服务平台开具的增值税电子普通发票，属于税务机关监制的发票，采用电子签名代替发票专用章，其法律效力、基本用途、基本使用规定等与增值税普通发票相同。收到这类没有电子签章的发票，是可以正常使用的。

最后，审核票面的其他信息。增值税专用发票不能压线、错格，不仅是密码区，全部打印区内容都不能压线、错格；增值税普通发票的审核标准参照专票，根据实际情况可以适当降低标准。电子发票则不存在这项审核要求。

②涉税事项审核。审核发票票面应税货物的规格型号是否正确。销售货物的发票必须有具体的规格、型号、数量、单价，除非确实没有规格型号的。

审核适用税目和税率是否正确，与实际业务是否相符。2018年1月1日以后开具的增值税发票显示编码简称，该项要求逐步推行，目前允许部分税务机关代开的发票没有编码简称，其余纳税人在新系统开具的增值税发票必须显示编码简称。

审核发票内容与实际发生的业务是否一致。内容较多的可以汇总开票，汇总开票的在发票的货物与劳务栏显示"详见销货清单"，根据具体明细在税控系统中开具清单。购买方在对发票进行发票真伪查询时，应当注意查验系统中的销货清单与取得的纸质销货清单是否一致。

建筑服务差额计税全额开票是否正确适用。建筑总承包企业提供建筑服务适用或选择简易计税的工程项目适用于差额计税全额开票，不得差额开票，建筑专业分包企业开具分包发票时同理。建筑劳务分包企业不得再分包，因此不存在差额征税问题，应当全额征税、全额开票。

（2）不征税与免税发票的审核。

①免税发票。根据现行增值税法规的有关规定，增值税的减免税方式主要有法定减免、临时减免、特定减免三种。详细一点划分包括直接减免、税额抵减、税额减征、未达起征点减免、即征即退、先征后退、先征后返等方式。增值税一般纳税人销售免税货物或提供免税服务，一律不得开具增值税专用发票，开具增值税专用发票的不得享受免税政策。销售方开具免税发票时，发票的税率栏上显示"免税"字样，税额栏显示"＊＊＊"符号。

建筑企业经常取得的增值税免税发票主要有以下几类：

第一类，从事农业批发零售的纳税人销售的部分蔬菜、鲜肉、蛋类开具的免税普票。取得此类免税发票不得抵扣进项税额。

第二类，农产品生产者自产自销的农林产品开具的免税普票。取得此类增值税免税发票符合抵扣条件的，可以计算抵扣进项税额，具体抵扣规则将在第五章中详细阐述，此处暂不展开。

第三类，小规模纳税人适用3％征收率的应税业务纳税义务发生在2022年4月1日至2022年12月31日期间，按照相关规定免税政策开具的免税普票。取得此类免税发票不得抵扣进项税额。

根据相关文件规定，自2023年1月1日至2027年12月31日，对月销售额10万元以下（含本数）的增值税小规模纳税人，免征增值税。自2023年1月1日至2027年12月31日，增值税小规模纳税人适用3％征收率的应税销售收入，减按1％征收率征收增值税；适用3％预征率的预缴增值税项目，减按1％预征率预缴增值税。需要特别注意，该免征、减征增值税政策属于未达起征点免税、税额减征，在开具发票时不得开具"免税"发票。作为购买方，取得此类减、免税的增值税普通发票不得用于抵扣进项税额。

②不征税发票。在现行的增值税相关规定中并没有"不征税收入"的表述，一般情况下"不征税收入"是指企业所得税上的概念，在增值税上表述为"不征收增值税"。笔者认为，企业或个人收取的款项"不征收增值税"事

项主要可以归为四类：

第一类，因某项交易收取的款项不属于法定的征税范围，因此不征收增值税，但这在实务中似乎并不存在；

第二类，收取的款项属于增值税应税交易但纳税义务尚未发生，暂不征增值税；

第三类，收取的款项不属于收款人的应税交易对价款，是与应税交易无关的第三方支付的奖励、补贴、扶持资金等，不征增值税；

第四类，收取的款项不属于收款人，收款人只负责代收代付，不征增值税。

根据《国家税务总局关于营改增试点若干征管问题的公告》（国家税务总局公告 2016 年第 53 号）第九条第十一款，"增加 6'未发生销售行为的不征税项目'，用于纳税人收取款项但未发生销售货物、应税劳务、服务、无形资产或不动产的情形。"截至 2023 年 5 月 30 日，未发生应税行为允许开具"不征税"发票的特殊情形已有 16 项，详见表 4-14。

表 4-14　不征税的商品和服务税收分类编码汇总表

序号	不征税编码及项目	序号	不征税编码及项目
1	601 预付卡销售和充值	9	609 代理进口免税货物货款
2	602 销售自行开发的房地产项目预收款	10	610 有奖发票奖金支付
3	603 已申报缴纳营业税未开票补开票	11	611 不征税自来水
4	604 代收印花税	12	612 建筑服务预收款
5	605 代收车船税	13	613 代收民航发展基金
6	606 融资性售后回租业务中承租方出售资产	14	614 拍卖行受托拍卖文物艺术品代收货款
7	607 资产重组涉及的房屋等不动产	15	615 与销售行为不挂钩的财政补贴收入
8	608 资产重组涉及的土地使用权	16	616 资产重组涉及的货物

建筑企业取得不征税发票均无法抵扣进项税额。

（3）特定业务的发票备注栏审核。

部分业务在开具应税发票时，应当按照规定在备注栏填写相关信息，笔者仅列举部分最常见的情形。

①建筑服务发票。

建筑服务发票，应在增值税发票的备注栏注明建筑服务发生地县（市、区）名称及工程名称。不论增值税专用发票还是普通发票都必须备注，且不仅建筑总承包、专业分包、劳务分包开具的建筑服务发票需要备注相关内容，只要发生的业务属于建筑服务，开具的编码简为"建筑服务"的增值税发票都必须按规定备注。企业出租施工设备并配备操作人员，按照"建筑服务"缴纳增值税开具"湿租"发票，即开具"﹡建筑服务﹡租赁费"发票的，也必须按规定在备注栏备注工程地址和工程名称。

②不动产销售与不动产租赁发票。

不动产销售发票，应在发票"货物或应税劳务、服务名称"栏填写不动产名称及房屋产权证书号码（无房屋产权证书的可不填写），"单位"栏填写面积单位，备注栏注明不动产的详细地址。不动产租赁发票，应在备注栏注明不动产的详细地址。

③货物运输发票。

货物运输发票，应在备注栏中注明运输的起止地点、车种车号以及货物内容。建筑企业若取得土方运输发票，运输的起止地点如果在同一区域的，笔者建议按照这种方式备注"起止地点：A地至A地"，不要只备注"起止地点：A地"。

④保险公司代收车船税。

保险机构在代收代缴机动车的车船税时，应向投保人开具注明已收税款信息的交强险保险单和保费发票，作为代收税款凭证。保险机构作为车船税扣缴义务人，在代收车船税并开具增值税发票时，应在增值税发票备注栏中注明代收车船税税款信息。具体包括：保险单号、税款所属期（详细至月）、代收车船税金额、滞纳金金额、金额合计等。该增值税发票可作为纳税人缴纳车船税及滞纳金的会计核算原始凭证。

⑤部分业务差额征税的发票备注栏。

按照现行政策规定适用差额征税办法缴纳增值税，且不得全额开具增值税发票的（财政部、税务总局另有规定的除外），纳税人或者税务机关通过新系统中差额征税开票功能开具增值税发票时，录入含税销售额（或含税评估额）和扣除额，系统自动计算税额和不含税金额，备注栏自动打印"差额征税"字样，发票开具不应与其他应税行为混开。例如劳务派遣服务，选择差额征税时开具的发票就应当按照上述进行操作。

⑥预付卡发票。

单用途商业预付卡（单用途卡）业务的销售方与售卡方不是同一个纳税人的，销售方在收到售卡方结算的销售款时，应向售卡方开具增值税普通发票，并在备注栏注明"收到预付卡结算款"，不得开具增值税专用发票。

（4）取得个人代开的发票应注意的涉税事项。

建筑企业在施工生产过程中合作的部分供应商为自然人，向其支付的款项应由个人去税务机关代开增值税发票。建筑企业取得个人代开的发票应该注意的主要涉税事项是判断是否应当代扣代缴个人所得税。

①个人所得税的扣缴义务人。

根据《个人所得税法》第九条，"个人所得税以所得人为纳税人，以支付所得的单位或者个人为扣缴义务人。"纳税人取得应税所得有扣缴义务人的，由扣缴义务按次或按月代扣代缴个人所得税；纳税人取得应税所得没有扣缴义务人的，应当在取得所得的次月十五日内向税务机关报送纳税申报表，并缴纳税款。

②支付给个人的款项哪些需要代扣代缴个税。

在实务中，我们需要自行判定哪些应税所得税税目支付方属于扣缴义务人，需要代扣代缴的。单位或个人支付给个人的收入属于综合所得（包含工资薪金、劳务报酬所得、稿酬、特许权使用费）；财产租赁所得；财产转让所得；利息、股息、红利所得；偶然所得的，由支付方作为扣缴义务代扣代缴，其中综合所得需要按规定汇算清缴，税法免于汇算清缴的情形除外。

单位和个人支付给个人的收入属于"经营所得"的，由个人自行申报预缴个人所得税（征收方式为查账征收的在取得所得的次年三月三十一日前办理汇算清缴），或在代开发票环节由代开机关核定征收。

一般情况下，个人去税务机关代开其取得的收入发票时，税务机关如果认定属于应由支付方履行代扣代缴的个税税目，会在代开的发票备注栏里备注"由支付方代扣代缴个人所得税"等相关字眼。建筑企业取得个人去税务机关代开的发票，如果发票的备注栏上没有明确备注要求支付方代扣代缴个人所得税的相关内容，笔者建议建筑企业应向个人索取该发票对应的完税凭证复印件。通过完税凭证复印件上显示的代开机关已经代扣代缴的税种，再结合个人所提供的服务（或销售的货物、资产等）判断是否还需要支付方代扣代缴个人所得税。

③应代扣代缴个税未代扣代缴的风险。

如果建筑企业取得个人去税务机关代开的发票，按规定应代扣代缴却没有代扣代缴个人所得税的，存在一定涉税风险。

（5）发票真伪查验与流向查询。

从降低涉税风险的角度考虑，不论取得的票据可否用于抵扣进项税额，都有查验真伪的必要。取得电子发票查验真伪相对简单一些，可以通过"税务数字账户"查询到相关信息并进行比对；取得纸质票据的，要根据票据种类分别查验。

①增值税发票查验途径。

企业取得增值税发票应该登陆全国增值税发票查验平台查询真伪，确保入账发票的流向正常。在全国增值税发票查验平台查验过程中如遇问题，可拨打12366或者进行在线咨询。

全国增值税发票查验平台可以查询的发票增值税发票管理系统和电子发票服务平台开具的发票，主要包括增值税专用发票、增值税电子专用发票、增值税普通发票（折叠票）、增值税普通发票（卷票）、增值税电子普通发票（含收费公路通行费增值税电子普通发票）、机动车销售统一发票、二手车销售统一发票、电子发票（增值税专用发票）、电子发票（普通发票）、增值税专用发票、增值税普通发票。

此外，通用手工发票作为非税控发票，各省都对此种发票在适用范围、发放数量上有严格要求。部分地区已经取消通用手工发票，请读者注意所在地税务机关的相关公告和通知，取得通用手工发票的，需要在各省的税务局网站平台进行真伪查询。

②航空运输电子客票行程单真伪查询。

航空运输电子客票行程单由国家税务总局监制并按照纳入税务机关发票管理，行程单正式上线是旅客购买国内航空运输电子客票的付款及报销的凭证。航空运输电子客票行程单既是专用发票，又是运输凭证。建筑企业取得航空运输电子客票行程单也应当查询真伪，主要查询途径有以下三个：

途径1：登录中国民用航空局行程单验真平台查询真伪。

途径2：登录信天游查询。

途径3：拨通400-815-8888后，依次按提示输入电子客票号及行程单号，自动告知验真结果。

建筑企业如果在航空公司授权的销售代理人的售票处购买客票，最好登录中国航空运输协会网站查验代理人是否具有中国航空运输协会的合法资格。

③铁路行业发票真伪查询。

铁路行业发票包括铁路办理客货运输使用的各种票据，客票包括软质车票、磁介质车票、列车移动补票、退票费报销凭证等。近年来，铁路电子客票已经全覆盖，即旅客购票后铁路运输企业不再出具纸质车票，需要报销的旅客在乘车之日起半年内都可以凭购票时所使用的有效身份证件原件在车站售票窗口、自动售（取票机）领取报销凭证。

建筑企业取得常规的高铁票和普通列车票，真伪查验无法直接通过网站查询，通过肉眼更是无法判断。高铁票票面上的二维码能够查询到乘车人的座位信息、列车时刻信息等，但无法得出该票据真伪结论。财务管理部门需要结合企业该事项的经办人、乘车人的差旅信息和12306等购票平台的订票信息综合判断票据真伪。

如果建筑企业取得的是电子发票（铁路电子客票），其与前述高铁票、普通列车票有较大差异的，电子发票的购买方名称可填写给乘车人报销的单位名称，票面信息中票价为含税价格，同时对票价进行了价税分离，分别标明金额、税率和税额，取得此类铁路票据就不必计算抵扣增值税税额了，直接勾选抵扣即可。电子发票的票面信息除了常规铁路客票具备的起止站点、列车号、乘坐人身份证号和座位号外，还有发票号码、电子客票号等信息（没有乘坐人姓名）。票据可以直接在全国增值税发票查验平台查验真伪。

④财政电子票据查验。

我国现有财政票据主要有三类：第一类是非税收入类票据，包括非税收入通用票据、非税收入专用票据、非税收入一般缴款书；第二类是结算类票据，即行政事业单位在发生暂收、代收和单位内部资金往来结算时开具的凭证；第三类是其他财政票据，例如医疗收费票据、公益事业捐赠统一票据、社会团体会费统一收据、住宅专项维修资金专用收据、社会保险费专用收据等。

企业取得政府部门开具的财政电子票据，可以通过财政部全国财政电子票据查验平台进行查验（目前暂不支持大连和青海的财政电子票据查询）。该平台可查验最近一年内开具的财政电子票据。

4. 发票丢失处理

建筑企业应要求全员对增值税发票应视同现金妥善保管，如因保管不当导致发票丢失，必须及时通知本企业财务管理部门，及时按规定程序处理。不论是因购买方还是销售方管理不善导致发票丢失的，销售方都不得直接作废、红冲后重开发票，应及时按照丢失发票的处理程序操作。

（1）丢失发票不再需要登报。

根据《国家税务总局关于公布取消一批税务证明事项以及废止和修改部分规章规范性文件的决定》（国家税务总局令第48号）取消的税务证明事项目录（共计25项），其中明确了发票丢失不再需要登报声明。

（2）丢失发票的补救措施。

根据《国家税务总局关于增值税发票综合服务平台等事项的公告》（国家税务总局公告2020年第1号）的有关规定："四、纳税人同时丢失已开具增值税专用发票或机动车销售统一发票的发票联和抵扣联，可凭加盖销售方发票专用章的相应发票记账联复印件，作为增值税进项税额的抵扣凭证、退税凭证或记账凭证。

纳税人丢失已开具增值税专用发票或机动车销售统一发票的抵扣联，可凭相应发票的发票联复印件，作为增值税进项税额的抵扣凭证或退税凭证；纳税人丢失已开具增值税专用发票或机动车销售统一发票的发票联，可凭相应发票的抵扣联复印件，作为记账凭证。"

（3）丢失电子专用发票后应当如何处理。

购买方（受票方）如果丢失已取得的电子专用发票，可以根据发票号码发票、代码、开票日期、开具金额（不含增值税）等信息，在全国增值税发票查验平台查验通过后下载电子专用发票。也可以要求销售方（开票方）重新发送电子专用发票。

5. 暂估成本取得发票的时限

建筑企业应在支出发生时取得符合规定的税前扣除凭证，但在实务中普遍存在先暂估成本费用、滞后取得相应发票的情形。

（1）汇算清缴前取得相应发票。

根据《国家税务总局关于发布〈企业所得税税前扣除凭证管理办法〉的公告》（国家税务总局公告2018年第28号）第五条规定，"企业发生支出，应取得税前扣除凭证，作为计算企业所得税应纳税所得额时扣除相关支出的依据。"第十三条规定，"企业应当取得而未取得发票、其他外部凭证或者取得不合规发票、不合规其他外部凭证的，若支出真实且已实际发生，应当在当年度汇算清缴期结束前，要求对方补开、换开发票、其他外部凭证。补开、换开后的发票、其他外部凭证符合规定的，可以作为税前扣除凭证。"

第十四条规定，"企业在补开、换开发票、其他外部凭证过程中，因对方注销、撤销、依法被吊销营业执照、被税务机关认定为非正常户等特殊原因无法补开、换开发票、其他外部凭证的，可凭以下资料证实支出真实性后，其支出允许税前扣除：

（一）无法补开、换开发票、其他外部凭证原因的证明资料（包括工商注销、机构撤销、列入非正常经营户、破产公告等证明资料）；

（二）相关业务活动的合同或者协议；

（三）采用非现金方式支付的付款凭证；

（四）货物运输的证明资料；

（五）货物入库、出库内部凭证；

（六）企业会计核算记录以及其他资料。

前款第一项至第三项为必备资料。"

根据上述规定，企业发生的支出未能补开、换开符合规定的发票、其他外部凭证并且未能凭相关资料证实支出真实性的，相应支出不得在发生年度税前扣除。

（2）汇算清缴期结束后的取得发票。

第十五条，"汇算清缴期结束后，税务机关发现企业应当取得而未取得发票、其他外部凭证或者取得不合规发票、不合规其他外部凭证并且告知企业的，企业应当自被告知之日起 60 日内补开、换开符合规定的发票、其他外部凭证。其中，因对方特殊原因无法补开、换开发票、其他外部凭证的，企业应当按照本办法第十四条的规定，自被告知之日起 60 日内提供可以证实其支出真实性的相关资料。"

如果由于一些特殊情况，如合同纠纷、民事诉讼等，建筑企业在规定的期限内未能取得符合规定的发票、其他外部凭证或者取得不合规发票、不合规其他外部凭证，企业主动没有进行税前扣除的，待以后年度取得符合规定的发票、其他外部凭证后，相应支出可以追补至该支出发生年度扣除，追补扣除年限不得超过 5 年。

（3）暂估成本要有依据。

在实务中，无论哪个行业的企业普遍存在会计处理时暂估成本的情形。有时建筑企业的财务人员在会计处理时暂估成本的原因，不是工程项目实际发生了某一项成本支出暂未取得发票。大部分是因为其所在的企业没有执行正常的会计制度导致不得不暂估成本。笔者在接受企业咨询的过程中发现相当数量的建筑企业以开具的增值税发票金额确认营业收入，以收到的成本、费用发票金额确认营业成本。在这种模式下，如果拟确认的营业成本金额远小于收入金额（极度不匹配），财务人员就自行按照往期"企业所得税税负"倒推出一个"营业成本"金额，以"暂估成本"的形式确认，长此以往终究不合规。暂估成本要合理合规，只要真实发生了成本支出暂未取得相应票据的，在会计处理上可以内部自制的、购销双方认可的结算单据进行暂估成本，但是在税务管理上要注意企业所得税前扣除的相关规定。

以下稽查案例中，建筑企业存在的主要问题就是暂估成本没有任何依据，被认定为偷税。

【案例 4-7】 建筑企业暂估成本没有依据，未按规定纳税调整被定"偷税"

某地税务稽查机关对该地建筑企业 A 公司的暂估成本进行稽查，对该公司 2017 年 1 月 1 日至 2018 年 12 月 31 日的工程结算成本明细账等资料进行核查，发现 A 公司 2017 年度和 2018 年度的"工程结算成本—暂估"明细账记载 2017 年度列支成本 877 143 750 元、2018 年度列支成本 2 701 922 696 元，摘要内容为暂估材料、暂估成本，相关成本记账凭证中没有附任何原始单据。税务稽查机关于 2022 年 6 月 7 日向 A 公司发出《税务事项通知书》，限期要求 A 公司提供"工程结算成本—暂估"相关的合同、结算书、付款凭证、发票及能证明对应成本列支真实性、有效性的单据材料，并查核和说明在 2017 年度、2018 年度企业所得税汇算清缴期间是否有取得合法凭证和在当年度及以后年度是否有进行过纳税调整。

A 公司书面回复称暂估成本主要是个人承包和个人供货项目，在未取得发票情况下以借款的方式支付了部分工程款，账务核算为暂估应付账款，大部分暂估成本已在次年 5 月冲销。但 A 公司未能提供相关的合同、结算书、付款凭证、发票及能证明对应成本支出真实性、有效性的单据材料，也未能提供冲销暂估成本的账证资料。在账簿上多列的工程结算暂估成本合计 3 579 066 446 元，A 公司已全部结转本期损益，没有做企业所得税纳税调整，造成 2017 年度少缴企业所得税 219 285 938 元、2018 年度少缴企业所得税 675 480 674 元，合计 894 766 612 元。

根据《中华人民共和国税收征收管理法》第六十三条第一款的规定，税务机关认定 A 公司在账簿上多列支出，造成少缴企业所得税 804 766 612 元的行为已构成偷税。对 A 公司做出追缴少缴的企业所得税及滞纳金，并处少缴的企业所得税处少缴税款百分之五十的罚款，罚款金额合计 447 383 306 元。

4.3　建筑企业预缴增值税管理

建筑企业需要预缴增值税是基于建筑行业特点，为平衡机构所在地和建筑服务发生地的财政收入制定的管理规定。跨地区提供建筑服务的纳税人应在建筑服务发生地预缴税款，并按纳税期限向机构所在地主管税务机关申报当期增值税，纳税人在建筑服务发生地预缴的税款可以在申报时进行抵减。

4.3.1　两类预缴义务的预缴税款的计算

建筑企业需要预缴增值税的情形主要有两种，第一种是跨地级行政区提供建筑服务的，项目部需要在工程所在地预缴增值税；第二种是建筑企业提供建筑服务取得预收款，应在收到预收款时，以取得的预收款扣除支付的分包款后的余额预缴增值税。

1. 跨地级行政区提供建筑服务的预缴义务

本节所属"异地"施工项目的概念，均为建筑企业跨地级行政区提供建筑服务。地级行政区，即行政地位与地区相同的行政区，包括地级市、地区、自治州、盟，为二级行政区，由省级行政区（仅限于省、自治区）管辖。我国目前[①]共计 333 个地级行政区，包括 293 个地级市、7 个地区、30 个自治州、3 个盟。读者应注意，部分城市虽为"市"，但属于县级市，属于三级行政区，行政级别低于地级行政区。

（1）异地施工按项目分别预缴增值税并建立预缴台账

根据《国家税务总局关于发布〈纳税人跨县（市、区）提供建筑服务增值税征收管理暂行办法〉的公告》（国家税务总局公告 2016 年第 17 号）第三条，"纳税人跨县（市、区）提供建筑服务，应按照财税〔2016〕36 号文件规定的纳税义务发生时间和计税方法，向建筑服务发生地主管税务机关预缴税款，向机构所在地主管税务机关申报纳税。

⋯⋯⋯⋯⋯

第十二条　纳税人跨县（市、区）提供建筑服务，按照本办法应向建筑服务发生地主管国税机关预缴税款而自应当预缴之月起超过 6 个月没有预缴

---

① 该数据统计时间截至 2023 年 12 月 31 日。

税款的，由机构所在地主管国税机关按照《中华人民共和国税收征收管理法》及相关规定进行处理。"《国家税务总局关于进一步明确营改增有关征管问题的公告》（国家税务总局公告 2017 年第 11 号），"三、纳税人在同一地级行政区范围内跨县（市、区）提供建筑服务，不适用《纳税人跨县（市、区）提供建筑服务增值税征收管理暂行办法》（国家税务总局公告 2016 年第 17 号印发）。"因此，建筑企业纳税人跨地级行政区提供建筑服务，应当按照规定在建筑服务发生地预缴税款增值税，向机构所在地主管税务机关申报纳税。建筑企业纳税人跨地级行政区提供建筑服务应向建筑服务发生地主管税务机关预缴税款而自应当预缴之月起超过 6 个月没有预缴税款的，由机构所在地主管税务机关按照《中华人民共和国税收征收管理法》及相关规定进行处理。

纳税人提供建筑服务适用简易计税方法计税的，以期取得的全部价款和价外费用扣除支付的分包款后的余额，按照 3% 的征收率计算应预缴税款。

应预缴增值税＝（全部价款和价外费用－支付的分包款）÷（1＋3%）×3%

适用一般计税方法计税的预缴税款计算公式：

应预缴增值税＝（全部价款和价外费用－支付的分包款）÷（1＋9%）×2%

建筑企业纳税人应按照工程项目分别计算应预缴税款，分别预缴。建筑企业应建立预缴税款台账，区分不同县（市、区）和项目逐笔登记全部收入、支付的分包款、已扣除的分包款、扣除分包款的发票号码、已预缴税款以及预缴税款的完税凭证号码等相关内容，留存备查。台账格式见表 4-15。

表 4-15　各项目应交增值税预缴台账

编制：铁蛋建筑集团　　　　　时间：20××年×月　　　　　单位：元

序号	日期	工程地点	项目名称	开票或收款金额	支付分包款	扣除分包款		已扣除分包款	发票号码
						已预缴税款	完税凭证号码		

各项目部应按月以取得的全部价款和价外费用扣除支付的分包款后的余额为应预缴税款。扣除后余额为负数的，可结转下次预缴税款时继续扣除。

（2）部分地区出台规定省内符合条件的项目跨地施工无须预缴

前述跨地级行政区提供建筑服务的预缴增值税政策普遍适用于各省、直辖市、自治区，但部分地区做了特殊规定，例如海南省。根据《国家税务总局　海南省税务局关于调整省内跨区域涉税事项管理的通告》（国家税务总局 海南省税务局通告 2020 年第 8 号）规定，"从 2020 年 6 月 1 日起，我省纳税人在省内跨市（县）临时从事生产经营活动的，且经营项目合同小于 500 万（不含）的，可不需向机构所在地的税务机关填报《跨区域涉税事项报告表》，也不需在经营地办理跨区域涉税管理事项的报告、报验、延期反馈等相关事宜"。

根据该公告的规定，建筑企业公司机构地和项目地都在海南省的，且单个工程项目合同金额小于 500 万元（不含）的，不需在经营地进行税款预缴，全部税款回到机构所在地申报缴纳。

2. 取得建筑服务预收款的预缴义务

建筑企业取得符合相关规定的预收款时，应当按照财税〔2017〕58 号的规定，"三、纳税人提供建筑服务取得预收款，应在收到预收款时，以取得的预收款扣除支付的分包款后的余额，按照本条第三款规定的预征率预缴增值税。

按照现行规定应在建筑服务发生地预缴增值税的项目，纳税人收到预收款时在建筑服务发生地预缴增值税。按照现行规定无须在建筑服务发生地预缴增值税的项目，纳税人收到预收款时在机构所在地预缴增值税。适用一般计税方法计税的项目预征率为 2%，适用简易计税方法计税的项目预征率为 3%。"按照现行规定应在建筑服务发生地预缴增值税的项目，收到预收款时在建筑服务发生地预缴增值税；按照现行规定无须在建筑服务发生地预缴增值税的项目，收到预收款时在机构所在地预缴增值税。

上述规定对于建筑服务预收款的界定等个别执行口径未明确，不便于纳税人执行，笔者建议建筑服务纳税人在遇到此类问题时应与主管税务机关充分沟通。

3. 减免预缴增值税的特定情形

根据《国家税务总局关于增值税小规模纳税人减免增值税等政策有关征管事项的公告》（国家税务总局公告 2023 年第 1 号）（以下简称国家税务总局公告 2023 年第 1 号）第一条，"一、增值税小规模纳税人（以下简称小规模纳税人）发生增值税应税销售行为，合计月销售额未超过 10 万元（以 1 个季度为 1 个纳税期的，季度销售额未超过 30 万元，下同）的，免征增值税。

小规模纳税人发生增值税应税销售行为，合计月销售额超过 10 万元，但扣除本期发生的销售不动产的销售额后未超过 10 万元的，其销售货物、劳务、服务、无形资产取得的销售额免征增值税。"

《关于增值税小规模纳税人减免增值税政策的公告》（财政部 税务总局公告 2023 年第 19 号）："一、对月销售额 10 万元以下（含本数）的增值税小规模纳税人，免征增值税。二、增值税小规模纳税人适用 3% 征收率的应税销售收入，减按 1% 征收率征收增值税；适用 3% 预征率的预缴增值税项目，减按 1% 预征率预缴增值税。三、本公告执行至 2027 年 12 月 31 日。"

4. 预缴增值税的会计处理

【案例 4-8】 铁蛋建筑公司（以下简称"铁蛋公司"）为增值税一般纳税人。2022 年 12 月在外省承揽了一项工程项目，该项目为甲供项目，铁蛋公司选择简易计税方法。2023 年 2 月，铁蛋公司该项目取得建筑服务收入 1 030 万元，支付劳务分包款 309 万元，取得了"建筑服务 * 劳务费"增值税普通发票一张。项目所在地为地级市，城市维护建设税税率为 7%，教育费附加费率 3%，地方教育附加费 2%。针对以上业务，异地预缴增值税及附加的会计处理如下（不考虑税收优惠）：

应预缴增值税 $= [(10\ 300\ 000 - 3\ 090\ 000) \div (1 + 3\%)] \times 3\% = 210\ 000$（元）；

应缴纳城市维护建设税 $= 210\ 000 \times 7\% = 14\ 700$（元）；

应缴纳教育费附加 $= 210\ 000 \times 3\% = 6\ 300$（元）；

应缴纳地方教育附加 $= 210\ 000 \times 2\% = 4\ 200$（元）；

借：应交税费——简易计税（预交增值税）		210 000
——应交城市维护建设税		14 700
——应交教育费附加		6 300
——应交地方教育附加		4 200
贷：银行存款		235 200
借：税金及附加		25 200
贷：应交税费——应交城市维护建设税		14 700
——应交教育费附加		6 300
——应交地方教育附加		4 200

【案例 4-9】 承接【案例 4-8】，假设铁蛋公司选择一般计税方法，开具的总承包含税发票金额和取得的分包含税发票金额不变，分包开具的为增值税专用发票，其他条件不变，异地预缴增值税及附加的会计处理如下：

应预缴增值税 $= (10\ 300\ 000 - 3\ 090\ 000) \div (1 + 9\%) \times 2\% = 132\ 293.58$（元）；

应缴纳城市维护建设税＝132 293.58×7‰＝9 260.55（元）；

应缴纳教育费附加＝132 293.58×3‰＝3 968.81（元）；

应缴纳地方教育附加＝132 293.58×2‰＝2 645.87（元）；

借：应交税费——预交增值税　　　　　　　132 293.58

　　　　　——应交城市维护建设税　　　　　9 260.55

　　　　　——应交教育费附加　　　　　　　3 968.81

　　　　　——应交地方教育附加　　　　　　2 645.87

　　贷：银行存款　　　　　　　　　　　　148 168.81

借：税金及附加　　　　　　　　　　　　　15 875.23

　　贷：应交税费——应交城市维护建设税　　　9 260.55

　　　　　　　　——应交教育费附加　　　　　3 968.81

　　　　　　　　——应交地方教育附加　　　　2 645.87

　　纳税人提供建筑服务适用简易计税方法的，以取得的全部价款和价外费用扣除支付的分包款后的余额为销售额。建筑企业异地施工和取得预收款计算预缴增值税时可以扣除支付的分包款①，同时应当取得符合法律、行政法规和国家税务总局规定的合法有效凭证，否则不得扣除。支付的分包款凭增值税发票②即可在预缴时扣除。

4.3.2　取得建筑服务预收款如何开具发票

1. 取得预收款可以开具的票据

　　建筑企业提供建筑服务收到预收款应该开具什么发票，关键看业主认可哪一类凭据。

　　（1）建筑企业可以开具普通收据，待增值税纳税义务产生时再开具相应工程进度款发票；

　　（2）关于建筑服务预收款的预缴《财政部　税务总局关于建筑服务等营改增试点政策的通知》财税 2017 年 58 号（以下简称"财税 2017 年 58 号文"）

---

① 　根据《关于国内旅客运输服务进项税抵扣等增值税征管问题的公告》（国家税务总局公告 2019 年第 31 号）的规定，纳税人提供建筑服务，按照规定允许从其取得的全部价款和价外费用中扣除的分包款，是指支付给分包方的全部价款和价外费用。

② 　适用简易计税方法计税的项目可差额扣除的分包发票包括增值税专用发票和普通发票。

规定是延迟了符合条件的预收款的纳税义务，并没有明确指出建筑服务预收款要开具"不征税"发票。但不征税税收编码中增加了"612建筑服务预收款"，笔者认为建筑企业收到预收款可以开具编码为612"建筑服务预收款"的"不征税发票"，待增值税纳税义务发生时再开具相应税率的工程进度款发票；

（3）直接开具相应税率的增值税发票，但增值税纳税义务随即产生。开具第一类、第二类凭据的关键前提是业主认可且必须要按规定预缴增值税。

2. 开具"不征税"发票的会计处理

建筑企业收到预收款开具"不征税"发票的，暂不确认合同收入；发包方凭"不征税"发票可以作为账款往来的结算凭证，不计入建安成本，应该计入"预付账款"，等待建安成本正式发生以后再从"预付账款"中转入相应的成本科目中，届时建筑企业将开具相应税率增值税发票。建筑企业在开具"不征税"发票的当期无须申报"不征税"发票中的销售额，待增值税纳税义务发生时、开具相应税率的进度款发票时再进行申报。工程预收款的预缴增值税及附加税费的会计处理，按照本节前述的异地提供建筑服务预缴增值税的会计处理方法处理即可。

4.3.3 预缴增值税所需的材料及预缴台账

1. 预缴增值税所需材料

建筑企业异地施工预缴增值税时，需要提交的资料包括：与发包方签订的建筑合同复印件；与分包方签订的分包合同复印件；从分包方取得的发票复印件；增值税预缴税款表。预缴税款表格式见表4-16。

表 4-16 预缴增值税所需材料表

适用情形	材料名称	数量
跨地提供建筑服务的纳税人	增值税预缴税款表	2份
有以下情形的，还应提供相应材料		
适用情形	材料名称	数量
跨地提供建筑服务的纳税人	（1）与发包方签订的建筑合同复印件（加盖纳税人公章）	1份
	（2）与分包方签订的分包合同复印件（加盖纳税人公章）	
	（3）从分包方取得的发票复印件（加盖纳税人公章）	

建筑企业的工程项目应该按照项目分别计算预缴税款，分别预缴，预缴

税款表见表 4-17。对跨地区提供建筑服务的纳税人应该自行建立预缴税款台账，区分不同地区和项目逐笔登记全部收入、支付的分包、已扣除的分包款、扣除的分包款发票号、已交税款的完税凭证号等。预缴税款台账见表 4-18。

表 4-17　增值税预缴税款表

税款所属时间：　　年　　月　　日至　　年　　月　　日

纳税人识别号：□□□□□□□□□□□□□□□□□□□□　是否适用一般计税方法　　是□　否□

纳税人名称：（公章）				金额单位：元（列至角分）	
项目编号			项目名称		
项目地址					
预征项目和栏次		销售额	扣除金额	预征率	预征税额
		1	2	3	4
建筑服务	1				
销售不动产	2				
出租不动产	3				
—	4				
—	5				
合计	6				
授权声明	如果你已委托代理人填报，请填写下列资料：　　为代理一切税务事宜，现授权_____（地址）_____为本次纳税人的代理填报人，任何与本表有关的往来文件，都可寄予此人　　授权人签字：		填表人申明	以上内容是真实的、可靠的、完整的。　　　　纳税人签字：	

表 4-18　预缴税款台账

单位名称：　　　　　　　　　　　年度：　　　　　　　　　　　　　单位：元

序号	日期	工程地点	项目名称	开票或收款金额	支付分包款	扣除分包款		已预缴税款	完税凭证号码	备注
						已扣除分包款	发票号码			

2. 部分地区已实现异地施工网上预缴增值税

建筑企业跨区域涉税事项环节多、税种多、往返次数多，部分地区税务机关已经取消跨区域涉税事项报验程序，实行系统自动报验，并整合增值税、城市维护建设税、印花税、企业所得税等 6 个申报表，实现"一表集成"。已经实现外省纳税人异地注册、异地报验、异地扣缴、本地清算。

目前北京、上海、浙江、山东、山西、广东等很多地区已经实现异地施工网上预缴增值税，不需要现场办理预缴手续。在这些试点地区发生跨区"建筑服务"业务，需办理跨区税源登记，然后通过电子税务局提交申请，录入计税方法、销售额，根据实际情况确定是否有扣除金额，增值税预征税额自动计算。根据实际发生业务情况，上传电子版"与分包方签订的分包合同复印件（加盖纳税人公章）"和"从分包方取得的发票复印件（加盖纳税人公章）"。附加税申报表的数据均根据增值税预缴申报表自动带出，无须自行填写。增值税预缴资料填写完成以后，确定无误后，点击"申报"，系统给出申报结果，在系统中直接点击"缴税"完成税费缴纳工作。

4.4　建筑企业的增值税会计核算

建筑企业提供建筑服务应当按照《企业会计准则第 14 号——收入》或《企业会计制度》《小企业会计准则》进行会计核算，同时应当结合建筑服务的增值税纳税义务发生时间规定及价税分离特点，按照《财政部关于印发〈增值税会计处理规定〉的通知》（财会〔2016〕22 号）的有关规定对相关业务进行会计处理。

4.4.1　建筑企业增值税会计科目解析

根据《财政部关于印发〈增值税会计处理规定〉的通知》（财会〔2016〕22 号）关于增值税核算的规定，建筑企业一般纳税人在"应交税费"下应该设置 10 个二级科目，分别是：应交增值税、未交增值税、预交增值税、待抵扣进项税额、待转销项税额、待认证进项税额、增值税留抵税额、简易计税、转让金融商品应交增值税、代扣代交增值税。二级科目中待转销项税额、待认证进项税额、简易计税为全面"营改增"后新增加。

1. 建筑企业一般纳税人常用的"应交税费"二级科目

简要介绍一下七个建筑企业常用的"应交税费"二级明细科目：

（1）"应交增值税"明细科目

该科目与常规企业的明细基本一致，核算一般计税项目的销项税额、进项税额、减免税额等，月末将应交未交增值税通过"转出未交增值税"三级明细科目结转到"未交增值税"二级科目。在"应交增值税"二级科目下再设 10 个三级明细科目："进项税额""销项税额抵减""已交税金""转出未交增值税""减免税款""出口抵减内销产品应纳税额""销项税额""出口退税""进项税额转出""转出多交增值税"。建筑企业常用的明细科目主要有："进项税额""转出未交增值税""销项税额""进项税额转出"。

（2）"未交增值税"明细科目

该科目核算一般纳税人月度终了从"应交增值税"或"预交增值税"明细科目转入当月应交未交、多交或预交的增值税额，以及当月交纳以前期间未交的增值税额。

【案例 4-10】 铁蛋建筑公司 2023 年 10 月取得某工程项目业主确认的工程量计价单，工程计价金额 5 450 万元（含税），并向业主开具相应金额发票，其中销项税额 450 万元。当月铁蛋建筑公司发生成本 4 000 万元，取得的增值税专用发票勾选确认的进项税额共计 390 万元（取得的部分增值税专用发票税率为 13%，部分征收率为 3%），当月异地施工项目在工程所在地已经预缴了 20 万元增值税，次月 15 日进行增值税纳税申报并缴纳增值税，会计处理如下（暂时忽略附加税费）：

```
借：应收账款——工程进度款                54 500 000
    贷：合同结算——价款结算                          50 000 000
        应交税费——应交增值税（销项税额）             4 500 000
借：合同履约成本——工程施工——明细科目    40 000 000
    应交税费——应交增值税（进项税额）        3 900 000
    贷：应付账款、银行存款等科目                      43 900 000
借：应交税费——未交增值税                    200 000
    贷：应交税费——预交增值税                          200 000
借：应交税费——预交增值税                    200 000
    贷：银行存款                                      200 000
```

借：应交税费——应交增值税（转出未交增值税）　　600 000

　　贷：应交税费——未交增值税　　　　　　　　　　　　　600 000

当期铁蛋建筑公司的"应交税费——未交增值税"科目贷方余额为 40 万元，表示当期该公司在机构所在地应缴纳的增值税为 40 万元。

（3）"预交增值税"明细科目

该科目核算一般纳税人销售不动产、提供不动产经营租赁服务、提供建筑服务、采用预收款方式销售自行开发的房地产项目，以及其他按增值税制度规定应预缴的增值税额。建筑企业采用一般计税方法计税的工程项目在发生预缴增值税时通过本科目核算。

"应交税费——预交增值税"科目的使用在本章前述有关异地施工预缴增值税、取得预收款预缴增值税的内容中已经举例说明，此处不再赘述。

（4）"待抵扣进项税额"明细科目

该科目核算一般纳税人已取得增值税扣税凭证并经税务机关认证，按照增值税制度规定准予以后期间从销项税额中抵扣的进项税额。

（5）"待认证进项税额"明细科目

该科目核算一般纳税人由于未经税务机关认证而不得从当期销项税额中抵扣的进项税额，已取得增值税扣税凭证、按照增值税制度规定准予从销项税额中抵扣，但尚未经税务机关认证的进项税额；一般纳税人已申请稽核但尚未取得稽核相符结果的海关缴款书进项税额。

【案例 4-11】　铁蛋建筑公司，采购一批水泥含税金额 113 万元，其中增值税额 13 万元，取得增值税专用发票一张，当月未勾选确认，会计处理如下：

借：原材料　　　　　　　　　　　　　　　　1 000 000

　　应交税费——待认证进项税额　　　　　　　　130 000

　　贷：应付账款/银行存款　　　　　　　　　　　　　1 130 000

发票勾选确认时：

借：应交税费——应交增值税（进项税额）　　130 000

　　贷：应交税费——待认证进项税额　　　　　　　　　130 000

（6）"待转销项税额"明细科目

该科目核算一般纳税人销售货物、加工修理修配劳务、服务、无形资产或不动产，已确认相关收入（或利得）但尚未发生增值税纳税义务而需于以后期间确认为销项税额的增值税额。建筑企业用"应交税费——待转销项税额"科目，主要在已经确认工程量计价金额、尚未开具发票、尚未收到工程款，确认"合同结算""主营业务收入"时，增值税纳税义务尚未发生时使用。

【案例 4-12】 铁蛋建筑公司 2023 年 11 月收到建设方确认的工程量计价，含税价格 1 090 万元，该项目为一般计税项目，未开具工程进度款发票，款项未收。2023 年 12 月向建设方开具相应发票并收取进度款。

借：应收账款   10 900 000
  贷：合同结算——价款结算   10 000 000
    应交税费——待转销项税额   900 000

次月向建设方开具发票、收工程款时：

借：应交税费——待转销项税额   900 000
  贷：应交税费——应交增值税（销项税额） 900 000
借：银行存款   10 900 000
  贷：应收账款   10 900 000

（7）"简易计税"明细科目

该科目核算一般纳税人采用简易计税方法发生的增值税计提、扣减、预缴、缴纳等业务。建筑企业一般纳税人选择简易计税的工程项目使用该科目，实务中为了核算的更加准确、清晰，在"简易计税"科目下至少设四个明细科目：应交总包税额、分包扣除税额、预交增值税、应交增值税。注意，本科目适用于增值税一般纳税人采用简易计税方法的工程项目核算，这和增值税小规模纳税人采用简易计税方法计税的适用会计科目存在区别。

"应交税费——简易计税"科目期末余额在贷方时，表示当月应交增值税，若余额在借方表示当月可差额扣除的分包税额大于总包税额，当月无须缴纳增值税。

【案例 4-13】 铁蛋建筑公司的某总承包项目为异地施工项目，属于清包工工程，因此选择简易计税方法计税。2023 年 10 月，铁蛋建筑公司确认工程计价金额 103 万元（含税），并据此开具相应金额的总包发票；对劳务分包进行工程计量，计量金额 721 万元（含税），并取得相应金额的劳务分包发票，假设劳务分包也按照清包工选择简易计税方法。

①确认该项目工程计价金额。

借：应收账款——工程进度款   1 030 000
  贷：合同结算——价款结转   1 000 000

　　　　应交税费——简易计税（应交总包税额）　　　　　30 000

②确认该项目劳务分包成本。

　　借：合同履约成本——工程施工——人工费　　　　700 000

　　　　应交税费——简易计税（分包扣除税额）　　　　21 000

　　　贷：银行存款　　　　　　　　　　　　　　　　　721 000

③计算应缴纳的增值税。

　　借：应交税费——简易计税（应交总包税额）　　　　30 000

　　　贷：应交税费——简易计税（分包扣除税额）　　　21 000

　　　　　应交税费——简易计税（应交增值税）　　　　　9 000

④异地应预缴增值税。

应预缴增值税＝(1 030 000－721 000)÷(1＋3％)×3％＝9 000(元)

　　借：应交税费——简易计税（预交增值税）　　　　　9 000

　　　贷：银行存款　　　　　　　　　　　　　　　　　　9 000

该项目在机构所在地进行增值税申报时不需要再缴纳增值税，但需要进行会计处理。

　　借：应交税费——简易计税（应交增值税）　　　　　9 000

　　　贷：应交税费——简易计税（预交增值税）　　　　9 000

核算到目前为止，铁蛋建筑公司该项目"应交税费——简易计税"科目下的所有明细科目都已经结平，应交纳的增值税也已交。

2. 建筑业小规模纳税人的"应交税费——应交增值税"科目运用

建筑企业小规模纳税人，在增值税核算科目方面设置相对简单一些，只需要在"应交税费"科目下设置一个"应交增值税"二级明细科目即可。"应交增值税"科目的贷方核算应缴纳的税额，借方核算可以差额扣除的分包税额和缴纳的增值税。若因业务需要设置其他明细科目，也可根据实际需求进行增设。例如接受境外单位或个人在境内提供的应税行为而支付款项需要代扣代缴增值税的，也可以增设"代扣代交增值税"科目。

【案例4-14】　铁蛋建筑公司为增值税小规模纳税人，执行《小企业会计准则》。工程项目的开竣工时间未跨会计年度，不采用完工进度确认合同收入。假设某月收到工程进度款103万元，并开具了相应金额进度款发票，会计处理如下：

　　借：银行存款　　　　　　　　　　　　　　　　1 030 000

贷：主营业务收入   1 000 000

  应交税费——应交增值税   30 000

 次月，申报缴纳增值税：

借：应交税费——应交增值税   30 000

  贷：银行存款   30 000

4.4.2 总公司与内部承包单位的增值税管理与会计核算

建筑企业的分公司作为增值税独立纳税人，在增值税会计核算与申报缴纳上完全独立，对所属项目部的增值税管理思路也与总公司一致，因此本节不对"总公司——分公司——项目部"模式的增值税管理展开阐述，仅阐述总公司与内部承包单位的增值税管理与会计核算。

总公司与内部核算单位之间的增值税管理与会计处理，是笔者在全面"营改增"以后一直思考和研究的内容之一。笔者在本书第一章已经介绍"总公司——总承包部——项目部"模式的基本概念和管理模式，这里不对总承包部的概念再详细赘述。

建筑企业的增值税会计处理、管理模式与普通商贸企业、制造企业的有着明显区别，特别是涉及"总公司——总承包部（内部分公司）——项目部"模式的建筑企业。总公司为了管理绩效考核、承包业绩考核，既要做好整体税负筹划，又要区分清楚每一个内部承包单位的税负，因此建筑企业总公司与内部承包单位的增值税管理与会计核算就相对复杂一些。

1. "总公司—总承包部—项目部"模式下的增值税管理

（1）增值税发票管理。

建筑企业的总承包部、项目部没有相应资质，以总公司的名义承揽工程项目、签订承包合同、负责项目施工管理、进行工程结算。总承包部收到的费用发票的购买方名称为总公司的名称，向客户开具销项发票的销售方名称也是总公司的名称。在会计上总承包部按照分公司模式进行会计核算，在税务上由总公司统一开票、统一勾选确认、统一申报，发票和会计凭证进行分级管理、分级保管。建筑企业总公司可向税务机关申领六联版的增值税专用发票，由总承包部提交开票申请，总公司统一开票，总公司和总承包部均留存一联记账联。总承包部取得的进项增值税发票统一在总公司进行勾选确认，发票联在总承包部留存记账，抵扣联在总公司留存，总承包部以进项发票勾选确认表（勾选确认台账）作为增值税相关会计处理的凭据即可。

（2）增值税会计核算。

"总公司——总承包部——项目部"的增值税会计核算应从最原始账套即项目级账套开始。如果项目级未设账套，直接在总承包部级账套采用项目辅助核算亦可，核算增值税时均通过"应交税费"下的具体科目按照增值税核算规则正常核算。月末，将"应交税费"科目下所有影响"应交税费——未交增值税""应交税费——简易计税"科目数据的科目余额（影响当期应交未交的增值税会计核算的因素），全部通过"内部往来——上级公司——明细科目"结平，结转到上一级核算单位，直至总机构，由总公司统一申报缴纳。简而言之"分级核算、逐级结转、汇总申报"。

2. "总公司—总承包部—项目部"模式下的增值税会计核算

接下来以"总公司——总承包部——项目部"的增值税会计核算为案例，解析全面"营改增"以后建筑企业的增值税管理与会计核算。

（1）总承包部的会计核算。

本案例仅适用于总公司与总承包部之间的增值会计核算与管理，所有销项发票均以总公司的名义对外开具，成本和费用发票均以总公司的名义向外收取。总承包部进行独立的会计核算、独立管理账册凭证、独立管理相关发票，每月编制报表上交总公司，总公司汇总报表对外申报。总公司的账务数据来源，除了本级发生的数据以外，来自总承包部、事业部和直营项目开具的发票、勾选确认的增值税专用发票、上报的报表数据。具体内容见表 4-19。

表 4-19 建筑企业总公司、内部核算单位（总承包部）、项目部增值税会计核算科目设置

一级代码	一级科目	二级代码	二级科目	三级代码	三级科目
2221	应交税费	222101	应交增值税	22210101	进项税额
				22210102	销项税额抵减
				22210103	已交税金
				22210104	转出未交增值税
				22210105	减免税款
				22210106	销项税额
				22210107	进项税额转出
				22210108	转出多交增值税

一级代码	一级科目	二级代码	二级科目	三级代码	三级科目
2221	应交税费	222102	未交增值税	—	—
		222103	待抵扣进项税额	—	—
		222104	增值税留抵税额	—	—
		222105	预交增值税	—	—
		222106	待认证进项税额	22210601	一般计税项目
				22210602	公司管理费用
				22210603	简易计税项目
		222107	待转销项税额	22210701	一般计税项目
				22210702	简易计税项目
		222108	简易计税	22210801	应交总包税额
				22210802	分包扣除税额
				22210803	预交增值税
				22210804	应交增值税
		222109	应交城市维护建设税	—	—
		222110	应交教育费附加	—	—
		222111	应交地方教育附加	—	—
		222112	应交企业所得税	—	—
		222113	应交个人所得税	—	—
1131	内部往来	113101	应交总公司增值税	11310101	销项税额
				11310102	进项税额
				11310103	进项税额转出
				11310104	预交增值税
				11310105	简易计税
		113102	应交总公司附加税	11310201	城市维护建设税
				11310202	教育费附加
				11310203	地方教育附加

【案例 4-15】 西红市铁蛋建筑集团有限公司南方总承包部（以下简称"南方总承包部"）隶属于铁蛋建筑集团有限公司（以下简称"铁蛋建筑集团"），以铁蛋建筑集团的名义向客户开具销项发票、向供应商收取成本费用发票，但设置会计账套进行独立会计核算，铁蛋建筑集团对其进行业绩考核，执行《企业会计准则》。目前拥有一个简易计税项目：2023 年 1 月开工的铁

蛋家园一期项目；两个一般计税项目分别为：2023 年 5 月开工的铁蛋家园二期项目，2023 年 1 月开工的铁蛋家园三期项目。三个工程项目均在南方某省同一地级市的某县城，附加税费税费率分别为：城市维护建设 5‰、教育费附加 3‰、地方教育附加 2‰。2023 年 6 月发生以下业务。

（1）铁蛋家园二期项目确认一笔应收款 545 万元，发票未开。

借：应收账款——工程进度款   5 450 000

  贷：合同结算——价款结算   5 000 000

    应交税费——待转销项税额   450 000

（2）铁蛋家园三期项目确认一笔应收款 10 900 000 元。当期开具相应金额增值税专用票。当期收到劳务分包专用发票 2 060 000 元，其中，税额 60 000 元；取得专业分包增值税专用发票 2 180 000 元，其中税额 180 000 元。分包款全部支付。

借：应收账款   10 900 000

  贷：合同结算——价款结算   10 000 000

    应交税费——应交增值税（销项税额） 900 000

借：合同履约成本——工程施工——人工费 2 000 000

      ——工程施工——分包费 2 000 000

  应交税费——应交增值税（进项税额）(6 0000＋180 000)

              240 000

  贷：银行存款   4 240 000

预交增值税＝［（10 900 000－2 060 000－2 180 000）÷1.09］×2‰＝122 201.83（元）

借：应交税费——预交增值税   122 201.83

  贷：银行存款   122 201.83

计算缴纳附加税费：

城市维护建设税＝122 201.83×5‰＝6 110.09（元）

教育费附加＝122 201.83×3‰＝3 666.05（元）

地方教育附加＝122 201.83×2‰＝2 444.04（元）

借：税金及附加   12 220.18

  贷：应交税费——应交城市维护建设税 6 110.09

      ——应交教育费附加   3 666.05

	——应交地方教育附加	2 444.04

借：应交税费——应交城市维护建设税　　　　　6 110.09

　　　　——应交教育费附加　　　　　　　　　3 666.05

　　　　——应交地方教育附加　　　　　　　　2 444.04

　　贷：银行存款　　　　　　　　　　　　　　12 220.18

（3）南方总承包部行政部门组织铁蛋家园二期、铁蛋家园三期财务人员参加建筑业财税培训，支出培训费 21 200 元。取得增值税专用发票一张，其中税额 1 200 元，发票已勾选确认。

借：管理费用——培训费　　　　　　　　　　　20 000

　　应交税费——应交增值税（进项税额）　　　 1 200

　　贷：银行存款　　　　　　　　　　　　　　21 200

（4）铁蛋家园二期项目购买材料支付 226 万元，取得增值税专票，税额 26 万元，款项未付，增值税专票已勾选确认。

借：原材料——明细科目　　　　　　　　　　2 000 000

　　应交税费——应交增值税（进项税额）　　　260 000

　　贷：应付账款——材料费　　　　　　　　2 260 000

（5）南方总承包部行政部购买一批办公用品，打算用于一般计税项目，取得增值税专用发票 5 650 元，其中增值税 650 元，该专票已经勾选确认。月底该批办公用品在仓库屯放时丢失。

借：管理费用——办公费　　　　　　　　　　　 5 000

　　应交税费——应交增值税（进项税额）　　　　 650

　　贷：银行存款　　　　　　　　　　　　　　 5 650

借：管理费用——办公费　　　　　　　　　　　　 650

　　贷：应交税费——应交增值税（进项税额转出）　 650

借：营业外支出　　　　　　　　　　　　　　　 5 650

　　贷：管理费用——办公费　　　　　　　　　　 5 650

（6）铁蛋家园二期项目开具 218 万元增值税专用发票，其中价款 200 万元，增值税额 18 万元，当期未取得分包发票。

借：应交税费——待转销项税额　　　　　　　　180 000

　　贷：应交税费——应交增值税（销项税额）　　180 000

预交增值税＝（2 180 000÷1.09）×2％＝40 000(元)

借：应交税费——预交增值税   40 000

 贷：银行存款   40 000

计算预缴附加税费：

城市维护建设税＝40 000×5％＝2 000（元）

教育费附加＝40 000×3％＝1 200（元）

地方教育附加＝40 000×2％＝800（元）

借：税金及附加   4 000

 贷：应交税费——应交城市维护建设税   2 000

     ——应交教育费附加   1 200

     ——应交地方教育附加   800

借：应交税费——应交城市维护建设税   2 000

     ——应交教育费附加   1 200

     ——应交地方教育附加   800

 贷：银行存款   4 000

（7）铁蛋家园三期项目发生一笔零星机械费 11 300 元，取得增值税专用发票一张，其中税额 1 300 元。该发票已经勾选确认。

借：合同履约成本——工程施工——机械费 10 000

  应交税费——应交增值税（进项税额） 1 300

 贷：银行存款   11 300

（8）铁蛋家园一期确认一笔应收款 1 030 万元，已经开具相应发票；取得一张劳务分包增值税普通发票 927 万元，分包税额已扣除，应预缴的增值税及附加已预缴。

①以前会计期确认分包成本。

借：合同履约成本——工程施工——人工费 9 000 000

  应交税费——简易计税（分包扣除税额） 270 000

 贷：应付账款——劳务分包商   9 270 000

需要注意的是：以前会计期如果按照含税价暂估计入"合同履约成本——工程施工——人工费"，则取得劳务分包发票的当期，按照可扣除的分包税额冲减"合同履约成本"；如果前期按照不含税价暂估计入"合同履约成本"，未进行相关税费处理，按照取得发票的金额红冲暂估金额，按照发票上的价款入"合同履约成本"，税款在取得分包发票的当期或进行差额预缴的当期，将可扣除的分包税额计入"应交税费——简易计税"下的明细科目中。

②本期确认应收账款及应交增值税。

借：应收账款   10 300 000

  贷：合同结算——价款结算   10 000 000

    应交税费——简易计税（应交总包税额） 300 000

借：应交税费——简易计税（总包税额） 300 000

  贷：应交税费——简易计税（分包扣除税额） 270 000

    ——简易计税（应交增值税） 30 000

③计算并缴纳异地应预交的增值税＝（1 030－927）÷（1＋3％）×3％＝30 000（元）

借：应交税费——简易计税（预交增值税） 30 000

  贷：银行存款   30 000

④计算本期项目所在地缴纳附加费税费。

应交城市维护建设税＝30 000×5％＝1 500（元）

应交教育费附加＝30 000×3％＝900（元）

应交地方教育附加＝30 000×2％＝600（元）

借：税金及附加   3 000

  贷：应交税费——应交城市维护建设税 1 500

    ——应交教育费附加   900

    ——应交地方教育附加   600

借：应交税费——应交城市维护建设税 1 500

  ——应交教育费附加   900

  ——应交地方教育附加   600

  贷：银行存款   3 000

借：应交税费——简易计税（应交增值税） 30 000

  贷：应交税费——简易计税（预交增值税） 30 000

截至目前，铁蛋建筑集团南方总承包部的财务管理部门可通过平时开具销项发票、勾选确认进项发票、增值税预缴表、日常会计处理、会计科目余额计算得到以下三个表格，分别见表4-20至表4-22。

表 4-20　铁蛋建筑南方总承包部增值税及附加预缴统计表

2023 年 6 月　　　　　　　　　　　　　　　　　　　　单位：元

项目名称	含税总包额	含税分包额	异地缴纳增值税	异地城建税	异地教育费附加	异地地方教育附加	异地缴纳附加税费小计
	1	2	3	4＝3×5%	5＝3×3%	6＝3×2%	7＝4+5+6
铁蛋家园一期	10 300 000	9 270 000	30 000	1 500	900	600	3 000
铁蛋家园二期	2 180 000	—	40 000	2 000	1 200	800	4 000
铁蛋家园三期	10 900 000	4 240 000	122 201.83	6 110.09	3 666.06	2 444.04	12 220.18
合计	23 380 000	13 510 000	192 201.83	9 610.09	5 766.06	3 844.04	19 220.18

表 4-21　铁蛋建筑南方总承包部应交增值税统计表

2023 年 6 月　　　　　　　　　　　　　　　　　　　　单位：元

项目名称	销项税额（总包税额）①	进项税额（分包扣除额）②	进项税额转出③	异地预交增值税④	机构地应交增值税⑤＝①－②+③－④
铁蛋家园一期	300 000	270 000	0	30 000	0
简易计税小计	300 000	270 000	0	30 000	0
铁蛋家园二期	180 000	260 000	—	40 000	−120 000
铁蛋家园三期	900 000	241 300	—	122 201.83	536 498.17
南方总承包部本级	—	1 850	650	—	−1 200
一般计税小计	1 080 000	503 150	650	162 201.83	415 298.17
合计	1 380 000	773 150	650	192 201.83	415 298.17

表 4-22　铁蛋建筑南方总承包部应交附加税费统计表

2023 年 6 月　　　　　　　　　　　　　　　　　　　　单位：元

项目名称	应交增值税	应交城市维护建设税	应交教育费附加	应交地方教育附加	应交附加费合计
铁蛋家园一期	0	0	0	0	0
铁蛋家园二期	−120 000	−8 400	−3 600	−2 400	−14 400
铁蛋家园三期	536 498.17	37 554.87	16 094.95	10 729.96	64 379.78
南方总承包部本级	−1 200	−84	−36	−24	−144
合计	415 298.17	29 070.87	12 458.95	8 305.96	49 835.78

根据前面我们所讲述的"总公司——总承包部——项目部"的增值税会计核算核心思路：分级核算、逐级结转、汇总申报，南方总承包部进行以下会计处理。

借：内部往来——应交总公司增值税（进项税额）　　503 150

　　应交税费　　应交增值税（销项税额）　　1 080 000

　　内部往来——应交总公司增值税（预交增值税）

　　　　　　　　　　　　　　　　　　　　　　162 201.83

　　应交税费——应交增值税（进项税额转出）　　　650

　贷：应交税费——应交增值税（进项税额）　　503 150

　　　内部往来——应交总公司增值税（销项税额）　1 080 000

　　　应交税费——预交增值税　　　　　　　　162 201.83

　　　内部往来——应交总公司增值税（进项税额转出）　650

通过分级核算、逐级结转之后，铁蛋建筑集团南方总承包部的"内部往来——应交总公司增值税"科目的贷方余额为415 298.17元，即需要向总公司上交增值税款415 298.17元，并据此计算应上交给总公司的附加税费。

以上只是简易显示结转分录，为了精细化管理，建筑企业总承包部可能需要设置项目辅助项和客商辅助项，按工程项目逐一结转。根据以上结转分录后的"内部往来——应交总公司增值税"的科目余额方向，判断是否需要向总公司缴纳增值税及附加税费。

上述案例中，铁蛋家园一期项目为选择适用简易计税方法计税的异地施工项目，应交的增值税已经在预缴环节缴纳完毕并进行了相应的会计核算，在机构所在地不需要再缴纳增值税及附加税费，因此不需要结转该项目"应交税费——简易计税"科目下的明细科目余额。铁蛋建筑集团的总部只需要凭借向客户开具的该项目的总包发票和异地预缴增值税及附加的凭据进行纳税申报和相关处理。

如果铁蛋建筑集团南方总承包部的铁蛋家园一期项目在预缴增值税后只对预缴增值税及附加税费业务作了会计处理，未对"应交税费——简易计税"的相关明细科目作结转，即只作了如下会计处理：

借：合同履约成本——工程施工——人工费　　9 000 000

　　应交税费——简易计税（分包扣除税额）　　270 000

　贷：应付账款——劳务分包商　　　　　　　9 270 000

借：应收账款   10 300 000

   贷：合同结算——价款结算   10 000 000

       应交税费——简易计税（应交总包税额）   300 000

借：应交税费——简易计税（预交增值税）   30 000

   贷：银行存款   30 000

借：税金及附加   3 000

   贷：应交税费——城市维护建设税   1 500

           ——应交教育费附加   900

           ——应交地方教育附加   600

借：应交税费——应交城市维护建设税   1 500

          ——应交教育费附加   900

          ——应交地方教育附加   600

   贷：银行存款   3 000

铁蛋建筑集团南方总承包部在期末需要将"应交税费——简易计税"下的明细科目通过"内部往来——应交总公司增值税——简易计税"科目结平，会计处理如下：

借：应交税费——简易计税（应交总包税额）   300 000

内部往来——应交总公司增值税——简易计税（分包扣除税额）

                                           270 000

        ——应交总公司增值税——简易计税（预交增值税）

                                           30 000

   贷：内部往来——应交总公司增值税——简易计税（应交总包税额）

                                         300 000

       应交税费——简易计税（分包扣除税额）   270 000

           ——简易计税（预交增值税）   30 000

南方总承包该项目的"应交税费——简易计税"的明细科目已经全部结平，且"内部往来——应交总公司增值税——简易计税"科目的余额为0，该简易计税项目不需要向铁蛋建筑集团公司上交增值税及附加税费。如果南方总承包部按照此方式对该异地施工的简易计税项目的"应交税费——简易计税"明细科目作了结转，则铁蛋建筑集团公司总部也需要作相应处理。

通过以上会计处理，南方总承包部的"应交税费"相关科目进行结转以后，"内部往来——应交总公司增值税"科目的余额在贷方，表示南方总承包部应该向总公司上交增值税款。附加税费应该参照增值税结转思路，当期如果需要上交总公司增值税，则根据此数计提"税金及附加"，并结转到"内部往来——应交总公司附加税费"明细科目中。

借：税金及附加   49 835.78

    贷：应交税费——应交城市维护建设税   29 070.87

              ——应交教育费附加   12 458.95

              ——应交地方教育附加   8 305.96

借：应交税费——应交城市维护建设税   29 070.87

         ——应交教育费附加   12 458.95

         ——应交地方教育附加   8 305.96

    贷：内部往来——应交总公司附加税费（城市维护建设税）

                                       29 070.87

         ——应交总公司附加税费（教育费附加）

                                     12 458.95

         ——应交总公司附加税费（地方教育附加）

                                     8 305.96

以上只是简易显示结转分录，事实上总承包部在会计处理时可能需要按项目逐一结转。

南方总承包部向铁蛋建筑集团公司上交增值税及附加的会计处理：

借：内部往来——应交总公司增值税（未交增值税）

                                     415 298.17

         ——应交总公司附加税费   49 835.78

    贷：银行存款、内部往来、其他应付款   465 133.95

总公司可以根据各总承包部、直营项目是否上交应交的增值税及附加，决定是否要求它们承担资金占用费。如果需要，总承包部可以将资金占用费计入"管理费用"，同时可以根据具体项目当期的税负分摊资金占用成本，南方总承包部进行如下会计处理：

借：管理费用——资金占用费

    贷：银行存款

借：合同履约成本——工程施工——间接费用

　　贷：管理费用

　　如果当期总承包部、直营项目不需要向总公司上交增值税及附加，出现"进项税额"＋"预交增值税"大于"销项税额"的情况，也就是通常所说的"留抵"，则由总公司给总承包部、直营项目支付资金占用费。

> 　　关于附加税费的会计核算，笔者建议，总承包部、直营项目部在会计核算时，不根据增值税对应的附加税费按权责发生制预提，而是在实际缴纳或预缴增值税后，按照实际缴纳数或预缴数为基数依所在地税（费）率计算缴纳。按照完税凭证记载的金额，借记"应交税费——应交城市维护建设税"等科目，贷记"银行存款"等科目；借记"税金及附加"科目，贷记"应交税费——应交城市维护建设税"等科目，这种做法类似于"收付实现制"。当期没有实际缴纳或预缴增值税的总承包部、直营项目部无须核算附加税费。

3. 铁蛋建筑集团公司总部的会计核算

　　以铁蛋建筑集团公司总部的角度如何进行会计处理呢？所有销项发票都由集团公司开具，进项发票都由集团公司勾选确认，因此发票开具对应的销项税额、勾选确认的进项税额必须与各个总承包部结转的数据一致。账账相符、账表相符后，进行会计处理。

　　铁蛋建筑集团公司确认销项税额、进项税额、进项转出等会计处理（为了便于计算假设本月该集团公司的增值税数据仅有南方总承包部一家数据）：

借：应交税费——应交增值税（进项税额）　　　　503 150

　　贷：内部往来——应收总承包部增值税（进项税额）503 150

借：内部往来——应收总承包部增值税（销项税额）

　　　　　　　　　　　　　　　　　　　　　1 080 000

　　贷：应交税费——应交增值税（销项税额）　　1 080 000

借：内部往来——应收总承包部增值税（进项税额转出）650

　　贷：应交税费——应交增值税（进项税额转出）　　650

借：应交税费——预交增值税　　　　　　　162 201.83

　　贷：内部往来——应收总承包部增值税（预交增值税）

　　　　　　　　　　　　　　　　　　　　162 201.83

借：应交税费——应交增值税（转出未交增值税）　　577 500

　　　　　　——未交增值税　　　　　　　　　162 201.83

　　贷：应交税费——未交增值税　　　　　　　　　　577 500

　　　　　　——预交增值税　　　　　　　　　162 201.83

通过以上结转分录，铁蛋建筑集团公司总部账面"内部往来——应收总承包部增值税——明细科目"的辅助项查找到"南方总承包部"的余额在该科目的借方，代表南方总承包部应该上交增值税及附加，集团公司总部计提南方总承包部应交增值税产生的税金及附加。

借：内部往来——应收总承包部附加税费（城市维护建设税）

　　　　　　　　　　　　　　　　　　　　　　29 070.87

　　　　　——应收总承包部附加税费（教育费附加）

　　　　　　　　　　　　　　　　　　　　　　12 458.95

　　　　　——应收总承包部附加税费（地方教育附加）

　　　　　　　　　　　　　　　　　　　　　　8 305.96

　　贷：应交税费——应交城市维护建设税　　　　29 070.87

　　　　　　——应交教育费附加　　　　　　　　12 458.95

　　　　　　——应交地方教育附加　　　　　　　　8 305.96

铁蛋建筑集团公司对南方总承包部上交增值税及附加进行会计处理。

借：银行存款、内部往来、其他应收款　　　　　465 133.95

　　贷：内部往来——应收总承包部增值税（未交增值税）

　　　　　　　　　　　　　　　　　　　　　415 298.17

　　　　　　——应收总承包部附加税费（应交附加税费）

　　　　　　　　　　　　　　　　　　　　　　49 835.78

铁蛋建筑集团公司按照此思路逐一结转各总承包部、直营项目的应交增值税，统一对外申报缴纳，减少编制台账。

4.4.3　"公司总部—项目部"模式的增值税管理与会计核算

◤ "公司总部—项目部"模式下的增值税会计核算

"公司总部—项目部"模式下的增值税管理与会计核算思路和前述"总公司—总承包部—项目部"模式基本一致，只是省去了总承包部这一管理环节，由公司总部直接对项目部进行垂直管理，相同的管理思路这里不再赘述。

【案例4-16】 2023年5月，铁蛋建筑集团公司在A省承揽了某道路桥梁工程，当年6月正式施工，该项目的计税方式为一般计税，合同中约定每期根据计价金额的80%支付相应进度款。2023年9月，铁蛋建筑集团向钢蛋专业分包公司支付了327万元分包款，并取得增值税专用发票。同期A省某高速公路集团对铁蛋建筑集团公司的该项目进行了首次验工计价，计价金额1 090万元（含税），要求铁蛋建筑集团当期开具计价金额80%的相应发票，即872万元。假设当月没有其他经济事项，暂略附加税费的影响，增值税相关会计处理如下：

项目部应预缴的增值税$=(872-327)\div(1+9\%)\times 2\%=10$（万元）

该项目在机构所在地应交增值税$=72-27-10=35$（万元）

铁蛋建筑集团公司总部与项目部的会计处理如下：

（1）项目部确认工程分包成本。

借：合同履约成本——工程施工——分包费   3 000 000

    应交税费——应交增值税（进项税额）   270 000

  贷：银行存款   3 270 000

（2）项目部确认总承包工程计价金额。

借：应收账款——工程进度款   10 900 000

  贷：合同结算——价款结算   10 000 000

      应交税费——待转销项税额   900 000

（3）项目部预缴增值税，并向客户开具872万元总承包发票，增值税额72万元。

借：应交税费——待转销项税额   720 000

  贷：应交税费——应交增值税（销项税额）   720 000

借：应交税费——预交增值税   100 000

  贷：银行存款   100 000

（4）月末结转预交增值税、应交增值税。

借：内部往来——应交总公司增值税（预交增值税）   100 000

  贷：应交税费——预交增值税   100 000

借：应交税费——应交增值税（销项税额）   720 000

  贷：内部往来——应交总公司增值税（销项税额）   720 000

借：内部往来——应交总公司增值税（进项税额）　270 000

　　贷：应交税费——应交增值税（进项税额）　270 000

（5）铁蛋建筑集团公司总部接收各项目结转数据。

借：应交税费——预交增值税（项目辅助）　100 000

　　贷：内部往来——应收项目部增值税（预交增值税）100 000

借：应交税费——应交增值税（进项税额）（项目辅助）

　　　　　　　　　　　　　　　　　　　　　270 000

　　贷：内部往来——应收项目部增值税（进项税额）　270 000

借：内部往来——应收项目部增值税（销项税额）　720 000

　　贷：应交税费——应交增值税（销项税额）（项目辅助）720 000

（6）铁蛋建筑集团公司总部计算当期应交增值税。

借：应交税费——应交增值税（转出未交增值税）　450 000

　　贷：应交税费——未交增值税　450 000

借：应交税费——未交增值税　100 000

　　贷：应交税费——预交增值税　100 000

（7）铁蛋建筑集团公司总部次月申报缴纳未交增值税。

借：应交税费——未交增值税　350 000

　　贷：银行存款　350 000

（附加税费暂略）

"公司总部—项目部"模式下的增值税纳税管理

1. 公司总部汇总各项目进项发票勾选确认抵扣及转出数据

建筑企业的各工程项目部汇总本月已勾选确认的增值税专用发票，并根据用途判断已勾选确认的增值税专用发票是否可抵扣，如果不符合抵扣条件的，应该在勾选确认之后再做转出。确认后将本月可抵扣的进项税汇总填报"进项税信息统计表"。

各工程项目部在公司总部财务管理部门规定时间内根据用途确定需要进行进项税转出的金额，确认后将本月需转出的进项税额进行相应会计处理，机构申报时直接按当期"进项税额转出"的明细科目发生数填报（见表4-23）。各工程项目部每月在公司总部财务管理部门规定时间内，按要求上报预缴数据资料，包括"预缴税款台账""增值税预缴税款表""预缴税款完税凭证"及其他税务机关要求的留存资料。

表 4-23　铁蛋建筑集团进项发票信息统计表

单位：元

序号	开票日期	销售方	内容	金额	税额	合计	勾选确认状态	状态
1	××	××	水泥	1 000 000	130 000	1 130 000	已勾选确认	可抵扣
2	××	××	空心砖	2 000 000	260 000	2 260 000	已勾选确认	可抵扣
3	××	××	地砖	3 000 000	390 000	3 390 000	已勾选确认	应转出

2. 公司总部汇总各项目的预缴增值税数据及资料

建筑企业公司总部对项目部上报数据进行汇总，将本期销售额、已支付分包款、已预缴税款等项与账面进行核对，核对无误后填报本单位增值税纳税申报表；核对有误的，公司总部税务专员应与项目部沟通查明原因，确定无误再进行申报表填写。对于一般计税项目，根据"应交税费——应交增值税（进项税额）"及"应交税费——应交增值税（进项税转出）"等科目与"进项税信息统计表"进行核对。

工程项目部向建筑服务发生地主管税务机关预缴的增值税税款，可以由机构在当期增值税应纳税额中抵减，抵减不完的，结转下期继续抵减。以预缴税款抵减应纳税额，应以完税凭证作为合法有效凭证。

公司总部财务管理部门应根据汇总数据填报增值税纳税申报表及附表，并与会计涉税报表汇总数据核对一致。公司总部填报完成申报表后，应将主表中本期应补（退）税额与账面数据进行核对，核对无误后进行申报并完成税款缴纳。

（1）增值税预缴税额超过应交税额的处理。

建筑企业如果出现增值税预缴税额超过应交税额的情形（不是某一个项目出现这种情况），有三种处理方式。

①向工程项目所在地税务机关申请退税。

在预缴税费时，计算预缴税额的公式是财政部和国家税务总局文件规定的，项目地的税务机关并没有多收税，怎么退？在实务操作上难度有些大。

②在总部申报纳税时直接抵减。

建筑企业在总机构进行增值税纳税申报时，在申报表把所有项目的预缴金额用于抵减总机构的应纳增值税，操作上可以实现。但是这种非正常的预缴增值税抵减总机构的应纳税，即长期出现预缴金额大于应交税额的极端情况，除非有合理的理由，否则是很难被总机构税务机关接受。例如建筑企业存在较大比重的 BOT 项目，且大部分工程处于建设期，可能就会形成总部应纳税额额很长一段时间内小于已预缴税额。

③向国家税务总局申请暂停预缴增值税。

根据财税 2016 年 36 号文附件 2 的有关规定，"（十一）一般纳税人跨省（自治区、直辖市或者计划单列市）提供建筑服务或者销售、出租取得的与机构所在地不在同一省（自治区、直辖市或者计划单列市）的不动产，在机构所在地申报纳税时，计算的应纳税额小于已预缴税额，且差额较大的，由国家税务总局通知建筑服务发生地或者不动产所在地省级税务机关，在一定时期内暂停预缴增值税。"

上述政策在实际操作中建筑企业如何申请，应该与公司机构地主管税务机关充分沟通。

按照现行政策，出现增值税预缴税额超过应交税额的情形，符合留底退税条件的，可以向公司机构主管税务机关申请留抵退税。

（2）纳税资料及档案的保管。

建筑企业在总机构纳税申报成功后，应将纳税申报表及附表和其他纳税资料，装订成册，按会计凭证保管规定的要求进行保存。资料主要包括："增值税及附加税费申报表（一般纳税人适用）""增值税及附加税费申报表附列资料（一）"（本期销售情况明细）、"增值税及附加税费申报表附列资料（二）"（本期进项税额明细）、"增值税及附加税费申报表附列资料（五）"（附加税费情况表）。预缴税款台账、增值税预缴税款表、项目地预缴税款完税凭证、机构地增值税及附加税费税收完税证明复印件等相关内容。

4.4.4　小规模纳税人增值税免税政策解析

1. 小规模纳税人减免税预缴增值税政策

《财政部　税务总局关于明确增值税小规模纳税人减免增值税等政策的公告》（财政部　税务总局 2023 年第 1 号）和《国家税务总局关于增值税小规模纳税人减免政策有关征管事项的公告》（国家税务局公告 2023 年第 1 号）的有关规定，对案例 4-17 进行分析。

【案例 4-17】　铁蛋建筑公司设立于 2022 年 10 月，属于增值税小规模纳税人，增值税按季申报，在外省的 A 市和 B 市有 2 个建筑项目，适用简易计税。铁蛋建筑公司 2023 年一季度销售额 50 万元，其中在 A 市的工程项目销售额 40 万元，在 B 市的建筑项目销售额 10 万元，铁蛋建筑公司第一季度应如何缴纳增值税？

分析：铁蛋建筑公司 2023 年一季度销售额 50 万元，超过了 30 万元，因此不能享受小规模纳税人免征增值税政策，在机构所在地可享受减按 1‰ 征收率征收增值税政策。在建筑服务预缴地 A 市实现的销售额 40 万元，减按 1‰ 预征率预缴增值税；在建筑服务预缴地 B 市实现的销售额 10 万元，无须预缴增值税。

2. 小规模纳税人放弃享受减免政策如何开具发票

根据国家税务总局 2023 年第 1 号公告规定，小规模纳税人取得应税销售收入，适用国家税务总局 2023 年第 1 号公告第一条规定的免征增值税政策的，纳税人可就该笔销售收入选择放弃免税并开具增值税专用发票。小规模纳税人取得应税销售收入，适用国家税务总局 2023 年第 1 号公告第二条规定的减按 1‰ 征收率征收增值税政策的，应按照 1‰ 征收率开具增值税发票。纳税人可就该笔销售收入选择放弃减税并开具增值税专用发票。

上述政策总结而言，符合条件可以享受免税政策的小规模纳税人，应当开具征收率为 1‰ 的增值税普通发票；如果超过了免税的月度或季度销售额无法享受免税政策，直接可以适用减按 1‰ 征收率具增值税专用发票或增值税普通发票；如果放弃免税政策，可以开具征收率为 1‰ 增值税专用发票；如果放弃减税政策，可以开具原征收率 3‰ 的增值税专用发票。

3. 小规模纳税人享受增值税减免政策的纳税申报

根据国家税务总局 2023 年第 1 号公告的规定，小规模纳税人发生增值税应税销售行为，合计月销售额未超过 10 万元的，免征增值税的销售额等项目应填写在《增值税及附加税费申报表（小规模纳税人适用）》"小微企业免税销售额"或者"未达起征点销售额"相关栏次；减按 1‰ 征收率征收增值税的销售额应填写在"增值税及附加税费申报表（小规模纳税人适用）""应征增值税不含税销售额（3‰ 征收率）"相应栏次，对应减征的增值税应纳税额按销售额的 2‰ 计算填写在"增值税及附加税费申报表（小规模纳税人适用）""本期应纳税额减征额"及"增值税减免税申报明细表"减税项目相应栏次。

4.5 城市维护建设税及教育附加费

城市维护建设税，是为了加强城市的维护建设，扩大和稳定城市维护建设资金的来源，对有经营收入的单位和个人征收的税种。教育费附加是由税务机关负责征收，同级教育部门统筹管理，同级财政部门监督管理，主要用于实施义务教育。

4.5.1　城市维护建设税及教育附加费简述

1. 城市维护建设税的纳税义务人与扣缴义务人

根据《中华人民共和国城市维护建设税法》(以下简称《城市维护建设税法》)规定，在中华人民共和国境内缴纳增值税、消费税的单位和个人，为城市维护建设税的纳税人，应当依照规定缴纳城市维护建设税。

城市维护建设税的扣缴义务人为负有增值税、消费税扣缴义务的单位和个人，在扣缴增值税、消费税的同时扣缴城市维护建税。

2. 城建税的计税依据与税率

（1）城建税的计税依据。

城市维护建设税以纳税人依法实际缴纳的增值税、消费税税额为计税依据。城市维护建设税的计税依据应当按照规定扣除期末留抵退税退还的增值税税额。城市维护建设税计税依据的具体确定办法，由国务院依据本法和有关税收法律、行政法规规定，报全国人民代表大会常务委员会备案。

城市维护建设税应纳税额计算公式如下：

应纳税额＝实际缴纳增值税×适用税率

（2）城建税的税率。

城市维护建设税的征税范围包括城市、县城、建制镇以及税法规定征税的其他地区。城市、县城、建制镇的范围应根据行政区划作为划分标准，不得随意扩大或缩小各行政区域的管辖范围。一般来说，城镇规模越大，所需要的建设与维护资金越多。与此相适应，城市维护建设税规定，纳税人所在地为城市市区的，税率为 7%；纳税人所在地为县城、建制镇的，税率为5%；纳税人所在地不在城市市区、县城或建制镇的，税率为 1%。

3. 纳税义务发生时间与纳税地点

根据《城市维护建设税法》规定，城市维护建设税的纳税义务发生时间与增值税、消费税的纳税义务发生时间一致，分别与增值税、消费税同时缴纳。

城市维护建设税的纳税期限和纳税地点与增值税相同。例如，某施工企业所在地在北京，而它在深圳承包了一个工程项目，按规定应当就其工程结算收入在深圳预缴增值税，同时应该在深圳缴纳与预缴的增值税相应的城市维护建设税。

4. 教育费附加和地方教育附加

教育费附加和地方教育附加对缴纳增值税、消费税的单位和个人征收，以其实际缴纳的增值税、消费税税款作为计征依据。现行的教育费附加征收比率为 3%，地方教育附加征收率为 2%。教育费附加和地方教育附加与增值税、消费税同时缴纳。

5. 城市维护建设税与附加费的会计处理

纳税人按规定应交的城市维护建设税、教育费附加等，借记"税金及附加"科目，贷记"应交税费——应交城市维护建设税"科目。实际交纳时，借记"应交税费——应交城市维护建设税"科目，贷记"银行存款"等科目。

4.5.2　项目地与机构地的城市维护建设税税率差

建筑企业的工程所在地与公司机构注册地有可能跨地市、跨省，哪怕在同一个地区跨区县施工城市维护建设税税率也有可能存在差异，因此就出现了机构所在地的城市维护建设税税率和项目所在地的城市维护建设税税率差的问题。

根据《财政部　国家税务总局关于纳税人异地预缴增值税有关城市维护建设税和教育费附加政策问题的通知》（财税〔2016〕74 号）规定：

"一、纳税人跨地区提供建筑服务、销售和出租不动产的，应在建筑服务发生地、不动产所在地预缴增值税时，以预缴增值税税额为计税依据，并按预缴增值税所在地的城市维护建设税适用税率和教育费附加征收率就地计算缴纳城市维护建设税和教育费附加。

二、预缴增值税的纳税人在其机构所在地申报缴纳增值税时，以其实际缴纳的增值税税额为计税依据，并按机构所在地的城市维护建设税适用税率和教育费附加征收率就地计算缴纳城市维护建设税和教育费附加。"

以上文件明确规定缴纳城市维护建设税及附加时依据预交和实际申报缴纳的增值税作为计税依据，言外之意不论建筑企业在工程项目所在地的城市维护建设税的税率几何，在异地缴纳了多少城市维护建设税，在机构所在地缴纳的城市维护建设税等附加税费依然按实际申报缴纳的增值税作为计税基础，出现的城市维护建设税税率差不需要补交差额，如果出现工程项目所在地的城市维护建设税税率高于机构所在地的情况，差额亦不退还。

4.5.3　建筑企业简易计税项目附加税费差额扣除

建筑企业在异地提供建筑服务需要预交增值税及附加税费，计算公式如下。

适用简易计税方法计税的预缴税款计算公式：

应预缴增值税＝(全部价款和价外费用－支付的分包款)÷(1＋3％)×3％

适用一般计税方法计税的预缴税款计算公式：

应预缴增值税＝(全部价款和价外费用－支付的分包款)÷(1＋9％)×2％

城市维护建设税、教育费附加、地方教育附加均以预缴的增值税作为计税依据，换句话说取得分包发票对应的城市维护建设税、教育费附加、地方教育附加均可以差额扣除分包款后再预缴。其余由项目地税务机关代收的行政性费用一般是以当期营业收入（开票金额）作为计费基数，不允许差额扣除分包款后再计算缴纳。

4.5.4　小规模纳税人城市维护建设税及附加税税费减征优惠

《财政部 税务总局关于进一步支持小微企业和个体工商户发展有关税费政策的公告》（财政部 税务总局公告 2023 年第 12 号）规定，"二、自 2023 年 1 月 1 日至 2027 年 12 月 31 日，对增值税小规模纳税人、小型微利企业和个体工商户减半征收资源税（不含水资源税）、城市维护建设税、房产税、城镇土地使用税、印花税（不含证券交易印花税）、耕地占用税和教育费附加、地方教育附加。"

增值税小规模纳税人、小型微利企业和个体工商户已依法享受资源税、城市维护建设税、房产税、城镇土地使用税、印花税、耕地占用税、教育费附加、地方教育附加其他优惠政策的，可叠加享受上述减税优惠政策。

符合减征优惠条件的建筑企业可以自行申报享受减免优惠，不需额外提交资料。若符合享受条件未及时申报享受"六税两费"减免优惠的，可依法申请抵减以后纳税期的应纳税费款或者申请退还。

第5章　建筑企业常见财税疑难问题解析

　　本章主要总结了建筑企业关注度较高的、较为核心的财税疑难问题，涵盖了用工模式涉及的个人所得税和社会保险问题、甲供材与甲控材的涉税风险与会计处理、代发农民工工资的个人所得税扣缴义务与会计处理、异地施工涉及的个人所得税问题、PPP 项目和 EPC 项目的涉税管理与会计核算，以及转售水电费、私车公用、安全生产费等财税问题的处理。

5.1　建筑企业用工模式涉及的税费问题

传统建筑业是典型的劳动密集型行业，根据中国建筑业协会发布的《2023 年上半年建筑业发展统计分析》，截至 2023 年 6 月底，全国建筑业从业人数 4 016.41 万人，同比减少 3.79%。由于建筑企业雇佣大量农民工，支付给农民工劳动报酬的涉税及社保问题如何妥善解决，是众多中小建筑企业一直关注的内容，本节将根据不同的用工模式，解析涉及的财税问题与社保问题。

5.1.1　用工管理模式及财税处理

这里所指的人工成本，指的是施工生产一线所发生的人工成本，不包含建筑企业在工程项目部的管理人员工资等费用。一般情况下，建筑总承包工程的直接人工费的比例大致占工程总成本的 20%～30%，但这不是绝对值，同一地域不同类型的工程、同一类型不同地域的工程等比例都有差异。建筑企业的主要用工模式有内部劳务队和劳务作业外包两种，不同用工模式的财税处理和涉及的税费存在一定差异。

◤ 建筑企业内部劳务队的财税管理

1. 内部劳务队人工成本的会计核算

部分建筑企业为了节省人工成本，通常建立一支内部劳务队。内部劳务队的队长一般由正式员工担任，劳务人员一般由劳务队长招聘录用。劳务队人员的工资由企业直接发放，或者为了便于管理，由劳务队长代发。内部劳务队相当于建筑企业的一个部门，不属于分支机构，不隶属于任何项目部。劳务队可以再设置各类专业班组负责企业内部项目的施工作业。一般内部劳务队不对外提供服务，否则将涉及增值税和企业所得税业务。为企业内部项目提供劳务服务不属于应税内容，因此只涉及人工成本（工资薪酬）和个人所得税等内容。

内部劳务队其他临时招聘的工人和长期使用的工人要与建筑企业签订劳动合同，每月由劳务队长对劳务人员进行考勤，月末向财务管理部门提交工资发放明细表。财务管理部门以考勤表、工资发放表（格式见表5-1）作为会计凭证，进行会计处理如下。

借：合同履约成本——工程施工——人工费

  贷：银行存款、应付职工薪酬

借：应付职工薪酬

  贷：银行存款

   应交税费——应交个人所得税等

表 5-1　农民工工资发放表

姓名	身份证号	工种	考勤起止日期	应发	实发	开户行	卡号	领取签字
合计								

劳务队负责人：   班组长：   考勤人：

2. 内部劳务队农民工工资涉及的个人所得税

建筑企业内部成立的劳务队，招聘的农民工无论是全日制用工还是临时用工，支付的工资（工资、薪金所得或劳务报酬）都应该代扣代缴个人所得税，否则存在涉税风险。

（1）个人所得税税目。

个人所得税的税目共九项，分别是：工资、薪金所得，劳务报酬所得，稿酬所得，特许权使用费所得，经营所得，利息、股息、红利所得，财产租赁所得，财产转让所得，偶然所得。

（2）专项扣除和专项附加扣除。

居民个人取得的工资、薪金所得、劳务报酬所得、稿酬所得、特许权使用费所得为"综合所得"，按纳税年度合并计算个人所得税，综合所得可以扣除的费用：基本费用扣除每年6万元，专项扣除、专项附加扣除。

根据《个人所得税专享附加扣除暂行办法》（国税发 2018 年 41 号）、《国务院关于设立 3 岁以下婴幼儿照护个人所得税专项附加扣除的通知》（国发〔2022〕8 号）、《财政部 税务总局关于个人养老金有关个人所得税政策的公告》（财税 2022 年 34 号）、《国家税务总局关于贯彻执行提高个人所得税政策的公告》（国家税务总局公告 2023 年第 14 号）等有关文件的规定，纳税人的子女教育、赡养老人、继续教育、住房租金、房贷利息、大病医疗、照护 3 岁以下婴幼儿子女的相关支出，以及在缴费环节个人养老金支出可以按照下列标准进行限额扣除。

①子女教育。自 2023 年 1 月 1 日起，纳税人的子女接受全日制学历教育的相关支出，按照每个子女每月 2 000 元的标准定额扣除。父母可以选择由其中一方按扣除标准的 100% 扣除，也可以选择由双方分别按扣除标准的 50% 扣除。具体扣除方式在一个纳税年度内不能变更。纳税人子女在中国境外接受教育的，纳税人应当留存境外学校录取通知书、留学签证等相关教育的证明资料备查。

②继续教育。纳税人在中国境内接受学历（学位）继续教育的支出，在学历（学位）教育期间按照每月 400 元定额扣除。同一学历（学位）继续教育的扣除期限不能超过 48 个月。纳税人接受技能人员职业资格继续教育、专业技术人员职业资格继续教育的支出，在取得相关证书的当年，按照 3 600 元定额扣除。个人接受本科及以下学历（学位）继续教育，符合本办法规定扣除条件的，可以选择由其父母扣除，也可以选择由本人扣除。纳税人接受技能人员职业资格继续教育、专业技术人员职业资格继续教育的，应当留存相关证书等资料备查。

③大病医疗。在一个纳税年度内，纳税人发生的与基本医保相关的医药费用支出，扣除医保报销后个人负担（指医保目录范围内的自付部分）累计超过 15 000 元的部分，由纳税人在办理年度汇算清缴时，在 80 000 元限额内据实扣除。纳税人发生的医药费用支出可以选择由本人或者其配偶扣除；未成年子女发生的医药费用支出可以选择由其父母一方扣除。纳税人应当留存医药服务收费及医保报销相关票据原件（或者复印件）等资料备查。医疗保障部门应当向患者提供在医疗保障信息系统记录的本人年度医药费用信息查询服务。

④住房贷款利息。纳税人本人或者配偶单独或者共同使用商业银行或者住房公积金个人住房贷款为本人或者其配偶购买中国境内住房，发生的首套住房贷款利息支出，在实际发生贷款利息的年度，按照每月 1 000 元的标准定额扣

除，扣除期限最长不超过 240 个月。纳税人只能享受一次首套住房贷款的利息扣除。首套住房贷款是指购买住房享受首套住房贷款利率的住房贷款。经夫妻双方约定，可以选择由其中一方扣除，具体扣除方式在一个纳税年度内不能变更。

夫妻双方婚前分别购买住房发生的首套住房贷款，其贷款利息支出，婚后可以选择其中一套购买的住房，由购买方按扣除标准的 100% 扣除，也可以由夫妻双方对各自购买的住房分别按扣除标准的 50% 扣除，具体扣除方式在一个纳税年度内不能变更。纳税人应当留存住房贷款合同、贷款还款支出凭证备查。

⑤住房租金。纳税人在主要工作城市没有自有住房而发生的住房租金支出，可以按照以下标准定额扣除：

直辖市、省会（首府）城市、计划单列市，以及国务院确定的其他城市，扣除标准为每月 1 500 元；市辖区户籍人口超过 100 万的城市，扣除标准为每月 1 100 元；市辖区户籍人口不超过 100 万的城市，扣除标准为每月 800 元。纳税人的配偶在纳税人的主要工作城市有自有住房的，视同纳税人在主要工作城市有自有住房。夫妻双方主要工作城市相同的，只能由一方扣除住房租金支出。纳税人及其配偶在一个纳税年度内不能同时分别享受住房贷款利息和住房租金专项附加扣除。纳税人应当留存住房租赁合同、协议等有关资料备查。

⑥赡养老人。纳税人赡养一位及以上被赡养人的赡养支出，纳税人为独生子女的，按照每月 3 000 元的标准定额扣除；纳税人为非独生子女的，由其与兄弟姐妹分摊每月 3 000 元的扣除额度，每人分摊的额度不能超过每月 1 500 元。可以由赡养人均摊或者约定分摊，也可以由被赡养人指定分摊。约定或者指定分摊的须签订书面分摊协议，指定分摊优先于约定分摊。具体分摊方式和额度在一个纳税年度内不能变更。被赡养人是指年满 60 岁的父母，以及子女均已去世的年满 60 岁的祖父母、外祖父母。

⑦照护 3 岁以下婴幼儿子女的相关支出。纳税人照护 3 岁以下婴幼儿子女的相关支出按照每个婴幼儿每月 2 000 元的标准定额扣除。父母可以选择由其中一方按扣除标准的 100% 扣除，也可以选择由双方分别按扣除标准的 50% 扣除，具体扣除方式在一个纳税年度内不能变更。3 岁以下婴幼儿照护个人所得税专项附加扣除涉及的保障措施和其他事项，参照《个人所得税专项附加扣除暂行办法》有关规定执行。

⑧个人养老金。根据《财政部 税务总局关于个人养老金有关个人所得税政策的公告》（财政部 税务总局公告 2022 年第 34 号）规定，"一、自 2022 年

1月1日起，对个人养老金实施递延纳税优惠政策。在缴费环节，个人向个人养老金资金账户的缴费，按照 12 000 元/年的限额标准，在综合所得或经营所得中据实扣除。"

（3）农民工工资如果按"工资、薪金所得"计算应交个人所得税。

如果农民工工资按照全日制用工对待，按照"工资、薪金"代扣代缴个人所得税。建筑企业作为扣缴义务人在一个纳税年度内，应当以截至当前月份累计支付的工资薪金所得收入额减除累计基本减除费用、累计专项扣除、累计专项附加扣除和依法确定的累计其他扣除后的余额为预缴应纳税所得额，对照综合所得税率表，计算出累计应预扣预缴税额，减除已预扣预缴税额后的余额，作为本期应预扣预缴税额。

本期应预扣预缴税额＝（累计预缴应纳税所得额×税率－速算扣除数）－已累计预扣预缴税额

累计预缴应纳税所得额＝累计收入－累计免税收入－累计基本减除费用－累计专项扣除－累计专项附加扣除－累计依法确定的其他扣除

个人所得税税率见表 5-2。

表 5-2　个人所得税税率表
（居民个人综合所得适用）

级数	累计预扣预缴应纳税所得额	税率（％）	速算扣除数
1	不超过 36 000 元的部分	3	0
2	超过 36 000 元至 144 000 元的部分	10	2 520
3	超过 144 000 元至 300 000 元的部分	20	16 920
4	超过 300 000 元至 420 000 元的部分	25	31 920
5	超过 420 000 元至 660 000 元的部分	30	52 920
6	超过 660 000 元至 960 000 元的部分	35	85 920
7	超过 960 000 元的部分	45	181 920

【案例 5-1】　林铁蛋于 2023 年 7 月入职钢蛋建筑公司从事钢筋绑扎工作，2023 年每月应发工资均为 10 000 元，每月减除费用 5 000 元，"三险一金"等专项扣除为 1 500 元[①]，从 1 月起享受子女教育专项附加扣除 1 000 元，没有减免收入及减免税额等情况，以 7 月、8 月、9 月三个月为例，计算预扣预缴税额。

7 月份预扣预缴税额＝（10 000－5 000－1 500－1 000）×3％＝75（元）

---

① 本书案例中涉及的"三险一金"数据为笔者随机假设，与实际社保比例无关。

8月份预扣预缴税额＝（10 000×2－5 000×2－1 500×2－1 000×2）×3％－75＝75（元）

9月份预扣预缴税额＝（10 000×3－5 000×3－1 500×3－1 000×3）×3％－75－75＝75（元）

假设林铁蛋以后各月的收入不变，则全年收入为120 000元，全年累计可减除费用为60 000（5 000×12）元，累计可扣除专项及附加为30 000元，应纳税所得额为30 000元。通过以上依次推算，该纳税人全年累计预扣预缴应纳税所得额为30 000元，一直适用3％的税率，因此各月应预扣预缴的税款相同。

【案例5-2】 林铁蛋2022年12月入职江西钢蛋建筑公司从事项目经理工作。2023年每月应发工资均为30 000元，每月减除费用5 000元[①]，"三险一金"等专项扣除为4 500元，享受子女教育、赡养老人两项专项附加扣除共计2 000元。假设没有其他减免收入及减免税额等情况，以前3个月为例，应当按照以下方法计算各月应预扣预缴税额。

1月份预扣预缴税额＝（30 000－5 000－4 500－2 000）×3％－0＝555（元）

2月份预扣预缴税额＝（30 000×2－5 000×2－4 500×2－2 000×2）×10％－2 520－555＝625（元）

3月份预扣预缴税额＝（30 000×3－5 000×3－4 500×3－2 000×3）×10％－2 520－555－625＝1 850（元）

上述计算结果表明，林铁蛋2023年1月份的应纳税所得额为18 500元，适用的税率为3％；2月份累计预扣预缴应纳税所得额为37 000元，适用10％的税率；3月份的应纳税所得额为55 500元，适用的税率为10％，因此2月份和3月份应预扣预缴的个人所得税有所增高。

农民工工资如果按照全日制用工对待，按照工资薪金所得扣缴个人所得税，每月扣除5 000元的费用，以及专项扣除、专项附加扣除后所缴纳的个人所得税应当比劳务报酬形式缴纳的个人所得税低一些。虽然在个人所得税汇算清缴时是按照年度综合所得来计算汇缴的，会出现多退少补的情况。但是由于

---

① 根据《国家税务总局关于进一步简便优化部分纳税人个人所得税预扣预缴方法的公告》（国家税务总局公告2020年第19号）规定，自2021年1月起，对上一完整纳税年度内每月均在同一单位预扣预缴工资、薪金所得个人所得税且全年工资、薪金收入不超过6万元的居民个人，扣缴义务人在预扣预缴本年度工资、薪金所得个人所得税时，累计减除费用自1月份起直接按照全年6万元计算扣除。即，在纳税人累计收入不超过6万元的月份，暂不预扣预缴个人所得税；在其累计收入超过6万元的当月及年内后续月份，再预扣预缴个人所得税。

建筑行业人工流动性较大，会存在一些别的行业所遇不到的困难。因此从扣缴个人所得税的角度考虑，按照 3%～45% 的七档税率依法代扣代缴个人所得税，按工资薪金所得核算用工成本相对合适一些，但是"社保"问题却比较突出。

农民工的流动性很大，农民工的户口、常住地与项目所在地往往不在一个省市、自治区，部分农民工本人在户口所在地农村已经缴纳"新型农村合作医疗"①，可能也不愿意在建筑劳务公司或建筑企业注册地缴纳社会保险。

（4）农民工工资如果按"劳务报酬"如何缴纳个人所得税

建筑企业建立一支内部施工队伍，与农民工个人签订的合同，到底按工资薪金缴纳个人所得税还是按劳务报酬缴纳个人所得税，两种形式相差甚远。签订劳务合同还是劳动合同对企业用工形式并没有太大影响，合同无法决定用工形式，合同只是起到了巩固用工形式的作用。根据《住房和城乡建设部 人力资源社会保障部关于修改〈建筑工人实名制管理办法（试行）〉的通知》（建市〔2022〕59 号）规定"一、……建筑企业应与招用的建筑工人依法签订劳动合同，对不符合建立劳动关系情形的，应依法订立用工书面协议"。农民工与企业的关系，应该看双方的权利和义务。在实务中，到底是劳务关系还是劳动关系，我们不能完全只看合同名称，还要看合同的具体内容以及劳动者与所在单位之间在劳动过程中发生的关系。

农民工工资如果按照劳务报酬所得应该如何计算扣缴个人所得税？农民工的工资收入每次不超过 4 000 元的，减除费用按 800 元计算；每次收入 4 000 元以上的，减除费用按 20% 计算。劳务报酬所得以每次收入额为预扣预缴应纳税所得额。劳务报酬所得适用 20% 至 40% 的超额累进预扣率，详见表 5-3。

表 5-3　个人所得税预扣率表

（居民个人劳务报酬所得预扣预缴适用）

级数	预扣预缴应纳税所得额	预扣率（%）	速算扣除数
1	不超过 20 000 元的	20	0
2	超过 20 000 元至 50 000 元的部分	30	2 000
3	超过 50 000 元的部分	40	7 000

劳务报酬预扣预缴税额的计算：

---

① 新型农村合作医疗（简称"新农合"），是指由政府组织、引导、支持，农民自愿参加，个人、集体和政府多方筹资，以大病统筹为主的农民医疗互助共济制度。其采取个人缴费、集体扶持和政府资助的方式筹集资金。

劳务报酬所得应预扣预缴税额＝预扣预缴应纳税所得额×预扣率－速算扣除数

劳务报酬所得属于一次性收入的，以取得该项收入为一次；如果属于同一项目连续性收入的，以一个月内取得的收入为一次。居民个人取得劳务报酬所得按前款方法预扣预缴税款后，应当在年度终了后与工资薪金所得合并按综合所得计税，于次年3月至6月进行汇算清缴，届时多退少补。[①]

【案例 5-3】 林铁蛋为某建筑企业提供 5 天的钢筋绑扎工作，取得劳务报酬所得 2 000 元，建筑企业应代扣代缴多少个人所得税？（假设当月仅为该企业提供一次劳务服务，与该企业无其他业务往来）

应税收入额＝2 000－800＝1 200（元）

应纳税所得额未超过 20 000 元，适用的税率为 20%。

应预扣预缴税额＝1 200×20%＝240（元）

如果按照劳务报酬计算个人所得税，虽然省去了"社保"，但是暂时扣缴的个人所得税比按工资、薪金所得需缴纳的个人所得税多一些。在实务中，这部分个人所得税可能需要建筑企业垫付，虽然以劳务报酬形式申报的个人所得税最终汇算清缴时综合计算可能会出现退税，但是农民工自行办理年度汇算，出现退税有可能是退给其个人。对于建筑企业来说，农民工流动性较大，很有可能在建筑企业只工作一至两个月就离职，企业基本要为农民工代垫应缴纳的个人所得税（农民工与企业谈的工资一般是税后金额，至于个人所得税和社保成本完全不考虑）。如果出现退税，退到个人账户中，建筑企业很难向农民工个人追索先前垫付的个人所得税。

（5）农民工工资如果按非全日制用工发放劳动报酬如何缴纳个人所得税

建筑企业使用的农民工如果是非全日制用工，在支付非全日制用工的报酬应该按照"工资、薪金所得"预扣预缴个人所得税，同时社保问题也不那么突出，但是非全日制用工的条件比较严格。根据《中华人民共和国劳动合同法》

第六十八条规定，"非全日制用工，是指以小时计酬为主，劳动者在同一用人单位一般平均每日工作时间不超过四小时，每周工作时间累计不超过二十四小时的用工形式。"工资支付周期不得超过 15 日，且工资不得低于当地最低小时工资标准。非全日制从业人员是与用人单位依法订立非全日制劳动合同的劳动者。

非全日制用工的社保问题只是不突出，并不是不存在。根据《劳动和社会保障部关于非全日制用工若干问题的意见》(劳社部发〔2003〕12 号) 第三条规定："从事非全日制工作的劳动者应当参加基本养老保险，原则上参照个体工商户的参保办法执行。从事非全日制工作的劳动者可以以个人身份参加基本医疗保险，并按照待遇水平与缴费水平相挂钩的原则，享受相应的基本医疗保险待遇。参加基本医疗保险的具体办法由各地劳动保障部门研究制定。用人单位应当按照国家有关规定为建立劳动关系的非全日制劳动者缴纳工伤保险费。"

因此，建筑企业需要为其非全日制用工缴纳工伤保险，其他社保可由非全日制用工个人缴纳。非全日期用工劳动合同见表 5-4。

建筑企业旗下的农民工不可能全是非全日制用工，无法都满足非全日制用工的法定条件。部分建筑企业对"非全日制用工"理解存在偏差，认为农民工流动性较大，本月在该企业工作，下个月可能就离职，而后不定期又入职，这是员工存在形式概念上的"非全日制"，并不是法定的"非全日制"，法定的"非全日制用工"标准就是本节前述的条件：平均每日工作时间不超过四小时，每周工作时间累计不超过 24 小时的用工形式，工资支付周期不得超过 15 日，且工资不得低于当地最低小时工资标准。

范本见表 5-4。

表 5-4　合同范本

非全日制用工劳动合同
甲　方：＿＿＿＿＿＿＿＿＿＿＿＿＿＿＿ 乙　方：＿＿＿＿＿＿＿＿＿＿＿＿＿＿＿ 签订日期：＿＿＿＿年＿＿＿＿月＿＿＿＿日   用人单位基本信息 甲　　方：＿＿＿＿＿＿＿＿＿＿＿＿＿＿＿＿＿＿＿＿＿＿＿＿＿＿＿＿＿＿ 法定代表人：＿＿＿＿＿＿＿＿＿＿＿＿＿＿＿＿＿＿＿＿＿＿＿＿＿＿＿＿＿＿

住　所　地：＿＿＿＿＿＿＿＿＿＿＿＿＿＿＿＿＿＿＿＿＿＿＿＿＿＿＿

劳动者基本信息

乙　　　方：＿＿＿＿＿＿＿＿＿＿＿＿＿＿＿＿＿＿＿＿＿＿＿＿＿＿

身份证号码：＿＿＿＿＿＿＿＿＿＿＿＿＿＿＿＿＿＿＿＿＿＿＿＿＿＿

身份证住址：＿＿＿＿＿＿＿＿＿＿＿＿＿＿＿＿＿＿＿＿＿＿＿＿＿＿

文书送达地（同身份证住址）：＿＿＿＿＿＿＿＿＿＿＿＿＿＿＿＿＿＿

固定电话：＿＿＿＿＿＿＿＿＿　移动号码：＿＿＿＿＿＿＿＿＿＿＿

人员类别：□本地城镇　　□本地农户　　□外地城镇　　□外地农户　　□其他

甲方招用乙方以非全日制用工形式就业，根据国家、省、市有关规定，经双方平等协商，订立劳动合同如下：

一、合同期限自＿＿年＿＿月＿＿日至＿＿年＿＿月＿＿日止。期限内，乙方在甲方每天的工作时间应控制在 4 小时以内，累计每周工作时间不超过 24 小时。

二、甲方根据经营需要与乙方自身条件，安排乙方从事＿＿＿＿＿岗位工作，乙方工作岗位具体工作内容和方式，按照岗位职责说明书和工作流程或相关管理规定执行，甲方有权对乙方的工作业绩进行考核。

根据岗位职责说明书的要求，乙方应在规定的工作时间内，完成甲方指派的工作任务。

三、甲、乙双方都必须严格执行国家有关安全生产、劳动保护、职业卫生等规定。甲方应为乙方提供国家规定的劳动保护条件，乙方应严格遵守各项安全操作规程和甲方依法制定的各项规章制度。

四、乙方在工作期限内的工资标准为每小时＿＿＿＿＿元，甲方应以货币形式按时足额支付给乙方应得的工资报酬，且甲方发给乙方的工资不得低于当地政府公布的非全日制劳动者最低小时工资标准。

乙方对于甲方支付劳动报酬应及时进行核查。乙方对劳动报酬有异议时，应在收到工资之日起 7 个工作日内向甲方提出书面异议。逾期未提出书面异议的，视为乙方确认甲方已依法按时足额支付乙方全部劳动报酬。

五、甲方《劳动和社会保障部关于非全日制用工若干问题的意见》（劳社部发〔2003〕12 号）有关规定，甲方只为乙方单独缴纳工伤保险。

六、甲、乙双方约定：任何一方提前解除劳动合同，应以书面形式提前 15 个工作日通知对方，甲方无需向乙方支付经济补偿金，乙方亦无需向甲方支付违约金。

七、合同期限内，如乙方不能胜任本合同约定工作或严重违反甲方依法制定的劳动纪律和规章制度，甲方可以解除本合同。

八、合同期限内，如甲方未按合同约定支付劳动报酬或未按国家规定提供劳动条件，乙方可以解除本合同，但甲方无须支付经济补偿金。

九、乙方不辞而别，或者下落不明，或者未履行第六条的义务，致使甲方无法或者迟延办理与乙方离职相关手续，乙方在此不可撤销地承认其负有过错，并自愿承担相应的责任。

十、甲方按照本合同中载明的乙方的文书送达地向乙方邮寄送达文书，只要有证据表明已经送到，无论乙方是否收到、看到均视为已经送达。当乙方的文书送达地发生变更时，乙方应当在变更后 7 个工作日内以书面形式通知甲方，否则由此造成的后果由乙方自行承担。

十一、双方需要约定的其他事项

若本合同的签订属于续签劳动合同或者变更劳动合同或者重新签订劳动合同或者补签劳动合同，甲乙双方均确认在本合同签订之前的劳动关系存续期间的劳动报酬均已结清，甲乙双方之间已无任何劳动争议，双方均不再追究任何责任。

十二、本合同执行期间，若此合同或依据此合同订立的文件中某些条款因为法律法规或相关政策的变化而失效，合同其他条款仍然有效，对双方仍具有法律约束力。

十三、甲、乙双方发生争议的，应当协商解决，协商不成的按劳动争议处理有关规定处理。

十四、本合同一式两份，不得代签和涂改，甲、乙双方各执一份。经甲、乙双方签字或盖章后生效，具有同等的法律效力。

乙方声明：

本人已充分明了理解上述各条款的内容及含义，确认没有任何歧义或误解、误导。本人自愿签订此合同并受其约束，确认已收到甲方给付的一份劳动合同文本。

甲方（公章）：　　　　　　　　　　乙方（签字、按手印）：

签约代表：

签订日期：　年　月　日　　　　　签订日期：　年　月　日

建筑劳务作业外包的涉税管理

1. 建筑劳务作业分包

劳务分包是指建筑施工总承包、专业承包单位将工程中的劳务作业分包给具有专业作业资质的建筑劳务企业实施。劳务分包单位必须按专业作业分包合同中的质量约定组织施工，并按分包合同约定对施工部位的质量负责。如果相关工程部位不符合验收标准的，若由劳务分包单位施工造成的质量问题，由其负责返工、返修，但因相关建筑材料不合格造成质量问题的，由总承包、专业承包单位负责。

建筑劳务分包企业承揽的劳务作业属于清包工，若其为一般纳税人可以选择适用一般计税方法开具9%的增值税专用发票，也可选择适用简易计税方法计税开具3%的增值税专用发票；若其为小规模纳税人适用简易计税方法计税，开具征收率为3%的增值税发票。实务中，在比价效果一致的前提下，建筑劳务分包企业如果是一般纳税人，基本不会选择适用一般计税方法，而会选择适用简易计税方法，因为劳务分包企业大部分成本费用为人工成本，这部分几乎无法取得进项发票进行抵扣。

建筑总承包、专业承包方工程项目的成本预算部门每月根据劳务分包企业完成的工程量，确认工程计价金额，劳务分包企业根据工程价金额开具劳务分包发票。建筑总承包企业的财务管理部门根据项目成本预算部门提供工程量计价单（人工费计提表）以及劳务分包发票，进行会计处理：

确认劳务分包成本：

借：合同履约成本——工程施工——人工费

　　应交税费——应交增值税（进项税额）

或　应交税费——待认证进项税额

贷：应付账款——劳务分包公司

支付劳务分包款时。

借：应付账款——劳务分包公司

贷：银行存款

建筑总承包、专业承包企业通过劳务分包形式转移了一线用工带来的社保、个税问题，同时也因此"牺牲"了工程利润。对于劳务分包企业来说，一线用工需求存在临时性、短期性、流动性较强等特点，很难实现与全部劳动人员签署劳动合同并购买社会保险。大部分劳务分包企业对于项目需求相对稳定的岗位人员，如专业技术人员、行政管理人员等，可以与其签订固定期限的劳动合同，为其缴纳社会保险。对于保洁、保安等辅助性岗位聘用退休人员，依法与之订立用工书面协议即可，无须购买社会保险。

笔者认为，劳务分包企业施工安全责任重大，风险系数较高，无论与劳务作业人员签订何种协议，都应当缴纳工伤保险或工程意外险。这是降低施工安全风险的最佳措施之一，这笔费用不能省。

2. 劳务派遣服务

建筑总承包企业把劳务外包给劳务派遣公司的形式，是劳务派遣机构与派遣员工订立劳动合同，把劳动者派向建筑总承包企业，再由建筑总承包企业向派遣机构支付服务费用的一种用工形式。劳务派遣员工只能在建筑企业从事临时性、辅助性或者替代性的工作。劳务派遣服务与建筑劳务分包不一样，劳务派遣企业不对工程质量负责，只提供人力服务。

建筑总承包、专业承包企业对劳务派遣工人进行考勤，并根据出勤人数及约定的劳动报酬标准向劳务派遣公司支付用工工资、社保、管理费等，劳务派遣公司向建筑总承包企业、专业承包企业开具劳务派遣服务发票。

一般纳税人提供劳务派遣服务，以取得的全部价款和价外费用为销售额，按照一般计税方法（增值税税率6％）计算缴纳增值税；也可以选择差额纳税，以取得的全部价款和价外费用，扣除代建筑总承包企业支付给劳务派遣员工的工资、福利和为其办理社会保险及住房公积金后的余额为销售额，按照简易计税方法依5％的征收率计算缴纳增值税。

劳务派遣公司如果是小规模纳税人，以取得的全部价款和价外费用为销售额，按征收率3％计算缴纳增值税；也可以选择差额纳税，以取得的全部价款和价外费用，扣除代建筑总承包企业支付给劳务派遣员工的工资、福利和为其办理社会保险及住房公积金后的余额为销售额，按照简易计税方法依5％的征收率计算缴纳增值税。

选择差额纳税的劳务派遣公司，向建筑总承包企业收取用于支付给劳务派遣员工工资、福利和为其办理社会保险及住房公积金的费用，不得开具增值税专用发票，可以开具普通发票。

建筑企业支付劳务派遣服务费的会计处理：

借：合同履约成本——工程施工——人工成本

  应交税费——应交增值税（进项税额）

或 应交税费——待认证进项税额

  贷：应付职工薪酬、应付账款——劳务派遣公司

在实务中，建筑企业的劳务用工使用劳务派遣服务存在其他风险和不利：第一，劳务派遣用工在用工人数上有限制，不得超过建筑企业总用工人数的10％；第二，如果没有按规定交纳社会保险费用，若遇到伤亡事故建筑企业损失更大；第三，在增值税抵扣或差额扣除方面对建筑企业无益。

根据《劳务派遣暂行规定》第四条规定，"用工单位应当严格控制劳务派遣用工数量，使用的被派遣劳动者数量不得超过其用工总量的10％。前款所称用工总量是指用工单位订立劳动合同人数与使用的被派遣劳动者人数之和。计算劳务派遣用工比例的用工单位是指依照中华人民共和国劳动合同法和中华人民共和国劳动合同法实施条例可以与劳动者订立劳动合同的用人单位。"

劳务派遣单位不得以非全日制用工形式招用劳动者。被派遣劳动者，即劳务派遣工，只能是劳务派遣单位的全日制劳动者。在劳务派遣单位与这样的劳务派遣工签订劳动合同时，双方只能签订全日制劳动合同。因此笔者建议建筑企业劳务用工不要使用劳务派遣方式，用工人数受限制，无法转嫁农民工社保问题，所取得的劳务派遣发票也基本无法降低增值税税负。

3. 人力资源外包服务

建筑企业将劳务外包给人力资源服务公司，有可能存在两种情况。第一种情况，人力资源服务公司只提供猎头服务（人力资源外包服务），按照建筑总承包企业的招聘需求帮其找到合适的人员，收取一定比例的服务费。此时人力资源公司只是作为经纪代理，推荐的人员与建筑总承包企业签订劳动合同。第二种情况，人力资源公司的经营范围比劳务派遣公司广一些，可以包含劳动派遣业务、猎头业务、培训业务、咨询业务等，有可能是向建筑总承

包企业提供了劳务派遣服务。

人力资源公司如果提供的是劳务派遣服务则参照前述内容进行财税处理，本节内容主要针对人力资源公司提供猎头服务涉及的财税处理解析。

人力资源公司如果为增值税一般纳税人选择一般计税方法，提供"猎头"服务，按照经纪代理服务缴纳增值税，其销售额以取得的全部价款和价外费扣除受客户单位委托代为向客户单位员工发放的工资和代理缴纳的社会保险、住房公积金的余额，按照6%计算缴纳增值税。如果选择简易计税方法，提供"猎头"服务，按照经纪代理服务缴纳增值税，其销售额以取得的全部价款和价外费扣除受客户单位委托代为向客户单位员工发放的工资和代理缴纳的社会保险、住房公积金的余额，按照5%的征收率计算缴纳增值税。

人力资源公司如果为小规模纳税人，提供"猎头"服务，按照经纪代理服务缴纳增值税，其销售额以取得的全部价款和价外费扣除受客户单位委托代为向客户单位员工发放的工资和代理缴纳的社会保险、住房公积金的余额，按照3%的征收率计算缴纳增值税。向建筑总承包企业收取并代为发放的工资和代理缴纳的社会保险、住房公积金，不得开具增值税专用发票，但可以开具普通发票。

4. 将劳务作业分包给个人的涉税处理

部分中小建筑企业习惯将劳务作业分包给个人，就是常说的"包工头"，但从外部看来在管理形式上该包工头又属于建筑企业的项目经理。劳务作业承包人自行招募、组织农民工进行劳务作业施工，向建筑企业提供农民工工资表作为成本费用在企业所得税前扣除。在税务稽查中经常发现很多建筑企业未履行代扣代缴个人所得税的义务，可能会被认定为不属于"合理的工资薪金"，不允许在企业所得税前列支成本，且容易涉及农民工社保问题。

基于上述原因，部分劳务作业的劳务作业承包人就以个人名义去劳务发生地的税务机关代开劳务费发票给建筑企业入账，事实上已经属于劳务分包了。建筑企业若与个人签订劳务分包合同，这与没有劳务作业资质的施工单位签订的劳务分包合同是一样的，都属于是无效的情形，不符合建筑法规的要求。在税收上，即便与劳务作业承包人签订的分包合同无效，但业务真实发生，劳务作业承包人取得的收入就应当缴纳相关税费。若劳务作业承包人去劳务作业发生地税务机关代开建筑劳务发票，适用的个人所得税税目是"劳务报酬"，还是"经营所得"呢？

我们分析一下"劳务报酬"和"经营所得"的基本概念，以及付款方的个人所得税扣缴义务差异。

（1）劳务报酬。根据《中华人民共和国个人所得税法实施条例》（中华人民共和国国务院令第 707 号）第六条第二款规定："劳务报酬所得是指个人从事劳务取得的所得，包括从事设计、装潢、安装、制图、化验、测试、医疗、法律、会计、咨询、讲学、翻译、审稿、书画、雕刻、影视、录音、录像、演出、表演、广告、展览、技术服务、介绍服务、经纪服务、代办服务以及其他劳务取得的所得。"

从劳务报酬的解释中明确装潢、安装包含其中，同时还强调了"其他劳务所得"，因此建筑劳务很可能包含在其中。

如果适用"劳务报酬"，则大部分地区都出台相关税务政策：取得劳务报酬所得、稿酬所得、特许权使用费所得的自然人申请代开发票，在代开发票环节不再随征个人所得税。由向个人支付所得的单位或个人为扣缴义务人，按照《国家税务总局关于发布〈个人所得税扣缴申报管理办法（试行）〉的公告》（国家税务总局公告〔2018〕61 号）第二条规定，"扣缴义务人，是指向个人支付所得的单位或者个人。扣缴义务人应当依法办理全员全额扣缴申报。"建筑企业如果按劳务报酬履行代扣代缴个人所得税，部分劳务作业承包人有可能不配合相关代扣代缴工作，给企业财务管理工作带来不便，如果企业未履行代扣代缴义务则容易陷入涉税风险。

（2）经营所得。根据《关于个人所得税自行纳税申报有关问题的公告》（国家税务总局公告〔2018〕62 号）的规定："二、取得经营所得的纳税申报个体工商户业主、个人独资企业投资者、合伙企业个人合伙人、承包承租经营者个人以及其他从事生产、经营活动的个人取得经营所得，包括以下情形：

（一）个体工商户从事生产、经营活动取得的所得，个人独资企业投资人、合伙企业的个人合伙人来源于境内注册的个人独资企业、合伙企业生产、经营的所得；

（二）个人依法从事办学、医疗、咨询以及其他有偿服务活动取得的所得；

（三）个人对企业、事业单位承包经营、承租经营以及转包、转租取得的所得；

（四）个人从事其他生产、经营活动取得的所得。"

经营所得，适用 5%至 35%的超额累进税率。

经营所得个人所得税税率见表5-5。

表5-5　个人所得税税率表

（经营所得适用）

级数	全年应纳税所得额	税率（%）
1	不超过30 000元的	5
2	超过30 000元至90 000元的部分	10
3	超过90 000元至300 000元部分	20
4	超过300 000至500 000元部分	30
5	超过500 000元部分	35

根据以上税目解释，个人提供建筑劳务也可以算作是经营承包，按照经营所得缴纳个人所得税。部分地区对于个人提供的建筑经营活动取得的报酬按照经营所得核定征收个人所得税。那么个人提供建筑劳务分包到底按什么税目缴纳个人所得税呢？

笔者认为，如果属于建筑劳务，则根据《国家税务总局关于印发〈建筑安装业个人所得税征收管理暂行办法〉的通知》（国税发〔1996〕127号）第三条规定，"承包建筑安装业各项工程作业的承包人取得的所得，应区别不同情况计征个人所得税：经营成果归承包人个人所有的所得，或按照承包合同（协议）规定，将一部分经营成果留归承包人个人的所得，按经营所得项目征税；以其他分配方式取得的所得，按工资、薪金所得项目征税。从事建筑安装业的个体工商户和未领取营业执照承揽建筑安装业工程作业的建筑安装队和个人，以及建筑安装企业实行个人承包后工商登记改变为个体经济性质的，其从事建筑安装业取得的收入应依照经营所得项目计征个人所得税。从事建筑安装业工程作业的其他人员取得的所得，分别按照工资、薪金所得项目和劳务报酬所得项目计征个人所得税。"

（3）取得自然人代开建筑劳务发票应注意的涉税事项

自然人个人从事零星建筑材料销售业务，应该按照"经营所得"征收个人所得税；自然人个人提供机械设备租赁、自然人承包劳务作业的个人所得税税目认定存在一定争议，不同地区、不同人员存在不同见解。自然人承包劳务作业去劳务作业发生地税务机关代开建筑劳务发票，部分省、市、自治区出台的相关文件规定，可以总结三个基本规律：

①自然人从事建筑劳务承包取得的收入税务机关认定为"劳务报酬"的，

即属于"综合所得",税务机关在代开发票环节不再征收个人所得税,并在代开的发票备注栏中备注"由付款人(扣缴义务人)代扣代缴个人所得税"。

②自然人从事建筑劳务承包取得的收入税务机关认定为"劳务报酬"的,建筑企业作为支付方存在代扣代缴个人所得税义务。扣缴义务人没有履行扣缴义务的,税务机关有可能对该业务的个人所得税扣缴义务人按照《中华人民共和国税收征收管理法》有关规定进行处理。

【案例5-4】 某路桥集团2016年个人所得税申报薪金支出19 684 002元,企业所得税税前列支薪金支出2 529 490 628元(含劳务派遣人员和季节性用工),其当时由于对税收政策掌握不到位,未代扣代缴劳务派遣人员工资薪金个人所得税,少代扣代缴个人所得税5 078 892元。2017年个人所得税申报薪金支出24 927 988元,企业所得税税前列支薪金支出3 763 072 926元(含劳务派遣和季节性用工),其当时由于对税收政策掌握不到位,未代扣代缴劳务派遣人员和事业人员绩效补差部分工资薪金个人所得税,少代扣代缴个人所得税15 307 696元,因人员变动较大,以上个人所得税现已无法代扣代缴。税务机关根据《中华人民共和国税收征收管理法》第六十九条规定,处以应扣未扣税款百分之一百五十罚款,即30 579 882元。

③自然人从事建筑劳务承包取得的收入税务机关认定为"经营所得"的,符合相关条件的税务机关基本采取核定方式征收个人所得税,对不同行业的征收率或应税所得率都做了明确的规定,核定征收经营所得的个人所得税征收率大致在0.8%~15%之间。

5.1.2 劳务资质改革与新用工模式探索

从2016年开始,部分地区已经开展建筑劳务用工管理改革试点工作,取消劳务资质办理和资质准入,倡导构建新型建筑用工体系。自中华人民共和国住房和城乡建设部发布《住房和城乡建设部关于批准浙江、安徽、陕西3省开展建筑劳务用工制度改革试点工作的函》(建市函〔2016〕75号),以及《住房和城乡建设部等部门关于加快培育新时代建筑产业工人队伍的指导意见》(建市〔2020〕105号)以来,全国一共有11个省份对劳务分包资质进行了改革,改革的核心内容主要包括:取消劳务资质审批,推行专业作业企业备案制,明确用工关系与责任,强化劳务用工实名制信息化管理等。

1. 注册专业作业企业

（1）鼓励劳务企业转型，支持班组成立专业作业企业

根据《住房和城乡建设部等部门关于加快培育新时代建筑产业工人队伍的指导意见》（建市〔2020〕105 号）的相关要求，鼓励有一定组织、管理能力的劳务企业引进人才、设备等向总承包和专业承包企业转型。鼓励大中型劳务企业充分利用自身优势搭建劳务用工信息服务平台，为小微专业作业企业与施工企业提供信息交流渠道。引导小微型劳务企业向专业作业企业转型发展，进一步做专做精。鼓励和引导现有劳务班组或有一定技能和经验的建筑工人成立以作业为主的企业，自主选择 1~2 个专业作业工种。鼓励有条件的地区建立建筑工人服务园，依托"双创基地"、创业孵化基地，为符合条件的专业作业企业落实创业相关扶持政策，提供创业服务。政府投资开发的孵化基地等创业载体应安排一定比例场地，免费向创业成立专业作业企业的农民工提供。

新时代建筑产业工人队伍管理的升级，将压缩劳务用工原有的管理层级，由原有的"建筑企业→劳务分包→包工头→班组长→农民工"管理模式，过渡到"建筑企业→班组长→农民工"管理模式，由班组长直接注册合适的市场载体为建筑企业提供劳务作业服务。这对于基层农民工技术骨干和建筑用工单位来说将是一个崭新的开始。

（2）小微型专业作业企业税收优惠

劳务班组注册的专业作业企业如果属于增值税小规模纳税人，可以享受的在增值税、行政事业性收费、政府性基金等方面的减免政策；属于小微企业的，可以享受小微企业的所得税优惠政策。关于增值税小规模纳税人的税收优惠本书第四章已经详细阐述，在此仅简单介绍小规模纳税人、小微企业可以享受的其他税收优惠。

《关于进一步实施小微企业所得税优惠政策的公告》（财政部 税务总局公告 2022 年第 13 号）："一、对小型微利企业年应纳税所得额超过 100 万元但不超过 300 万元的部分，减按 25% 计入应纳税所得额，按 20% 的税率缴纳企业所得税。

··········

三、本公告执行期限为 2022 年 1 月 1 日至 2024 年 12 月 31 日。"

《财政部 税务总局关于小微企业和个体工商户所得税优惠政策的公告》（财政部 税务总局公告 2023 年第 6 号）："一、对小型微利企业年应纳税所得额不超过

100 万元的部分，减按 25％计入应纳税所得额，按 20％的税率缴纳企业所得税。

二、对个体工商户年应纳税所得额不超过 100 万元的部分，在现行优惠政策基础上，减半征收个人所得税。

…………

四、本公告执行期限为 2023 年 1 月 1 日至 2024 年 12 月 31 日。"

2. 注册个体户、个人独资企业

部分建筑劳务承包人注册了个体工商户或个人独资企业承揽劳务作业业务，但个体工商户和个人独资企业不具有法人资格，无法备案为专业作业企业。建筑企业与个体户、个人独资企业签订的劳务分包合同很有可能被认定为无效，双方存在一定的法律与经营风险。

（1）个体户、个人独资企业与公司制企业在税收上的差异

虽然在建筑法规中，以个体户和个人独资企业的名义承揽劳务分包业务存在一定法律风险，但在税收征管上，不论是个体户、个人独资企业还是公司制企业，一视同仁，发生应税业务均应缴纳相关税费。

个体工商户和个人独资企业与公司制企业在税收上的差异总结如下（详见表 5-6）。

表 5-6 个体工商户和个人独资企业与公司制企业涉税管理差异

市场载体	增值税	企业所得税	股东个人所得税
公司制企业	小规模纳税人的销售额≤500 万元，征收率 3％（5％）；一般纳税人的销售额＞500 万元，税率 6％，9％，13％	查账征收：税率 25％，20％，15％，10％。核定征收，应纳所得税额＝应纳税所得额×适用税率；应纳税所得额＝应税收入额×应税所得率	分红按照"利息、股息、红利所得"缴纳 20％的个人所得税
个人独资企业		—	按照取得的收入计算应纳税所得额，按照"经营所得"5％至 35％对应税率档计算缴纳个人所得税。符合相关条件的核定征收
个体工商户			

（2）个体工商户和个人独资企业的涉税处理

查账征收方式下，个体工商户和个人独资企业的应纳税所得额＝收入总额－不征税收入－免税收入－各项扣除－允许弥补的以前年度亏损。其中允许扣除的各项支出包括：成本、费用、税金、损失、其他支出。

①工资薪金：个体户的户主工资薪金支出不允许税前扣除，其他雇员工

资薪金只要是合理的工资薪金符合扣除规定就可以税前扣除。取得经营所得的个人如果没有综合所得，同样可以扣除每年6万元的费用、专项扣除、专项附加扣除。专项附加扣除在办理所得税汇算清缴时减除。有综合所得的可以在综合所得前扣除。如果一个人投资了两个或两个以上的个人独资企业，准予扣除的费用，可以任选一个企业扣除。

②险金社保：基础五险和规定比例内的住房公积金可以全额扣除。

③补充保险：雇员的补充保险不超过工资总额5%部分据实扣除，超过部分不允许扣除；个体户主的养老保险以当你上年平均工资的3倍为基数，不超过基数的5%部分据实扣除，超过部分不得扣除。

④广告和业务宣传费：不超过当年营业收入的15%部分可以据实扣除，超过部分准予在以后年度结转扣除。

⑤业务招待费：按照发生额的60%和当年营业收入的0.5%孰低原则进行扣除。

⑥三项经费：工会经费、福利费、职工教育经费可扣除比例分别为工资薪金总额的2%、14%、25%。

⑦捐赠支出：符合公益捐赠的要求，捐赠额不超过应纳税所得额的30%部分据实扣除，超过部分不允许扣除；直接向受益人捐赠，不得税前扣除。

⑧混合费用支出：个体工商户在生产经营中应该分别核算生产经营费用和个人、家庭费用。如果生产经营和个人、家庭费用混用难以分清的，则按40%算作生产经营支出，准予扣除。个人独资企业不得混用，如果混用全部算作个人和家庭支出，不算生产经营。

个人所得税款、税收滞纳金、罚金、罚款和被没收的财物损失、不符合规定的捐赠、赞助支出、用于个人和家庭的支出、与取得生产经营收入无关的其他支出、国家税务总局规定的其他不允许扣除的支出。

（3）什么情况下经营所得可以核定征收

个体工商户、个人独资企业核定征收经营所得的条件：按照规定可以不设置账簿的；按照规定应该设置账目却没有设置的；按照规定设置了账簿核算不准确的、资料不齐全的；按照规定应该班里纳税申报没有及时申报，被责令后仍然逾期申报的。

核定征收包括：定额征收、核定应税所得率征收。计算公式如下。

应纳税所得额＝收入总额×应税所得率或成本费用÷（1－应纳税所得

率）×应税所得率

应纳所得税额＝应纳税所得额×适用税率

应税所得率标准，国家税务总局相关文件中只规定了应纳所得率的核定范围（应税所得率表见表5-7），具体根据各省市地区的税务文件规定为准。

表5-7　应税所得率表

行业类别	应税所得率（%）
工业、交通运输业、商业	5%～20%
建筑业、房地产开发业	7%～20%
饮食服务业	7%～25%
娱乐业	20%～40%
其他行业	10%～30%

【案例5-5】　铁蛋建设工程中心为2023年8月在某地注册为个体工商户（小规模纳税人），经营所得符合核定征收的条件，应税所得率核定为10%。2023年9月承揽的某劳务分包项目正式施工，当年12月首次向业主开具建筑服务发票，价税合计103万元，票面征收率3%（假设放弃享受减免税政策），假设城市维护建设税、教育费附加、地方教育附加的税（费）率分别为：7%、3%、2%，该地区规定增值税小规模纳税人应缴纳的资源税、城市维护建设税、房产税、城镇土地使用税、印花税（不含证券交易印花税）、耕地占用税和教育费附加、地方教育附加减征50%。个人所得税税率表见表5-8。

表5-8　个人所得税税率表

（经营所得适用）

级数	全年应纳税所得额	税率（%）	速算扣除数
1	不超过30 000元的	5	0
2	超过30 000元至90 000元的部分	10	1 500
3	超过90 000元至300 000元部分	20	10 500
4	超过300 000至500 000元部分	30	40 500
5	超过500 000元部分	35	65 500

当月铁蛋建设工程中心需要缴纳的税费计算如下。

应纳增值税＝1 000 000×3%＝30 000(元)

应交城市维护建设税＝30 000×7%＝2 100(元)

应交教育费附加＝30 000×3%＝900(元)

应交地方教育附加＝30 000×2％＝600（元）

应交附加税费＝（2 100＋900＋600）×50％＝1 800（元）

应纳个人所得税（经营所得）：应纳税所得额＝1 000 000×10％＝100 000（元），比照经营所得适用的个人所得税税率表，其应纳税所得额适用的税率为20％，应缴纳的个人所得税＝100 000×20％－10 500＝9 500（元）

铁蛋建设工程中心合计应纳税额＝30 000＋1 800＋9 500＝41 300（元），综合税负约4.13％。

5.2　总承包企业代发农民工工资的涉税处理

建筑业农民工工资的发放与涉税处理是建筑企业重点财税工作之一。本小节将对农民工工资保障政策、建筑总包企业代发农民工工资涉及的财税处理分析。

5.2.1　建筑业领域农民工工资政策

近年来国家出台了一系列政策措施，拖欠农民工工资的问题得到了有效缓解，取得了阶段性成效。

1.《保障农民工工资支付条例》的全面实施

2020年5月1日开始实施的《中华人民共和国保障农民工工资支付条例》（中华人民共和国国务院令第724号）（以下简称《保障农民工工资支付条例》），使根治拖欠农民工工资工作有了法律武器，开启了依法治欠的历史新阶段。

（1）推行总承包企业代发农民工工资制度

根据《保障农民工工资支付条例》第二十六条规定，"施工总承包单位应当按照有关规定开设农民工工资专用账户，专项用于支付该工程建设项目农民工工资。开设、使用农民工工资专用账户有关资料应当由施工总承包单位妥善保存备查。

……

第三十一条　工程建设领域推行分包单位农民工工资委托施工总承包单位代发制度。

分包单位应当按月考核农民工工作量并编制工资支付表，经农民工本人签字确认后，与当月工程进度等情况一并交施工总承包单位。

施工总承包单位根据分包单位编制的工资支付表，通过农民工工资专用账户直接将工资支付到农民工本人的银行账户，并向分包单位提供代发工资凭证。

用于支付农民工工资的银行账户所绑定的农民工本人社会保障卡或者银行卡，用人单位或者其他人员不得以任何理由扣押或者变相扣押。"

（2）总承包合同应当明确约定农民工工资支付周期

建设单位与施工总承包单位依法订立书面工程施工合同，应当约定工程款计量周期、工程款进度结算办法以及人工费用拨付周期，并按照保障农民工工资按时足额支付的要求约定人工费用。人工费用拨付周期不得超过 1 个月。

（3）建设工程领域农民工工资的清偿责任

用工单位使用个人、不具备合法经营资格的单位或者未依法取得劳务派遣许可证的单位派遣的农民工，拖欠农民工工资的，由用工单位清偿，并可以依法进行追偿。

分包单位拖欠农民工工资的，由施工总承包单位先行清偿，再依法进行追偿。工程建设项目转包，拖欠农民工工资的，由施工总承包单位先行清偿，再依法进行追偿。

建设单位或者施工总承包单位将建设工程发包或者分包给个人或者不具备合法经营资格的单位，导致拖欠农民工工资的，由建设单位或者施工总承包单位清偿。

（4）农民工工资账户代发工资比例要求

关于总承包合同中应约定的人工费占工程款的比例，即由建设方拨付到农民工资专户的资金占工程款的比例限制，不同地区存在差异。根据《工程建设领域农民工工资专用账户管理暂行办法》（人社部发〔2021〕53 号）（以下简称人社部发〔2021〕53 号）规定，建设单位与总包单位订立书面工程施工合同时，应当约定工程款计量周期和工程款进度结算办法；建设单位拨付人工费用的周期和拨付日期；人工费用的数额或者占工程款的比例等。部分地区在人社部发〔2021〕53 号发布之前已有相关文件规定，部分地区是在该文发布后下发的有关规定，各地要求的在合同中应当约定的人工费比例不尽相同。

（5）拖欠农民工工资"黑名单"制度

《保障农民工工资支付条例》建立和完善了拖欠农民工工资"黑名单"制度。用人单位有严重拖欠农民工工资违法行为的，由人力资源社会保障行政部门向社会公布，必要时可以通过召开新闻发布会等形式向媒体公开曝光。用人单位拖欠农民工工资，情节严重或者造成严重不良社会影响的，有关部门应当将该用人单位及其法定代表人或者主要负责人、直接负责的主管人员和其他直接责任人员列入拖欠农民工工资失信联合惩戒对象名单，在政府资金支持、政府采购、招投标、融资贷款、市场准入、税收优惠、评优评先、交通出行等方面依法依规予以限制。

2. 代发农民工工资的个人所得税的扣缴义务人

根据《保障农民工工资支付条例》第二十六条规定，"由总承包方设立农民工工资专用账户代发工资。"总承包方在支付分包款前，代发专业分包方、劳务分包方的农民工工资，是否需要代扣农民工劳动报酬对应的个人所得税？

根据《个人所得税法》的规定，个人所得税以支付所得的单位或者个人为扣缴义务人，但在实务中由于支付所得的单位和个人与取得所得的人之间有多重支付的现象，有时难以确定扣缴义务人。《国家税务总局关于个人所得税偷税案件查处中有关问题的补充通知》（国税函发〔1996〕602号）对在多重支付的情况下如何认定扣缴义务人做了规定，"三、……凡税务机关认定对所得的支付对象和支付数额有决定权的单位和个人，即为扣缴义务人"。

上述政策简而言之，哪一方有权决定向哪些农民工支付工资，支付多少，哪一方就是扣缴义务人。在实务中，我们只需要对农民工劳动关系做判定即可确定其劳动报酬的个人所得税扣缴义务人。

若建筑企业的劳务作业采用劳务分包模式，农民工是建筑劳务分包单位招聘的，劳务分包单位与农民工签订劳动合同或用工协议，具体的用工、派工工作归属劳务分包单位负责。工人的考勤、工资标准也归属劳务分包单位负责制定，因此对于当月给谁付工资、付多少的决定权应该在劳务分包方手里，总承包方只是根据相关文件规定和劳务分包方提供的有关资料（考勤资料、工资发放名单、银行账号信息、委托代付协议书等）代发农民工工资。因此，劳务分包为农民工劳动报酬的个人所得税扣缴义务人。

若建筑企业的劳务作业采用内部劳务队模式，即建筑企业自行组织劳动力实施的，农民工工资的个人所得税扣缴义务人是其自身。

5.2.2　总承包方代发农民工工资的会计处理

总承包方代专业分包方、劳务分包方发放农民工工资，如何进行会计处理？我们通过一个实务案例进行解析。

【案例5-6】　铁蛋建筑公司承包了某住宅工程，该工程采用一般计税方法计税，铁蛋建筑公司将该工程的劳务用工分包给了钢蛋劳务分包公司。2023年8月30日，铁蛋建筑公司确认劳务分包工程计价金额并收取了钢蛋劳务分包公司开具的增值税专用发票1 030万元，发票金额1 000万元，增值税额30万元。

根据合同约定和有关农民工工资政策规定，铁蛋建筑公司应该在9月10日向钢蛋劳务分包公司支付200万元劳务分包款，并通过农民工工资专用账户直接向农民工个人工资账户转账830万元。

铁蛋建筑公司应该要求钢蛋劳务分包提供委托代发工资申请书、农民工工资发放明细表（含民工名字、身份证号、所属工种、实发工资等信息）。

2023年8月30日，确认劳务分包工程量收取发票时的会计处理（后附凭证：劳务分包发票、工程量计价单）。

借：合同履约成本——工程施工——人工费　　　10 000 000

应交税费——应交增值税（进项税额）　　　　300 000

贷：应付账款——劳务分包商　　　　　　　　　10 300 000

2023年9月10日，代发农民工工资时的会计处理（后附凭证：委托代发工资协议书、农民工工资发放明细表）。

借：应付账款——劳务分包（代发农民工工资部分）

　　　　　　　　　　　　　　　　　　　　　　8 300 000

贷：银行存款——农民工工资专用账户　　　　　8 300 000

2023年9月10日，支付劳务分包款时的会计处理。

借：应付账款——劳务分包（扣除农民工工资后的分包款）

　　　　　　　　　　　　　　　　　　　　　　2 000 000

贷：银行存款——一般账户　　　　　　　　　　2 000 000

5.3　异地施工项目的个人所得税问题

建筑企业跨省异地施工，即工程项目与企业不在同一省（自治区、直辖市）的，企业向项目部派驻的管理人员、技术人员和其他工作人员在异地工作期间的工资、薪金所得都涉及个人所得税如何申报缴纳问题。

5.3.1　异地施工项目个人所得税应该如何缴纳

建筑企业异地施工项目相关人员的工资、薪金个人所得税问题，需要明确三个内容：第一，这部分个人所得税在哪儿交，应该在机构注册地缴纳还是项目所在地缴纳；第二，这部分个人所得税是否可以被核定征收；第三，如果被核定征收了，在机构注册地对这部分人员进行代扣代缴个人所得税时可否扣除被核定缴纳的部分。

根据《建筑安装业个人所得税征收管理暂行办法》（国税发〔1996〕127号）第六条规定，"从事建筑安装业的单位和个人应设置会计账簿，健全财务制度，准确、完整地进行会计核算。对未设立会计账簿，或者不能准确、完整地进行会计核算的单位和个人，主管税务机关可根据其工程规模、工程承包合同（协议）价款和工程履约进度等情况，核定其应纳税所得额或应纳税额，据以征税。具体核定办法由县以上（含县级）税务机关制定。"

《国家税务总局关于建筑安装业跨省异地工程作业人员个人所得税征收管理问题的公告》（国家税务总局公告〔2015〕52号）的有关规定，"一、总承包企业、分承包企业派驻跨省异地工程项目的管理人员、技术人员和其他工作人员在异地工作期间的工资、薪金所得个人所得税，由总承包企业、分承包企业依法代扣代缴并向工程作业所在地税务机关申报缴纳。

二、跨省异地施工单位应就其所支付的工程作业人员工资、薪金所得，向工程作业所在地税务机关办理全员全额扣缴明细申报。凡实行全员全额扣缴明细申报的，工程作业所在地税务机关不得核定征收个人所得税。

三、总承包企业、分承包企业和劳务派遣公司机构注册地税务机关需要掌握异地工程作业人员工资、薪金所得个人所得税缴纳情况的，工程作业所在地税务机关应及时提供。总承包企业、分承包企业和劳务派遣公司机构注册地税务机关不得对异地工程作业人员已纳税工资、薪金所得重复征税。两地税务机关应加强沟通协调，切实维护纳税人权益。"

5.3.2　异地施工项目被核定征收个人所得税的标准及原因

根据《国家税务总局关于印发〈建筑安装业个人所得税征收管理暂行办法〉的通知》(国税发〔1996〕127 号)第六条规定，"……具体核定征收的征收率以及具体核定办法由县以上（含县级）税务机关制定。"

1. 异地施工核定征收个税的标准

各个地区市、县一级的地方税务机关颁布了部分有关具体政策，对异地施工进行了省内企业与省外企业的区分，核定征收的征收率也不一致，最低的为 0.4%，最高的为 2%，甚至同一省、市（直辖市）、自治区的不同地级市核定的征收率都不一样，甚至适用的税目也有差异。政策执行不一给建筑企业带来很多不便之处。

当然，大部分地区税务机关对于外省、市建筑企业不会随便"一刀切"核定征收个人所得税的，例如重庆市。根据《重庆市地方税务局关于建筑安装业个人所得税征管有关问题的公告》(重庆市地方税务局公告 2014 年第 2 号)[①]规定，"市外企业来我市从事建筑安装业工程，如同时符合以下条件能同时提供符合下述条件的证明材料，经工程所在地税务机关同意，可回机构所在地扣缴个人所得税。

①能按规定提供机构所在地税务机关出具的外出经营税收管理证明（以下简称外管证）。

②能提供项目从业人员在机构所在地扣缴个人所得税的相关证明资料及完整准确的会计账簿和核算凭证。

企业如不能同时提供符合上述条件的证明材料，应在工程所在地扣缴项目个人所得税，由工程所在地税务机关按其项目经营收入的 1% 核定征收个人所得税。"这类核定征收个税规定，笔者认为还是非常公允的，主要是针对

[①]　笔者了解到，重庆市上述规定虽然早于国家税务总局 2015 年 52 号公告，但截至本书出版该公告依然有效。

那些不按照规定进行全员全额扣缴申报个税的建筑企业。这类既不在项目地全员全额扣缴明细申报个税，也未在机构地申报纳税，被核定征收个税是正常的。

上述总结的部分地区对外来建筑企业核定征收个人所得税的相关规定，有些已经终止，有些仍在执行。例如广东省地方税务局公告 2017 年第 2 号自 2017 年 10 月 1 日起实施，有效期 5 年，如今已经到期，暂时未见有其他新规定。广东省内部分地区已经在 12366 答疑中回复建筑业纳税人，要求外来建筑企业在项目地税务机关对相关作业人员个人所得税办理全员全额扣缴明细申报。

2. 异地施工被核定征收个税的主要原因

建筑企业异地施工被核定征收个税的内外因皆有。

（1）建筑企业没有对全员工资薪金、劳务报酬履行代扣代缴个人所得税的义务，特别是劳务分包企业支付农民工工资，普遍存在未履行代扣代缴税的义务。

（2）建筑企业按规定应当设置账簿没有设置会计账簿都的，或设置了账簿但是核算不健全，异地施工环节也容易被税务机关核定征收个税。

（3）建筑企业虽然设立了会计账簿，会计核算健全，但未按国家税务总局 2015 年 52 号公告规定的要求，将工程项目相关人员的工资薪金在项目所在地进行个人所得税申报。部分建筑企业注册地有关部门要求自然人在当地的个人所得税纳税记录和社保缴纳记录满足相关年限才可落户积分、购房摇号，因此很多员工个人不愿意在异地申报缴纳个人所得税。

以上出现被核定征收个税的原因都是建筑企业自身财税管理不到位导致的，但也存在部分工程所在地税务机关对不同建筑企业的具体情况不做区分，外来的建筑企业在当地施工的项目一律核定征收个人所得税的情形。

5.3.3　异地施工项目被核定征收个人所得税的后果

建筑企业相关作业人员的工资、薪金所得个税在项目所在地被核定征收的，在机构所在地发放工资时是否还要代扣缴个税？在项目所在地被核定征收的个税，应该计入什么会计科目？在项目所在地被核定征收的个税能否在企业所得税前扣除？

根据《建筑安装业个人所得税征收管理暂行办法》（国税发〔1996〕127号）第十四条规定，"建筑安装业单位所在地税务机关和工程作业所在地税务机关双方可以协商有关个人所得税代扣代缴和征收的具体操作办法，都有权对建筑安装业单位和个人依法进行税收检查，并有权依法处理其违反税收规定的行为。但一方已经处理的，另一方不得重复处理。"但是，在实务中建筑企业相关作业人员的工资薪金个税一旦被项目所在地税务机关核定征收了，在机构注册地纳税申报时主管税务机关不允许扣除这部分被核定征收的个税，要求按照应付职工薪酬正常代扣代缴工资、薪金所得个税，某种程度上造成了重复征收。

绝大部分地区，异地施工的项目如果被按照每次开票金额的一定比例核定征收个税，则该项目的员工在机构地依然要按照发放的工资薪金缴纳个人所得税，在异地被核定征收的个人无法抵扣在机构地应交的个人所得税，且在企业所得税前也无法作为合理的支出扣除。

5.4　甲供材与甲控材的会计核算与涉税风险

在工程承揽过程中，发包方虽然将工程包工包料发包给了承包方，但是部分工程建设承包合同中都约定了甲供材或者甲控材。甲供材和甲控材二者不论是会计核算还是涉税风险都存在差异。

5.4.1　甲供材的财税处理与风险控制

甲供工程，是指发包方直接向承包方提供部分或者全部材料、设备、动力，如果工程所需材料和设备全部甲供，则为清包工工程。

1. 差额甲供的财税处理

差额甲供，即承包方的总造价中不含甲供材金额。作为承包方，建筑企业的合同收入与合同成本不必核算甲供材金额，不需要向发包方开具甲供部分的销项发票，也不需要取得甲供对应的进项发票。甲供部分的材料采购和结算手续全部由发包方全权处理，承包方只需对甲供的物资进行到货点验和使用管理，做好使用登记即可，无须进行财税处理。

承包方在签订工程建设合同过程中，可以约定向发包方收取一定比例的甲供材管理费，工程结算时在结算额中增加甲供材的管理费部分，承包方按照"价外费用"向发包方开具建筑服务发票。对于适用一般计税方法的项目承包方则需要根据甲供材管理费费率、甲供材占总成本比例等各项要素综合考虑做好税金筹划，否则建筑施工企业的利润将被甲供材稀释。

2. 全额甲供的财税处理

全额甲供，即甲供材计入承包方的工程总价款中。作为承包方，建筑企业核酸的合同收入与合同成本包含了甲供材金额，需要向发包方开具相应的销项发票，发包方也需要向承包方开具甲供材销售发票。在实务中，甲供材款项一般不需要承包方支付，发包方从应付的工程款中直接扣除。全额甲供事项，承包方会计处理如下：

收到甲供材料时：

借：原材料——甲供材明细

应交税费——应交增值税（进项税额）

贷：应收账款——工程款（××建设方）

领用甲供材时：

借：合同履约成本——工程施工——材料费

贷：原材料——甲供材明细

注：全额甲供的工程项目在验工计价（工程结算）时，计价的事项和金额包含甲供金额，即"应收账款""合同结算——价款结算"科目中包含甲供的金额。

【案例 5-7】 铁蛋建筑公司为增值税一般纳税人，企业所得税为查账征收。某个工程项目为一般计税项目，该项目的总造价 10 000 万元，包含甲供材金额 1 000 万元，建筑企业向建设方开具了含甲供材的工程服务发票，却没有取得相应的甲供材成本发票，则这部分销项就没有进项可抵，要全额交增值税 90 万元（1 000×9%）。如果建筑企业没有取得甲供材发票，却将甲供材金额计入了合同成本，不得作为成本费用在企业所得税前扣除，企业所得税应纳税所得额需要调增 1 000 万元。

如果总造价中不含甲供材金额，那么合同成本中也不必核算甲供材的费用，不需要向建设方开具甲供材部分的销项发票，也不需要取得甲供材对应的进项发票。建设方提供的材料、设备，建筑企业只要做好使用记录即可。

在实务中，建筑企业应该防止出现前述案例"流氓甲供"的情形，如果发包方不愿意开具甲供材销售发票，则双方应该通过补充协议重新约定工程造价，即按照"差额甲供"调整合同金额。

3. 甲供比例对选择适用简易计税是否有的影响

在日常的财务服务中，笔者经常遇到建筑企业的财务人员咨询这个问题。因甲供选择适用简易计税方法的工程，对甲供比例是否有要求？如果甲供的比例占总造价的金额不到1%，算不算甲供工程？

财政部和国家税务总局发布的关于甲供工程可以选择适用或适用简易计税方法的文件，对甲供的金额和比例暂未作限制。在甲供内容上，除了要注意普通甲供和特殊甲供对计税方式的影响差异外，还要注意并不是甲方提供的物资就一定属于甲供材料（设备），例如甲方只提供图纸，这不属于甲供工程，因为图纸的属性不是工程材料（设备），也不是动力。

4. 全额甲供是否可以选择适用简易计税方法

部分观点认为，只要物资来自发包方，不论该物资是否最终计入工程造价，即不论"全额甲供"还是"差额甲供"均属于甲供工程，承包方可以选择适用简易计税方法。

笔者认为，上述观点从业务的角度判断是否为甲供工程是合理的，但从财税的角度分析需要谨慎对待。之所以允许甲供工程选择适用简易计税方法，主要原因是甲供有可能导致进项税额取得不充分，会促使建筑企业在全面"营改增"后增值税税负上升。倘若甲供金额计入工程造价，即发承包双方就甲供部分互相开具应税发票，发承包方增值税纳税人身份一致的情况下（双方均为一般纳税人），甲供因素不会导致承包方（建筑企业）增值税税负上升。

5. 特殊甲供对计税方式的影响

国家税务总局下发的相关文件中其实并没有"特殊甲供"的说法，只是为了区分对采用计税方式的软硬影响，暂且将甲供分为"普通甲供"和"特殊甲供"。

根据财税2016年36号文的规定，一般纳税人为甲供工程提供的建筑服务，可以选择适用简易计税方法计税。甲供工程，是指全部或部分设备、材料、动力由工程发包方自行采购的建筑工程。此处所述甲供，一般称为"普通甲供"，只要发包方供应了部分材料、设备、动力，建筑企业就可以选择简易计税。注意其中的措辞"可以选择适用简易计税"，换句话说，如果发包方不同意建筑企业选择适用简易计税，且愿意支付一般计税方法计税的相关税金，建筑企业无法强行选择适用简易计税。

根据"财税2017年58号文"的规定，建筑工程总承包单位为房屋建筑的地基与基础、主体结构提供工程服务，建设单位自行采购全部或部分钢材、商品混凝土、砌体材料、预制构件的，适用简易计税方法计税。这里的甲供规定之所以称之为"特殊甲供"，是因为文件明确规定了只要符合规定的承包单位、工程类别、工程阶段、甲供内容这四个特定条件，就必须采用简易计税方法计税。措辞是"适用"，没有"可以选择"的字眼。

【案例5-8】 2023年6月，铁蛋建筑总承包公司与钢蛋地产公司签订了一份"海市·敦煌年华施工总承包工程合同"，该项目为高层住宅小区，施工方包工包料，但部分材料由发包方提供。在有关工程材料条款中约定甲方提供的材料包含：预制墙、预制柱、预制梁。该项目是否必须适用简易计税方法？

分析：上述案例中的工程项目合同签订时间在2017年7月1日以后，且完全符合"财税2017年58号文"规定的必须采用简易计税方法的四个特定条件。该项目属于铁蛋总承包公司承揽的房屋建筑项目，甲供的材料属于预制构件，为工程主体结构阶段所需。除上述案例列举的以外，常见的预制构件还包括：预制叠合梁、预制叠合板、预制阳台、预制空调板、预制楼梯、预制飘窗等。

在实务中，笔者经常遇到建筑企业咨询这样一个问题：签订的施工总承包合同完全符合"财税2017年58号文"规定的"特殊甲供"的情形，但在投标环节已经按照发包方的要求选定一般计税方法组价投标，且在合同履约时也是按照一般计税方法开具发票的，是否存在涉税风险？笔者个人认为，按照"财税2017年58号文"的规定"特定甲供"是"强制适用"简易计税方法，建筑总承包企业最好不要违反该规定，但是从国家税务总局出台该政策的动机判断，是为了确保建筑总包企业充分享受到甲供工程能够选择适用简易计税的权利，真正做到"应享尽享"。如果建筑企业放弃享受这一项政策红利，笔者认为主管税务机关也不应当追究建筑企业的责任。因此，建筑企业签订的合同符合"财税2017年58号文"规定的特定甲供必须适用简易计税，而又选择了适用一般计税方法的，在签订合同后应第一时间与主管税务机关沟通，避免不必要的涉税风险。

5.4.2　甲控材的财税处理与风险控制

甲控材也称甲指材料，即发包方指定承包方采购工程材料所需的品牌或直接指定材料供应商。《建筑法》第二十五条规定，"按照合同约定，建筑材料、建筑构配件和设备由工程承包单位采购的，发包单位不得指定承包单位购入用于工程的建筑材料、建筑构配件和设备或者指定生产厂、供应商。"在实务中，发包方违反《建筑法》规定，对承包方采购的材料指定品牌、指定供应商的情形时有发生，本小节仅就甲控材的财税处理及相关风险展开论述，不论及其他法律问题。

1. 甲控材的会计处理

在会计核算上，甲控材与建筑企业自行采购的其他物资并无差异，只是供应商为发包方指定，在实务中材料价格也为受发包方影响。

甲控材业务发生时，承包方的会计处理如下。

甲控材供应商供应材料时：

借：原材料——明细材料

　　应交税费——应交增值税（进项税额）

　　　贷：应付账款——××供应商

工程项目领用材料时：

借：合同履约成本——工程施工——材料费

　　　贷：原材料——明细材料

发包方代付甲控材料款，并从工程款中扣除时：

借：应付账款——材料款（××供应商）

　　　贷：应收账款——工程款（××发包方）

注意，如果发包方向承包方支付甲控材管理费，承包方按照建筑服务价外费用进行财税处理即可。

2. 委托甲方代付甲控材款项应注意的风险

甲控材业务在资金支付方面，发包方有可能直接从支付给承包方的工程款中扣下甲控材款项，直接向甲控材供应商支付。若建筑企业与发包方、甲控材供应商三方签订委托采购协议，发包方直接扣下工程款向甲控材供应商支付款项存在一定涉税风险。

根据《财政部 国家税务总局关于增值税、营业税若干政策法规的通知》（财税字〔1994〕26号）"五、关于代购货物征税问题：

代购货物行为，凡同时具备以下条件的，不征收增值税，不同时具备以下条件的，无论会计制度法规如何核算，均征收增值税：

（一）受托方不垫付资金；

（二）销货方将发票开具给委托方，并由受托方将该项发票转交给委托方；

（三）受托方按销售方实际收取的销售额和增值税额（如系代理进口货物则为海关代征的增值税额）与委托方结算货款，并另外收取手续费。"

按照上述文件，甲控材料如果由发包方代付，稍微不慎就成了甲方转售材。供应商应该向发包方开具应税服务发票，发包方再向承包方开具应税发票。因此，笔者建议发包方强制采用代付手段，建筑企业与发包方、甲控材供应商三方签订《委托付款协议》（见表5-9）即可。

表5-9　三方委托付款协议（一次性签订）

三方委托付款协议（一次性签订）

甲方：××建筑工程有限公司
乙方：××混凝土有限公司
丙方：××地产置业发展有限公司

甲、丙双方于＿＿＿年＿＿＿月＿＿＿日签订了＿＿＿＿＿＿合同，根据现场实际情况，甲方根据工程所需从乙方采购＿＿＿＿＿＿，甲方委托丙方代甲方向乙方支付对应的材料款。经三方协商一致，达成如下协议：

一、代付流程

1. 乙方在申请甲方支付材料款前，向甲方开具合法有效的应税交易发票（增值税专用发票或增值税普通发票）；甲方根据当月完成的工程量（根据工程量计价单或施工合同中明确的付款比例）向丙方开具相应合法有效的"建筑服务"发票。

2. 丙方收到甲方合法有效"建筑服务"发票后，丙方根据实际应付工程进度款，代甲方向乙方支付工程款，同时将支付凭证（银行流水复印件加盖公章）返还给甲方。

3. 代付完成并将支付凭证返还甲方后视为已按照合同约定向甲方支付等额的工程款。

4. 丙方承诺按合同和协议及时向乙方支付材料款，不得拖欠；乙方承诺不得再向甲方索要上述材料款；甲方承诺不得再向丙方索要上述材料款。

二、协议生效

甲、乙、丙三方均承诺该协议需加盖单位公章方可生效；甲、乙、丙三方均承诺该协议为共同友好协商形成，真实有效，是甲乙、甲丙双方合同的补充，且与甲乙、甲丙双方合同具有同等法律效力。

本协议一式三份，甲乙丙三方各执一份，自三方签字盖章后生效，至合同履行完成后自动失效。

甲方（盖章）	乙方（盖章）	丙方（盖章）
委托代理人（签字）：	委托代理人（签字）：	委托代理人（签字）：
日期：　年　月　日	日期：　年　月　日	日期：　年　月　日

笔者在此提醒，前述《委托付款协议》的范本仅供参考使用。该范本无论是从内容还是形式上看，都缺乏《债权转让书》应有的条款，其中约定的"丙方承诺按合同和协议及时向乙方支付材料款，不得拖欠；乙方承诺不得再向甲方索要上述材料款；甲方承诺不得再向丙方索要上述材料款"，事实上也只代表资金的委托收付，不代表债权、债务转让。关于债权、债务转让应注意事项，请参照《民法典》的相关规定和本书第六章的有关内容。

3. 避免甲控材料增加增值税税负

作为承包方建筑企业适用一般计税方法的项目，在与发包方签订总承包合同涉及甲控材料条款时，在采购比价合适的前提下，尽可能要求选择一般纳税人，确保甲控材不影响建筑企业的增值税税负。

5.5　转售电力的会计核算与涉税风险

建筑企业的工程项目通常是发包方与承包方共用电表，由发包方统一向电力公司结算交费并取得"购买方名称"为发包方的供电发票，发包方再根据其他承建单位电力实际消耗量，向各使用单位收取费用。从业务实质上看，是转售电力资源的行为。

5.5.1　建设方向承建方转售电力的会计处理

一般情况下，建设工程的电表单位均为建设方名称，缴纳电费后销售方开具的发票抬头为建设方名称。承建方缴纳电费的方式有两种：第一种方式是直接向销售方（电力供应单位）支付电费；第二种方式是建设方统一支付电费，并从支付给承建方的工程款中直接扣除应由承建方承担的电费。这一业务的关键环节是作为承建方的建筑企业应该如何取得转售电费的发票。第一种方式，直接向销售方支付电费，取得的发票抬头有可能不是承建方名称，这一类发票承建方无法作为工程成本在企业所得税前扣除；第二种方式不论是建设方直接从工程款中扣掉电费，还是承建方向建设方支付电费，承建方都必须取得建设方开具得转售电费发票，单凭原始凭证分割单或者收据无法列支工程成本在企业所得税前扣除。

建筑企业只要能取得合规的转售电费发票，不论用哪种方式支付电费，会计处理都相对简单。第一种方式：借记"合同履约成本——工程施工——其他直接费用"科目，贷记"银行存款"科目。第二种方式中，向建设方支付水电费的会计处理与第一种方式一样；建设方直接从工程款中扣下电费，会计处理：借记"合同履约成本——建筑施工——其他直接费用"科目，贷记"应收账款"科目。

5.5.2 总包方向分包方转售电力的会计处理

建筑总包方向分包方转售电力有两种处理方案。第一种方案是不向分包方收取水电费，这部分电费结算时在结算款中直接扣除，分包方的合同收入和合同成本中均不含电费，即总包方甲供电力，这种模式下总包方需要做电费支出会计处理，分包方不需要做会计处理。这种方式只需要施工过程中双方留好签字确认的电费使用清单等相关凭证，结算时在分包结算额中扣除即可。前面所述建设方向承建方转售电费，也可采用这种模式。第二种方案是总包方按照向分包方收取的电费金额开具适用税率的转售电力发票，同时，总包方取得电力供应单位开具的增值税专用发票可以用于抵扣进项税额。

建筑总包方取得电力供应公司或建设方开具的电费发票，计入"合同履约成本——工程施工"科目，平价向分包方收取的转售电力收入，其中不含税收入部分应当冲减"合同履约成本——工程施工"科目，税金部分则在确认应税收入时计算并确认销项税额。

借：其他应收款、银行存款

　　合同履约成本——工程施工——其他直接费用（红字）

　　贷：应交税费——应交增值税（销项税额）

【案例5-9】 铁蛋建筑总包公司（以下简称"铁蛋总包公司"）将某住宅工程的保温工程分包给钢蛋建筑分包公司（以下简称"钢蛋分包公司"）。在施工过程中，钢蛋分包公司使用了铁蛋总包公司的电力，并支付了电费 113 000 元（含税）。铁蛋总包公司取得电力供应公司开具的 113 000 元（含税）增值税专用发票，并向钢蛋分包公司开具了等额增值税专用发票。

（1）铁蛋总包公司取得电力供应公司开具电费发票时的会计处理。

借：合同履约成本——工程施工——其他直接费　　100 000

　　应交税费——应交增值税（进项税额）　　　13 000

　　　贷：银行存款　　　　　　　　　　　　　　　113 000

（2）铁蛋总包公司向钢蛋分包公司转售电力并开具相应发票时的会计处理。

铁蛋总公司转售电费收入＝113 000÷1.13＝100 000（元）

借：银行存款　　　　　　　　　　　　　　　　113 000

　　合同履约成本——工程施工——其他直接费　－100 000

　　　贷：应交税费——应交增值税（销项税额）　　13 000

或　者不冲减"合同履约成本"，直接确认为"其他业务收入"：

借：银行存款　　　　　　　　　　　　　　　　113 000

　　　贷：其他业务收入——转售电力　　　　　　100 000

　　　　应交税费——应交增值税（销项税额）　　13 000

总包方向分包方转售电力，作为分包方如果未取得合法合规的发票，将电费计入合同成本中，将不得在企业所得税前扣除；作为总包方的建筑企业向分包方转售电力如果收取电费未缴纳销项税额，也存在涉税风险。

5.5.3　转售电力税前扣除凭证应该如何解决

▎转售电力的解决方案

发包方向承包方转售电力，笔者认为有三种解决方式：

第一个方案，更换电表户名。

按现行规定"三通一平"都是建设单位责任范围内的，但实际使用电的费用由施工单位支付的，可以向供电单位申请把现有的户名换成施工方的名称，让供电公司直接向施工方开具发票。竣工验收时，需要将电表户名再改为建设单位。

第二种方案，转售方开具应税发票。

关于工程项目挂表单位和实际用电单位不是同一单位的，部分地区税务机关在 12366 答疑时明确答复，挂表单位应该向用电单位开具电力发票。发包方向承包方开具转售电力的增值税发票（"供电＊电费"）。

【地方口径①】问题内容：A 公司需要在其机构注册地增建办公楼，由 B 公司负责施工，施工场地用电由 B 公司自行承担。供电公司对 A 公司开具发票并由 A 公司支付全部电费（包括施工场地用电），A 公司再向 B 公司收取施工耗用的电费。那么 A 公司向 B 公司收取电费是作为销售电处理，还是作为共用分摊，通过共用分割单操作？

北京税务 12366 纳税服务中心答复：您好，考虑到施工耗用的电费由 A 公司和 B 公司分别承担，其所对应的增值税也应由 A 公司和 B 公司分别进行抵扣，这种情形不属于国家税务总局公告 2018 年第 28 号第十八条、第十九条规定的情形，A 公司应按照相关规定开具增值税发票给 B 公司，B 公司凭发票抵扣进项税。

【地方口径②】问题内容：我公司是房地产公司，是增值税一般纳税人。我公司的房屋建设承包给施工队，后续在一定时间内的工程结算中会收取施工队在施工过程用电，并从应付款中直接扣除，我公司是按电力公司原价收取电费，请问我公司可以以原价向施工队开具转售电力的增值税专发票吗？如果不可以自己开票，我公司该如何操作？

广东省汕尾市 12366 纳税服务中心答复：您可以向施工队（一般纳税人开具专用发票、小规模纳税人开具普通发票）开具发票，请您先到办税服务厅申请增加转售电力税目，即可自行开具对应的发票给施工队。

关于超经营范围是否可以开具相应发票，笔者在本书第四章中相关内容已经详细阐述，这里不再赘述。

第三种方案，按照甲供动力处理。发包方在施工过程中不向承包方收取或者在工程款中扣除电费，在结算时再扣下电费后确定最终工程结算价，承包方按照扣除电费后的结算价开具"建筑服务"发票。注意，发包方如果只是在施工过程中不收取电费，结算时确定的结算价未扣除这部分电费，则依然按照第一种方案操作，发包方（收款方）应当开具转售电力的发票。

除上述方案外，若地方的税务机关出台相应文件对此类非直供电力（即转售电力）发票开具做出规范要求，可以由电力供应部门按照分表数据直接向电力实际使用单位开具增值税发票。截至 2023 年 12 月，只有六个地区出台了相关文件专门解决此类问题，即安徽省、湖南省、江西省、福建省、湖北省、河北省。

可否使用原始凭证分割单

1. 什么是原始凭证分割单

根据 2019 年修订的《会计基础工作规范》(中华人民共和国财政部令第 98 号) 第五十一条第四项规定，"除结账和更正错误的记账凭证可以不附原始凭证外，其他记账凭证必须附有原始凭证。如果一张原始凭证涉及几张记账凭证，可以把原始凭证附在一张主要的记账凭证后面，并在其他记账凭证上注明附有该原始凭证的记账凭证的编号或者附原始凭证复印件。

一张原始凭证所列支出需要几个单位共同负担的，应当将其他单位负担的部分，开给对方原始凭证分割单，进行结算。原始凭证分割单必须具备原始凭证的基本内容：凭证名称、填制凭证日期、填制凭证单位名称或者填制人姓名、经办人的签名或者盖章、接受凭证单位名称、经济业务内容、数量、单价、金额和费用分摊情况等。"

2. 什么情况下可以使用原始凭证分割单作为企业所得税前扣除凭证

根据《国家税务总局关于发布〈企业所得税税前扣除凭证管理办法〉的公告》(国家税务总局公告〔2018〕28 号) 第十八条规定："企业与其他企业(包括关联企业)、个人在境内共同接受应纳增值税劳务(以下简称'应税劳务')发生的支出，采取分摊方式的，应当按照独立交易原则进行分摊，企业以发票和分割单作为税前扣除凭证，共同接受应税劳务的其他企业以企业开具的分割单作为税前扣除凭证。"

如果建筑承包方如果租用了发包方的生产用房或办公用房，电费采用分摊方式的，则符合《国家税务总局关于发布〈企业所得税税前扣除凭证管理办法〉的公告》(国家税务总局公告〔2018〕28 号) 第十九条的规定，"企业租用(包括企业作为单一承租方租用)办公、生产用房等资产发生的水、电、燃气、冷气、暖气、通信线路、有线电视、网络等费用，出租方作为应税项目开具发票的，企业以发票作为税前扣除凭证；出租方采取分摊方式的，企业以出租方开具的其他外部凭证作为税前扣除凭证。"如符合以上条件，建筑承包方可以适用分割单入账。原始凭证分割单见表 5-10。

表 5-10　原始凭证分割单

年　　月　　日　　　　　　　　　　　　　　　编号：

原始凭证 所在单位		纳税人 识别号		地址										
发票内容		总金额		小写 金额	千	百	十	万	千	百	十	元	角	分
发票号码、 代码		分割金额		小写 金额	千	百	十	万	千	百	十	元	角	分
接受分割单 单位		纳税人 识别号		地址										
分割的内容及分割原因														
备注														

单位名称（公章）：　　　　　　　　　　　　　　　　　　　　　　　　制单：

5.6　企业安全生产费用的财税处理

企业安全生产费用是指企业按照规定标准提取，在成本（费用）中列支，专门用于完善和改进企业安全生产条件的资金。

5.6.1　企业安全生产费用支出限制

企业安全生产费用应遵循筹措有章、支出有据、管理有序、监督有效的原则。企业专项核算和归集安全生产费用，真实反映安全生产条件改善投入，不得挤占、挪用。

1. 企业安全生产费用使用支出范围

根据《关于印发〈企业安全生产费用提取和使用管理办法〉的通知》（财资〔2022〕136 号）（以下简称"财资〔2022〕136 号文"）第五条，企业安全生产费用可由企业用于以下范围的支出：

"（一）购置购建、更新改造、检测检验、检定校准、运行维护安全防护和紧急避险设施、设备支出（不含按照'建设项目安全设施必须与主体工程同时设计、同时施工、同时投入生产和使用'规定投入的安全设施、设备）；

（二）购置、开发、推广应用、更新升级、运行维护安全生产信息系统、软件、网络安全、技术支出；

（三）配备、更新、维护、保养安全防护用品和应急救援器材、设备支出；

（四）企业应急救援队伍建设（含建设应急救援队伍所需应急救援物资储备、人员培训等方面）、安全生产宣传教育培训、从业人员发现报告事故隐患的奖励支出；

（五）安全生产责任保险、承运人责任险等与安全生产直接相关的法定保险支出；

（六）安全生产检查检测、评估评价（不含新建、改建、扩建项目安全评价）、评审、咨询、标准化建设、应急预案制修订、应急演练支出；

（七）与安全生产直接相关的其他支出。"

2. 建设工程施工企业安全生产费用的支出范围

前述安全生产费的使用范围适用于全部行业，财资〔2022〕136号文第十九条对建设工程施工企业安全生产费用的支出范围也做了明确规定，主要包括以下内容：

"（一）完善、改造和维护安全防护设施设备支出（不含'三同时'要求初期投入的安全设施），包括施工现场临时用电系统、洞口或临边防护、高处作业或交叉作业防护、临时安全防护、支护及防治边坡滑坡、工程有害气体监测和通风、保障安全的机械设备、防火、防爆、防触电、防尘、防毒、防雷、防台风、防地质灾害等设施设备支出；

（二）应急救援技术装备、设施配置及维护保养支出，事故逃生和紧急避难设施设备的配置和应急救援队伍建设、应急预案制修订与应急演练支出；

（三）开展施工现场重大危险源检测、评估、监控支出，安全风险分级管控和事故隐患排查整改支出，工程项目安全生产信息化建设、运维和网络安全支出；

（四）安全生产检查、评估评价（不含新建、改建、扩建项目安全评价）、咨询和标准化建设支出；

（五）配备和更新现场作业人员安全防护用品支出；

（六）安全生产宣传、教育、培训和从业人员发现并报告事故隐患的奖励支出；

（七）安全生产适用的新技术、新标准、新工艺、新装备的推广应用支出；

（八）安全设施及特种设备检测检验、检定校准支出；

（九）安全生产责任保险支出；

（十）与安全生产直接相关的其他支出。"

注："三同时"是指按照"建设项目安全设施必须与主体工程同时设计、同时施工、同时投入生产和使用"。

5.6.2　建筑施工企业安全生产费用的提取标准

根据财资〔2022〕136 号文规定，建设工程①施工企业以建筑安装工程造价为依据，于月末按工程进度计算提取企业安全生产费用。

1. 建设工程施工企业安全生产费用提取标准

建设工程施工企业应提取的安全生产费用标准如下：

（1）矿山工程 35%；

（2）铁路工程、房屋建筑工程、城市轨道交通工程 3%；

（3）水利水电工程、电力工程 25%；

（4）冶炼工程、机电安装工程、化工石油工程、通信工程 2%；

（5）市政公用工程、港口与航道工程、公路工程 15%。

建设工程施工企业编制投标报价应当包含并单列企业安全生产费用，竞标时不得删减。国家对基本建设投资概算另有规定的，从其规定。

2. 总包单位提取了安全生产费的，分包单位无须重复提取

建设单位应当在合同中单独约定并于工程开工日一个月内向承包单位支付至少 50%企业安全生产费用。总包单位应当在合同中单独约定并于分包工程开工日一个月内将至少 50%企业安全生产费用直接支付分包单位并监督使用，分包单位不再重复提取。工程竣工决算后结余的企业安全生产费用，应

---

① 建设工程是指土木工程、建筑工程、线路管道和设备安装及装修工程，包括新建、扩建、改建。井巷工程、矿山建设参照建设工程执行。

当退回建设单位。

3. 未按规定支付企业安全生产费将受到处罚

建设单位未按规定及时向施工单位支付企业安全生产费用、建设工程施工总承包单位未向分包单位支付必要的企业安全生产费用以及承包单位挪用企业安全生产费用的，由建设、交通运输、铁路、水利、应急管理、矿山安全监察等部门按职责分工依法进行处理、处罚。

5.6.3 建筑施工企业安全生产费用的财税处理

根据财资〔2022〕136号文规定，企业提取的安全生产费用从成本（费用）中列支并专项核算，企业安全生产费用支出应当取得发票、收据、转账凭证等真实凭证。

1. 企业安全生产费的提取与结转

企业应以上一年度营业收入为依据提取安全生产费用；新建和投产不足一年的，当年企业安全生产费用据实列支，年末以当年营业收入为依据，按照规定标准计算提取企业安全生产费用。

企业安全生产费用年度结余资金结转下年度使用。企业安全生产费用出现赤字（即当年计提企业安全生产费加上年初结余小于年度实际支出）的，应当于年末补提企业安全生产费用。企业安全生产费用月初结余达到上一年应计提金额三倍及以上的，自当月开始暂停提取企业安全生产费用，直至企业安全生产费用结余低于上一年应计提金额三倍时恢复提取。企业当年实际使用的安全生产费用不足年度应计提金额60%的，除按规定进行信息披露外，还应当于下一年度4月底前，按照属地监管权限向县级以上人民政府负有安全生产监督管理职责的部门提交经企业董事会、股东会等机构审议的书面说明。

企业同时开展两项及两项以上以营业收入为安全生产费用计提依据的业务，能够按业务类别分别核算的，按各项业务计提标准分别提取企业安全生产费用；不能分别核算的，按营业收入占比最高业务对应的提取标准对各项合计营业收入计提企业安全生产费用。

企业内部有两个及两个以上独立核算的非法人主体，主体之间生产和转移产品和服务按本办法规定需提取企业安全生产费用的，各主体可以以本主体营业收入扣除自其他主体采购产品和服务的成本（即剔除内部互供收入）的净额，作为企业安全生产费用计提依据。

承担集团安全生产责任的企业集团母公司（一级，以下简称集团总部），可以对全资及控股子公司提取的企业安全生产费用按照一定比例集中管理，统筹使用。子公司转出资金作为企业安全生产费用支出处理，集团总部收到资金作为专项储备管理，不计入集团总部收入。

2. 安全生产费的会计处理与税前扣除

企业安全生产费用的会计处理，应当符合国家统一的会计制度规定。企业安全生产费用财务处理与税收规定不一致的，纳税时应当依法进行调整。

【案例 5-10】 铁蛋建筑公司（增值税一般纳税人）主要从事城市轨道交通工程施工。2023 年 9 月承揽了某城市地铁施工总承包工程，合同工期为 2023 年 10 月 1 日至 2025 年 9 月 30 日，工程总造价 21 800 万元（其中价款 20 000 万元，增值税款 1 800 万元），其中部分分项工程分包给钢蛋分包公司（增值税一般纳税人），分包金额 6 540 万元（其中价款 6 000 万元，增值税款 540 万元）。铁蛋建筑公司 2023 年 10 月支付现场作业人员安全防护用品 11.3 万元（其中价款 10 万元，增值税款 1.3 万元）；11 月购置安全生产设备支付全部价款 56.5 万元（其中价款 50 万元，增值税款 6.5 万元）；11 月发生安全生产宣传、教育、培训以及安全生产责任保险支出共计 10 万元。假设 2023 年 10 月至 2023 年 12 月的完工进度为 20%，即完成的产值为 4 360 万元（含税），与业主计价的金额一致（发票未开、款项未收、未到合同约定收款日），铁蛋建筑公司与钢蛋分包公司确认的分包产值为 1 308 万元（含税），向分包方支付了等额进度款。以上支付的款项均已取得相应增值税专用发票。

根据财资〔2022〕136 号文规定，房屋建筑工程安全费用提取标准为 30%；总包单位应当将安全费用按比例直接支付分包单位并监督使用，分包单位不再重复提取。铁蛋建筑公司的安全生产费用财税处理如下（为了便于展示 2023 年 10 月至 12 月的会计处理合并处理，暂时忽略附加税费的处理）：

①2023 年 12 月末根据业主计价金额确认合同结算，根据完工进度确认收入；按工程进度计提安全生产费用 120 万元（20 000×20%×3%）。

借：应收账款——工程进度款　　　　　　　　　　43 600 000

贷：合同结算——价款结算　　　　　　　　　　40 000 000

　　　　应交税费——待转销项税额　　　　　　　　3 600 000

　借：合同结算——收入结转　　　　　　　　　　40 000 000

　　贷：主营业务收入　　　　　　　　　　　　　40 000 000

　借：合同履约成本——工程施工（安全生产费）　1 200 000

　　贷：专项储备——安全生产费　　　　　　　　1 200 000

②确认分包成本，支付分包款时包含了安全生产费用36万元（1 200×3%）

　借：合同履约成本——工程施工（分包费）　　　12 000 000

　　　应交税费——应交增值税（进项税额）　　　1 080 000

　　贷：应付账款——分包款　　　　　　　　　　13 080 000

　借：应付账款——分包款　　　　　　　　　　　13 080 000

　　贷：银行存款　　　　　　　　　　　　　　　13 080 000

　借：专项储备——安全生产费　　　　　　　　　360 000

　　贷：合同履约成本——工程施工（分包费）　　360 000

③支付现场作业人员安全防护用品费

　借：专项储备——安全生产费　　　　　　　　　100 000

　　　应交税费——应交增值税（进项税额）　　　13 000

　　贷：银行存款　　　　　　　　　　　　　　　113 000

④购置安全设备等固定资产

　借：固定资产　　　　　　　　　　　　　　　　500 000

　　　应交税费——应交增值税（进项税额）　　　65 000

　　贷：银行存款　　　　　　　　　　　　　　　565 000

　借：专项储备——安全生产费　　　　　　　　　500 000

　　贷：累计折旧　　　　　　　　　　　　　　　500 000

⑤发生安全生产宣传、教育、培训以及安全生产责任保险支出。

　借：专项储备——安全生产费　　　　　　　　　100 000

　　贷：银行存款　　　　　　　　　　　　　　　100 000

　　不考虑其他因素，铁蛋建筑公司该项目2023年度按照工程进度计提的安全生产费为120万元，一共使用了106万元（36＋10＋50＋10），年度结余资金结转下年度使用，因此在会计处理上"专项储备——安全生产费"科目贷方余额14万元可以不作冲减。涉税处理上，计提的、尚未全部支出的安全生产费在当年度的汇算清缴时调增企业所得税应纳税所得额 14 万元。

根据财资〔2022〕136 号文规定，工程竣工决算后结余的企业安全生产费用，应当退回建设单位。如果建筑企业某个项目向业主收取的安全生产费用（计提的生产费用）在工程竣工后未全部使用，应当在结算时从结算额中直接扣除，同时该项目的"专项储备——安全生产费"科目的贷方余额应当冲减。

5.7 建筑企业取得农产品的增值税抵扣实务

建筑企业部分工程项目，例如部分园林绿化工程在施工过程中需要采购大量的苗木、草皮等农产品。农产品的抵扣有自己的特殊性和复杂性，本节仅以建筑企业取得苗木、草皮等农产品发票如何进行进项税额抵扣和会计核算作实务解析。

5.7.1 建筑企业农产品进项税额抵扣管理

1. 自产自销农产品增值税免税政策

根据《中华人民共和国增值税暂行条例》第十五条规定，下列项目免征增值税："（一）农业生产者销售的自产农产品；……"

根据《财政部 国家税务总局关于农民专业合作社有关税收政策的通知》（财税〔2008〕81 号）的有关规定，对农民专业合作社销售本社成员生产的农业产品，视同农业生产者销售自产农产品免征增值税。

在实务中，建筑企业既有可能取得在票面税率栏标明"免税"的苗木等农产品增值税免税普通发票，也有可能取得在票面标明税率为 9％或征收率为 3％的增值税发票。建筑企业取得销售方开具的农林发票等凭据是否能用于抵扣进项税额，首先要判断自身的业务是否属于不可抵扣的情形，其次再判断取得销售方开具的凭据其是否开具正确，最后再判断取得的凭据可否用于抵扣进项税额，如何抵扣。

2. 建筑企业取得农产品发票如何抵扣

根据《财政部 税务总局关于简并增值税税率有关政策的通知》（财税〔2017〕37 号）规定，"二、……纳税人购进农产品，取得一般纳税人开具的增值税专用发票或海关进口增值税专用缴款书的，以增值税专用发票或海关进口增值税专用缴款书上注明的增值税额为进项税额；从按照简易计税方法依照3％征收率计算缴纳增值税的小规模纳税人取得增值税专用发票的，以增值税专用发票上注明的金额和11％的扣除率计算进项税额；取得（开具）农产品销售发票或收购发票的，以农产品销售发票或收购发票上注明的农产品买价和11％的扣除率计算进项税额。"

根据《关于深化增值税改革有关政策的公告》（财税2019年第39号）的有关规定，纳税人购进农产品，原适用10％扣除率的，扣除率调整为9％。纳税人购进用于生产或者委托加工13％税率货物的农产品，按照10％的扣除率计算进项税额。

根据上述文件关于农产品进项税额的抵扣规定，可以总结出建筑业5个农产品凭票抵扣的规律。

（1）如果取得带税率的增值税普通发票，不分税率高低，一律不得抵扣。

（2）如果取得带税率的增值税专用发票，需要区分票面税率进行抵扣。如果取得的是高税率的专票即票面税率为9％，直接按照票面税额勾选确认抵扣；如果取得的是征收率为3％的专票，按照票面注明的不含税金额和9％的扣除率计算抵扣。

（3）如果取得自产自销农产者开具的免税普票，或购买方向其开具的免税收购发票，则按照票面买价和9％的扣除率计算抵扣。注意计算抵扣时，无须再把票面买价进行价税分离，因为票面买价本身就是不含税的金额。这类免税农产品增值税普通发票在税率上一般显示为"免税"，在税额栏上显示的是"＊＊＊"。

（4）取得批发零售环节等非自产自销农产品的免税普票，一律不得计算抵扣。

（5）取得的如果是海关进口专用缴款书，则按缴款书注明税额直接抵扣，见表5-11。

表5-11　建筑企业农产品抵扣凭证、抵扣率总结表

取得的发票类型	如何抵扣
9％增值税专用发票	按票面税额勾选确认抵扣
3％增值税专用发票	按票面金额×9％计算抵扣

取得的发票类型	如何抵扣
1%增值税专用发票	按票面税额勾选确认抵扣
自产农产品免税普票	按票面金额×9%计算抵扣
免税农产品的收购发票	按票面金额×9%计算抵扣
海关进口专用缴款书	按缴款书注明税额抵扣
9%增值税普通发票	不能抵扣
3%增值税普通发票	不能抵扣
1%增值税普通发票	不能抵扣
批发零售环节免税普票	不能抵扣

5.7.2　购进农产品的采购比价与会计处理

1. 购进苗木的采购比价

【案例 5-11】　某园林绿化企业为一般纳税人，2023 年 5 月 10 日购进苗木，共支付 10 900 元。进项税额抵扣情况因不同销售方而不一样。

第一种情况：如果从一般纳税人（非农产品自产者）购进取得增值税专用发票，可以抵扣的进项税额＝10 900÷(1＋9%)×9%＝900（元）；

第二种情况：如果从一般纳税人（非农产品自产者）购进取得增值税普通发票，不可以抵扣进项税额；

第三种情况：如果从一般纳税人（农产品自产者）购进取得增值税免税普通发票，可以抵扣的进项税额＝10 900×9%＝981（元）；

第四种情况：如果从小规模纳税人（非农产品自产者）购进取得增值税专用发票，可以抵扣的进项税额＝10 900÷(1＋3%)×9%＝952.43（元）；

第五种情况：如果从小规模纳税人（非农产品自产者）购进取得增值税普通发票，不可以抵扣进项税额。

不考虑价格以外的其他因素，对以上五种采购情况进行比较分析，选择第三种情况对建筑企业最有利；第二种情况存在的可能性较小，作为非农产品自产者的一般纳税人，可以开具相应税率的增值税专用发票，也可以开具相应税率的增值税普通发票，销售方一般情况下会根据客户的需求开具。在实务中大部分应当属于第一种和第三种情况，以上案例的前提是购买方支付的款项一致，采购比价的结论一目了然，支付同等金额，选择第三种能够抵扣更多的进项税额，如果支付的资金不一致（含税价格不一致），则需要建筑企业进行采购比价。

2. 购进农产品抵扣进项税额的会计处理

【案例 5-12】　2023 年 12 月，铁蛋税客园林工程公司购买了一批苗木，取得某苗圃开具的免税增值税普通发票一张，票面买价 30 万元，款项已经通过银行转账支付。会计处理如下：

①铁蛋园林公司购买苗木时。

借：原材料——苗木　　　　　　　　　　　　　　300 000

　　贷：银行存款　　　　　　　　　　　　　　　　　300 000

②计算抵扣税额的会计处理。

借：应交税费——应交增值税（进项税额）　　　　27 000

　　贷：原材料——苗木　　　　　　　　　　　　　　27 000

③铁蛋园林公司项目部领用苗木时，会计处理。

借：合同履约成本——工程施工——材料费　　　　273 000

　　贷：原材料——苗木　　　　　　　　　　　　　　273 000

3. 如何降低非农业生产者自产开具"免税"发票带来损失

自 2020 年起，自产自销农产品申报享受增值税减免政策，无须报送相关资料，税务不再提供纳税人减免税备案表。因此，建筑企业采购农产品取得"免税"发票时，是否能按照相关政策计算抵扣进项税额，必须自行判断该业务是否属于销售方自产自销。

作为购买方业务人员和财务人员，只能根据销售方的营业执照信息等内容初步判断对方的主营业务是否属于种植销售农产品外，无法保证判断的准确性。为了降低采购方的增值税进项税额抵扣风险，笔者建议购买方在与销售方签订采购合同时可以在发票和付款等相关条款中加入以下内容：销售方销售给购买方的农产品必须为销售方自产自销的农产品才可开具"免税"的增值税普通发票，如属于销售方外购的农产品，则应当向购买方开具增值税税率为 9%（小规模纳税人征收率为 3%）的增值税专用发票。若销售方滥开

"免税"发票，购买方有权追究销售方违约责任，由销售方据实赔偿因此行为给购买方带来的经济损失。

5.8 EPC 工程的财税管理

EPC，英文全称是 engineering procurement construction，简称 EPC。工程总承包是指从事工程总承包的企业（以下简称"工程总承包企业"）受业主委托，按照合同约定对工程项目的勘察、设计、采购、施工、试运行（竣工验收）等实行全过程或若干阶段的承包。EPC 工程与普通施工总承包工程的区别，如图 5-1 所示。

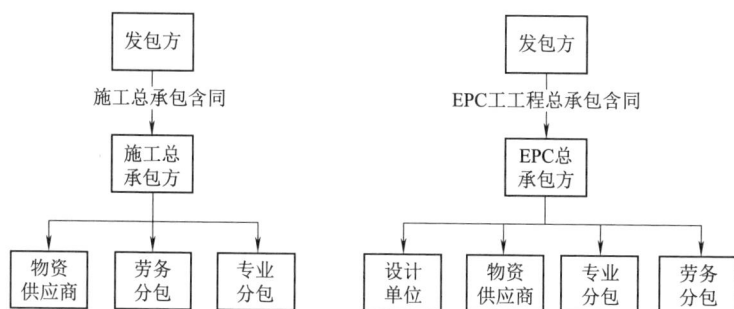

图 5-1 EPC 工程与普通施工总承包工程的区别

5.8.1 EPC 工程总承包方式

简单地说，目前大部分建筑企业总承包方式为"施工总承包"只负责工程施工，而 EPC 属于"工程总承包"。工程总承包企业按照合同约定对工程项目的质量、工期、造价等向业主负责。工程总承包企业可依法将所承包工程中的部分工作发包给具有相应资质的分包企业；分包企业按照分包合同的约定对总承包企业负责。

工程总承包的具体方式、工作内容和责任等，由业主与工程总承包企业在合同中约定。工程总承包主要有如下方式。

1. 设计采购施工（EPC）/交钥匙总承包

设计采购施工总承包是指工程总承包企业按照合同约定，承担工程项目的设计、采购、施工、试运行服务等工作，并对承包工程的质量、安全、工期、造价全面负责。

交钥匙总承包是设计采购施工总承包业务和责任的延伸，最终是向业主提交一个满足使用功能、具备使用条件的工程项目。

2. 设计—施工总承包（D-B）

设计—施工总承包是指工程总承包企业按照合同约定，承担工程项目设计和施工，并对承包工程的质量、安全、工期、造价全面负责。根据工程项目的不同规模、类型和业主要求，工程总承包还可采用"设计—采购总承包（E-P）""采购—施工总承包（P-C）"等方式。

5.8.2 EPC工程总承包的税收政策

EPC合同包含设计、采购、施工三类业务部分地区认为属于兼营项目。其中设计业务属于现代服务，适用税率为6%；设备采购业务属于原增值税应税范围，适用税率为13%；施工业务属于建筑服务，适用税率为9%。部分地区认为EPC项目属于混合销售业务，按照建筑服务适用税率为9%。

1. 部分地区税务机关对EPC业务的认定

以下列举几个地区税务机关对于EPC工程业务的认定差异，见表5-12。

表5-12 部分地区税务机关对EPC工程业务认定

地区	文件依据	认定描述	结论
江西	《江西省国家税务局关于全面推开营改增试点政策问题解答（八）》第一条	一、EPC业务如何缴纳增值税？是视同一个总建筑安装项目计算增值税，还是分别按设计、采购、施工来核算，按兼营计算增值税？ 答：EPC是指公司受业主委托，对一个工程项目负责进行"设计、采购、施工"，与通常所说的工程总承包含义相似。纳税人与业主签订工程总承包合同，从业主取得的全部收入按提供建筑服务缴纳增值税	混合销售——建筑服务
深圳	《深圳全面推开营改增试点之建筑服务税收政策问答》第19问	19. 建筑企业受业主委托，按照合同约定承包工程建设项目的设计、采购、施工、试运行等全过程或若干阶段的EPC工程项目，应按什么税目征收增值税？ 答：根据《深圳市国税全面推开"营改增"试点工作指引（之一）》规定，应按建筑服务缴纳增值税	混合销售——建筑服务

地区	文件依据	认定描述	结论
陕西	《陕西国税解答建筑房地产业营改增的20个实务问题》问题5	问题5：EPC、BT、BOT、PPP等项目既涉及兼营又涉及混合销售，纳税义务发生时间、计税依据如何确定？ 答：EPC、BT、BOT、PPP等项目中，如果一项销售行为既涉及货物又涉及服务，且两个应税项目有密切的从属或因果关系，属混合销售行为。混合销售行为按纳税人经营类别不同，分别按货物或服务缴纳增值税。 不符合上述条件的，属于兼营业务，应分别核算货物和服务销售额并计算缴纳增值税。未分别核算的，从高适用税率缴纳增值税	混合销售与兼营皆有可能，具体结合业务判断。
福建	《福建2018年9月12366咨询热点难点问题集》第16问	16问：一般纳税人采取EPC模式（合同内容包含设计、施工及机械采购）提供建筑服务，应如何缴纳增值税？ 答：根据《财政部 国家税务总局关于全面推开营业税改征增值税试点的通知》（财税〔2016〕36号）附件1《营业税改征增值税试点实施办法》第三十九条规定，纳税人兼营销售货物、劳务、服务、无形资产或者不动产，适用不同税率或者征收率的，应当分别核算适用不同税率或者征收率的销售额；未分别核算的，从高适用税率	按规定分别核算的适用兼营，为分别核算的适用混合销售且从高计税
福建	《福建2018年9月12366咨询热点难点问题集》	……因此，一般纳税人应根据具体项目分别核算缴纳增值税。其设计服务适用税率为6%；工程服务适用税率为10%（9%），征收率为3%；销售货物适用税率为16%（13%）；未分别核算的从高适用税率。	按规定分别核算的适用兼营，为分别核算的适用混合销售且从高计税
河南	《河南省国家税务局营改增问题快速处理机制 专期十六》	河南省国税局在《河南省国家税务局营改增问题快速处理机制 专期十六》中答复：EPC业务不属于混合销售行为，属于兼营行为，纳税人需要针对EPC合同中不同的业务分别进行核算，即按各业务适用的不同税率分别计提销项税额	兼营

2. EPC工程应该注意计价与计税差异

建筑总承包方在EPC工程合同签订谈判时，可以与发包方进行协商，将EPC工程总承包合同拆成设计合同、物资设备采购合同、建筑安装合同后再进行签订，否则部分地区主管税务机关有可能按照"混合销售"认定。建筑总承包方与发包方按照前款方式协商不成功的，可以要求在合同中分别标的设计、设备、施工费的价款，分别计税核算有关销售额，按兼营分别向发包方开具"设计服务"发票（增值税税率6%）、物资设备销售发票（增值税税率13%）、"建筑服务"发票（增值税税率9%）。

建筑企业财务管理部门应当充分了解公司注册地和项目所在地主管税务机关对于EPC工程的认定。同时要注意在签订EPC合同时，含税工程总造价是如何计算的，与企业注册地的主管税务机关认定的口径是否统一。如果主管税务机关认定EPC工程属于兼营，而建筑企业与业主签订合同时含税总造价全部按照建筑服务的增值税税率9%计算；或者主管税务机关认定EPC工程属于混合销售，而签订合同时含税总造价分别按照设计（6%）、采购（13%）、施工（9%）的增值税税率计算，合同计价中的税率与实际开具发票的税率不一致而出现"税费亏损"的现象。

5.8.3 EPC工程的财税处理原则

1. 同一法人主体、不同纳税主体完成EPC工程的财税处理

建筑企业承接EPC项目后作为总承包方与业主签订EPC工程总承包合同。建筑企业确定设计单位、设备供应商及施工单位。财务核算上有两种核算模式。

第一种"公司总部——项目部"管理模式。这种模式下EPC工程的合同收入与合同成本均在建筑企业公司总部确认，款项的收支均由公司总部完成。公司总部按照项目的整体进展情况进行结算并由建公司总部统一向业主开具发票。

部分建筑企业内部除了设置项目部和分支机构以外，可能设置了一些独立考核绩效的总承包部（承包事业部）。总承包部（承包事业部）不属于分支机构，在会计核算上可能作为一个独立的核算单元，但在税收管理上与项目部无异。

第二种"总公司——分公司——项目部"管理模式。由建筑企业公司总部签订EPC合同，将其中的设计、采购、施工业务以内部授权或三方协议的形式交由独立核算的分公司实施，合同收入和合同费用分别在各分公司确认，由分公司直接向业主开具相关发票，款项的收支也由各分公司直接操作。

2. 不同法人主体联合完成EPC工程的财税处理

《建筑法》第二十七条规定，"大型建筑工程或者结构复杂的建筑工程，可以由两个以上的承包单位联合共同承包。"部分建筑企业具备建筑施工资质但设计能力欠缺，因此在承揽大型EPC工程时有可能由设计单位和建筑单位组成联合体进行投标。

关于联合体工程应该如何进行财税处理，相关部门并没有出台文件明确规定。联合体只是一个虚拟的组织，不是法人单位。联合体各方必须指定牵头人，授权其代表所有联合体成员负责投标和合同实施阶段的主办、协调工作。投标保证金可由联合体各方或联合体中牵头人的名义提交，但都对联合体各成员具有约束力。

联合体既无银行账号，也无营业执照，无法以联合体的身份向业主开具应税发票和收取工程款。建筑企业如果以联合体的形式中标工程，联合体各方应当分别向业主开具建筑服务发票，工程款也应当由业主分别向联合体各方支付。如果是由建筑施工单位与其他设计单位组成联合体承揽了 EPC 工程，设计单位应向业主开具设计服务发票，而不应该开具建筑服务发票。

3. 新收入准则对 EPC 工程的收入确认是否有影响

建筑企业的 EPC 工程在新收入准则下对于合同履约义务的判定，笔者认为没有实质影响，作为"交钥匙工程"依然属于一项履约义务。即便像前述中由总公司签订合同，各专业分公司实际实施的操作模式，各分公司虽然分别承担设计、采购、施工的施工义务，在总公司层面依然要将其视为一项履约义务进行合并调整。特别是部分地区针对 EPC 工程主管税务机关认为应该作为混合销售对待的，在合同中无须拆分合同金额。如果税务机关将 EPC 工程视为兼营的，建筑企业也希望将合同中的设计、采购、施工内容分别作为三个单项履约义务来确认收入的，在签订合同时不应该体现"交钥匙工程"的表述，可以将设计、采购、施工工作内容表述为"相互独立"，每一项服务的结果对其他服务内容不产生影响；或者将合同按设计、采购、施工拆分后再签约。在实务中，建设工程合同一般由业主方主导，建筑企业话语权不大，很难让业主方为了建筑企业的财税管理需求而区拆分 EPC 合同。

【案例 5-13】 铁蛋建筑公司 2023 年 9 月 1 日与某市的钢蛋市政公司签订了一份智能灯光秀广场 EPC 工程总承包合同，含税合同总价为 3 456 万元（价款 3 100 万元，增值税额 356 万元），其中设计款 106 万元（价款 100 万元，增值税 6 万元）；采购款 2 260 万元（价款 2 000 万元，增值税 260 万元），施工款 1 090 万元（价款 1 000 万元，增值税额 90 万元）。2023 年 12 月 31 日，假设该工程履约进度约为 30%（履约进度的测算方法在本书第三章已经详细阐述，本节不再赘述。），2023 年 12 月铁蛋建筑公司主要经济业务和会计处理如下（铁蛋建筑公司注册地的主管税务机关认定 EPC 工程按照兼营处理）：

（1）钢蛋市政公司按照工程计价金额向铁蛋建筑公司支付了设备款 1 130万元，铁蛋建筑公司开具了一张 1 130 万元的增值税专用发票。

借：银行存款　　　　　　　　　　　　　　　11 300 000

　　贷：合同结算——价款结算　　　　　　　　　10 000 000

　　　　应交税费——应交增值税（销项税额）　　1 300 000

注：如果在以前会计期已经确认过验工计价，这次贷方使用"应收账款"科目；如果本期开具发票尚未验工计价、也未收到款项，则借记"应收账款"科目，贷记"合同结算——价款结算"科目。

（2）铁蛋建筑公司向某材料设备商支付 791 万元设备款（增值税税率13%），向劳务分包方支付了工程款 206 万元（增值税征收率 3%），收到了两张增值税专用发票，其中价款分别为 700 万元和 200 万元，增值税额 91 万元和 6 万元。

借：合同履约成本——工程施工——材料费　　　7 000 000

　　合同履约成本——工程施工——人工费　　　2 000 000

　　应交税费——应交增值税（进项税额）　　　　 970 000

　　贷：银行存款　　　　　　　　　　　　　　　9 970 000

注：如果以前会计期已经按照合同约定价格和其他单据暂估入账，则本次借方使用"应付账款"，同时根据暂估金额是否含税对"应交税费"科目和"应付账款"科目作相应调整。

（3）铁蛋建筑公司当期确认合同收入和合同成本，假设当期为首次确认合同收入，履约进度 30%，则当期应确认收入为：3 100×30%＝930（万元）

借：主营业务成本　　　　　　　　　　　　　　9 000 000

　　贷：合同履约成本——工程施工——明细科目　 9 000 000

借：合同结算——收入结转　　　　　　　　　　9 300 000

　　贷：主营业务收入　　　　　　　　　　　　　9 300 000

（4）铁蛋建筑公司当月应缴纳的增值税＝1 300 000－970 000＝330 000（元）

借：应交税费——应交增值税（转出未交增值税）　330 000

　　贷：应交税费——未交增值税　　　　　　　　　330 000

（5）次月申报缴纳 2023 年 12 月增值税，暂时忽略附加税费等其他税费。

借：应交税费——未交增值税   330 000
　　贷：银行存款   330 000

（6）上述案例，只是部分工程业务的会计核算，截至 2023 年 12 月 31 日，铁蛋建筑公司该工程的账面"合同结算"科目的期末余额在贷方 70 万元，预计在 2024 年 1 月将完成钢蛋市政公司已计价、铁蛋建筑公司尚未履约的工作量，在 2023 年 12 月 31 日的资产负债表中"合同负债"项目列示。如果这部分工作量铁蛋建筑公司无法在一年内履约完毕，则应当在资产负债表中的"其他非流动负债"项目列示。合同完工时，根据实际完工结算情况分别将"合同结算——价款结算"科目与"合同结算——收入结转"科目结平。

借：合同结算——价款结算
　　贷：合同结算——收入结转

5.9　BOT 与 BT 项目的财税处理

PPP（public-private partnership，PPP），又称 PPP 模式，即政府和社会资本合作，是公共基础设施中的一种项目运作模式。政府和社会资本合作模式是在基础设施及公共服务领域建立的一种长期合作关系。通常模式是由社会资本承担设计、建设、运营、维护基础设施的大部分工作，并通过"使用者付费"及必要的"政府付费"获得合理投资回报；政府部门负责基础设施及公共服务价格和质量监管，以保证公共利益最大化。

PPP 应用范围很广，从短期管理合同到长期合同，包括资金、规划、建设、营运、维修和资产剥离。本节仅就 PPP 中的 BOT 和 BT 模式的会计核算展开探讨。

5.9.1　BOT 项目的会计核算与增值税管理

建设—运营—移交（build-operate-transfer，简称 BOT）业务，是建筑企业开展投资业务的一种模式，包括建设、运营和移交三个阶段。BOT 实质上是基础设施投资、建设和经营的一种方式，以政府和社会机构之间达成协议为前提，由政府向社会机构颁布特许权，允许其在一定时期内筹集资金、建设某一基础设施并管理和经营该设施及其相应的产品与服务。

1. BOT 业务的增值税处理

BOT 业务主要指私营企业参与基础设施建设，向社会提供公共服务的一种方式。我国一般称之为"特许权"，是指政府部门就某个基础设施项目与私人企业（项目公司）签订特许权协议，授予签约方的私人企业（包括外国企业）来承担该项目的投资、融资、建设和维护，在协议规定的特许期限内，许可其融资建设和经营特定的公用基础设施，并准许其通过向用户收取费用或出售产品以清偿贷款，回收投资并赚取利润。政府对这一基础设施有监督权，调控权，特许期满，签约方的私人企业将该基础设施无偿或有偿移交给政府部门。

（1）以投融资人的名义立项

以投融资人的名义立项建设，工程完工后经营一段时间，再转让业主的，在项目的各个阶段，按以下方法计税：

在建设阶段，投融资人建设期间发生的支出为取得该项目（一般为不动产）所有权的成本，所取得的进项税额可以抵扣。投融资人将建筑工程承包给其他施工企业的，该施工企业为建筑业增值税纳税人，按"建筑业"税目征收增值税，其销售额为工程承包总额。

在经营阶段，投融资人对所取得的收入按照其销售的货物、服务适用的税率计税。

在转让阶段，就所取得收入按照"销售不动产"税目征收增值税，其销售额为实际取得的全部回购价款（包括工程建设费用、融资费用、管理费用和合理回报等收入）。

（2）以项目业主的名义立项

以项目业主的名义立项建设，工程完工后经营一段时间，再交付业主的，在项目的各个阶段，按以下方法计税：

在建设阶段，投融资人建设期间发生的支出为取得该项目（一般为不动产）经营权的成本，作为"其他权益性无形资产—基础设施资产经营权"核算，所取得的进项税额可以抵扣。投融资人将建筑工程承包给其他施工企业的，该施工企业为建筑业增值税纳税人，按"建筑业"税目征收增值税，其销售额为工程承包总额。

在经营阶段，投融资人对所取得的收入按照其销售的货物、服务适用的税率计税。

在交付阶段，就所取得收入按照"销售无形资产"税目征收增值税，其销售额为实际取得的全部回购价款。

2. BOT 项目的会计处理依据

根据《财政部关于印发〈企业会计准则解释第 2 号的通知〉》（财会〔2008〕11 号）规定，"五、企业采用建设经营移交方式（BOT）参与公共计处设施建设业务应该如何处理？

答：……建造期间，项目公司对于所提供的建造服务应当按照《企业会计准则第 15 号——建造合同》确认相关的收入和费用。基础设施建成后，项目公司应当按照《企业会计准则第 14 号——收入》确认与后续经营服务相关的收入。

建造合同收入应当按照收取或应收对价的公允价值计量，并分别以下情况在确认收入的同时，确认金融资产或无形资产。

（1）合同规定基础设施建成后的一定期间内，项目公司可以无条件地自合同授予方收取确定金额的货币资金或其他金融资产的；或在项目公司提供经营服务的收费低于某一限定金额的情况下，合同授予方按照合同规定负责将有关差价补偿给项目公司的，应当在确认收入的同时确认金融资产，并按照《企业会计准则第 22 号——金融工具确认和计量》的规定处理。

（2）合同规定项目公司在有关基础设施建成后，从事经营的一定期间内有权利向获取服务的对象收取费用，但收费金额不确定的，该权利不构成一项无条件收取现金的权利，项目公司应当在确认收入的同时确认无形资产。建造过程如发生借款利息，应当按照《企业会计准则第 17 号——借款费用》的规定处理。

（3）项目公司未提供实际建造服务，将基础设施建造发包给其他方的，不应确认建造服务收入，应当按照建造过程中支付的工程价款等考虑合同规定，分别确认为金融资产或无形资产。"

3. BOT 业务项目公司会计处理

（1）不同角色的项目公司对财税处理的影响

在 BOT 业务中，项目公司在建造阶段的运营是包括"既作为投资主体又作为施工总承包主体"和"仅作为投资主体"两种模式的。在这两种运营模式下，项目公司承担的职能不同相应的会计核算也有所不同，项目公司应根据自身承担三项不同职能。项目公司是 BOT 项目的核心主体，建设期主要负责融资与运营，一般不能承担工程施工总承包职能，但在实务中也经常出现项目公司既是投资主体又是施工主体的情况。

（2）项目公司仅作为投资方时的会计处理

本节笔者仅对项目公司作为投资主体进行举例说明。BOT 业务的项目公司不提供建造服务，将工程发包给其他建筑企业进行施工，不确认建造合同收入。

合同投资方为按照有关程序取得该特许经营权合同的企业（以下简称"合同投资方"）。合同投资方按照规定设立项目公司（以下简称"项目公司"）进行项目建设和运营。项目公司除取得建造有关基础设施的权利以外，在基础设施建造完成以后的一定期间内负责提供后续经营服务，合同规定项目公司在有关基础设施建成后，从事经营的一定期间内有权利向获取服务的对象收取费用。

一般情况下，特许经营权到期都是无偿移交建设项目给合同授予方，不产生移交转让收益；移交资产对应的无形资产账面成本也已摊销完毕，因此，在移交阶段项目公司不需要进行会计核算。

BOT 业务中最常见的工程就是高速公路的建设、运营、移交。笔者就以高速公路项目为例，阐述 BOT 项目公司仅作为投资方时的会计核算流程。

【案例 5-14】 2022 年 12 月 15 日，铁蛋建工集团与西红市政府签订了"铁西高速公路 BOT 合同"。项目总投资 200 亿元，建设期为 4 年，开工时间为 2023 年 1 月 1 日，预计 2025 年 12 月 31 日竣工。政府在合同中确定的特许经营权期限为竣工验收完备后 20 年，特许期结束后该高速公路交由政府某部门管理。铁蛋建工集团成立钢蛋项目公司专门负责该 BOT 工程的融资、投资、运营管理工作。假设项目完工时的实际发生建造成本 200 亿元，发生的成本为总承包成本，总承包提供的建筑服务发票税率为 9%。竣工验收后，2026 年当年实现收入 4 亿元。针对以上业务描述，进行会计处理如下。［为了便于展示会计核算成果，未按年（期）进行会计处理，合并展示］

（1）建设期（2023 年 1 月至 2025 年 12 月）发生成本进行会计处理。

借：在建工程——铁西高速公路 BOT 工程　　20 000 000 000

应交税费——待认证进项税额　　　　　　1 800 000 000

　　　贷：银行存款、应付账款等　　　　　21 800 000 000

允许抵扣相应进项税额时：

借：应交税费——应交增值税（进项税额）　1 800 000 000

　　贷：应交税费——待认证进项税额　　　　1 800 000 000

　　部分 BOT 项目由于建设期较长，经营期收入不太固定，取得的进项税额长期留抵，因此符合增值税留抵退税条件的，按照相关规定可以申请留抵退税。取得留抵退税金额时，会计处理如下：

借：银行存款

　　贷：应交税费——应交增值税（进项税额转出）

　　（2）项目竣工验收完备后，投入运营时会计处理。

借：无形资产——特许经营权　　　　　　　20 000 000 000

　　贷：在建工程——铁西高速公路 BOT 工程　20 000 000 000

　　（3）2024 年 1 月进入运营期后，当年实现收入时的会计处理。

借：库存现金、银行存款　　　　　　　　　436 000 000

　　贷：主营业务收入　　　　　　　　　　　400 000 000

　　　应交税费——应交增值税（销项税额）　　36 000 000

运营期间每年的摊销成本：20 000 000 000÷20＝1 000 000 000（元）。

借：主营业务成本　　　　　　　　　　　　1 000 000 000

　　贷：累计摊销（无形资产特许经营权）　　1 000 000 000

　　特许经营期到期以后，钢蛋项目公司将该高速公路无偿移交给西红市政府某部门下属高速公路管理公司，在经营期间已经将"无形资产——特许经营权"全部摊销完毕。因此，只要将该高速公路移交给相关单位即可，在移交阶段不需要作任何会计处理。

　　笔者提醒在这一类工程项目中，最主要的风险点在于成本是否可控，因为收入不可准确估测，盈利空间属于理论数据，税金成本的筹划显得尤为重要。

5.9.2　BT 项目的会计核算与增值税处理

　　如果建筑企业以自己施工主体承接 BT 业务，实质上是建筑企业向业主提供信贷，并招揽施工承包业务的一种交易方式，即投融资业务和建造业务。BT 是"建设和移交"的意思，是基础设施项目建设领域中经常采用的一种投资建业务，是指项目发起人与投融资人签订合同，由投资人负责项目的融资建设，并在规定的时限内，将竣工后的项目移交项目发起人，项目发起人根据事先签订的回购协议，分期向投资人支付项目总投资及确定的回报。

1. BT 项目的增值税处理口径

全面"营改增"之前，财政部、国家税务总局层面一直没有出台有关 BT 业务的营业税政策。目前仅有部分地区明确了 BT 业务的增值税处理。例如河南省税务机关发布的《营改增问题快速处理机制》(专期十七)：

问题：纳税人以投融资建设模式开展的建设项目，如 BT（即建设－移交）、BOT（即建设－经营－移交或转让）、PPP（政府和社会资本合作）项目，应如何缴纳增值税？

答复：暂按以下要求办理：

BT 是政府利用非政府资金来进行非经营性基础设施建设项目的一种融资模式，指一个项目的运作通过项目公司总承包，融资、建设、验收合格后移交给业主，业主向投资方支付项目总投资加上合理回报的过程。

目前，BT 项目的推进模式主要有两类，一是投资方参与建设，承担项目的融资、投资和施工等职责，但不成立单独的项目公司；二是投资方不参与建设，通常为单独成立的项目公司，承担项目的融资、投资等职责，并与施工方签订施工合同。

对于 BT 项目，如果合同中对工程投资金额和投资回报分别进行明确约定的，投资方和业主方共同确认的工程投资金额由投资方按照"建筑业"计算缴纳增值税，取得的回报收入按照'利息收入'缴纳增值税。如果合同中对工程投资金额和投资回报没有分别进行明确约定的，投资方取得的全部收入按照"建筑业"缴纳增值税。

2. BT 项目的会计处理依据

BT 业务，从业务承接和资产建设到最后的资产移交，整个过程共有发起人、投资人、项目公司和实际建设单位四个参与主体，其中项目公司受发起人和投资人委托，负责 BT 项目的投资及建设管理，是 BT 工程项目的核心主体。

项目公司的运营模式包括既作为投资主体又作为施工总承包主体和仅作为投资主体两种，在这两种运营模式下，项目公司担负的职能不同，相应的会计核算也有所不同。项目公司应根据自身承担的项职能的不同，并结合不同征税方式的影响合理地进行会计核算，应该借鉴《财政部关于印发〈企业会计准则解释第 2 号的通知〉》(财会〔2008〕11 号）关于 BOT 业务的会计处理规定进行相应处理。

3. BT 业务项目公司的会计处理

建造期间，投资方若同时提供建造服务的，对于其所提供的建造服务，应当按照《企业会计准则第 14 号收入》确认相关收入和费用（2021 年之前可按照"建造合同准则"确认），建造过程中发生的借款利息，应当按照《企业会计准则第 17 号借款费用》的规定来处理；建造期间，投资建设方进行发包未直接提供建造服务的，不应该确认建造服务收入，应当按照建造过程中支付的工程价款等考虑，合同规定确认为金融资产，两种模式下 BT 业务所建造的基础设施均不应作为建设方的固定资产。

（1）项目公司既作为投资主体，又作为施工总承包主体。

【案例 5-15】　铁蛋建筑集团承接某省政府部门的一个项目，企业以政府部门的名义自立项目建设。工程建设预计不含税成本是 80 000 万元，建设期从 2023 年 7 月 1 日开始，到 2024 年的 6 月 30 日结束交付验收。政府回购金额是 100 000 万元（不含税），付款条件是验收合格后五年内支付完毕，每年12 月 31 日之前支付总款项的 20%，也就是 20 000 万元（不含税）。假设每期验工计价时，均取得全额增值税专用发票。为了便于计算税费，上述相关金额均不含增值税；在展示会计处理案例时，取得的进项税额为假设数据。

①2023 年度会计核算，假设履约进度为 50%。

支付分包款、人工费、材料费及其他合同款费用时：

借：合同履约成本——工程施工——明细科目　　　　　400 000 000

　　应交税费——应交增值税（进项税额）　　　　　　　36 000 000

　　　贷：应付账款、银行存款、原材料、应付职工薪酬等　436 000 000

按照工程履约进度，确认工程合同收入和合同成本（履约进度 50%）

借：主营业务成本　　　　　　　　　　　　　　　　　400 000 000

　　　贷：合同履约成本——工程施工——明细科目　　　400 000 000

借：合同结算——收入结转　　　　　　　　　　　　　500 000 000

　　　贷：主营业务收入　　　　　　　　　　　　　　　500 000 000

②2024 年度会计核算，按照完工 100% 计算，

支付分包款、人工费、材料费及其他合同款费用时：

借：合同履约成本——工程施工——明细科目　　　　　400 000 000

　　应交税费——应交增值税（进项税额）　　　　　36 000 000

　　　　贷：应付账款、银行存款、原材料、应付职工薪酬等　436 000 000

按照工程履约进度确认工程收入和工程成本（履约进度100%）。

借：主营业务成本　　　　　　　　　　　　　　　　400 000 000

　　　　贷：合同履约成本——工程施工——明细科目　　400 000 000

借：合同结算——收入结转　　　　　　　　　　　　500 000 000

　　　　贷：主营业务收入　　　　　　　　　　　　　500 000 000

业主审定的项目支出金额，待确定的回购总价款。

借：长期应收款　　　　　　　　　　　　　　　　1 090 000 000

　　　　贷：合同结算——价款结算　　　　　　　　1 000 000 000

　　　　　　应交税费——待转销项税额　　　　　　　90 000 000

借：合同结算——价款结算　　　　　　　　　　　1 000 000 000

　　　　贷：合同结算——收入结转　　　　　　　　1 000 000 000

2024年至2028年，每年12月31日收到回购款。

借：银行存款　　　　　　　　　　　　　　　　　218 000 000

　　　　贷：长期应收款　　　　　　　　　　　　　218 000 000

同时确认销项税额。

借：应交税费——待转销税额　　　　　　　　　　　18 000 000

　　　　贷：应交税费——应交增值税（销项税额）　　18 000 000

所有回购款全部收到，待转销项税额也应全部结转完毕。

（2）项目公司仅作为投资主体。

【案例5-16】　2022年12月1日，铁蛋建筑集团与西红市政府签订某项BT合同，含税总造价10.9亿元。其中，除税工程造价10亿元，增值税0.9亿元。2023年1月1日开始建设，预计2024年12月31日完工。2023年，完成除税造价5亿元，2024年完成除税造价5亿元，以上除税价指的是不含增值税的工程造价金额。合同约定投资方在当地成立钢蛋项目公司进行融资，政府以除税工程造价8%作为钢蛋公司在建安期间投资回报，2025年1月18日，政府支付第一期回款，这为建安期间的投资回报。钢蛋项目公司在2023年、2024年一共支付了建安成本10亿元，分别于2025年、2026年、2027年的7月1日收回。

2023 年度、2024 年度钢蛋项目公司的简略会计分录如下。为了便于计算税费，上述相关金额均不含增值税；在展示会计处理案例时，取得的进项税额为假设数据。

借：长期应收款   500 000 000

    应交税费——待认证进项税额   45 000 000

      贷：应付账款、银行存款等   545 000 000

借：长期应收款   500 000 000

    应交税费——待认证进项税额   45 000 000

      贷：应付账款、银行存款等   545 000 000

2025 年 1 月，钢蛋项目公司与业主审定项目支出金额，并确认回购基数 10 亿元，建安期间投资回报＝10×8％＝8 000（万元），建安期间投资回报应缴纳增值税＝80 000 000÷（1+6％）×6％＝4 528 301.89（元）。

建安期间投资收益＝80 000 000−4 528 301.89＝75 471 698.11（元）

借：持有至到期投资——成本   1 090 000 000

          ——应计利息   80 000 000

    贷：长期应收款   1 000 000 000

      投资收益   75 471 698.11

      应交税费——待转销项税额   90 000 000

          ——待转销项税额   4 528 301.89

2025 年、2026 年、2027 年 7 月 1 日，根据合同约定收取回购款。

借：银行存款   1 170 000 000

    贷：持有至到期投资——成本   1 090 000 000

             ——应计利息   80 000 000

借：应交税费——应交增值税（进项税额） 90 000 000

    贷：应交税费——待认证进项税额   90 000 000

借：应交税费——待转销项税额   90 000 000

    贷：应交税费——应交增值税（销项税额） 90 000 000

借：应交税费——待转销项税额   4 528 301.89

    贷：应交税费——应交增值税（销项税额） 4 528 301.89

借：应交税费——应交增值税（转出未交增值税）4 528 301.89

    贷：应交税费——未交增值税   4 528 301.89

借：应交税费——未交增值税   4 528 301.89

    贷：银行存款   4 528 301.89

部分 BT 项目由于建设期较长，取得的进项税额长期留抵，因此符合增值税留抵退税条件的，按照相关规定可以申请留抵退税。取得留抵退税金额时，会计处理如下：

借：银行存款

    贷：应交税费——应交增值税（进项税额转出）

5.10　建筑企业"私车公用"的财税处理

私车公用，是指的员工或股东个人将自有车辆用于公司的生产经营活动，公司为其报销汽油费、过路费、维修费等费用或者支付相应补贴的一种经济行为。"私车公用"的现象在建筑企业普遍存在。建筑企业的工程项目与公司总部经常处于一个比较"尴尬"的距离，公司项目部要么同省不同市，要么同市不同县，公司为了更好地管理工程项目的施工生产，管理人员经常要驱车前往工程项目指导、检查各项工作。公司车辆不足时，就会出现员工使用个人车辆。

5.10.1　"私车公用"的涉税问题

1. "私车公用"支出可否在企业所得税前扣除

"私车公用"给建筑企业带来了很多麻烦，所发生的加油费、车辆修理费、车辆保险费、车辆保养费支出能否在企业所得税税前扣除，员工取得公司支付的"私车公用"费用是否需要缴纳个人所得税等都涉及税务风险。根据国家税务总局《关于企事业单位公务用车制度改革后相关费用税前扣除问题的批复》（国税函〔2007〕305 号）规定："……企事业单位公务用车制度改革后，在规定的标准内，为员工报销的油料费、过路费、停车费、洗车费、修理费、保险费等相关费用，以及以现金或实物形式发放的交通补贴，均属于企事业单位的工资薪金支出，应一律计入企事业单位的工资总额，按照现行的计税工资标准进行税前扣除。"

上述文件中只针对以现金或实物形式发放的交通补贴一律计入工资总额，按照相关规定在企业所得税前扣除，并没有规定以发票报销的"私车公用"

支出、未列入工资薪金的费用是否可以在企业所得税前扣除。关于"私车公用"的支出能否在企业所得税前扣除，目前国家税务总局没有相关明确文件指导，只有少数部分地区税务机关零星出台过一些企业所得税汇算清缴的指导政策涉及此项内容，或在 12366 答疑中回答过此类问题。笔者整理了一些地方答疑，仅供读者参考，见表 5-13。

表 5-13　部分地区税务机关对"私车公用"所得税前扣除的解答

地区	允许扣除	不允许扣除	备注
河北	企业因业务需要，可以租用租车公司或个人的车辆，但必须签订 6 个月以上的租赁协议，租赁协议中规定的汽油费、修车费和过路过桥费等支出允许在税前扣除	—	《河北省地方税务局关于企业所得税若干业务问题的公告》(河北省地方税务局公告 2014 年第 4 号)
江苏	企业员工将私人车辆提供给企业使用，企业应按照独立交易原则支付租赁费，以发票作为税前扣除凭证。应由个人承担的车辆购置税、车辆保险费等不得在税前扣除	—	《江苏省地方税务局关于发布〈企业所得税税前扣除凭证管理办法〉的公告》(苏地税规〔2011〕13 号)
重庆	企业使用员工个人的车辆，应在签订租赁合同并取得车辆租赁发票的情况下，其发生的与生产经营相关的油费、保养费、过路费等支出，可凭合法有效凭证在企业所得税前扣除		国家税务总局重庆市 12366 纳税服务中心答疑
山东青岛	—	企业可在计算应纳税所得额时扣除的成本、费用、税金、损失和其他支出应当是企业本身发生的，而非企业投资者发生的，因此私车公用发生的诸如汽油费、过路过桥费等费用不得在计算应纳税所得额时扣除	《青岛市地方税务局关于印发〈2009 年度企业所得税业务问题解答〉的通知》(青地税函〔2010〕2 号)

笔者认为，建筑企业若发生"私车公用"的相关支出能否在企业所得税前列支扣除，主要取决于企业属地当地政策规定和税务机关的答疑；其次是留存业务真实发生的相关凭证。企业应与员工签订了有偿租赁协议，向其支付的车辆租赁费用，员工应在税务机关代开的租赁费发票，才可在建筑企业作为成本、费用列支扣除；同时，应当按照内部制定的合理的费用报销标准支付加油费、汽车修理费、过路过桥费、停车费等非固定性费用，且应以建

筑企业的名义取得合法、合规的凭据才可以作为成本、费用列支，在企业所得税前扣除。员工车辆的保险费、车辆购置税、车船税等固定性费用不允许在企业所得税前作为成本费用列支并扣除。

2. "私车公用"支出取得的进项税额抵扣

员工购买车辆取得的增值税进项税额不允许在建筑企业抵扣；如果能够严格区分出员工车辆为企业生产经营所消耗的油料、修理费，笔者认为取得相应增值税专用发票也可以抵扣进项税额。

《宁波市国家税务局货物和劳务税处关于明确部分政策口径的通知》（甬国税货便函〔2017〕6号）第三条规定："承租方负担的且与承租方使用车辆取得收入有关的、合理的费用，包括油费、修理费、过路费等，凭合法有效凭据按规定抵扣进项税额；与车辆所有权有关的固定费用如年检费、保险费等，不论是否由承租方负担，不予抵扣进项税额。"

3. 员工因"私车公用"取得的收入涉及的个人所得税问题

建筑企业与员工签订有偿租赁协议，员工应该去税务机关代开有形动产租赁发票，按照"财产租赁所得"缴纳个人所得税，由支付方代扣代缴。根据2018年修正的《个人所得税法》第六条第一款第（四）项规定："财产租赁所得，每次收入不超过四千元的，减除费用八百元；四千元以上的，减除百分之二十费用，其余额为应纳税所得额。"财产租赁所得适用20%的比例税率。

应纳税所得额＝收入－允许扣除的税费－费用扣除标准－准予扣除的捐赠额
应纳税额＝应纳税所得额×适用税率。

员工取得加油费、修理费等凭发票报销收入，列入建筑企业的成本、费用，员工个人不需要缴纳个人所得税；建筑企业使用了员工车辆，以交通补贴的形式向员工个人支付现金，员工应当按照"工资薪金所得"缴纳个人所得税。

5.10.2 建立"私车公用"管理制度

前述内容笔者的观点已经很明确，"私车公用"事项如果是真实发生的业务，建筑企业承担车辆使用所必要的费用，可以在所得税前合理扣除，但必须建立相应的管理制度。

1. 签订有偿租赁协议

建筑企业应当建立"私车公用"管理制度，与员工签订有偿租赁协议（私车公用协议见范本见表 5-14），协议约定的租金价格应与市场平均价格持平，租金收入不能明显偏低，最好不要签订无偿租赁协议。

表 5-14　私车公用协议书

私车公用协议书

甲方（公司）：
乙方（员工）：
一、车辆及所有者信息
车种车型：_____　购置时间：_____　车牌号：_____
车辆识别代码：_____　车辆状况：_____　行驶证号：_____
车主身份证号：_____　驾驶证号：_____
（车辆必须为员工个人所有，即乙方必须拥有该车辆；若该车辆为配偶及其他亲属所有，乙方不得与甲方签订本协议）
　　二、甲方的权利义务
　　1. 甲方在本协议的协议期内享有该车辆的有效使用权。
　　2. 甲方负责承担乙方在使用该车辆办理公务时，经核定合理发生的燃油费、过路费、停车费、维修费以及因甲方使用不善带来的其他费用。
　　3. 协议期内发生的年检费、保险费用、车船税以及其他任何费用由乙方承担（甲方使用不善带来的其他费用和法律责任除外）。
　　4. 甲方对于该车辆除使用权外的其他物权纠纷不承担相应责任。
　　三、乙方的权利义务
　　1. 乙方将该车辆用于公司生产经营事务使用时，享有本协议第二条第 2 款中相应费用报销的权利。费用报销依据甲方的《私车公用管理制度》中的报销标准执行。
　　2. 乙方应提供相应类别的车辆驾驶证、车辆行驶证、保险单等有效证件并保证在本协议有效期间内的真实有效性以及车况的完好。
　　3. 乙方在使用该车辆时应严格遵守交通规则和相关法律法规，谨慎安全驾驶并及时维护保养。
　　4. 乙方在使用该车辆期间造成的任何侵权责任（含交通事故），均由乙方承担责任。如果甲方安排其他人员使用该车辆造成任何侵权责任（含交通事故）由甲方承担相应责任。
　　四、资料备份
　　乙方应在签订本协议的同时，提供身份证复印件、驾驶证复印件和车辆行驶证复印件、年检合格证复印件各一份，供甲方留存。
　　五、权责认定
　　本协议签订前，乙方已完全理解本协议的全部内容，签订本协议是乙方的真实意思表示，不存在任何歧义，乙方同意按本协议约定内容使用车辆。
　　六、有效期
　　本协议有效期___年，自___年___月___日至___年___月___日止。
　　七、协议的终止及解除
　　1. 协议期间，因车辆状况或其他原因使车辆无法为甲方提供服务的，甲方有权单方解除协议；
　　2. 乙方更换服务车辆应另行签署协议，另行签署日起本协议自动终止。
　　3. 如甲乙双方在使用期届满时未达成延长使用期的协议，则该协议自动终止。
　　4. 乙方离职，此协议随同离职生效日终止。
　　八、其他
本协议经双方签字或盖章后生效，若有其他未尽事宜，由双方另行协商解决。
本协议一式两份，甲乙双方各执一份。

甲方（盖章）：　　　　　　　乙方（签字、按手印）：
　年　月　日　　　　　　　　年　月　日

2. 明确约定除租金外的车辆发生的其他费用如何分摊

企业与员工在车辆租赁在协议中明确车辆使用方式、费用承担规则，以及费用报销的条件，协议后应附有租赁车辆行驶证、驾驶证、身份证和保险单单据的复印件，在租赁期间发生的汽油费、过路过桥费等各项费用支出所取得的票据应与签订租赁协议中的汽车牌号一致。

3. 企业应建立"私车公用"报销制度

建筑企业应建立相对合理的"私车公用"报销制度，或在费用报销制度中，增加"私车公用"审批流程，例如出车申请单（时间、地点、出差事由），用于区分个人消费和企业费用，登记好台账。建筑企业所发生的"私车公用"支出依据租赁协议、内部管理制度，严格区分公用和私用所发生的费用。租赁合同最好按年度签订，如果合同租赁期限一次签订数年，租赁期限不能超过车辆的理论使用寿命期限；有偿租赁合同中对应的车辆为企业经营租赁的资产，不得计入建筑企业固定资产。

5.11 建筑企业应注意的"不征税收入"的问题

企业以货币形式和非货币形式从各种来源取得的收入，为收入总额。收入总额中的下列收入为不征税收入：财政拨款；依法收取并纳入财政管理的行政事业性收费、政府性基金；国务院规定的其他不征税收入。

5.11.1 不征税收入的涉税风险解析

不征税收入，是指从性质和根源上不属于企业营利性活动带来的经济利益、不负有纳税义务并不作为应纳税所得额组成部分的收入。不征税收入包括：财政拨款、依法收取并纳入财政管理的行政事业性收费、政府性基金、国务院规定的其他不征税收入。

1. 企业所得税不征税收入概念简析

上述财政拨款，是指各级人民政府对纳入预算管理的事业单位、社会团体等组织拨付的财政资金，但国务院和国务院财政、税务主管部门另有规定的除外。

行政事业性收费，是指依照法律法规等有关规定，按照国务院规定程序批准，在实施社会公共管理，以及在向公民、法人或者其他组织提供特定公共服务过程中，向特定对象收取并纳入财政管理的费用。

政府性基金，是指企业依照法律、行政法规等有关规定，代政府收取的具有专项用途的财政资金。

其他不征税收入，是指企业取得的，由国务院财政、税务主管部门规定专项用途并经国务院批准的财政性资金。财政性资金，是指企业取得的来源于政府及其有关部门的财政补助、补贴、贷款贴息，以及其他各类财政专项资金，包括直接减免的增值税和即征即退、先征后退、先征后返的各种税收，但不包括企业按规定取得的出口退税款；企业取得的各类财政性资金，除属于国家投资和资金使用后要求归还本金的以外，均应计入企业当年收入总额。

2. 不征税收入处理不当的涉税风险

笔者在平常遇到不少案例都是由于企业对"不征税收入"处理不妥当埋下了一些涉税隐患。部分企业在取得不征税收入、政府财政补助时未单独立项核算，未对该资金支出单独核算，即使作为"不征税收入"也需要调增企业所得税应纳税所得额，并且有可能涉及企业所得税罚款和滞纳金。

【案例 5-17】 铁蛋建筑集团在 2014 年 11 月年参与了政府规划的文化产业园建设，政府财政向其拨款 500 万元用于土方开挖；另外以建设市政广场、基础设施的名义向其拨付了一笔奖励金 300 万元；同时签订了一项土地出让协议。协议中约定铁蛋建筑集团以每亩 150 万元的价格购买政府规划的 100 亩土地用于建设文化产业园，每亩超过 100 万元的部分政府以优惠政策返还，用于支持该公司对文化产业的贡献。铁蛋建筑集团最终以每亩 100 万元取得该地块，政府返还 5 000 万元。

2017 年 6 月，该地税务稽查局在稽查时，认定该地区政府以各种奖励、土地出让金返还等形式拨付的 5 800 万元款项，不得认定为不征税收入，应该补交企业所得税并处滞纳金。遇到这类情况企业该如何应对？

根据《关于专项用途财政性资金企业所得税处理问题的通知》（财税〔2011〕70 号）（以下简称财税〔2011〕70 号）的有关规定，从县级以上各级人民政府财政部门及其他部门取得的应计入收入总额的财政性资金能否作为不征税收入，需要同时满足三个条件：①企业能够提供规定资金专项用途的资金拨付文件；②财政部门或其他拨付资金的政府部门对该资金有专门的资金管理办法或具体管理要求；③企业对该资金以及以该资金发生的支出单独进行核算。

除此以外，不征税收入用于支出所形成的费用，不得在计算应纳税所得额时扣除；用于支出所形成的资产，其计算的折旧、摊销不得在计算应纳税所得额时扣除。符合条件的财政性资金做不征税收入处理后，在 5 年（60 个月）内未发生支出且未缴回财政部门或其他拨付资金的政府部门的部分，应计入取得该资金第六年的应税收入总额；计入应税收入总额的财政性资金发生的支出，允许在计算应纳税所得额时扣除。

上述案例中，铁蛋建筑集团首先应该分析以下几个问题：

（1）企业取得三项财政资金是否满足"财税〔2011〕70 号"文规定的"专项用途财政性资金"条件？

（2）如果政府拨付的资金符合"财税〔2011〕70 号"文规定的"专项用途财政性资金"条件，企业对该专项资金的支出是否单独核算？

（3）按照不征税收入处理，用于支出所形成的费用，是否已在企业所得税税前扣除？

（4）按照不征税收入处理，用于支出所形成的资产，其计算的折旧、摊销，是否已在企业所得税税前扣除？

税务机关如果不认可该专项资金为"不征税收入"或要求补交企业所得税，有可能是因为：专项用途资金在使用过程中出现了混用现象；不该扣除的成本费用、折旧费在企业所得税前扣除了；地方政府委托代行职能的专项资金不得作为不征税收入，而应视为应税收入。

事实上，上述案例中涉及的业务不论是否符合"财税〔2011〕70 号"税务文件规定的相关内容，不论该地产公司对用于土方开挖的财政拨款和土地出让金返还款是否做到了专款专用、单独核算且政府有无明确的专用资金管理办法，都不能认定为不征税收入。根据国土资源部发布的《节约集约利用土地规定》自 2014 年 9 月 1 日起禁止以土地换项目、先征后退、补贴、奖励等形式变相减免土地出让价款，因此本身土地出让金返还就不符合规定。在 2014 年 9 月 1 日以后如果还出现此类问题，即使建筑地产企业按照不征税收入核算，并且会计处理、资金管理均符合"不征税收入"的相关要求，也存在重大涉税风险。

假设某专项资金被认定为不征税收入，建筑企业在会计上该如何进行会计处理？需结合专项资金的性质和归途进行区别处理。

（1）如果属于国家投资，应当作为权益处理，会计处理如下。

借：银行存款

　　贷：实收资本或股本

（2）如果该项资金使用后要求返还的本金，会计处理如下。

借：银行存款

　　贷：长期借款或其他应付款

（3）企业取得的除上述两种情况之外的其他财政资金，会计处理作为损益，原来有计入补贴收入的，应记入其他收益，会计处理如下。

借：银行存款

　　贷：其他收益

以上业务一般发生在地产开发公司，建筑企业主要从事建筑施工业务，一般很少涉及购买政府规划土地。

5.11.2　取得政府相关部门支付的奖励款或补偿金

在实务中，部分建筑企业可能收到了"政府补助"，在增值税上大部分属于不征税收入（与销售收入无关），在企业所得税上部分属于应税收入，部分符合条件的为不征税收入。政府补助是指企业从政府无偿取得货币性资产或非货币性资产，但不包括政府作为企业所有者投入的资本。例如部分建筑企业收到的"财政奖励"或者"税收返还"，需要具体区别返还或奖励的内容，同时还得看是否有相关用途限制，再进行区分财税处理原则。

总部经济，是指一些区域由于特有的优势资源吸引企业总部集群布局，形成总部集聚效应，并通过"总部—制造基地"功能链条辐射带动生产制造基地所在区域发展，由此实现不同区域分工协作、资源优化配置的一种经济形态。部分建筑企业响应总部经济招商优惠政策的号召，在一些园区内设立分公司、子公司，或公司整体迁移，园区按入驻企业实缴增值税、企业所得税地方实得部分的比例给予扶持。这类产业扶持资金、奖励金在增值税上属于不征税内容，无须缴纳增值税，但属于企业所得税应税收入，应当缴纳企业所得税。

【案例5-18】　铁蛋建筑公司为某地国际企业中心园区招商引资引进的企业，2023年8月与该园区的招商部门签订了入园服务协议。根据协议规定铁蛋建筑公司属于施工总承包甲级资质企业可以在入园当年得到100万元奖励，用于人才引进，2023年12月铁蛋建筑公司取得100万元奖励款，并按照协议规定相当地相关部门报送了资金使用计划。2024年1月，铁蛋建筑公司决定将该款项全部支付给公司的相关高级技术人员，2024年2月该奖励款发放到位。

分析：政府补助在会计处理上有两种方法：第一种是"总额法"，将政府补助全额确认为收益。在总额法下取得政府补助时，借记"银行存款"等资产科目，贷记"递延收益"科目，在摊销时借记"递延收益"科目，贷记"其他收益"科目。第二种是"净额法"，将政府补助作为相关资产账面价值或说补偿费用的扣减。在净额法下，将补助冲减相关资产账面价值。企业对某项经济业务取得政府补助选择总额法或净额法后，不得随意变更。

①假设铁蛋公司采用总额法核算政府补助，会计处理如下：

2023 年 12 月取得政府补助时：

借：银行存款　　　　　　　　　　　　　　　　　　1 000 000

　　贷：其他收益或营业外收入　　　　　　　　　　　　　1 000 000

2024 年 1 月计提应付高级技术人员奖金时：

借：管理费用　　　　　　　　　　　　　　　　　　1 000 000

　　贷：应付职工薪酬　　　　　　　　　　　　　　　　　1 000 000

2024 年 2 月将该资金奖励给高级技术人员时：

借：应付职工薪酬　　　　　　　　　　　　　　　　1 000 000

　　贷：银行存款　　　　　　　　　　　　　　　　　　　1 000 000

②假设铁蛋公司采用净额法核算政府补助，会计处理如下：

2023 年 12 月取得政府补助时：

借：银行存款　　　　　　　　　　　　　　　　　　1 000 000

　　贷：递延收益　　　　　　　　　　　　　　　　　　　1 000 000

2024 年 1 月计提应付高级技术人员奖金时：

借：管理费用　　　　　　　　　　　　　　　　　　1 000 000

　　贷：应付职工薪酬　　　　　　　　　　　　　　　　　1 000 000

2024 年 2 月将该资金奖励给高级技术人员时：

借：递延收益　　　　　　　　　　　　　　　　　　1 000 000

　　贷：应付职工薪酬　　　　　　　　　　　　　　　　　1 000 000

5.11.3　个人所得税手续费返还的财税处理

个人所得税手续费返还，是指企业代扣代缴员工个税时可以相应地从税务机关取得一定比例返还的手续费。根据《个人所得税法》第九条、第十七条规定，"个人所得税，以所得人为纳税义务人，以支付所得的单位或者个人为扣缴义务人。对扣缴义务人按照所扣缴的税款，付给百分之二的手续费。"根据《国家税务总局关于发布〈个人所得税扣缴申报管理办法（试行）的公告〉》（国家税务总局公告 2018 年第 61 号）第十七条规定，"对扣缴义务人按照规定扣缴的税款，按年付给百分之二的手续费。不包括税务机关、司法机关等查补或者责令补扣的税款。扣缴义务人领取的扣缴手续费可用于提升办税能力、奖励办税人员。"

根据《国家税务总局 财政部 人民银行关于进一步加强代扣代收代征税款手续费管理的通知》（税总财务发〔2023〕48 号）规定，"法律、行政法规规定的代扣代缴税款，税务机关按不超过代扣税款的 2% 支付手续费。[①] 对于法律、行政法规明确规定手续费比例的，按规定比例执行。"

个人所得税手续费返还是否需要缴纳增值税和企业所得税？如果将取得的个人所得税手续费返还支付给企业的办税人员，是否需要代扣代缴个人所得税？笔者认为企业取得个人所得税手续费返还，无论是在增值税上还是企业所得税上均不属于"不征税收入"，部分企业在实务中取得该款项按照"不征税收入"处理，未缴纳税费存在涉税风险。

1. 个人所得税手续费返的还增值税处理

在增值税方面，企业取得个人所得税手续费返还收入需要按照"商务辅助服务—代理经纪服务"缴纳增值税。虽然未见国家税务总局明文规定此事项是否应当缴纳增值税，但 2017 年 1 月 17 日国家税务总局 12366 纳税服务平台回复，"按照目前营改增政策相关规定，纳税人代扣代缴个人所得税取得的手续费收入应属于增值税征税范围，应缴纳增值税"。除此之外，部分地区税务机关在 12366 答疑或其他指引性文件中也明确此项业务属于增值税应税范围，例如广东、广西、福建、内蒙古自治区等省级（自治区）税务机关均认为，企业取得个人所得税手续费返还收入需要照章缴纳增值税。

2. 个人所得税手续费返还的企业所得税处理

在企业所得税方面，根据《中华人民共和国企业所得税法》第六条规定，"企业以货币形式和非货币形式从各种来源取得的收入，为收入总额。"如果企业在收到个人所得税手续费返还收入后，全额向企业内部办税人员支付了该奖励，事实上也不会额外产生企业所得税税负。收到个人所得税手续费返

---

① 财务管理司回复：个人所得税代扣代缴手续费不执行 70 万元限额。

还收入时计入"其他收益"科目，支付时计入"营业外支出"科目即可。如果企业收到个人所得税手续费不发放给相关人员，则只存在收入，不存在支出，则需要缴纳企业所得税。

3. 个人所得税手续费返还的个人所得税处理

在实务中，大部分企业可能能够认识到取得的个人所得税手续费返还不属于"不征税收入"的内容，但对于将该款项支付给办税人员个人是否需要代扣代缴个人所得税存在不同意见。特别是针对《财政部国家税务总局关于个人所得税若干政策问题的通知》(财税字〔1994〕20号) 规定的，"二、下列所得，暂免征收个人所得税：……（五）个人办理代扣代缴税款手续，按规定取得的扣缴手续费"，存在不同理解。

第一种观点认为，若企业将个税手续费返还奖励给员工，相关人员取得的所得可以免征个人所得税；

第二种观点认为，若企业将个税手续费返还奖励给负责办税人员，则相关人员取得的所得可以免征个人所得税；如果奖励给办税人员以外的员工（例如非财务人员），则需要合并到综合所得中代扣代缴个人所得税；

第三种观点认为，上述文件免征个税的对象是"个人扣缴义务人"，而不是"单位扣缴义务人"，作为单位扣缴义务人的办税人员，实质只是在履行岗位职责而并不是履行扣缴义务。从文件出台的动机上判断，"单位扣缴义务人"的办税人员并不属于文件强化和鼓励的第一对象。因此，无论奖励给哪位员工都属于员工个人的综合所得，企业应代扣代缴个人所得税。

笔者比较偏向于第三种观点，企业若将个税手续费返还奖励给员工（无论是否为办税人员），均需要合并到综合所得中代扣代缴个人所得税。

【案例 5-19】 铁蛋建筑公司为增值税一般纳税人，2023 年 4 月取得个人所得税手续费返还 106 000 元，在收到款项的当期未做具体分配。

分析：铁蛋建筑公司取得的个人所得税手续费返，应转换成换算成不含税收入：106 000÷（1＋6％）＝100 000（元），取得该笔个税手续费返还需缴纳的增值税为 100 000×6％＝6 000（元）。由于铁蛋建筑公司在取得该笔手续费返还后暂未发放给相关办税人员，因此无须做其他处理。

借：银行存款　　　　　　　　　　　　　　　　106 000

　　贷：其他收益　　　　　　　　　　　　　　　100 000

　　　　应交税费——应交增值税（销项税额）　　　6 000

第6章　建筑企业的合同涉税管理

　　本章主要以财税管理的视角讲述合同涉税条款的重要性，对建设工程合同、物资买卖合同、设备租赁合同、保理合同等涉税风险做了详细剖析，并提出涉税条款的签订技巧和涉税管理措施。

6.1 合同管理概述

根据《民法典》第四百六十四条规定,"合同是民事主体之间设立、变更、终止民事法律关系的协议。……第四百六十九条,当事人订立合同,可以采用书面形式、口头形式或者其他形式。"建筑企业在生产经营过程中尤其要注意合同的合规风险管理。合同的合规风险管理主要分为合同签订时的合规风险管理与履约时的合规风险管理。防范合同风险没有任何捷径,企业应当不断总结过去的经验,不断细化业务标准,强化合同签订前的会审和过程中的管理。

6.1.1 合同的效力

根据《民法典》五百零四条规定,"法人的法定代表人或者非法人组织的负责人超越权限订立的合同,除相对人知道或者应当知道其超越权限外,该代表行为有效,订立的合同对法人或者非法人组织发生效力。"

1. 超越经营范围签订合同

当事人超越经营范围订立的合同的效力,不得仅以超越经营范围确认合同无效。例如,某建筑企业的营业执照当中没有销售建材这一项内容,但实务中发生了将自行采购的建材销售给其他单位,双方签订的买卖合同不能仅以该建筑企业超越了其经营范围就认定无效。

建筑企业分公司可否独立参加投标?建筑企业的分公司与发包方或者总包方签订的承包合同是否有效?根据《中华人民共和国招标投标标法实施条例》的相关规定我们可以知道,合格投标人并非必须法人,从缔约履约能力的角度考虑,具有民事主体资格和行为能力的法人、其他组织或自然人均可以参加投标，因此不能仅以对方是分公司为由，就拒绝承认其合同的有效性。当然，建筑行业比较特殊，建筑企业承揽工程项目需要相关资质，分公司若独立参加投标、签订建设工程合同，应该取得建筑企业总公司的授权。不具有独立法人资格的分公司投标、签订合同的民事责任由总公司承担。

2. 建设工程施工合同无效的情形

根据《最高人民法院关于审理建设工程施工合同纠纷案件适用法律问题的解释（一）》（法释〔2020〕25号）第一条规定，"建设工程施工合同具有下列情形之一的，应当依据民法典第一百五十三条第一款的规定，认定无效：

（一）承包人未取得建筑业企业资质或者超越资质等级的；

（二）没有资质的实际施工人借用有资质的建筑施工企业名义的；

（三）建设工程必须进行招标而未招标或者中标无效的。

承包人因转包、违法分包建设工程与他人签订的建设工程施工合同，应当依据民法典第一百五十三条第一款及第七百九十一条第二款、第三款的规定，认定无效。"该法第四条规定，"承包人超越资质等级许可的业务范围签订建设工程施工合同，在建设工程竣工前取得相应资质等级，当事人请求按照无效合同处理的，人民法院不予支持。"

在建筑业中普遍存在资质"挂靠"的现象，挂靠合同有可能被认定无效，且有可能面临相关行政处罚，实务中需要谨慎对待。本章最后一节将对挂靠工程的合同涉税管理进行详细阐述，此处暂不展开讨论。

6.1.2 合同的履行

根据《民法典》第五百一十条规定，"合同生效后，当事人就质量、价款或者报酬、履行地点等内容没有约定或者约定不明确的，可以协议补充；不能达成补充协议的，按照合同相关条款或者交易习惯确定。"

1. 质量要求不明确

质量要求不明确的，按照强制性国家标准履行；没有强制性国家标准的，按照推荐性国家标准履行；没有推荐性国家标准的，按照行业标准履行；没有国家标准、行业标准的，按照通常标准或者符合合同目的的特定标准履行。

建筑企业需要按照设计图纸要求采购各项材料，严格把关各项材料的质量、规格型号。

2. 价款约定不明确

价款或者报酬不明确的，按照订立合同时履行地的市场价格履行；依法应当执行政府定价或者政府指导价的，依照规定履行。

采购物资涉及运输费用的，要在合同中明确运输费用的承担问题。除了常规的价款以外，合同可能存在价外费用，应该对价外费用的支付和发票开具义务做相关约定。

3. 履行地点约定不明确

履行地点不明确，给付货币的，在接受货币一方所在地履行；交付不动产的，在不动产所在地履行；其他标的，在履行义务一方所在地履行。

建筑企业采购材料需要注意在合同中约定送货地点。

4. 履行期限不明确

履行期限不明确的，债务人可以随时履行，债权人也可以随时请求履行，但是应当给对方必要的准备时间。

5. 履行方式不明确

履行方式不明确的，按照有利于实现合同目的的方式履行。

6. 履行费用的负担不明确

履行费用的负担不明确的，由履行义务一方负担；因债权人原因增加的履行费用，由债权人负担。

建筑企业签订总承包合同时可能存在暂估价，工程总承包暂估价招标应由建设单位，或者工程总承包单位，或者建设单位和工程总承包联合体作为招标人。招标组织方有可能会发生额外费用（如招标代理服务费等），为了避免双方分歧，建议招标人和总承包单位在签订合同时将该责任予以明确。

6.1.3 互负债务

根据《民法典》第五百二十五条规定，"当事人互负债务，没有先后履行顺序的，应当同时履行。一方在对方履行之前有权拒绝其履行请求。一方在对方履行债务不符合约定时，有权拒绝其相应的履行请求。第五百二十六条当事人互负债务，有先后履行顺序，应当先履行债务一方未履行的，后履行一方有权拒绝其履行请求。先履行一方履行债务不符合约定的，后履行一方有权拒绝其相应的履行请求。"

当事人互负债务，该债务的标的物种类、品质相同的，任何一方可以将自己的债务与对方的到期债务抵销；但是，根据债务性质、按照当事人约定或者依照法律规定不得抵销的除外。当事人主张抵销的，应当通知对方。通知自到达对方时生效。抵销不得附条件或者附期限。

当事人互负债务，标的物种类、品质不相同的，经协商一致，也可以抵销。

6.1.4　债权人分立

根据《民法典》第五百二十九条至第五百三十一条规定，"债权人分立、合并或者变更住所没有通知债务人，致使履行债务发生困难的，债务人可以中止履行或者将标的物提存。债权人可以拒绝债务人提前履行债务，但是提前履行不损害债权人利益的除外。债务人提前履行债务给债权人增加的费用，由债务人负担。

债权人可以拒绝债务人部分履行债务，但是部分履行不损害债权人利益的除外。债务人部分履行债务给债权人增加的费用，由债务人负担。"

6.1.5　合同保全

根据《民法典》第五百三十五条规定，"因债务人怠于行使其债权或者与该债权有关的从权利，影响债权人的到期债权实现的，债权人可以向人民法院请求以自己的名义代位行使债务人对相对人的权利，但是该权利专属于债务人自身的除外。

代位权的行使范围以债权人的到期债权为限。债权人行使代位权的必要费用，由债务人负担。相对人对债务人的抗辩，可以向债权人主张。"

第五百三十六条，"债权人的债权到期前，债务人的债权或者与该债权有关的从权利存在诉讼时效期间即将届满或者未及时申报破产债权等情形，影响债权人的债权实现的，债权人可以代位向债务人的相对人请求其向债务人履行、向破产管理人申报或者作出其他必要的行为。"

第五百三十八条，"债务人以放弃其债权、放弃债权担保、无偿转让财产等方式无偿处分财产权益，或者恶意延长其到期债权的履行期限，影响债权人的债权实现的，债权人可以请求人民法院撤销债务人的行为。"

第五百三十九条，"债务人以明显不合理的低价转让财产、以明显不合理的高价受让他人财产或者为他人的债务提供担保，影响债权人的债权实现，债务人的相对人知道或者应当知道该情形的，债权人可以请求人民法院撤销债务人的行为。"

6.1.6　债权与债务变更

1. 债权转让

根据《民法典》第五百四十五条规定，"债权人可以将债权的全部或者部分转让给第三人，但是有下列情形之一的除外：（一）根据债权性质不得转让；（二）按照当事人约定不得转让；（三）依照法律规定不得转让。

当事人约定非金钱债权不得转让的，不得对抗善意第三人。当事人约定金钱债权不得转让的，不得对抗第三人。"

第五百四十六条，"债权人转让债权，未通知债务人的，该转让对债务人不发生效力。债权转让的通知不得撤销，但是经受让人同意的除外。"

第五百四十七条，"债权人转让债权的，受让人取得与债权有关的从权利，但是该从权利专属于债权人自身的除外。受让人取得从权利不应该从权利未办理转移登记手续或者未转移占有而受到影响。"

第五百四十八条，"债务人接到债权转让通知后，债务人对让与人的抗辩，可以向受让人主张。"因债权转让增加的履行费用，由让与人负担。

2. 债务转让

第五百五十一条，"债务人将债务的全部或者部分转移给第三人的，应当经债权人同意。债务人或者第三人可以催告债权人在合理期限内予以同意，债权人未作表示的，视为不同意。"

第五百五十二条，"第三人与债务人约定加入债务并通知债权人，或者第三人向债权人表示愿意加入债务，债权人未在合理期限内明确拒绝的，债权人可以请求第三人在其愿意承担的债务范围内和债务人承担连带债务。"

第五百五十三条，"债务人转移债务的，新债务人可以主张原债务人对债权人的抗辩；原债务人对债权人享有债权的，新债务人不得向债权人主张抵销。"

第五百五十四条，"债务人转移债务的，新债务人应当承担与主债务有关的从债务，但是该从债务专属于原债务人自身的除外。"

第五百五十五条，"当事人一方经对方同意，可以将自己在合同中的权利和义务一并转让给第三人。"

6.1.7　合同的违约责任

《民法典》第五百七十七条，"当事人一方不履行合同义务或者履行合同义务不符合约定的，应当承担继续履行、采取补救措施或者赔偿损失等违约责任。"

1. 违约的赔偿责任

第五百八十四条，"当事人一方不履行合同义务或者履行合同义务不符合约定，造成对方损失的，损失赔偿额应当相当于因违约所造成的损失，包括合同履行后可以获得的利益；但是，不得超过违约一方订立合同时预见到或者应当预见到的因违约可能造成的损失。"

2. 违约金过高或者过低可以请求调整

第五百八十五条，"当事人可以约定一方违约时应当根据违约情况向对方支付一定数额的违约金，也可以约定因违约产生的损失赔偿额的计算方法。

约定的违约金低于造成的损失的，人民法院或者仲裁机构可以根据当事人的请求予以增加；约定的违约金过分高于造成的损失的，人民法院或者仲裁机构可以根据当事人的请求予以适当减少。

当事人就迟延履行约定违约金的，违约方支付违约金后，还应当履行债务。"

第五百八十六条，"当事人可以约定一方向对方给付定金作为债权的担保。定金合同自实际交付定金时成立。定金的数额由当事人约定；但是，不得超过主合同标的额的百分之二十，超过部分不产生定金的效力。实际交付的定金数额多于或者少于约定数额的，视为变更约定的定金数额。"

3. 违约金和定金

一般情况下违约金和定金只能适用其一。第五百八十八条，"合同当事人既约定违约金，又约定定金的，一方违约时，对方可以选择适用违约金或者定金条款。定金不足以弥补一方违约造成的损失的，对方可以请求赔偿超过定金数额的损失。"

6.1.8　免责条款

根据《民法典》第五百九十条规定，"当事人一方因不可抗力不能履行合同的，根据不可抗力的影响，部分或者全部免除责任，但是法律另有规定的除外。因不可抗力不能履行合同的，应当及时通知对方，以减轻可能给对方造成的损失，并应当在合理期限内提供证明。当事人迟延履行后发生不可抗力的，不免除其违约责任。

特别提示，建筑企业在与客户、供应商签订合同时约定的免责条款有可能无效。根据《民法典》第五百零六条规定，合同中下列负责条款无效：（一）在合同中约定免责条款造成对方人身损害的；（二）因故意或者重大过失造成对方财产损失的。"实务中，部分建筑企业在与员工签订合同时，由于不想承担社保费用，在劳动合同中约定"员工自行放弃缴纳社保"或"公司支付的劳动报酬中已经包含社保费用，不得再向公司索要社保费用"等，该约定无效。

6.2　建筑企业印花税涉税合同

建筑业涉及的合同种类较多，不同类型的工程项目涉及的合同种类有别，常规工程项目一般至少涉及建设工程合同（包含工程勘察合同、设计合同、施工总承包合同、专业分包合同、专业作业承包合同）；物资买卖合同；借款合同；运输合同；租赁合同（包含经营性物资设备租赁合同、场地租赁合同、融资租赁合同）；工程质量检测合同；电、水、气、热力等能源供应合同；在日常施工生产中还有可能因接受其他服务而签订相关合同，例如培训合同、咨询合同、审计合同、翻译合同、物业管理合同、保洁合同、供应链融资合同等。

上述合同类别，大部分属于印花税应税凭证，部分不属于印花税法所列的应税凭证。

6.2.1 印花税应税凭证和税率

中华人民共和国第十三届全国人民代表大会常务委员会第二十九次会议于 2021 年 6 月 10 日通过了《中华人民共和国印花税法》（以下简称《印花税法》），自 2022 年 7 月 1 日起施行。1988 年 8 月 6 日国务院发布的《中华人民共和国印花税暂行条例》同时废止。

根据《印花税法》的规定，在中华人民共和国境外书立在境内使用的应税凭证的单位和个人，应当依照本法规定缴纳印花税。

1. 印花税的税目及税率

印花税的应税凭证，是指《印花税法》所附《印花税税目税率表》列明的合同、产权转移书据和营业账簿。目前，根据《印花税法》的相关规定，印花税税目包括四大类，即合同类、产权转移书据类、营业账簿类、证券交易类，在四个税目下又包括若干子目。详见表 6-1。

表 6-1　印花税税目、税率表

税目		税率	备注
合同（指书面合同）	借款合同	借款金额的万分之零点五	指银行业金融机构、经国务院银行业监督管理机构批准设立的其他金融机构与借款人（不包括同业拆借）的借款合同
	融资租赁合同	租金的万分之零点五	
	买卖合同	价款的万分之三	指动产买卖合同（不包括个人书立的动产买卖合同）
	承揽合同	报酬的万分之三	—
	建设工程合同	价款的万分之三	—
	运输合同	运输费用的万分之三	指货运合同和多式联运合同（不包括管道运输合同）
	技术合同	价款、报酬或者使用费的万分之三	不包括专利权、专有技术使用权转让书据
	租赁合同	租金的千分之一	—
	保管合同	保管费的千分之一	—
	仓储合同	仓储费的千分之一	—
	财产保险合同	保险费的千分之一	不包括再保险合同

税目		税率	备注
产权转移书据	土地使用权出让书据	价款的万分之五	转让包括买卖（出售）、继承、赠与、互换、分割
	土地使用权、房屋等建筑物和构筑物所有权转让（不包括土地承包经营权和土地经营权转移）	价款的万分之五	
	股权转让书据（不包括应缴纳证券交易印花税的）	价款的万分之五	
	商标专用权、著作权、专利权、专有技术使用权转让书据	价款的万分之三	
营业账簿		实收资本（股本）、资本公积合计金额的万分之二点五	—
证券交易		成交金额的千分之一	—

根据《财政部 税务总局关于印花税若干事项政策执行口径的公告》（财政部 税务总局公告 2022 年第 22 号）第二条第（一）规定："在中华人民共和国境外书立在境内使用的应税凭证，应当按规定缴纳印花税。包括以下几种情形：

1. 应税凭证的标的为不动产的，该不动产在境内；

2. 应税凭证的标的为股权的，该股权为中国居民企业的股权；

3. 应税凭证的标的为动产或者商标专用权、著作权、专利权、专有技术使用权的，其销售方或者购买方在境内，但不包括境外单位或者个人向境内单位或者个人销售完全在境外使用的动产或者商标专用权、著作权、专利权、专有技术使用权；

4. 应税凭证的标的为服务的，其提供方或者接受方在境内，但不包括境外单位或者个人向境内单位或者个人提供完全在境外发生的服务。"

2. 无须缴纳印花税的合同及凭证

建筑企业涉及的经济合同大部分都需要缴纳印花税，当然也有部分合同和相关凭证不属于《印花税法》中所列举的印花税目，不需要缴纳印花税。

（1）与国家电网单位签订的电力供应合同。

根据《财政部 国家税务总局关于印花税若干政策的通知》（财税〔2006〕162号）① 的有关规定，对发电厂与电网之间、电网与电网之间（国家电网公司系统、南方电网公司系统内部各级电网互供电量除外）签订的购售电合同按购销合同征收印花税。电网与用户之间签订的供用电合同不属于印花税列举征税的凭证，不征收印花税。

笔者提醒，发电厂与电网之间、电网与电网之间书立的购售电合同，应当按买卖合同税目缴纳印花税。

（2）集团公司向总承包部、项目部调拨材料的结算单。

根据《关于企业集团内部使用的有关凭证征收印花税问题的通知》（国税函〔2009〕9号）的有关规定，"对于企业集团内具有平等法律地位的主体之间自愿订立、明确双方购销关系、据以供货和结算、具有合同性质的凭证，应按规定征收印花税。"

根据《财政部 税务总局关于印花税若干事项政策执行口径的公告》（财政部 税务总局公告2022年第22号）的规定，"四、下列情形的凭证，不属于印花税征收范围：总公司与分公司、分公司与分公司之间书立的作为执行计划使用的凭证。"建筑企业经常出现总公司统一采购材料，再调拨给各总承包部、项目部使用，通常会有结算单，这类结算单属于总公司内部使用的凭证，不需要征收印花税。

（3）会计、审计、税务咨询合同。

建筑企业一般都会与事务所签订审计合同，部分企业还聘请了财务顾问，因此涉及会计、审计、税务咨询合同。根据《国家税务局关于对技术合同征收印花税问题的通知》（国税地字〔1989〕34号），"二、……技术咨询合同是当事人就有关项目的分析、论证、评价、预测和调查订立的技术合同。有关项目包括：（一）有关科学技术与经济、社会协调发展的软科学研究项目；（二）促进科技进步和管理现代化，提高经济效益和社会效益的技术项目；（三）其他专业项目。对属于这些内容的合同，均应按照'技术合同'税目的

---

① 根据《财政部 税务总局关于印花税法实施后有关优惠政策衔接问题的公告》（财税〔2022〕23号）第二条，附件一明确列出《财政部 国家税务总局关于印花税若干政策的通知》（财税〔2006〕162号）继续有效。

规定计税贴花。至于一般的法律、法规、会计、审计等方面的咨询不属于技术咨询，其所签订的合同不需要缴纳印花税。"

（4）工程监理合同。

建筑企业与工程监理单位签订的工程监理合同，部分地区未将工程监理合同列入"技术合同"税目中的技术咨询合同，部分地区税务机关发函明确不需要征收印花税，例如深圳市。

> **《深圳市地方税务局关于工程监理合同是否征收印花税问题的批复》**
> **（深地税发〔2000〕91号）**
>
> 你分局《关于工程监理合同是否征收印花税问题的请示》（深地税宝发〔1999〕378号）收悉。经请示总局地方税司，"工程监理合同"不属于"技术合同"，也不属于印花税税法中列举的征税范围。因此，工程监理单位承接监理业务而与建筑商签订的合同不征印花税。

目前国家税务总局没有相应明确规定。

（5）其他不征税凭证。

建筑企业如果与非金融机构签订贷款合同不需要缴纳印花税，印花税法所列的借款合同是企业与金融机构签订的借款合同，不包括与非金融机构签订的；还有保安服务合同、物业管理服务合同、翻译服务合同、日常清洁绿化服务合同、质量认证合同等印花税税目税率表中没有列举，均不需要缴纳印花税。

另外，根据《财政部 税务总局关于印花税若干事项政策执行口径的公告》（财政部 税务总局公告2022年第22号）第二条第（四）项，"……不属于印花税征收范围：1. 人民法院的生效法律文书，仲裁机构的仲裁文书，监察机关的监察文书。2. 县级以上人民政府及其所属部门按照行政管理权限征收、收回或者补偿安置房地产书立的合同、协议或者行政类文书。"

3. 印花税的纳税义务发生时间及申报周期

根据《印花税法》第十五条规定，"印花税的纳税义务发生时间为纳税人书立应税凭证或者完成证券交易的当日。证券交易印花税扣缴义务发生时间为证券交易完成的当日。

第十六条，印花税按季、按年或者按次计征。实行按季、按年计征的，纳税人应当自季度、年度终了之日起十五日内申报缴纳税款；实行按次计征的，纳税人应当自纳税义务发生之日起十五日内申报缴纳税款。

证券交易印花税按周解缴。证券交易印花税扣缴义务人应当自每周终了之日起五日内申报解缴税款以及银行结算的利息。"

4. 合同印花税缴纳地点

根据《印花税法》第十三条，"规定，纳税人为单位的，应当向其机构所在地的主管税务机关申报缴纳印花税；纳税人为个人的，应当向应税凭证书立地或者纳税人居住地的主管税务机关申报缴纳印花税。不动产产权发生转移的，纳税人应当向不动产所在地的主管税务机关申报缴纳印花税。"

据此规定可知，建筑企业签订的各类应税合同除不动产买卖合同外，其余均应当在机构注册地申报缴纳印花税，切勿按照异地施工预缴增值税的原则在项目地缴纳建设工程合同印花税。

5. 合同印花税的应税凭证及计税依据

根据《印花税法》第五条，"……（一）应税合同的计税依据，为合同所列的金额，不包括列明的增值税税款；（二）应税产权转移书据的计税依据，为产权转移书据所列的金额，不包括列明的增值税税款；（三）应税营业账簿的计税依据，为账簿记载的实收资本（股本）、资本公积合计金额；（四）证券交易的计税依据，为成交金额。应税合同、产权转移书据未列明金额的，印花税的计税依据按照实际结算的金额确定。"

部分企业在进行物资采购时未签订买卖合同，但是在订货时销售方出具了销售清单、送货单等，有可能属于《财政部 税务总局关于印花税若干事项政策执行口径的公告》（财政部 税务总局公告 2022 年第 22 号）第二条（二）项，"企业之间书立的确定买卖关系、明确买卖双方权利义务的订单、要货单等单据，且未另外书立买卖合同的，应当按规定缴纳印花税"。

笔者认为，建筑企业在采购零星物资时若未签订合同、未签订任何订单、销售单据等，仅取得了销售方开具的增值税发票，该发票应当不属于印花税应税凭证。

【案例 6-1】 铁蛋建筑公司与钢蛋地产公司签订了一份《江山里住宅项目工程施工总承包合同》，该总包合同对价款的约定分别载明了价款 10 000 万元，增值税 900 万元，则按照 10 000 万元缴纳印花税；如果该合同直接约定合同金额为 10 900 万元，则不能人为进行价税分离，只能按照 10 900 万为计税依据缴纳印花税。合同所列金额如果约定不清晰，例如"合同金额10 900万元（税率9%）"则不能直接按照自行价税分离计算的价款作为计算缴纳印花税的依据，因为该合同金额是否含增值税存在歧义。

建筑企业还有一些合同未约定合同金额，例如钢筋采购合同。由于钢筋价格波动频繁，钢筋销售方与购买方签订合同时一般根据付款条件即付款时间约定钢筋单价，或者以实际供货当日的钢筋市场价格为准。

【案例6-2】 铁蛋建筑公司根据工程钢筋需用计划与钢蛋钢筋销售公司签订了钢筋采购合同，关于钢筋的单价和合同额做如下约定：以货到当日"兰格网"兰格网（某地）建筑钢材批量价格为准，如遇周六、日或节假日等特殊情况以兰格网（某地）建筑钢材批量价格为准价格无查询依据时，按钢筋进场之日前最后一个工作日兰格网价格确定。

【分析】 以上这类合同价款条款，未载明具体合同金额的，根据《印花税法》第六条规定，"应税合同、产权转移书据未列明金额的，印花税的计税依据按照实际结算的金额确定。"据此规定可知，建筑企业可以在供应商全部供应完货后，按照双方最终结算的金额计算缴纳印花税。

6.2.2 合同印花税的其他涉税问题

1. 最终结算额与合同额不一致

在建筑企业施工过程中需要采购大量的材料，一般由成本预算部门根据图纸测算以及项目部根据生产进度提供的物资需用计划中的相关物资明细及数量进行招标、签订采购合同，但实际施工时会出现技术变更、图纸变更等对使用材料的型号和数量产生影响，因此经常会发生签订的合同金额小于实际供应金额或者合同金额大于实际供应金额。

根据《财政部 税务总局关于印花税若干事项政策执行口径的公告》（财政部 税务总局公告2022年第22号）第二条第（二）项，"应税合同、应税产权转移书据所列的金额与实际结算金额不一致，不变更应税凭证所列金额的，以所列金额为计税依据；变更应税凭证所列金额的，以变更后的所列金额为计税依据。已缴纳印花税的应税凭证，变更后所列金额增加的，纳税人应当就增加部分的金额补缴印花税；变更后所列金额减少的，纳税人可以就减少部分的金额向税务机关申请退还或者抵缴印花税。"

笔者认为，上述规定可以总结为：如果合同双方没有对原始合同金额签订相关补充协议修改（增大或减少），仅是最终结算金额与合同金额存在偏差，坚持"多不退少补补"的原则；如果签了补充协议对原始合同金额做了变更，则应该按照增加后的金额补交印花税，如果合同金额签订补充协议后变少，可以申请退还。

2. 联合体工程合同印花税如何分摊

根据《财政部 税务总局关于印花税若干事项政策执行口径的公告》（财政部 税务总局公告 2022 年第 22 号）第三条第（一）项规定，"同一应税合同、应税产权转移书据中涉及两方以上纳税人，且未列明纳税人各自涉及金额的，以纳税人平均分摊的应税凭证所列金额（不包括列明的增值税税款）确定计税依据。"

根据上述规定可知，如果联合体工程合同金额按照不同承包人分别列明金额的，按照各自的合同金额计算缴纳印花税；联合体工程合同金额未按照具体承包人分别列明的，按照总合同金额计算应缴纳的印花税，所有承包人平均分摊。

3. 合同金额计算有误可否申请退还多交的印花税

根据《财政部 税务总局关于印花税若干事项政策执行口径的公告》（财政部 税务总局公告 2022 年第 22 号）第三条第（三）项规定，"纳税人因应税凭证列明的增值税税款计算错误导致应税凭证的计税依据减少或者增加的，纳税人应当按规定调整应税凭证列明的增值税税款，重新确定应税凭证计税依据。已缴纳印花税的应税凭证，调整后计税依据增加的，纳税人应当就增加部分的金额补缴印花税；调整后计税依据减少的，纳税人可以就减少部分的金额向税务机关申请退还或者抵缴印花税。"

笔者提醒，建筑企业与业主、供应商签订了印花税应税合同，但最终未履行的，已缴纳的印花税不予退还及抵缴税款。如果是以贴花的形式缴纳印花税，由纳税人在每枚税票的骑缝处盖戳注销或者画销，多贴了印花税票的，不予退税及抵缴税款。

4. 股权转让时已认缴未实际出资的资本是否作为计税依据

根据《财政部 税务总局关于印花税若干事项政策执行口径的公告》（财政部 税务总局公告 2022 年第 22 号）第三条第四项规定，纳税人转让股权的印花税计税依据，按照产权转移书据所列的金额（不包括列明的认缴后尚未实际出资权益部分）确定。

在实务中，经常遇到建筑业的财税人员咨询此事。笔者提醒，不要纠结注册资本与印花税的计税基础是否有关联，《印花税法》中规定的应税凭证营业账簿中的实收资本，只需要按照投资人（股东）实际出资（到账）的金额缴纳印花税。发生股权转让时，只按照股权转让价格缴纳印花税，对于认缴出资实际未足额缴纳部分且大于转让价格的部分无须缴纳印花税。

6.2.3　印花税免税的情形

1. 法定减免税的情形

根据《印花税法》第十二条规定，"下列凭证免征印花税：

（一）应税凭证的副本或者抄本；

（二）依照法律规定应当予以免税的外国驻华使馆、领事馆和国际组织驻华代表机构为获得馆舍书立的应税凭证；

（三）中国人民解放军、中国人民武装警察部队书立的应税凭证；

（四）农民、家庭农场、农民专业合作社、农村集体经济组织、村民委员会购买农业生产资料或者销售农产品书立的买卖合同和农业保险合同；

（五）无息或者贴息借款合同、国际金融组织向中国提供优惠贷款书立的借款合同；

（六）财产所有权人将财产赠与政府、学校、社会福利机构、慈善组织书立的产权转移书据；

（七）非营利性医疗卫生机构采购药品或者卫生材料书立的买卖合同；

（八）个人与电子商务经营者订立的电子订单。"

2. 制度性减免税

除了前述法定减免印花税的情形外，《印花税法》还规定了国务院可以根据国民经济和社会发展的需要进行制度性减免税，对居民住房需求保障、企业改制重组、破产、支持小型微型企业发展等情形可以规定减征或者免征印花税，报全国人民代表大会常务委员会备案。

（1）部分《印花税法》施行后继续有效的免税规定。

《财政部国家税务总局关于廉租住房经济适用住房和住房租赁有关税收政

策的通知》（财税〔2008〕24 号）第一条第（四）项中关于经济适用住房的印花税政策、第二条第（二）项规定，对个人出租、承租住房签订的租赁合同，免征印花税。

《国家税务总局关于办理上市公司国有股权无偿转让暂不征收证券（股票）交易印花税有关审批事项的通知》（国税函〔2004〕941 号）第一条规定，对经国务院和省级人民政府决定或批准进行的国有（含国有控股）企业改组改制而发生的上市公司国有股权无偿转让行为，暂不征收证券（股票）交易印花税。

《财政部 国家税务总局关于融资租赁合同有关印花税政策的通知》（财税〔2015〕144 号）第二条规定，在融资性售后回租业务中，对承租人、出租人因出售租赁资产及购回租赁资产所签订的合同，不征收印花税。

《财政部 税务总局关于支持小微企业融资有关税收政策的通知》（财税〔2017〕77 号）第二条规定，自 2018 年 1 月 1 日至 2020 年 12 月 31 日，对金融机构与小型企业、微型企业签订的借款合同免征印花税。

《财政部 税务总局关于继续实行农村饮水安全工程税收优惠政策的公告》（财政部 税务总局公告 2019 年第 67 号）第二条规定，对饮水工程运营管理单位为建设饮水工程取得土地使用权而签订的产权转移书据，以及与施工单位签订的建设工程承包合同，免征印花税。

根据《财政部 税务总局关于印花税法实施后有关优惠政策衔接问题的公告》（财政部 税务总局公告 2022 年第 23 号）的规定，自 2022 年 7 月 1 日《印花税法》实施后，包括上述内容在内共有 40 个印花税优惠政策文件（部分条款）保留了有效性；共有 31 个印花税优惠政策文件（部分条款）失效；共有 8 个 8 个印花税优惠政策文件部分或全部条款被废止。

（2）"六税两费"减免。

《财政部 税务总局关于进一步实施小微企业"六税两费"减免政策的公告》（财政部 税务总局公告 2022 年第 10 号）规定，"由省、自治区、直辖市人民政府根据本地区实际情况，以及宏观调控需要确定，对增值税小规模纳税人、小型微利企业和个体工商户可以在 50% 的税额幅度内减征资源税、城市维护建设税、房产税、城镇土地使用税、印花税（不含证券交易印花税）、耕地占用税和教育费附加、地方教育附加。"

《财政部 税务总局关于进一步支持小微企业和个体工商户发展有关税费

政策的公告》(财政部 税务总局公告 2023 年第 12 号)，"二、自 2023 年 1 月 1 日至 2027 年 12 月 31 日，对增值税小规模纳税人、小型微利企业和个体工商户减半征收资源税（不含水资源税）、城市维护建设税、房产税、城镇土地使用税、印花税（不含证券交易印花税）、耕地占用税和教育费附加、地方教育附加。

三、对小型微利企业减按 25% 计算应纳税所得额，按 20% 的税率缴纳企业所得税政策，延续执行至 2027 年 12 月 31 日。"

6.3　各类合同通用涉税条款

财务管理部门参与合同审查的核心目的是防范风险和促进交易，不能为了防范风险而阻断交易。防范风险要识别风险，要对出现的风险进行分析，同时提出防范的措施和修改建议，只要采取的修改措施能够有效地阻断风险，则应当全力促成交易。

6.3.1　合同履约管理台账

建筑企业的财务管理部门应该参与合同的谈判、签订和执行管理。应编制合同履约管理台账，促进对工程项目的成本管理、资金管理、税务管理。

【案例 6-3】　2023 年 1 月，铁蛋建筑公司与业主签订了"十里峰山住宅施工总承包合同"，合同中约定该项目适用一般计税方法，在与供应商签订合同中约定开具的发票均为增值税专用发票。铁蛋建筑公司与钢蛋分包公司签订了专业分包合同，合同金额 327 万元，已经履约 218 万元，钢蛋分包公司已开发票 218 万元（其中增值税额 18 万元），铁蛋建筑公司已支付 109 万元，该合同已缴纳印花税；铁蛋建筑公司与铜蛋商砼公司签订了商砼供应合同，合同金额 824 万元，已经履约 412 万元，铜蛋商砼公司已开发票 412 万元（其中增值税额 12 万元），铁蛋建筑公司已支付 206 万元，该合同已缴纳印花税；铁蛋建筑公司与钢蛋贸易公司签订了钢筋供应合同，合同金额 904 万元，已经履约 452 万元，钢蛋钢筋销售公司已开发票 452 万元（其中增值税额 52 万元），铁蛋建筑公司已支付 361.6 万元，该合同已缴纳印花税；根据以上相关信息登记了工程项目分包、采购合同台账（表 6-2）。

单位:万元

表 6-2 工程项目分包、采购合同台账

合同编号	分包商、供应商名称	合同金额（含税）①	税率/征收率 ②	已供货、已提供服务金额（含税）③	剩余合同义务对价款 ④=①-③	已开票金额（含税）⑤	其中可抵扣进项税额 ⑥=⑤÷(1+②)×②	付款条件 ⑦	已付款金额 ⑧	应付余额 ⑨=③-⑧	是否缴纳印花税 ⑩
001	钢蛋分包公司	327	9%	218	109	218	18	每月按照当月已完成工程量的 50%支付	109	109	是
002	铜蛋商砼公司	824	3%	412	412	412	12	每月按照当月已供货金额的 50%支付	206	206	是
003	钢蛋贸易公司	904	13%	452	452	452	52	每月按照当月已供货金额的 80%支付	361.6	90.4	是
…	…	…	…	…	…	…	…	…	…	…	…

6.3.2 合同相对人基本信息

1. 对方是否为正常户

建筑企业在招标环节以及签订合同时，应该在相关平台上查询对方是否属于正常户。查询对方是否是正常户的途径有很多，例如"国家企业信用信息公示系统"、"企查查""爱企查""天眼查"等。签订合同时，可以在合同中填写双方基本信息，如公司名称、纳税人识别号、公司地址、联系电话、银行账户及账号等，为了避免增值税费和发票纠纷，也应当明确双方的增值税纳税人身份（一般纳税人或小规模纳税人）。

2. 签约资格审查

若合同相对人不是独立法人的（如分公司），为了避免不必要的民事纠纷，应该由其总机构出具授权协议、确认函等。同时在合同签字盖章时，应当注意合同签订代理人是否具备代理签订资格，是否取得法人授权委托书，代理人身份是否核实。这项工作本不属于财务管理部门负责，应当由公司的法务部门负责，但财务管理部门应当在审查合同时注意相关手续是否完善。

6.3.3 合同价款条款审查

1. 涉及多项业务税率存在差异的应分别列明金额

合同金额应该进行价税分离，分别标明不含税价款和增值税。一份合同若不属于混合销售的，涉及多项不同经济业务（多个单项履约义务），可能涉及不同增值税税目和税率的，应分别列明合同金额及税率（征收率）。例如销售自产货物的同时提供建筑服务的，或钢结构安装工程中使用了自产的钢结构件等业务不属于混合销售，应分别核算货物和建筑服务的销售额，分别适用不同的税率或者征收率。还有部分地区的 EPC 工程被税务机关认定为兼营的，建筑企业在签订合同时应当按照设计、采购、施工分别列明合同金额，适用不同的增值税税率。

2. 合同单价（总价）应明确包含的服务内容

部分合同的履约如果涉及其他第三方提供服务的，需要明确合同价格中是否包含此项服务的价格。例如材料采购，需要在合同中明确是否需要销售方提供运输服务。根据《民法典》第六百零七条规定，"出卖人按照约定将标的物运送至买受人指定地点并交付给承运人后，标的物毁损、灭失的风险由买受人承担。当事人没有约定交付地点或者约定不明确，标的物需要运输的，出卖人将标的物交付给第一承运人后，标的物毁损、灭失的风险由买受人承担。"

在物资买卖合同中，应当明确合同单价或合同总价是否包含运输费用。如果合同单价或合同总价包含了运输费、装卸费、保险费等，在合同价款注释条款中应当注明"以上价格包含运输、装卸费等相关费用，销售方负责将材料运输到购买方指定地点"。

6.3.4 合同中的发票条款

1. 发票开具时限及交付程序

建筑企业作为购买方时，应当在合同中明确先开具发票再付款，明确已经供完的货物或提供完的服务对应的发票开具时限、送达时限、交付程序。应当在合同中明确约定销售方开具的应税发票类型是增值税专用发票还是增值税普通发票，或是其他合法合规的发票。应该在合同要求销售方应该根据自身增值税纳税人身份和具体业务，按正确的、与实际业务相符的税率或征收率开具增值税发票。

应该在合同中约定，销售方若开具的发票不合法或者涉嫌虚开，销售方不能免除开具合法有效发票的义务，并且销售方应承担由此给购买方造成的所有损失并承担相关法律责任。

销售方为按照合同该约定先开具发票的，购买方能否拒绝支付款项？在实务中争议较大。

【案例6-4】 A公司为发包人，B公司为承包人。双方在《施工总承包合同》中明确约定，发包人向承包人支付工程款前，承包人须向发包人提交正式工程发票及完税证明。B公司未按照合同约定提交正式发票和完税证明时，A公司认为有权行使先履行抗辩权，暂停支付剩余工程款。由于支付工程款的条件尚未成就，A公司未支付剩余工程款的行为，不属于违约行为，不应计算未付工程款利息。B公司将A公司告上了法院，法院一审判决虽然

B 公司没有及时提交发票但 A 公司照样应支付 B 公司工程款及延期付款利息。A 公司提起上诉。

二审认为，虽然双方当事人约定了中 B 公司开具发票的义务，但并没有明确约定如果 B 公司不及时开具发票，A 公司有权拒绝支付工程价款。依据双务合同的性质，合同抗辩的范围仅限于对价义务，支付工程款与开具发票是两种不同性质的义务，二者不具有对等关系，A 公司以此作为窜改工程付款条件未成就的抗辩理由不能成立。A 公司未支付剩余工程款的行为属于违约行为，原判决认定对未付工程款应计付利息，并无不当。驳回 A 公司的再审申请。

【案例 6-5】 北京市第三中级人民法院在北京兆鑫博雅展览展示有限公司与北京东卓智逸品牌策划有限公司承揽合同纠纷一案中［(2013) 三中民终字第 01703 号民事判决书］认为，关于兆鑫公司主张的违约金一节，合同中约定了付款时间，也明确约定付款前应提供合法发票，双方义务履行的先后顺序予以确定。兆鑫公司作为先履行义务的一方未履行提供发票的义务，东卓公司有权行使先履行抗辩权。

2012 年 12 月 18 日，兆鑫公司与东卓公司签订《工程施工合同》，工程总价 120 000 元，于合同签订当日东卓公司支付 50％工程款，即 60 000 元，剩余 50％，即 60 000 元于活动结束后 30 日内付清，如逾期付款，每延误一日，支付工程款的千分之五的违约金。按照合同约定，东卓公司付款前，兆鑫公司应先提供发票，但是东卓公司支付了 60 000 元工程款后，兆鑫公司迟迟不提供发票。在兆鑫公司未提供发票的情况下，东卓公司拒绝履行剩余付款义务，是行使先履行抗辩权，而不是违约行为。

参照目前大部分司法案例观点，即便双方在合同中约定了"先开发票后付款，未开具发票就暂停付款"，但销售方的开票义务和购买方的付款义务不属于《民法典》中规定的"当事人互负债务，有先后履行顺序，应当先履行债务一方未履行的，后履行一方有权拒绝其履行请求"。那是否意味着，销售方只要履行完合同义务即便不开票，甚至认为永远不开票也能拿到相应款项呢？笔者认为，购买方只是不能仅以"未开具发票"为由拒绝付款，如果购买方有其他理由，如销售方供应的货物质量未达标、规格型号不符合要求等综合因素，即能举证销售方并未完全履行合同约定义务，购买方则有可能享有先履行抗辩权。

笔者建议，购买方在签订买卖合同时可以加入以下条款：

"销售方每次向购买方申请支付款项时应当先向购买方开具等额的增值税

专用发票（普票），若出现销售方未按照约定时间开具合法合规的发票，导致甲方无法及时抵扣增值税、扣除企业所得税的，造成甲方出现经济损失的行为，则销售方违约，销售方应按照未开具发票金额的____％向购买方支付违约金，违约金不足以弥补损失的，销售方应向购买方据实赔偿。"

2. 销售方选择清单开票的，应注意辨别清单真伪

如果销售方汇总开具发票的，提供的销货清单必须是从税控系统中开具的销货清单，而不是自制的销售清单。选择清单开票的，发票的劳务及货物栏显示的应当是"详见销货清单"字样，应注意辨别销货清单的真伪。若部分业务对应的增值税发票需要在备注栏上填写相关信息的如建筑服务、运输服务、不动产销售等，可以在合同中作提示性约定。

3. 约定纸制发票丢失时销售方的配合处理义务

建筑企业工程项目众多，有可能很多工程项目距公司本部较远，纸制发票的传递存在一定的风险。如果出现因自身内部管理导致发票丢失，则需要销售方配合进行相关手续才可抵扣增值税和作为成本费用在企业所得税前扣除。如果销售方不配合购买方进行此项工作，该项支出购买方将无法进行增值税抵扣和企业所得税前扣除，因此购买方可以在合同中作出如下约定：

如果购买方丢失增值税专用发票的发票联和抵扣联，则销售方必须向购买方提供专用发票记账联复印件及办理其他相关手续。

【案例 6-6】 在实务中经常出现销售方向建筑企业销售货物提供的发票不合规，建筑企业拒收该发票，并暂停支付相关款项时，销售方以停止供应货物或停止提供某项服务为谈判条件，要求建筑企业先行支付货款再更换合法合规的增值税发票。此种情况或多或少影响了建筑企业的发票涉税管理，存在着一定风险。因此建议建筑企业可以在合同发票合规中加入以下条款：

销售方在向购买方申请付款前，应提供与购买方确认付款金额等额的合法、有效、完整、准确的增值税发票。若销售方提供的发票不符合要求的，购买方有权拒收增值税发票。若销售方未能按购买方要求提供增值税发票或因销售方原因导致提供的增值税发票购买方无法勾选确认、抵扣的，销售方应按购买方要求采取补救措施。若销售方未采取相关措施导致购买方出现经济损失的，购买方有权要求销售方按照本合同金额的％支付违约金，违约金不足以弥补购买损失的，销售方应据实赔偿。

6.3.5　约定销售方在合同履约中不允许注销公司

建筑企业的供应商众多，经常会遇见一些供应商在合同尚未履约完毕就将公司注销的情形。主要分成三类，第一类是供应商供应完货物收到货款后，尚未向建筑企业开具发票就将公司注销；第二类是供应商供应完货物并据此开具了应税发票，款项尚未全部收取就将公司注销；第三类是供应商供应完货物未全部开具发票，也未全额收取款项就将公司注销。

这三类情况的涉税处理存在差异。

1. 销售方已注销公司，剩余款项如何支付

如果销售方在注销前已经按照销售的货物或提供服务的对价全额开具应税发票，在其注销后建筑企业依然可以按原合同约定的银行账户支付款项。销售方也可以在注销前将剩余债权转让给其他第三方，并按照《民法典》的有关规定，通知债务人，要求债务人将该款项支付给受让方。但应税发票必须有原债权方开具，如果放票由债权受让方开具则有可能涉嫌虚开增值税发票。

2. 款项已全部支付，销售方注销后无法开具发票

如果销售方注销了无法开具应税发票，且款项已经支付完毕的，建筑企业可以参照《国家税务总局关于发布〈企业所得税税前扣除凭证管理办法〉的公告》(国家税务总局公告 2018 年第 28 号) 第十四条的规定，"企业在补开、换开发票、其他外部凭证过程中，因对方注销、撤销、依法被吊销营业执照、被税务机关认定为非正常户等特殊原因无法补开、换开发票、其他外部凭证的，可凭以下资料证实支出真实性后，其支出允许税前扣除：

（一）无法补开、换开发票、其他外部凭证原因的证明资料（包括工商注销、机构撤销、列入非正常经营户、破产公告等证明资料）；

（二）相关业务活动的合同或者协议；

（三）采用非现金方式支付的付款凭证；

（四）货物运输的证明资料；

（五）货物入库、出库内部凭证；

（六）企业会计核算记录以及其他资料。

注意前款第一项至第三项为必备资料。"

如果销售方因注销无法开具应税发票，即使凭借有关资料可以扣除企业所得税，但没有取得相应增值税抵扣凭证，购买方无法抵扣增值税。

3. 款项未付完，发票未开完，销售方注销公司

如果销售方注销了，剩余发票无法开具，且购买方尚未支付剩余款项，则购买方无法参照国家税务总局公告 2018 年第 28 号第十四条的规定进行处理，无法在所得税前列支扣除，无法抵扣增值税。遇到这种情况，在事后处理可能存在诸多争议，例如在合同中没有做任何免责约定的情况下，仅因对方无法开具发票就不付款或扣除无法抵扣的增值税、无法扣除的企业所得税，似乎不妥。

为了防止此类情况出现，建筑企业最好在相关合同中约定：在合同履约的过程中，乙方不得注销公司，如果乙方注销公司后导致已销售的货物尚未完全开具相关发票造成甲方无法抵扣增值税、无法在企业所得税前列支扣除的，将由乙方赔偿甲方全部损失。甲方将未支付的款项（乙方因注销无法开具的发票金额）扣除无法抵扣的增值税、无法扣除的企业所得税后再进行支付剩余款项。

6.4 建设工程合同的涉税风险解析

根据《民法典》第七百九十五条规定，"施工合同的内容一般包括工程范围、建设工期、中间交工工程的开工和竣工时间、工程质量、工程造价、技术资料交付时间、材料和设备供应责任、拨款和结算、竣工验收、质量保修范围和质量保证期、相互协作等条款。"

6.4.1 工程承包范围对计税方式的影响

建筑施工合同承包范围一般分为：清包工、包工包料、甲供工程三种形式。如果出现极端甲供的情况就是"清包工"（甲供金额计入总造价的除外），是指建设工程施工合同承包人只负责人工和机械，工程所需建材由发包人负责供应的一种施工承包方式。一般情况下，在合同的第一部分"工程概况"将会对工程承包范围进行约定。

【案例 6-7】 承包范围及承包方式模板如下：

本合同承包范围包括 A 区 1～10 号共计 10 栋及地下车库，其中 1、2 号楼为样板间；B 区 1 号～15 号共计 15 栋及地下车库，其中 9 号楼为售楼处。

具体承包范围、界面划分详见合同附件。合同约定范围内的所有工作内容单价包干，即在承包范围内，承包人包工、包料、包质量、包工期、包安全文明施工、包竣工验收。承包人对本工程的质量、安全、工期、文明施工等负完全责任。变更洽商、现场签证根据合同约定另行计算。

【案例 6-8】 全面"营改增后"包工包料、无甲供材和甲供设备的总承包工程可否选择简易计税？

铁蛋建筑公司与钢蛋地产公司于 2016 年 1 月签订了一份普通住宅工程总承包合同（地基基础及主体结构工程），该合同于 2017 年 12 月已经履行完毕，2018 年 1 月双方针对该工程又签订了一份精装修合同，施工的楼栋与主体结构工程一致，该精装合同总造价按照 3% 计税，钢蛋公司要求铁蛋公司的精装修合同选择简易计税向其开具 3% 的建筑服务发票。

从税务征管角度分析，建筑企业的工程项目所在地主管税务机关有可能认可该项目可以按照老项目选择简易征收，但机构所在地的主管税务机关有可能不认可这种情况可以按照老项目选择适用简易计税方法计税。如果此前结构工程施工方是其他建筑企业，铁蛋公司现在只是签了一份精装修合同，很明显精装修合同的开工时间在"营改增"以后，如果没有甲供的情况，只能适用一般计税方法计税。

上述案例的发包方明确了该工程按简易方式计取税金，收取 3% 简易计税增值税普通发票。此种情况只有一个办法有可能让税企双方都认可，那就是甲供，由发包方供应部分材料、设备、动力。一般情况下工程项目施工现场的电表户名为发包方的名称，电费由发包方支付，承包方如果不承担电费、不计电费成本，不计入合同造价，即甲供电力。铁蛋建筑公司与钢蛋地产公司签订工程施工承包合同时，在材料设备供应条款中应明确约定甲供电力。若此，铁蛋建筑公司可以选择适用简易计税方法计税。如果已经签订了工程承包合同，存在甲供电力但合同中未约定甲供电力内容的，可以签订补充协议对此项甲供内容作补充约定。

6.4.2 合同工期条款的风险防范

全面"营改增"以后，一般纳税人为建筑工程老项目提供的建筑服务，可以选择适用简易计税方法计税。对于老项目的认定，合同工期中的开工日期十分重要。开工日期是承包人开始施工之日，是计算工期的起点。

1. 合同工期对计税方式的影响

根据财税〔2016〕36号附件2《营业税改征增值税试点有关事项的规定》："（七）建筑服务……3.一般纳税人为建筑工程老项目提供的建筑服务，可以选择适用简易计税方法计税。建筑工程老项目，是指：（1）《建筑工程施工许可证》注明的合同开工日期在2016年4月30日前的建筑工程项目；（2）未取得《建筑工程施工许可证》的，建筑工程承包合同注明的开工日期在2016年4月30日前的建筑工程项目。"《纳税人跨县（市、区）提供建筑服务增值税征收管理暂行办法》（国家税务总局公告2016年第17号）第三条第二款规定，"《建筑工程施工许可证》未注明合同开工日期，但建筑工程承包合同注明的开工日期在2016年4月30日前的建筑工程项目，属于财税〔2016〕36号文件规定的可以选择简易计税方法计税的建筑工程老项目。"

因此，签订合同时合同中的开工时间、竣工时间不能含糊，必须标写清楚，更不能为了选择简易计税方式而涂改合同的开工时间。

2. 合同工期潜在的经营风险

开工日期直接影响工期的认定，进而影响确定承包人是否在约定工期内完成施工，是否应承担逾期竣工的违约责任。

在实务中，存在一部分工程项目实际已经进场施工，但工程施工合同还未签订完毕，以至于无法全面施工，只开展了平整场地、搭建临时设施等一些施工前期工作。工程施工合同签订后开工日期比全面开工时间早，按最早进场时间算，而计划竣工时间并没有相应延迟，这会导致工程整体的工期被压缩，对于建筑企业是不利的，因此合同签订时一定要注意这微不足道的压缩，可能会引起工期延期遭到业主的索赔。

（1）建筑企业对实际开工日的争议应该注意的问题

根据《最高人民法院关于审理建设工程施工合同纠纷案件适用法律问题的解释（二）》[以下简称《建设工程施工合同司法解释（二）》]第五条，"当事人对建设工程开工日期有争议的，人民法院应当分别按照以下情形予以认定：

（一）开工日期为发包人或者监理人发出的开工通知载明的开工日期；开工通知发出后，尚不具备开工条件的，以开工条件具备的时间为开工日期；因承包人原因导致开工时间推迟的，以开工通知载明的时间为开工日期。

（二）承包人经发包人同意已经实际进场施工的，以实际进场施工时间为开工日期。

（三）发包人或者监理人未发出开工通知，亦无相关证据证明实际开工日期的，应当综合考虑开工报告、合同、施工许可证、竣工验收报告或者竣工验收备案表等载明的时间，并结合是否具备开工条件的事实，认定开工日期。"

（2）承包人实际推迟开工的三个常见原因

①发包人未能依法依约提供符合承包人开工的条件，这种情况，不以合同约定的开工日作为依据，而以开工条件具备的时间作为实际开工日。

②承包人自身原因，包括人员、资金、材料、设备等未到位，依然以合同、开工令等约定的开工日期为实际开工日。如果是发包人承诺的资金未到位，则应查明发包方资金未到位与承包方推迟工期的关系，看主因是什么。

③自然灾害、恶劣气候、流行性疾病导致延期。如果因为此类外部因素不能如期开工的，也由承包人承担证明开工日期顺延的举证责任。

（3）建筑企业对实际竣工日的争议应该注意的问题

根据《最高人民法院关于审理建设工程施工合同纠纷案件适用法律问题的解释（一）》，[以下简称《建设工程施工合同司法解释（一）》]第九条规定，"当事人对建设工程实际竣工期有争议的，人民法院应当分别按照以下情形予以认定：

（一）建设工程经竣工验收合格的，以竣工验收合格之日为竣工日期；

（二）承包人已经提交竣工验收报告，发包人拖延验收的，以承包人提交验收报告之日为竣工日期；

（三）建设工程未经竣工验收，发包人擅自使用的，以转移占有建设工程之日为竣工日期。"

上述（一）中关于"验收合格之日"的标准在实务中存在争议，因为验收程序较为复杂，涉及多部门签字并盖章，笔者认为应当以四方签署意见的时间为验收合格之日。

建筑企业之所以要特别重视实际竣工日期，主要有两个原因：第一，实际竣工日期如果与计划竣工日期偏差太大，主要是工期延误，很可能存在违约责任；第二，实际竣工日期一般情况下也是支付工程款的重要时间节点，如果实际竣工日期存在争议则影响工程款的支付，拖欠工程款计算利息也与实际竣工日期密切相关，只要涉及资金成本，最终都将影响建筑企业的利润。

3. 合同工期的标准约定格式

根据住房和城乡建设部、市场监管总局制定的《建设项目工程总承包合同（示范文本）》（GF-2020-0216）第一部分第二条，合同工期的约定如下：

"计划开始工作日期：＿＿＿年＿＿＿月＿＿＿日。

计划开始现场施工日期：＿＿＿年＿＿＿月＿＿＿日。

计划竣工日期：＿＿＿年＿＿＿月＿＿＿日。

工期总日历天数：＿＿＿天，工期总日历天数与根据前述计划日期计算的工期天数不一致的，以工期总日历天数为准。"

6.4.3　合同价款条款的涉税风险

针对合同价款的涉税风险，首先我们要对签约合同价、合同价、暂估价、暂列金等概念有所了解。签约合同价，是指发包人和承包人在合同协议书中确定的总金额，包括暂估价及暂列金额等；合同价格，是指发包人用于支付承包人按照合同约定完成承包范围内全部工作的金额，包括合同履行过程中按合同约定发生的价格变化；暂估价，是指发包人在项目清单中给定的，用于支付必然发生但暂时不能确定价格的专业服务、材料、设备、专业工程的金额；暂列金额，是指发包人在项目清单中给定的，用于在订立协议书时尚未确定或不可预见变更的设计、施工及其所需材料、工程设备、服务等的金额，包括以计日工方式支付的金额。

1. 合同金额未价税分离的涉税风险

合同价款条款未价税分离存在两个涉税风险。第一，未明确该价格是否为含税价格，虽然从造价的角度双方都知道该价格为含税总造价，但是从涉税角度分析该条款存在歧义。即使双方都认可为含税总价，但是未明确税率，如果该工程涉及甲供内容则无法确定含税价格中的增值税额是依据 3% 计算得来的，还是依据 9% 计算得来，遇到国家税收政策变化需要调整税率时也存在歧义。第二，合同金额未分别列明价款和增值税额，计算缴纳合同印花税时按照含税总价计算缴纳。

【案例6-9】　施工总承包合同总价未价税分离

某建筑企业与地产公司签订的关于某剪力墙结构的高层及洋房工程的总包合同约定合同价及支付条款：合同价款暂定金额：（大写）人民币壹亿零玖佰万元整，（小写）¥109 000 000 元。

上述案例合同金额条款未价税分离，没有标明增值税税率，如果国家税务政策变化，增值税税率发生调整或符合条件的承包人转换了计税方法的，双方进行调价时有可能产生争议。以下案例就避免了此类问题。

【案例6-10】 施工总承包合同总价进行价税分离

合同暂定含税总价：¥109 000 000元，人民币大写：壹亿零玖佰万元整。

其中，不含税价款为人民币：¥100 000 000元，人民币大写：壹亿元整；

增值税金额为¥：9 000 000元，人民币大写：玖佰万元整，适用增值税率9%。

以上适用的增值税税率或征收率及增值税税额，以合同签署时点在执行的增值税税率或者征收率为准，后续国家税收政策涉及的税率发生调整，此税额及税率亦作出相应变动，不含税价格保持不变。

2. 标准的合同价款约定方式

根据住房和城乡建设部、市场监督管理总局制定的《建设项目工程总承包合同（示范文本）》(GF—2020-0216)，关于合同签约价与合同价格形式的标准约定方式如下：

(1) 签约合同价（含税）。

签约合同价（含税）为：人民币（大写）（¥元）。具体构成详见价格清单。其中：

①设计费（含税）。

人民币（大写）＿＿（¥＿＿元）；适用税率：%，税金为人民币（大写）＿＿（¥＿＿元）；

②设备购置费（含税）。

人民币（大写）＿＿（¥＿＿元）；适用税率：%，税金为人民币（大写）＿＿（¥＿＿元）；

③建筑安装工程费（含税）。

人民币（大写）＿＿（¥＿＿元）；适用税率：%，税金为人民币（大写）＿＿（¥＿＿元）；

④暂估价（含税）。

人民币（大写）＿＿（¥＿＿元）。

⑤暂列金额（含税）。

人民币（大写）＿＿（¥＿＿元）。

⑥双方约定的其他费用（含税）。

人民币（大写）＿＿（¥＿＿元）；适用税率：＿＿%，税金为人民币

（大写） ＿＿＿（￥＿＿＿元）。

（2）合同价格形式。

合同价格形式为总价合同，除根据合同约定的在工程实施过程中需进行增减的款项外，合同价格不予调整，但合同当事人另有约定的除外。合同当事人对合同价格形式的其他约定。

6.4.4 付款条款的风险防范

1. 预收款支付

建筑企业收到的预收款应当专用于承包人为合同工程的设计和工程实施购置材料、工程设备、施工设备、修建临时设施以及组织施工队伍进场等合同工作。发包人逾期支付合同约定的预收款超过 7 天的，承包人有权向发包人发出要求预付的催告通知，发包人收到通知后 7 天内仍未支付的，承包人有权暂停施工。

在合同预收款条款中应当明确约定预收款在进度款中同比例扣回。在工程竣工前提前解除合同的，尚未扣完的预收款应与合同价款一并结算。除此之外，合同预收款还应当约定预付期限和预付的比例。

2. 进度款的支付

一般情况下，工程款按照工程完成节点支付，并不一定每个月都支付进度款，但工程款中有一部分属于农民工工资，必须按照《保障农民工工资支付条例》的规定每月支付。

（1）工程款中人工费的支付申请。

人工费应按月支付，发包方应在收到承包方报送的人工费付款申请单以及相关资料后 7 天内完成审批并向承包人签发人工费支付凭证，发包方应在人工费支付凭证签发后 7 天内完成支付。已支付的人工费部分，发包方支付进度款时予以相应扣除。

（2）工程进度款的支付申请。

承包方应按照合同约定的时间，向发包方提交进度付款申请。除合同另有规定外，发包方应在收到承包方进度付款申请单以及相关资料后 7 天内完成审查，并向承包方签发进度款支付凭证。发包方逾期未完成审批且未提出异议的，视为已签发进度款支付凭证。承包方的进度付款申请一般包括下列内容：

①截至本次付款周期内已完成工作对应的金额；

②扣除已向发包方农民工工资专用账户支付的人工费金额；

③应增加和扣减的变更金额；

④约定应支付的预收款和扣减的返还预收款；

⑤应增加和扣减的索赔金额；

⑥对已签发的进度款支付证书中出现错误的修正，应在本次进度付款中支付或扣除的金额；

根据住房和城乡建设部、市场监督管理总局制定的《建设项目工程总承包合同（示范文本）》(GF—2020-0216)，"除合同另有约定外，发包方应在进度款支付凭证签发后 14 天内完成支付，发包方逾期支付进度款的，按照贷款市场报价利率（LPR）支付利息；逾期支付超过 56 天的，按照贷款市场报价利率（LPR）的两倍支付利息。"

6.4.5　合同约定"未来甲供"条款涉税风险

甲供材是指建设工程合同双方当事人约定，建筑材料由发包人提供。发包人自行供应材料、工程设备的，应在订立合同时在专用合同条件的附件发包人供应材料设备一览表中明确材料、工程设备的品种、规格、型号、主要参数、数量、单价、质量等级和交接地点等。发包人提供的材料和工程设备的规格、数量或质量不符合合同要求，或由于发包人原因发生交货日期延误及交货地点变更等情况的，发包人应承担由此增加的费用和（或）工期延误，并向承包人支付合理利润。

本书第四章已经阐述过甲供材对计税方式的软硬影响，本小节主要针对合同甲供条款的潜在涉税风险做分析。部分建设工程承包合同在签订材料条款时包含了未来可能进行甲供的条款，但甲供的具体内容在签订合同时并不确定，笔者称之为"未来甲供"条款。这类条款对既定计税方式可能存在影响。

【案例 6-11】　未明确后续的甲供内容

铁蛋建筑公司与钢蛋地产公司签订了一份商品住宅施工总承包合同，其中关于甲供材条款约定如下：甲供材料、设备明细详见本合同附表 1 甲供材料、设备一览表。在施工过程中，如甲方认为除上述材料外，还需甲供的材料和设备，乙方须无条件同意并积极配合。

分析：以上合同条款的主要风险在于后续甲供内容不确定，与既定计税方式有可能发生冲突。如果该项目属于全面"营改增"以后、2017年7月1日之前开工的房屋总承包工程，或者其他非房屋建筑工程，则无论后续甲供什么内容对计税方式都不会产生冲突。依据财税2016年36号文附件2，"（七）建筑服务：一般纳税人以清包工方式、甲供材工程、老项目提供的建筑服务，可以选择适用简易计税方法计税。建筑总承包企业可以选择简易计税方法计税，也可以选择一般计税方法计税。"

如果该项目为2017年7月1日以后签订的属于房屋建筑总承包工程，作为建筑施工总承包企业需要特别注意后续甲供内容，如果符合"特殊甲供"则必须选择简易计税方法计税。即财税2017年58号文第一条规定："建筑工程总承包单位为房屋建筑的地基与基础、主体结构提供工程服务，建设单位自行采购全部或部分钢材、商品混凝土、砌体材料、预制构件的，适用简易计税方法计税。"

"特殊甲供"，必须同时满足四个特殊条件，缺一不可：第一是特定承包方——建筑工程总承包；第二是特定工程项目——房屋建筑工程；第三是特定工程阶段——地基与基础、主体结构；第四是特定甲供材料——部分或全部钢材、商品混凝土、砌体材料、预制构件。特殊甲供必须适用简易计税。

2019年10月以后建筑企业适用或者可以选择适用简易计税的工程项目不再实行备案制，相关证明资料由纳税人自行留存。建筑企业应该在建筑工程承包合同发包人供应材料设备一览表中必须列示相应内容，或者在甲供条款中体现材料、设备和动力的品种、规格、数量、单价等内容，见表6-3。

表6-3　发包人供应材料设备一览表

序号	材料、设备品种	规格型号	单位	数量	单价（元）	质量等级	供应时间	送达地点	备注

6.4.6 工程水电费条款的涉税风险控制

工程水电费是指在施工过程中，施工方在施工现场消耗的全部水、电费用，一般按照平方米单位计取。工程水电费按分部分项综合单价计入，所提（包括定额所综合的）工程水电费除工程上用的工程水电费外还包含了临时用水、电的费用和生活用的水电费。

建筑企业与发包方签订建设工程施工合同时一般会对工程水电费的承担与支付方式进行相应的约定，但是该类条款有可能受建筑企业在产业链条中的地位影响或忽略该类条款的重要性，而作出一些不利于自身利益的约定，从而涉及一些税务风险。

【案例6-12】 某建筑施工总承包合同中关于现场用水用电的管理规定：水电费由建设方向供电公司、自来水公司垫付，发包方在每次支付给承包方的工程款中扣除。

分析：从以上条款可以看出，实质就是发包方向承包方转售水、电资源，约定的合同条款中明确了费用承担人，也明确了费用支付方式，最关键的内容未表述，即发包方应当向承包方开具转售水、电资源发票。如果承包方的该水电费支出未取得相应合法合规凭证无法抵扣增值税，也无法在企业所得税前扣除。

发包方没有销售水电的经营范围能否向承包方开具转售水电资源的发票？根据部分地区税务12366答疑内容，如果偶然发生的业务需要开具应税的，超越了经营范围的，增值税一般纳税人无须去税务机关代开发票，一律自行开具增值税发票；如果经常性发生应当去工商等有关部门增加经营范围。

【案例6-13】 某建筑施工总承包合同中关于现场用水用电的管理约定：工程所需水电费，由承包方自行向能源公司支付，发包方不保证能源公司提供的发票合法有效。

分析：本案例虽然明确了水电费由工程承包方（水电实际使用方）承担，水电资源发票由能源供应方开具，合同约定的相关条款看似平等，其实存在涉税隐患。合同条款虽然强调了承建方使用的水电自行向能源公司支付，由能源公司直接向实际使用方即承包方开具相应发票，发包方似乎不存在转售水电资源的行为，因此发包方无法保证能源公司开具的发票合法有效，此约定中很容易被忽略一个重要信息，即工程项目所使用的电表、水表的备案户名是发包方还是承包方的名称？如果是承包方的名称，那么此约定属于平等约定；如果水、电表的户名是发包方方的名称，能源公司在没有当地主管税务机关相关文件规定的情况下，一般就按照水表、电表的户名信息和实际使用数量开具相应发票。若此，承包方支付了水电费取得的发票，发票上的购买方却是发包方的名称，此类发票不允许在企业所得税前作为成本费用列支，向发包方索赔相关损失也存在一定困难。因此承包方在签订工程承包合同时如果无法明确约定费用承担人、费用支付方式、由哪一方向实际使用资源的单位开具、能够在实际使用资源的单位企业所得税前扣除的合法合规的发票，则宁可不约定关于转售水电发票开具内容，也不能签订此类明确隐含涉税风险的合同条款。这类约定属于本章第一节中所述的"免责条款"，如果承包方确认了这个条款，该条款是有效的，涉税风险和损失就由承包人自己承担了。

6.4.7 工伤保险和意外伤害保险

发包人应依照法律规定为其在施工现场的雇用人员办理工伤保险，缴纳工伤保险费；并要求工程师及由发包人为履行合同聘请的第三方在施工现场的雇用人员依法办理工伤保险。承包人应依照法律规定为其履行合同雇用的全部人员办理工伤保险，缴纳工伤保险费，并要求分包人及由承包人为履行合同聘请的第三方雇用的全部人员依法办理工伤保险。

发包人和承包人可以为其施工现场的全部人员办理意外伤害保险并支付保险费，包括其员工及为履行合同聘请的第三方的人员，具体事项由合同当事人在专用合同条件约定。

负有投保义务的一方当事人未按合同约定办理保险，或未能使保险持续有效的，则另一方当事人可代为办理，所需费用由负有投保义务的一方当事人承担。负有投保义务的一方当事人未按合同约定办理某项保险，导致受益人未能得到足额赔偿的，由负有投保义务的一方当事人负责按照原应从该项保险得到的保险金数额进行补足。

6.4.8 工程质量保证金条款的涉税处理

工程质量保证金（保修金）是指发包人与承包人在建设工程承包合同中约定，从应付的工程款中预留，用以保证承包人在缺陷责任期内对建设工程出现的缺陷进行维修的资金。经合同当事人协商一致提供质量保证金的，应在专用合同条件中予以明确。在工程项目竣工前，承包人已经提供履约担保的，发包人不得同时要求承包人提供质量保证金。

1. 承包人提供保证金的方式

承包人提供质量保证金有以下三种方式：提交工程质量保证担保；预留相应比例的工程款；双方约定的其他方式。不论承包人以何种方式提供质量保证金，累计金额均不得高于工程价款结算总额的 3%。

目前大部分发包方都采用预留相应比例的工程款方式要求承包方提供质量保证金，质量保证金的预留有以下三种方式：

（1）约定在支付工程进度款时逐次预留，直至预留的质量保证金总额达到合同约定的金额或比例为止。在此情形下，质量保证金的计算基数不包括预付款的支付、扣回以及价格调整的金额；

（2）工程竣工结算时一次性预留质量保证金；

（3）双方约定的其他预留方式。

2. 质量保证金的返还

缺陷责任期内，承包人认真履行合同约定的责任，缺陷责任期满，承包人可向发包人申请返还质量保证金。发包人在接到承包人返还质量保证金申请后，应于 7 天内将质量保证金返还承包人，逾期未返还的，应承担违约责任。发包人在接到承包人返还质量保证金申请后 7 天内不予答复，视同认可承包人的返还质量保证金申请。

发包人和承包人对质量保证金预留、返还以及工程维修质量、费用有争议的，应按本合同约定的争议和纠纷解决程序处理。

6.5 物资买卖合同的涉税管理

建筑企业除了总承包合同、专业承包合同外，其余涉及最多的、总金额最大的应属物资买卖合同。根据《民法典》规定，买卖合同是出卖人转移标的物的所有权于买受人，买受人支付价款的合同。买卖合同的内容一般包括标的物的名称、数量、质量、价款、履行期限、履行地点和方式、包装方式、检验标准和方法、结算方式、合同使用的文字及其效力等条款。本小节所述的买卖合同主要以物资买卖为主，不涉及无形资产买卖、股权转让、资产清理等内容。

6.5.1　买卖合同中常见的涉税风险

在实务中建筑企业在物资采购业务中，签订合同及履约或多或少存在着一些涉税风险。笔者总结物资采购合同签订的条款和履约过程中比较突出的四类涉税风险。

1. 发票开具内容与实际发生业务不符

物资买卖合同中签订的销售方销售的材料设备明细与实际供应内容不符，销售方按照签订合同约定的材料明细开具发票。不根据实际供应内容开具，却按照合同约定的内容开具存在涉税风险。

【案例 6-14】　广东某商贸公司于 2019 年开具增值税专用发票共 383 份，其中有 247 份增值税专用发票的"销售货物或者提供应税劳务、服务清单"中货物明细内容与实际交易货物不一致（票面总金额不变）。该商贸公司所在地的税务稽查部门根据《中华人民共和国发票管理办法》第二十一条"开具发票应当按照规定的时限、顺序、栏目，全部联次一次性如实开具，并加盖发票专用章"的规定，认定该商贸公司构成违反发票及票证管理规定的行为。依据《中华人民共和国发票管理办法》第三十五条第（一）项、《国家税务总局广东省税务局关于修订〈广东省税务系统规范税务行政处罚裁量权实施办法〉的公告》（国家税务总局广东省税务局公告 2021 年第 2 号）第六条及附件《广东省税务系统税务行政处罚裁量基准》第 15 项规定，该商贸公司 2019 年未按照规定的时限、顺序、栏目，全部联次一次性开具发票合计 247 份，违法程度严重，但没有违法所得，处以罚款 1 000 000 元。

2. 合同金额没有价税分离

建筑企业在与销售方签订物资材料买卖合同时，在价款条款针对合同金额没有"价税分离"，没有约定增值税税率。如果遇到国家税务政策发生变化，增值税税率、征收率发生调整，有可能会给建筑企业带来了损失，另外合同金额没有分别载明价款和增值税，对印花税的计算缴纳基数也有影响。

笔者认为，双方针对合同金额条款除了应当价税分离以外，还应该约定遇到国家税收政策发生变化，增值税税率、征收率发生调整，双方应当坚持

"调税不调价"的原则，保持不含税价不变，增值税额和增值税率及含税合同总价做相应调整。

3. 未区分不同计税方式项目

部分建筑企业签订笼统的物资买卖合同，合同中未实际表明物资供应给哪个工程项目使用。在物资领用时未区分实际领用工程，甚至将简易计税项目所需的物资以一般计税项目名义采购并取得增值税专用发票，用于一般计税项目抵扣进项税额。

笔者了解到，部分地区税务机关要求材料设备供应商给建筑企业供应物资开具销售发票时，在备注栏上注明工程名称和工程地址。其目的之一就是防范建筑企业将简易计税项目取得的增值税专用发票与一般计税项目"混抵"。当然，并没有任何法律法规或文件要求过建筑企业，在签订物资买卖合同时必须按照具体工程项目或不同计税方法的工程项目分别签订合同，也没有规定销售方给建筑企业销售材料设备的开具应税发票必须备注工程名称和工程地质。笔者在此只是建议为了减少涉税风险，建筑企业在签订物资买卖合同时可以按照具体项目分别签订，或者统一签订买卖合同但在物资出库环节必须按照项目分别核算，用于简易计税项目的物资对应的进项税额不得抵扣。

在签订买卖合同时未区分是哪个项目所需，且在物资出库时也未区分领用项目，出现采购物资兼用于一般计税和简易计税项目，取得的增值税专用发票无法划分归属如何抵扣？根据《营业税改征增值税试点实施办法》第二十九条规定，"适用一般计税方法的纳税人，兼营简易计税方法计税项目、免征增值税项目而无法划分不得抵扣的进项税额，按照下列公式计算不得抵扣的进项税额：

不得抵扣的进项税额＝当期无法划分的全部进项税额×（当期简易计税方法计税项目销售＋免税增值税项目销售额）÷当期全部销售额

主管税务机关可以按照上述公式依据年度数据对不得抵扣的进项税额进行清算。"

若建筑企业在签订物资买卖合同时即采购环节未区分项目，但在物资出库环节按照实际领用的工程项目登记了的，笔者认为在采购环节取得的增值税专用发票可以先勾选抵扣，待简易计税项目或免征增值税项目领用物资时，将不得抵扣的进项税额转出即可。

4. 销售方与开票方不是同一方

在实务中，建筑企业购买物资时有可能出现"找甲公司买材料，由乙公司开发票"的情形。出现这种情形有可能是建筑企业主动而为之，也有可能是被动接受这种情形。

（1）违法"筹划"，主动买票冲账。

【案例 6-15】 2017 年 8 月，A 建筑企业接受了上门推销方销售的聚乙烯材料但未取得相应发票，后该建筑企业实际经营人孙某通过李某以支付开票手续费的方式取得了 B 商贸公司开具的 2 份增值税专用发票，发票金额18 803 419 元，税额 3 196 581 元，价税合计 220 000 元，通过个人卡转账支付李某开票手续费 18 700 元。2017 年 10 月份，A 建筑公司又通过李某取得了 B 商贸公司开具的 4 份增值税专用发票，发票金额 3 774 359 元，税额641 641 元，价税合计 441 600 元，通过个人卡转账支付李某开票手续费37 540 元。A 建筑公司与 B 商贸公司无真实业务往来。税务稽查部门按照《中华人民共和国发票管理办法》（国务院令第 587 号）第三十七条的规定对 A建筑公司处罚款 50 000 元。

（资料来源：税乎网）

（2）被动接受销售方与开票方不一致。

建筑企业采购部分工程所需的零星材料时，销售方无法按照约定开具应税发票，销售方让其他单位替自己开具发票或购买方让其他单位为自己开具发票的情形时有发生。对于这类情况，作为购买方的建筑企业，往往在支付款项索要发票时才发现对方无法按照事前约定开具发票，于是只能被动接受。以下稽查案例，充分说明了这类被动接受同样涉及较大的税务风险。

【案例 6-16】 建筑企业 A 公司（以下简称 A 公司）承接了一个房屋建筑项目，并签订了某工程建设工程施工合同，工程施工期间需要购买不锈钢板、钢板、螺纹钢、镀锌板等材料。A 公司找到了长期合作的个体户罗某，罗某表示姚某、钟某、姚某可以给这个项目供应上述材料。上述采购的原材料由罗某负责运输至 A 公司的工地。当时双方约定材料款在 A 公司收到发票后再进行支付，最后结算货款应付姚某 132 104 200 元、钟某 90 720 382 元。因钟某、姚某不愿意配合开具发票，罗某表示由其解决这个问题。根据罗某安排，A 公司负责人郑某通过个人账户先垫付材料款给姚某 132 104 200 元、钟某 90 720 382 元。2020 年 11 月 12 日罗某注册成立＊＊＊建筑经营部，并以＊＊建筑经营部的名义与 A 公司于 2020 年 11 月 28 日签订购销合同，＊＊＊建筑经营部分别于 2020 年 12 月 11 日、2020 年 12 月 24 日代开上述增值税专用发票合计 9 份给 A 公司。A 公司按罗某要求通过银行转账的方式由 A 公司账户支付到＊＊＊建筑经营部账户，共计转账 198 216 100 元，另有 24 608 482 元因＊＊＊建筑经营部账号问题无法汇款，为现金支付。货款已全部付清，共计 222 824 582 元。罗某通过个人账户将款项 222 824 582 元（共计转账 229 818 500 元，其中 6 993 918 元为私人往来）转给 A 公司负责人郑某个人账户。

购进的材料已用于工地施工，取得的上述发票 A 公司于 2021 年 1 月入账，于 2020 年 12 月抵扣进项税额 752 947 元，2021 年 2 月抵扣进项税额 1 453 239 元（已于 2022 年 5 月所属期进项税额转出 2 206 186 元），于 2021 年企业所得税前列支 220 618 396 元。

A 公司所在地的税务稽查认定，＊＊＊建筑经营部代开给 A 公司的 9 份增值税专用发票为虚开发票。A 公司于 2022 年 9 月 16 日提供钟某补开换开的 1 份发票，提供姚某补开换开的 2 份发票，上述发票价税合计 220 618 396 元。根据《国家税务总局关于纳税人取得虚开的增值税专用发票处理问题的通知》（国税发〔1997〕134 号）第二条①、《国家税务总局关于〈国家税务总局关于纳税人取得虚开的增值税专用发票处理问题的通知〉的补充通知》（国税发〔2000〕182 号）第一条②的规定，你（单位）向钟某、姚某购买原材料取得＊＊＊建筑经营部代开的 9 份增值税专用发票的行为，属于从实际销售方取得第三方虚开的增值税专用发票，应按偷税处理。

最终，税务稽查部门对 A 公司偷税行为处以少缴增值税款 2 206 186 元 05 倍的罚款，罚款金额 1 103 094 元；对 A 公司偷税行为处以少缴城市维护建设税款 109 219 元 05 倍的罚款，罚款金额 55 155 元。

（资料来源：税乎网）

---

① 《国家税务总局关于纳税人取得虚开的增值税专用发票处理问题的通知》（国税发〔1997〕134 号）第二条："在货物交易中，购货方从销售方取得第三方开具的专用发票，或者从销货地以外的地区取得专用发票，向税务机关申报抵扣税款或者申请出口退税的，应当按偷税、骗取出口退税处理，依照《中华人民共和国税收征收管理法》及有关法规追缴税款，处以偷税、骗税数额五倍以下的罚款"。

② 《国家税务总局关于〈国家税务总局关于纳税人取得虚开的增值税专用发票处理问题的通知〉的补充通知》（国税发〔2000〕182 号）第一条："购货方取得的增值税专用发票所注明的销售方名称、印章与其进行实际交易的销售方不符的，即 134 号文件第二条法规的'购货方从销售方取得第三方开具的专用发票'的情况"。

6.5.2　价款及付款条款

1. 计价标准和支付方式

付款条款是买卖双方的核心条款之一，双方都很关心。在这个条款中必须约定销售的货物计价标准，约定价款是否包含税费，包含哪些税费，是否存在价外费用。若在合同履约过程中增值税税率变化，应该如何调价；若属于境外工程项目，境外的供应商销售货物的，适用外币支付的还需要注意汇率变动带来的影响。

除此之外，针对价款的支付方式也必须做明确约定。通俗地说就是要约定合同价款用何种方式支付。例如现金、银行转账、支票、银行承兑汇票、商业承兑汇票、保理、以物抵债等。付款时间上，要注意约定一次性付款还是分次付款，若属于分次付款的，需要约定每次付款时间及付款比例。

2. 支付方式限制

笔者提醒，若卖方为中小企业或者个体工商户的，约定付款方式时需要特别注意法定限制。自 2020 年 9 月 1 日起，根据《保障中小企业款项支付条例》（中华人民共和国国务院令第 728 号）第十条规定，"机关、事业单位和大型企业使用商业汇票等非现金支付方式支付中小企业款项的，应当在合同中作出明确、合理约定，不得强制中小企业接受商业汇票等非现金支付方式，不得利用商业汇票等非现金支付方式变相延长付款期限。"自 2022 年 11 月 1 日起，根据《促进个体工商户发展条例》（中华人民共和国国务院令第 755 号）第三十一条规定，"机关、企业事业单位不得要求个体工商户接受不合理的付款期限、方式、条件和违约责任等交易条件，不得违约拖欠个体工商户账款，不得通过强制个体工商户接受商业汇票等非现金支付方式变相拖欠账款。"

6.5.3　货物运输条款

1. 约定交货地点

根据《民法典》第六百零三条规定，"出卖人应当按照约定的地点交付标的物。当事人没有约定交付地点或者约定不明确，依据本法第五百一十条[①]

[①] 《民法典》第五百一十条，"合同生效后，当事人就质量、价款或者报酬、履行地点等内容没有约定或者约定不明确的，可以协议补充；不能达成补充协议的，按照合同相关条款或者交易习惯确定。"

的规定仍不能确定的，适用下列规定：

（一）标的物需要运输的，出卖人应当将标的物交付给第一承运人以运交给买受人；

（二）标的物不需要运输，出卖人和买受人订立合同时知道标的物在某一地点的，出卖人应当在该地点交付标的物；不知道标的物在某一地点的，应当在出卖人订立合同时的营业地交付标的物。"

笔者建议，建筑企业在签订物资买卖合同时，应当明确销售方将货物运送至合同约定的地点，同时明确约定运输费用如何计算和承担。

2. 货物运输涉及的发票问题

如果运输费用由销售方支付，且在签订买卖合同时已经将运费折算到物资销售单价中，销售方向购买方开具的材料销售发票中已经包含了运输费用，只需要按照所销售的应税货物对应的增值税税率开具发票，即"一票制"。如果运输费用只是由销售方代付，即不折算到物资销售单价中，则建筑企业应该取得实际承运方开具的"运输服务"发票。最好在物资买卖合同中注明运输费用由销售方代收代付，若销售方未及时向承运方支付运输费用带来的违约责任。

6.5.4 合同价款开票事宜

发票是会计核算和税款抵扣（增值税抵扣和企业所得税前扣除）的合法凭证，同时也具有付款证明的作用。根据《中华人民共和国发票管理办法》（以下简称"发票管理办法"）第三条规定，"本办法所称发票，是指在购销商品、提供或者接受服务以及从事其他经营活动中，开具、收取的收付款凭证。"因此，发票开具义务应当与合同付款条款绑定在一起进行约定。

前述内容我们已经讲明销售方的发票开具义务与购买方的付款义务不对等，在签订合同时虽然双方约定了"若销售方未按约定时间开具发票，购买方有权拒绝付款"，但在实务中也难以得到法院支持。笔者认为，即便如此依然应当在合同中约定购买方在付款前，销售方应按约定先开具应税发票。即便不约定，这也是销售方的法定义务。根据《发票管理办法》第十八条规定，"开具发票是销售方（特定情况下，由购买方开具）的法定义务，无论合同是否约定需要开具发票，销售方都有依法开具发票的义务。"

合同中应当约定购买方向销售方支付的价外费，销售方必须向购买方开具相应的增值税应税发票，例如购买方支付向其的赔偿金、奖励款、延期付款利息等。

6.5.5　违约责任条款

在实务中，笔者帮助客户审查合同时，经常发现企业在约定违约责任时，使用的词句比较笼统。例如"当某一方不按照本合同约定履行义务时，属于违约应为，应当承担违约责任"。这种约定并没有说清楚违约方应承担的具体责任是什么，是赔偿经济损失还是其他的内容。笔者认为，应该把具体的违约责任直接写出来，例如"销售方未按照合同约定的时间交付货物，或交付的货物质量不合格、规格型号不达标的，逾期未能交付货物的，每逾期一天应按照所供应货款的____％支付违约金，逾期超过天，买方有权解除合同，并要求卖方支付违约金"。

如果建筑企业作为买方违约的，例如没有按照约定的付款时间支付款项，向销售方支付延期付款利息的，该延期付款利息属于销售方的价外费用，购买方应在合同中约定销售方收到价外费用也开具相应的增值税发票。价外费用的发票，按照所销售货物品名和增值税税率开具即可，开具价外费，可不具体填写规格型号、数量、单价，按照支付的价外费用和适用的增值税税率进行价税分离开具发票即可。

6.6　设备租赁合同的涉税管理

大部分建筑企业在施工生产中会使用到的机械设备有：塔吊、打桩机、起重机、升降梯、挖掘机、管桩静压机、锤击机、打夯机、钢筋调直机、钢筋切断机、钢筋弯曲机、切割机、物料提升机，等等。考虑到成本和资金压力，大部分建筑企业可能采取租赁而不是购买这些机械设备。

6.6.1　租赁合同

根据《民法典》第七百零三条规定，"租赁合同是出租人将租赁物交付承租人使用、收益，承租人支付租金的合同。租赁合同的内容一般包括租赁物的名称、数量、用途、租赁期限、租金及其支付期限和方式、租赁物维修等条款。"

1. 租赁期限

《民法典》第七百零五条，"租赁期限不得超过二十年，超过二十年的，超过部分无效。租赁期限届满，当事人可以续订租赁合同；但是，约定的租赁期限自续订之日起不得超过二十年。"第七百零七条规定，"租赁期限六个月以上的，应当采用书面形式。当事人未采用书面形式，无法确定租赁期限的，视为不定期租赁。"

2. 转租

根据《民法典》第七百一十六条规定，"承租人经出租人同意，可以将租赁物转租给第三人。承租人转租的，承租人与出租人之间的租赁合同继续有效；第三人造成租赁物损失的，承租人应当赔偿损失。承租人未经出租人同意转租的，出租人可以解除合同。"

第七百一十七条规定，"承租人经出租人同意将租赁物转租给第三人，转租期限超过承租人剩余租赁期限的，超过部分的约定对出租人不具有法律约束力，但是出租人与承租人另有约定的除外。"第七百一十八条规定，"出租人知道或者应当知道承租人转租，但是在六个月内未提出异议的，视为出租人同意转租。"

3. 融资租赁

融资租赁合同是出租人根据承租人对出卖人、租赁物的选择，向出卖人购买租赁物，提供给承租人使用，承租人支付租金的合同。融资租赁合同的内容一般包括租赁物的名称、数量、规格、技术性能、检验方法，租赁期限，租金构成及其支付期限和方式、币种，租赁期限届满租赁物的归属等条款。融资租赁合同应当采用书面形式。

在涉税处理上，融资租赁与常规租赁不一样，融资租赁实质是融资，不是租赁。根据《关于融资性售后回租业务中承租方出售资产行为有关税收问题的公告》（国家税务总局公告 2010 年第 13 号）的规定：

"一、增值税和营业税

根据现行增值税和营业税有关规定，融资性售后回租业务中承租方出售资产的行为，不属于增值税和营业税征收范围，不征收增值税和营业税。

二、企业所得税

根据现行企业所得税法及有关收入确定规定，融资性售后回租业务中，承租人出售资产的行为，不确认为销售收入，对融资性租赁的资产，仍按承租人出售前原账面价值作为计税基础计提折旧。租赁期间，承租人支付的属于融资利息的部分，作为企业财务费用在税前扣除。"

6.6.2　设备租赁合同的涉税风险

1. "包税"合同价款条款

建筑企业向自然人个人租赁机械设备，对方不愿意承担税金，设备租赁合同中约定"税金由承租方承担"。此类价款条款属于"包税"条款，对作为承租方的建筑企业十分不利。此类条款合同金额一般为不含税价，建筑企业向出租方支付了不含税价款后，出租方不提供机械租赁发票，建筑企业该项支出无法在企业所得税前扣除。若要求出租设备的个人去设备租赁服务发生地税务机关代开租赁服务发票，涉及的税费不止增值税及附加税费，还涉及个人所得税。若设备租赁服务发生地税务机关认定该行为在个人所得税上属于"财产租赁所得"，则个人所得税为固定税率20％。虽然纳税义务人为出租方，但法律并未限制其转嫁税费，即税费承担人可以不是纳税义务人，合同价款约定了税金由承租方承担，建筑企业就应当承担该项租赁业务涉及的全部税、费。

若已经签订了"裸价"合同（约定不含税价，要求承租方承担全部税费），承租方对应承担的全部税费无异议的，双方应该签订补充协议，重新约定含税合同价格。含税价格可以按照出租方要求的"到手价格"重新反算确定，可能会存在"税中税"的问题。

2. "三流不一致"是否存在涉税风险

在实务中，部分设备租赁服务的开票人和实际提供租赁服务的出租人、收款人不是同一人的情形时有发生。建筑企业向自然人个人租赁设备，在当期会计处理时以自然人名义挂账，在实际付款时出租方提供的是某租赁公司开具的机械设备租赁发票，却向个人银行账户支付款项。

上述"三流不一致"并不一定就存在涉说问题，国家税务总局也从未公开发过必须"三流一致"才允许抵扣进项的文件。在新时代新经济形态下，发生经济业务应该从实际出发，而不是生搬硬套"三流一致"的理论。例如在京东网、淘宝网上购买办公用品，款项支付给京东金融公司和支付宝，但实际销售货物和开具发票可能为京东和阿里巴巴以外的第三方供应商，这种也属于形式上的"三流不一致"。此类业务虽"三流不一致"，即便金额较大，但业务真实且资金流向可追踪，取得相应的增值税专用发票抵扣进项税额并无不妥。

在笔者看来，前述问题的核心风险并不是"三流不一致"不允许抵扣进项税额的风险，而是设备出租方与开票方不一致，涉嫌虚开增值税发票。

3. "皮包"公司虚开发票

部分建筑企业与租赁公司签订机械设备租赁合同，但是该公司可能就是个"皮包"公司，机械设备全是其他自然人挂靠该公司再出租的，账面上的固定资产并没有这些机械设备，账面也没有任何从其他第三方转租机械设备的记录。更有甚者就是利用此类服务型企业虚开增值税发票，骗取抵扣税款。

【案例6-17】 A设备租赁公司（以下简称"A公司"）于2020年3月31日至2020年5月20日期间，向B农业观光园公司（以下简称"B公司"）开具品名为"运费"的增值税专用发票10份，金额883 211元、税额79 489元、价税合计962 700元。B公司向A公司转账962 700元，而后A公司直接或通他人向史某（系B公司法定代表人）转账962 700元，出现资金回流的情形。

2022年10月，税务稽查部门的检查人员对A公司税务登记中的生产经营地址进行了实地核实，未找到该单位，相关部门证实无此单位。后交通运输局出具的证明显示，A公司未办理道路运输经营许可证、无运输车辆。A公司2020年资产负债表显示，固定资产原值、净值的期初、期末数均为0。后税务稽查部门认定A公司通过虚假注册公司，在无道路运输经营许可证、无运输车辆、无固定资产的情况下，对外虚开增值税专用发票。根据《国家税务总局关于走逃（失联）企业开具增值税专用发票认定处理有关问题的公告》（国家税务总局公告2016年第76号）第一条规定，认定A公司为走逃（失联）企业。

最终，税务稽查部门认定，A公司在2020年3月至2020年5月期间开具增值税专用发票66份，金额541 885 744元，税额48 769 714元，可能导致他人偷逃国家税款，违反了《中华人民共和国发票管理办法》（中华人民共和国国务院令〔2010〕第587号）第二十二条第二款的规定，属虚开增值税专用发票行为。根据《行政执法机关移送涉嫌犯罪案件的规定》（国务院第130号令）第三条和《涉税案件移送管理办法》（苏公发〔2002〕第015号）第三条规定，建议移送公安查处。

（资料来源：税乎网）

6.6.3 施工设备"湿租"的涉税问题

1. 施工设备"湿租"应如何缴纳增值税

根据《财政部 国家税务总局关于明确金融、房地产开发、教育辅助服务等增值税政策的通知》(财税〔2016〕140号):"十六、纳税人将建筑施工设备出租给他人使用并配备操作人员的,按照'建筑服务'缴纳增值税。"

根据上述文件规定,设备租赁带操作人员是适用"建筑服务",按照建筑服务的税目和税率开具应税发票;如果将机械设备出租到异地工程项目,笔者认为应当按照建筑服务在项目所在地预缴增值税,但作为建筑总承包企业的简易计税项目取得此类发票能否按照建筑分包款进行差额扣除,笔者此谨慎态度,认为不能差额扣除。

2. 出租施工设备滥用"湿租"按照建筑服务纳税的风险

根据前述政策规定,部分建筑施工设备出租企业为了能够按照建筑服务缴纳增值税,在签订施工设备出租合同时自行添加了"配备操作人员"等内容。注意,在实务中出租的设备若不属于"建筑施工设备",属于其他动产租赁,则不能套用"配备操作人员即可按照建筑服务缴纳增值税"的规定。另外,出租建筑施工设备并未配备操作人员,而直接按照建筑服务缴纳增值税的亦存在涉税风险。

【案例6-18】 A设备租赁公司于2021年6月至2021年10月期间向B公司工程机械公司等3户企业提供动产租赁服务,并开具增值税专用发票10份,发票金额合计67 400 034元,税额合计5 499 966元,价税合计729 000元。上述业务在签订设备租赁合同时出租方并未约定配备操作人员,实际业务也不属于"湿租",A设备租赁公司错误适用了低税率开具发票进行纳税申报。同时还存在收到预收款,未进行会计处理和纳税申报等其他事项。

税务稽查部门按照《中华人民共和国税收征收管理法》第六十三条第一款,认定A设备租赁公司通过适用增值税低税率进行虚假的纳税申报,导致少缴增值税、城市维护建设税的行为是偷税。按照相关规定要求补交增值税及附加,并处以少缴增值税及附加税费金额1倍的罚款。

3. 施工设备"湿租"是否属于分包?可否用于差额扣除

在《财政部 国家税务总局关于全面推开营业税改征增值税试点的通知》

（财税〔2016〕36 号）文件附件 2 中关于差额扣除的规定是这么描述的：试点纳税人提供建筑服务适用简易计税方法的，以取得的全部价款和价外费用扣除支付的分包款后的余额为销售额。

以上文件没有对分包做相关定义，也没有列举允许差额扣除的分包内容，因此在政策执行上部分地区存在一定争议。例如钢结构分包工程，部分建筑企业在施工过程中使用的钢结构材料为自产建材，按照有关规定不属于混合销售应就货物销售和建筑安装分别计算缴纳增值税。因此，上述分包工程的自产货物销售发票在 2019 年 9 月 16 日之前，部分地区税务机关不允许建筑企业的简易计税项目差额扣除该钢结构分包中的金属制品销售部分金额，只允许差额扣除建筑安装劳务部分。2019 年 9 月 16 日，国家税务总局发布《关于国内旅客运输服务进项税抵扣等增值税征管问题的公告》（国家税务总局公告 2019 年第 31 号）（以下简称国家税务总局公告 2019 年第 31 号）规定，"七、纳税人提供建筑服务，按照规定允许从其取得的全部价款和价外费用中扣除的分包款，是指支付给分包方的全部价款和价外费用。"

国家税务总局公告 2019 年第 31 号公告的相关条款是对财税 2016 年 36 号文的"分包款"做了解释，明确了可差额扣除的分包发票不仅是"建筑服务"注释中的内容，只要属于"分包"，支付给分包方的全部价款和价外费用都可以用于差额扣除（包括了分包款中的材料款和建筑安装费）。需要特别注意，并不等于建筑企业简易计税项目支付的所有的材料款（普通的材料采购）也可以差额扣除，这是误解。

部分观点认为建筑企业与设备租赁公司签订的如果是分包合同，按照扣除原则可以在预缴增值税时进行差额扣除；如果签订的是设备租赁合同，则可能因设备租赁合同无法备案，而不能进行差额扣除的。笔者认为，前述观点不一定会得到建筑企业机构所在地和项目所在地的主管税务机关认可，因为建筑服务简易计税项目允许差额扣除的分包款前提条件得是"分包"，机械租赁显然不属于分包，不论是否签成"分包合同"它都不是分包。

在此笔者提醒，如果建筑企业提供的服务属于专业承包中的"模板脚手架专业承包"（即属于分包），建筑总承包企业适用简易计税方法计税的项目取得该分包企业开具的建筑服务发票用于差额扣除当无疑问，这与前述施工设备"湿租"不是一回事。

4. 施工设备"湿租"合同如何缴纳印花税

在增值税政策上，施工设备"湿租"按照建筑服务缴纳增值税，在印花税政策上，有观点认为既然"湿租"在增值税上属于建筑服务，印花税也应当按照建设工程合同计算缴纳。但笔者认为，增值税上给予施工设备"湿租"业务一定的"特殊关照"，并没有改变该合同的本质，特别是部分设备租赁合同为单价合同，仅有租金的计算标准并未约定合同总价，按照建设工程合同计算缴纳印花税恐不妥。"湿租"合同的业务实质依然属于租赁，应该按照"租赁合同"计算缴纳印花税。

在此提醒，纳税人在没有得到主管税务机关的明确回复时，"湿租"合同不要擅自按照建设工程合同计算缴纳印花税，两个税目的税率相差较大，若按照低税率计算缴纳恐存在涉税风险。

6.7　合同收付款条款管理与涉税处理

资金管理是财务管理中至关重要的一部分。当前建筑业资金流比较差的原因有很多，例如建设单位的资信、签订合同时的合同收款条件、结算周期、成本控制等因素。建筑企业在产业链中处于弱势地位，垫资模式经营为行业常态，下游业主资金压力加大使得建筑企业垫资增加、账期延长、工程款催收压力上升，对建筑企业现金流平衡能力提出了更高要求，并加剧了建筑企业工程回款风险。

部分建筑企业为了中标，采用类饮鸩止渴的做法不惜低价中标；在合同签约时约定的收款比例较低或者收款节点预付款周期极不匹配；变更索赔的内容在施工过程中不支付，甚至未签订书面签证；结算的审核周期过长等，这些因素都会导致建筑业资金流较差。

6.7.1　合同收付款条款对资金管理的影响

建筑企业的财务管理部门在资金管理上应该充分结合施工企业的特点、结合合同条款、充分利用金融工具为企业资金管理提供决策和保障。

1. 合同收款条款与付款条款的有机统一

前面已经阐述，造成建筑企业资金紧张的部分原因是合同收款条件和合同付款条件不匹配造成的。例如某房屋建造工程总承包合同的收款条件约定的是整体工程达到"正负零"阶段时，业主开始按照总承包方累计完成产值的 70%向承包方支付相应进度款。一般大中型房屋建造项目达到"正负零"阶段的周期为 6 个月，甚至更长时间。但是该工程的人工费和材料费几乎每个月或每周都需要支付。每次付款的比例可能都达到了应付金额的 50%以上。

建筑企业可以转变思路，应该根据总承包合同的收款条件来设置分包合同（劳务分包款中农民工工资不得拖欠，必须按法定时间支付）、材料采购合同、设备租赁合同的付款条件，哪怕因此造成单价略有上涨，只要能保持整个工程项目的资金收支平衡，对资金短缺的建筑企业来说可能是有利的。

对于部分资金十分紧缺、面临资金链断裂的建筑企业来说，单价上涨给企业带来的利润影响可能远小于资金成本带来的影响。大部分建筑企业的合同收款条件和合同付款条件往往是由两个部门分别负责谈判并签约的，例如企业的商务部门只负责洽谈建设工程合同的收款条件及签约事宜；物资采购部门和成本管理部门只负责商谈物资采购、设备租赁、专业分包等合同的付款条件及合同签约事宜，经常出现内部信息不对称给企业资金带来不利影响。财务管理部门应该参与工程项目的合同收款条件、合同付款条件的谈判工作，及时测算合同收款、付款条件对资金成本与合同成本的影响，确保企业资金收支时间统一、资金调配步调一致。

2. 总包方与分包方签订的付款条款为"背靠背"条款，是否有效

建筑总承包企业与专业分包方关于工程款的支付可否约定总包人收到发包人支付工程款后，再向分包人支付？此项约定效力如何认定？

参考《北京市高级人民法院〈关于审理建设工程施工合同纠纷案件若干疑难问题的解答〉》（京高法发〔2012〕245 号）的相关规定："……分包合同中约定待总包人与发包人进行结算且发包人支付工程款后，总包人再向分包人支付工程款的，该约定有效。因总包人拖延结算或怠于行使其到期债权致使分包人不能及时取得工程款，分包人要求总包人支付所欠工程款的应予以支持，总包人对于其与发包人之间的结算情况以及发包人支付工程款的事实负有举证责任。"

笔者特别提醒，部分建设工程存在"甲指分包"的情况，甲指分包工程款一般由发包方支付给建筑总承包方，由建筑总承包企业扣除相应的款项后再支付给甲方指定的分包单位。即便建筑总承包企业在与甲指分包单位签订分包合同时采用了"背靠背"付款条款，从合同相对性角度来说建筑总承包企业仍然承担着支付分包款的责任。若建设单位（发包方）因破产等相关原

因无力偿还工程款，则建筑总承包企业需要对支付甲指分包款承担最终责任。

6.7.2 保理合同涉税管理

建筑企业的产品的体积大、建设周期长，一个工程项目的工期可能跨越数年，资金需求量较大，融资渠道少，工程项目的利润往往被资金利息所稀释。建筑企业在风险可控的情况下，只能借助企业实力和潜力，通过金融投资机构、非金融机构风险投资公司进行融资。例如应收账款和应付账款保理业务。

1. 应收账款保理

正向保理，又称卖方保理。卖方将其现在或将来的基于其与买方订立的货物销售、服务合同所产生的应收账款转让给保理商，由保理商向其提供资金融通、买方资信评估、销售账户管理、信用风险担保、账款催收等一系列服务的综合金融服务方式。它是商业贸易中以托收、赊账方式结算货款时，卖方为了强化应收账款管理、增强流动性而采用的一种委托第三者管理应收账款的做法。一般成为"应收账款保理"。

"应收账款保理"基本都是被动接受的，建设方在招投标时可能已经把建筑企业能接受多大比例的供应链融资作为重要参考指标。

2. 应付账款保理

反向保理，又称买方保理。指由债务人（义务人）发起业务申请的保理，是指保理商所买断的应收账款的对家是一些资信水平很高的买家，只需要评估买家的信用风险就可以开展保理，而授信的回收资金流也直接来自于买家。笔者把它称之为"应付账款保理"。应付账款保理，通俗说就是建筑企业资金紧张时，保理机构帮其向某一供应商付款，保理公司赚取一定比例的保理费用。办理保理要签订一系列协议，对于外部看来，是建筑企业把债务转让给保理公司，由保理公司向供应商支付债务，办理这些业务建筑企业需要用自己的资产做担保。办理应付账款保理需要签订一系列协议：①供应商与保理公司签订债权转让协议；②建筑企业与保理公司签订债务转让协议；③供应商与保理公司签订金融产品折价协议；④建筑企业与供应商要签订支付方式及相关手续费补偿协议。

3. 签订保理合同应注意的事项

根据《民法典》第七百六十一条规定，"保理合同是应收账款债权人将现有的或者将有的应收账款转让给保理人，保理人提供资金融通、应收账款管理或者催收、应收账款债务人付款担保等服务的合同。"第七百六十二条，"保理合同的内容一般包括业务类型、服务范围、服务期限、基础交易合同情况、应收账款信息、保理融资款或者服务报酬及其支付方式等条款。保理合同应当采用书面形式。"

应收账款债权人与债务人虚构应收账款作为转让标的，与保理人订立保理合同的，应收账款债务人不得以应收账款不存在为由对抗保理人，但是保理人明知虚构的除外。保理人向应收账款债务人发出应收账款转让通知的，应当表明保理人身份并附有必要凭证。应收账款债务人接到应收账款转让通知后，应收账款债权人与债务人无正当理由协商变更或者终止基础交易合同，对保理人产生不利影响的，对保理人不发生效力。

当事人约定有追索权保理的，保理人可以向应收账款债权人主张返还保理融资款本息或者回购应收账款债权，也可以向应收账款债务人主张应收账款债权。保理人向应收账款债务人主张应收账款债权，在扣除保理融资款本息和相关费用后有剩余的，剩余部分应当返还给应收账款债权人。当事人约定无追索权保理的，保理人应当向应收账款债务人主张应收账款债权，保理人取得超过保理融资款本息和相关费用的部分，无须向应收账款债权人返还。

【案例6-19】 铁蛋建筑公司于2023年1月承接了"十里峰山公馆"住宅总承包项目工程，该工程的含税工程造价为327亿元。在签订工程总承包合同时，双方约定工程价款中6540万元使用保理方式支付，即铁蛋建筑公司按照建设方每月拟支付的工程款金额与建设方指定的保理公司签订无追索权的应收账款转让协议。铁蛋建筑公司按照建设方审批的工程款金额全额开具增值税专用发票，保理公司按该发票金额的10%扣除保理费后将剩余款项支付给建筑企业，并提供税率为6%的金融服务发票。铁蛋建筑公司支付的保理费用，建设方将以补偿款的形式对其作出补偿。

假设约定使用保理支付的6540万元所完成的产值在一个会计年度内，采用常规模式，铁蛋建筑公司每月向建设方开具发票金额为545万元（不含税价为500万元），在12个月内开具6540万元建筑服务发票金额并收取相关款项；采用保理模式，铁蛋建筑公司每期向建设方开具的发票为545万元

（不含税价为 500 万元），保理公司向铁蛋建筑公司支付 490.5 万元（不含税价为 450），并开具增值税税率为 6％的金融服务发票 54.5 万元（不含税价为 51.42，增值税 3.08 万元）。每个季度终了时建设方以补偿款形式向铁蛋建筑公司支付该季度的保理费，铁蛋建筑公司据此开具相应金额的建筑服务发票。12 月建设方结束保理模式，正常支付进度款，并向铁蛋建筑公司支付 10 月、11 月的保理费补偿款。以下将根据常规模式和保理模式收款做比较，见表 6-4。

表 6-4　常规模式和保理模式收款比较

单位：万元

月份	常规模式		保理模式	
	开票	收款	开票	收款
1 月	545	545	545	490.5
2 月	545	545	545	490.5
3 月	545	545	545	490.5
第一季度业主补偿保理费				
4 月	545	545	545	490.5
5 月	545	545	545	490.5
6 月	545	545	545	490.5
第二季度业主补偿保理费			1 635	163.5
7 月	545	545	545	490.5
8 月	545	545	545	490.5
9 月	545	545	545	490.5
第三季度业主补偿保理费			1 635	163.5
10 月	545	545	545	490.5
11 月	545	545	545	490.5
12 月	545	545	545	490.5
第三季度业主补偿保理费			1 635	163.5
合计	6 540	6 540	7 194	6 540
保理费			654	
实际收款	6 540		6 540	
销项税额	540		594	
因保理增加附加税费	0		2.04	

上表中所列的进项税额不考虑其他成本费用取得的进项税额的影响，只

347

考虑保理费对附加税费产生的影响。因应收账款保理补偿向业主多开了654万元建筑服务发票，其中销项税额54万元，保理费通常具有贷款性质（资金融通），因此存在一定抵扣风险，若无法抵扣进项税额，则多产生附加税费6.48万元（54×12%）；保理方开具的金融服务发票金额为654（其中价款616.98万元，增值税37.02万元），若进项税额无法抵扣含税计入成本费用中，则减少附加税费4.44万元（37.02×12%）。综合，因保理事项可能多产生附加税费2.04万元。

通过以上测算表可以知道，在保理模式下，尽管铁蛋建筑公司每个月收到的工程款比常规模式少545万元，每个季度终了才能追平，但最终收到的工程款依然是6540万元。如果铁蛋建筑公司与建设方进行收款条件谈判时能够考虑到建设方给予的保理费补偿带来的税金成本，以及此种方式产生的资金占用费，且建设方愿意承担此项费用，铁蛋建筑公司的损失微乎其微。

上述案例中，铁蛋建筑公司如果不同意使用应收账款保理，建设方也不愿意使用银行存款支付工程款，而是使用电子商业承兑汇票支付。假设以上案例6540万元工程款发票一次性开具，建设方以一年期的电子商业承兑汇票向铁蛋建筑公司支付进度款，并支付根据电子商业承兑汇票票面金额的6%给予贴现补偿。铁蛋建筑公司收到建设方支付的6540万元电子商业承兑汇票的同时收到建设方支付的392.4万元延期付款利息。如果铁蛋建筑公司将该电子商业承兑汇票持有到期，相当于该项目占用公司资金6540万元一整年，如果不考虑其他因素，铁蛋建筑公司从其他机构取得的资金成本低于6%或者铁蛋建筑公司扛得起资金压力，企业的利益就不会受损。在实务中，工程项目必然需要资金支出，资金量不足的情况下，持有到期将可能使企业利益受损。

若铁蛋建筑公司将这6540万元的电子商业承兑汇票全部用于支付债务，并且给予供应商的延期付款利率小于或等于6%，则铁蛋建筑公司无利益损失。但在实务中很难全部使用电子商业承兑汇票支付相关债务，特别是中小供应商可能很难接受电子商业承兑汇票。若铁蛋建筑公司利用授信额度将6000万元的电子商业承兑汇票进行贴现，或将此商业承兑汇票背书转让给其他企业，贴现率、折价率等于或低于业主支付的补偿率，则铁蛋建筑公司无利益损失，否则将因此额外承担部分资金成本，对工程利润必然造成影响。除此之外，若供应商接受铁蛋建筑公司背书转让的商业承兑汇票，但是汇票到期被拒绝付款的，根据《中华人民共和国票据法》第六十八条规定，"汇票的出票人、背书人、承兑人和保证人对持票人承担连带责任。持票人可以不按照汇票债务人的先后顺序，对其中任何一人、数人或者全体行使追索权。"

综述，若建筑企业以应收账款保理的形式收取工程款，能签订"无追索权"的保理协议，且业主方能对保理费进行补偿，则此收款方式对建筑企业的利益影响应该是最小的。除此之外，在保理合同的性质上，笔者认为有追索权的保理合同在本质上属于融资，无追索权的保理合同在本质上属于应收账款转让。有追索权的保理，建设单位到期不支付应付账款的，建筑企业需要回购应收债权；追索无追索权保理，建设单位到期不支付应付款的，由保理机构承担应收账款的坏账风险。取得保理机构开具的保理费用发票的进项税额能否抵扣，笔者认为就按照有追索权的保理和无追索权的保理进行划分即可，有追索权的保理取得保理费的进项税额不得抵扣；无追索权的保理，保理费的进项税额可以抵扣。

4. 应收账款保理的其他风险

接受应收账款保理虽然能够缓解建筑企业资金压力，但也存在许多风险。第一，建筑企业接受应收账款保理，将丧失停工权。在施工过程中，如果建设单位逾期支付工程款，建筑企业有权暂停施工。如果施工单位已经接受了应收账款保理，就意味着建设单位不再拖欠该笔工程款，只需要在保理到期后向保理机构支付保理款即可，建筑企业有可能因此丧失停工权。第二，根据《最高人民法院关于审理建设工程施工合同纠纷案件适用法律问题的解释（一）》（法释〔2020〕25号）第四十一条规定，"承承包人应当在合理期限内行使建设工程价款优先受偿权，但最长不得超过十八个月，自发包人应当给付建设工程价款之日起算。"若接受了有追索权的应收账款保理，由于应收账款回购存在一定的期限，建筑企业就很有可能因此丧失优先受偿权。

参 考 文 献

［1］林久时．建筑施工企业全生命周期财税处理与风险防范（案例版）［M］北京：中国铁道出版社有限公司，2022.

［2］何广涛．建筑业增值税管理与会计实务［M］北京：中国财政经济出版社，2020.

［3］中华人民共和国财政部．企业会计准则［M］北京：中国经济出版社，2019.

［4］财政部会计司编写组．企业会计准则第14号：收入（应用指南）［M］北京：中国财政经济出版社，2018.

［5］小企业会计准则编审委员会．小企业会计准则案例详解与实务［M］北京：人民邮电出版社，2018.

［6］中国建筑业协会．建筑业营改增实施指南：会计核算与税务管理［M］北京：中国建筑工业出版社，2017.

［7］盖地．建筑业增值税会计核算与管理操作指南［M］北京：中国财政经济出版社，2017.